跨学科媒介研究译丛

媒介与传播地理学

Geographies of Media and Communication

GEOGRAPHIES OF MEDIA AND COMMUNICATION

[美]保罗 · 亚当斯（Paul Adams） 著

袁艳 译

中国传媒大学出版社

·北京·

译者序

当地理学家谈论媒介与传播时，他们谈论什么？

——兼评保罗·亚当斯的《媒介与传播地理学》[①]

听一位地理学家谈论媒介与传播，曾经是一件不可思议的事情，这不仅出于学科的苑囿，更源自认知的偏向。人类自工业革命以来对进步和发展的刻意强调，让时间变得异常重要，而空间则似乎无关紧要。传播作为一种"用时间消灭空间"的工具，自然将空间视为阻力和障碍，空间充其量不过是背景和容器，由此造就传播学者对地理的长期漠视。与此同时，人文地理学家也往往从人本主义的立场排斥现代传播媒介，认为它们打破了人的恋地情结，消融了地方特色。这种相互排斥的状态从20世纪80年代才慢慢开始改变，人文地理学的"文化转向"和传播学的"空间转向"两股学术思潮相互激荡，让原本相距遥远的两个学科渐行渐近，涌现出"媒介与传播地理学"这一跨学科交叉领域，在很多方面颠覆了人们关于何为媒介、何为空间以及如何研究媒介和空间的陈旧观念。虽然这一领域产生的研究成果已是汗牛充栋，但是对整个领域进行系统梳理和架构的专著却并不多见，保罗·亚当斯的《媒介与传播地理学》便是其中绕不过去的一本。

在展开其具体思想之前，这本书首先引发的是对固有的学科领地意识的反思。正如大卫·哈维所说，"地理太过重要，不能单靠地理学家来研究"，传播也如此之复杂，绝非传播学者可以穷尽。无论传播学者多想声称自己对这个研究领域的专属权，历史和现实反复证明，媒介与传播本是多种学科的研究对象，存在着多种思想脉络，分布在不同的学科之中，从来不是传播学所独有。如果说，传播学已经无数次地向社会学、心理学、经济学、历史学、人类学、甚至某些自然科学学科表达过敬意，那么直到今天，它对地理学还缺少足够的谦逊。保罗·亚当斯的书也许可以让我们意识到这一点。对于不惧迈出学术舒适区的人来讲，这是一份地理学家向传播学者发出的邀请，邀请我们踏入一条既熟悉又陌生的思想之河，聆听地理学家如何谈论媒介和传播。是的，地理学家其实一直有人在谈论媒介与传播，只不过谈论的语言和方式与主流传播学不尽相同，不同时期的地理学家谈论的也各不相同。保罗·亚当斯只是他们中的一位。

一、本是同根生：古典地理学与传播学的渊源

西方地理学家从什么时候开始谈论媒介和传播问题？比较通行的说法是追溯到1985年英国地理学家杰奎林·伯吉斯（Jacquelin Burgess）和约翰·戈德（John Gold）合编的《地理、媒介和大众文化》（*Geography, the Media and Popular*

---

① 文章已发表于《国际新闻界》2019年第7期，本文有改动。

Culture)。不得不说这是一个很方便的溯源，因为该书所讨论的“媒介”就是大众传播时代的主流媒体——报纸、电视、杂志等，这与传播学主流的界定是一致的。这种略带自恋的溯源不仅大大缩短了媒介与传播地理学的思想史，也让传播学者的地理想象力长期停留在伯吉斯和戈德所处的新文化地理学的框架之内。如果跳出传播学对媒介的传统定义，进入地理学的视野中，我们就会发现地理学对媒介与传播问题的关注比人们想象的要久远得多，也丰富得多，一直可以追溯到十九世纪上半叶现代地理学创立之初（尽管前现代和非西方地理知识中的媒介与传播思想也同样重要，本文受篇幅所限，暂不作梳理）。

十九世纪是现代地理学的“古典时期”，由亚历山大·冯·洪堡和卡尔·李特尔两位同时代的德国地理学家共同支撑起，当时的欧洲，也正经历着由铁路、电报、摄影等一系列现代传播技术的发明所带来的“惊异非凡的时代”，两位现代地理学的创始者不可避免地将眼光投向了当时的“新媒体”。李特尔 1833 年在《地理科学的历史要素》一书中就敏感地意识到：“电报技术的发展不仅会改变人与人之间的距离，更将从各个方面改变空间差异……它让人们看到过去完全不存在的事物，让遥不可及变成唾手可得，甚至变得司空见惯。”他为此还专门构想了一种新式的多层地图来反映这一传播技术所带来的变化。请注意，当时世界上还没有传播学这个学科。

不仅如此，19 世纪古典地理学还为一个世纪后传播学的产生奠定了重要的思想基础。阿芒·马特拉将传播学兴起的原因归结为十九世纪盛行于西方思想界的社会有机论思想以及由此产生的“流通革命”。地理学家阿伯勒也有相同的论断：“历史地来看，对传播重要性的认识与社会有机论密不可分。”所谓“社会有机论”(social organism)，就是将社会看成是一个有机的整体，社会各个要素就像身体的不同器官一样既各司其职、又统一协调，共同维持社会的健康运转和持续发展，在这一系统中，传播的意义就相当于人体的血管和神经，执行着配送、调节和控制的功能。这种对社会的生物学想象与之前以牛顿力学为代表的机械论形成巨大的反差，其之所以在十九世纪欧洲普遍流行，离不开德国地理学的贡献。洪堡和李特尔共同表现出对“自然统一性”的近乎宗教信仰般的执着，对欧洲以外的广大地区所进行的地理考察让他们比西方当时其他思想家更具有整体思维，更能感知到“所有自然和人类的现象都是相互联系的”，他们从事地理学研究的宗旨就是要打破有机与无机、物质与非物质、自然与人文之间看似不可逾越的鸿沟，展现宇宙作为一个“活的整体”所表现出的和谐统一。比如，李特尔《地理学大纲》第一卷（1817）中将地理学定义为“关于地球的生理学和比较解剖学”。在他眼里，“山川、河流就是功能不同的器官，它们共同构成人类活动的基础。”洪堡在此基础上进一步提出了“宇宙有机体”(Weltorganismus) 的概念并以此贯穿他的地理学巨著《宇宙》。

正是在古典地理学的整体观和自然有机论的基础之上，英国社会学家斯宾塞发展出他的社会有机论。斯宾塞在自传中回忆到，1845 年他从《西敏斯特评论》上读到的一篇介绍洪堡研究的文章，从此产生从生物演化的角度思考社会的想法，七年后便有了成名作《社会生理学》。他后来的专著中也多次引用洪堡的研究。铁路工程师出身的斯宾塞在接过了有机论的接力棒后，自然会对传播和流通投以更多的热情。他将社会分作生产、流通和控制三个系统，道路、运河、铁路构成流通系统，像血管一样执行营养配送的功能；邮政、电报和报纸等构成信息传播系统，像神经系统一样负责协调和控制。这一思想后来成为美国芝加哥学派的重要基础，杜威、米德、帕克、伯吉斯和库利都是斯宾塞的社会有机论的追随者，帕克和伯吉斯把自己的社会学研究称作“人类生态学”，把植物和动物生态学理论结构系统地用于人类社区研究之中。库利早期和斯宾塞一样也是做交通研究的。虽然芝加哥学派在传播学中的地位后来被以施拉姆为代表的经验学派所取代，但这根血脉被当时在芝大社会学系就读的英尼斯保留了下来，后经麦克卢汉发展为北美媒介环境学派，再往后又催生出凯瑞的“文化传播观”。从这条脉络上来看，现代传播学至少有一部分根系深深地扎在地理学的土壤之中，传播与地理本是同根生。

二、物质主义的分岔：传播即交通

从古典时期开始，地理学就以其独特的整体观企图填平自然与文化、物质与非物质之间的鸿沟，在严格按照自然和人文划分的现代学科体系中，这种倾向显得有些格格不入，它既造就了地理学独特的学科地位，也带来了它的尴尬。地理学在后来的发展过程中，不断地表现出在自然科学和人文社会科学之间的摇摆，也总是力图在摇摆中获取平衡。这种特殊的学科禀赋也影响到地理学家对媒介与传播的态度。在理解媒介与地理的关系时，他们同样表现出在物质主义与文化主义之间的分裂和摇摆，反过来，他们也通过重新理解媒介与传播现象的实质来寻找平衡的途径。

人类传播行为究竟是物质的还是文化的？这个问题在古典地理学中似乎不存在，这种状态一直延续到创立人文地理学和地缘政治学的弗里希·拉采尔 (Fridrich Ratzel)。翻开拉采尔的《人文地理学》(*Anthropogenographie)*，对 Verkehr（流通）的讨论在其中占到整整一章。拉采尔把流通比作是“空间的主宰” (raumbewättiger)，“是构成城市和国家的重要机制”，它使得地理空间成为“活的空间” (Lebersraum) 。这里的“流通”并不仅指交通，而是同时包括交通运输和信息传播。他甚至认为“从政治的角度而言，流通中的重中之重是信息的传播”。事实上，这种混合含义在早期英语的 communication 和法语的 circulation 中也同样存在，它与人类长期以来的传播和交往经验是吻合的。在电报发明之前，邮政、报纸等远距离信息传播必须依靠马车、铁路、轮船等交通运输系统，所以，思想和信息的沟通与物理空间的通达总是交织在一起。一直到 20 世纪 20 年代这种混合含义仍然被西方学术界普遍采用。比如，直到 1909 年库利仍然将传播定义为“人类发展社会关系的机制，包括人脑的符号，以及所有在时间上记录它们和在空间上传输它们的手段”。这里的传播也同时包含“信息交流”和“物理交通”双重含义。在“传播”与“交通”不分家的情况下，许多研究其实是集地理学、社会学、传播学于一身，拉采尔讨论电报技术，库利研究交通理论，英尼斯研究铁路史和皮货贸易，它们既是地理学，也是传播学，或者可以被视作早期的“传播地理学”。

但是，从 20 世纪 30 年代开始，“传播”的意义开始发生变化，渐渐脱离了物理交通的含义，专指符号和信息交流。至于其中的原因，凯瑞的解释是因为电报的发明第一次让信息传输在技术上摆脱了对物理交通的依赖，并且反过来成为控制和协调物理交通的工具，仿佛“神经的传导脱离了肌肉”。也就是说，传播与交通原本都是通过提高速度战胜空间和距离，但是电报的速度让二者产生了质的区别：交通只是部分减少了空间的阻力，而电子传播则似乎完全消灭了空间和物质的障碍，以某种虚拟甚至神秘的方式实现了点对点的传输。因此前者仍然属于地理学研究的范围，而后者则一下子跳出了地理学，进入了虚拟的意识层面，需由心理学和信息科学来接管。由此，一条地理与非地理、物质与非物质的知识鸿沟将二者一刀两断，研究的轨迹也分道扬镳。今天回过头来看，这种历史性的分野并不全像凯瑞所说的是电报技术使然，它也是人类对新技术的乌托邦想象使然。一旦某种技术为人类提供了新的可能性，我们总是容易夸大它与旧技术之间的差异，并将人自身超越现实世界的欲望投射其中。早在电报发明之前，人们就曾经认为邮政系统的建立会逐步消灭空间；电报发明后，这种超越空间的想象又被寄托在电子媒介身上；再后来，互联网又扮演了新的虚拟世界。其实，无论是从基础设施还是从社会制度上来看，它们中的任何一个都从未脱离过空间和物质现实，只不过我们常常不愿意看到这一点而已。

在技术和观念的双重作用下，地理学渐渐放弃了信息传播而专攻物理交通。这一分岔到了 60 年代显得格外明显，比如一本名为《英国传播地理学》(*The Geography of Communications*) 的专著仅在引言部分承认信息传播原本也属于一种传播，接下来通篇讨论的都是公路和铁路交通。该书的作者坦言：“传播就像是地理学的灰姑娘，对它的重要性我们只是在学术讨论中口头上提一下，没几个地理学家把它当作一个专门的话题来研究。”1974 年，终于有一篇名为《传播地理学》的论文开始正面讨论广播电视等大众传播现象，但只是孤零零地委身于一本名为《交通地理学》的论文集中。所以，如果要了解 20 世纪上半叶西方地理学的传播研究，我们不能以当时传播学意义上的传播来识别，而是要进入交通地理学中。

传播与交通的分家在很大程度上决定了传播学和地理学后来的走向。一方面，交通的退出让媒介与传播研究渐渐脱离对空间和物质的考量，走向以文本和内容为中心的套路，无论是美国的经验学派还是欧洲的批判学派，都有这个通病。另一方面，对信息和意义交流的回避也让地理学研究走向物质主义的极端，片面地采取自然科学的路径去理解复杂多变的人类社会空间经验，将研究的合法性和严谨性完全建立在逻辑实证的原则上，过分强调证据的可视化、可量化以及因果逻辑关系的推导。这种倾向在二战以后地理学的“量化革命”中达到高峰，地理学几乎一度成为另一门自然科学，充斥着大量的数学模式、公式和定律，对难以被科学消化的人文现象变得越来越没有耐心。艾略特·赫斯特（Eliot Hurst）曾这样总结交通地理学的困境：“交通地理学家满足于描述那些最显而易见的事物，对交通来说，那自然无外乎交通工具、线路布局和物流。当需要解释现象的原因和相互关系时，他们就会过分依赖物质决定论或是单纯的经济理性，对变化、不确定性以及社会的经济文化因素总是避而不谈。”对科学实证性和可见性的过度强调恰恰让地理学家对现代传播现象表现出普遍的“盲视”。虽然许多地理学家都承认电子传播可能是世界上影响范围最广的地理，“它对当今世界的重要性绝不亚于豪斯曼的街道设计对十九世纪巴黎的重要性”，但是因为他们认为“地理学主要研究有形的物质和制品，信息的流动是看不见的……信息网络的节点和终端并不占据太大的空间”。于是信息传播对地理学来说是那么的“难以捉摸、无声无形”。

即使是谈到信息传播问题，地理学家也会套用对交通的解释。当时的地理学普遍将空间和距离当作社会经济发展的阻力，甚至是“暴君”，无论是信息传播还是物理交通，无非都是通达的手段，其意义都在于战胜距离、重组空间，通过高效率地控制人与物的流动、集中和扩散，发挥物质和社会资源的最大效益。在这种工具理性的驱使下，交通地理学与当时主流传播学一样，也出现了许多关于信息传播的“强效果”理论。比较有代表性的是詹妮尔（Janelle）的“时空融合”理论 (time-space convergence)。她认为地方之间的距离不应仅仅用空间距离来衡量，还应该用时间来衡量，减少旅行的时间也就是缩短地方之间的距离，交通工具是从空间改变距离，而电报电话技术则是从时间改变距离。有些地理学家甚至认为现代传播技术可以让信息的集散和决策过程不再需要在中心城市进行，边远地区同样可以分享信息和参与决策，甚至开始怀疑“未来人类为什么还需要城市？”还有人将未来的城市想象为“一个控制人类交往和互动的超级开关盒”。在这种未来主义想象中，人类交往和传播行为被从实体空间中抽离出来，成为价值中立、服务于速度和效率的工具。这可以说是传播学的“效果论”在地理学中的翻版，媒介在其中更多是一种“地理终结者”，而非“地理制造者”。

三、“文化转向”：传播即表征

从 20 世纪 70 年代开始，实证主义地理学这种“见物不见人”的偏向受到越来越多的批判，地理学的天平开始向人文倾斜，而一旦把人放在视觉中心，人类传播的另一个面向便呈现出来：它作为人类对世界的感知、表达和建构，而不仅仅是传输的工具。“传播”从“交通”转变成了“表征”。

这一转变经历了两个阶段。第一阶段是以段义孚、雷尔夫、西蒙为代表的人本主义和现象主义地理学。这一派学者从现象学和存在主义的角度重申人的意义和价值在人文地理学研究中的核心地位，他们认为空间和地方不是某种外在的物理现象，而是介于主观与客观之间的社会存在。地方不仅是由山川、河流等自然要素构成，也是人的主观认知和历史文化经验所生成，其生成的方式自然离不开符号性的表达和传播，特别是不同文化中内在的宇宙观和信仰体系。通过强调符号的意义，人本主义地理学将传播研究带离了交通地理学的物质主义轨道，打开了通向表征的大门。但是，早期人本主义地理学在拉近了人与地方关系的同时，却疏远了人与现代技术的关系。他们主张的“以人为本”带有明显的个人浪漫主义和保守主义色彩，片面地强调那种生于斯、长于斯所培养起来的“正宗的地方感”，将经过技术中介化的人类经验统统视作“不正宗”。这种保守的态度自然让他们对大众传媒感到忧心忡忡：“广播、报纸等让人们减少面对面交流的欲望，让社会丧失地方特点。”他们也担心，现代传媒对大众的迎合会扭曲人们的真实经验，损害人的地方感，创造出一种“没有地方的世界”。这种将现代传播技术排除在人文和地理以外的观点在 80、90 年代非常盛行，传播学者梅洛维茨的“地方感的消失”（no sense of place）和人类学家奥吉的“无地之地”(non-place)表达的都是相似的观点。总之，人本主义地理学虽然打开了地理的人文面向，却将传播和媒介归入“非人文”一边，与“正宗”的人文地方格格不入，因而它的兴起并没有直接带来媒介和传播地理学的兴盛。

第二个阶段是 90 年代新文化地理学的兴起。这一学派一方面继承人本主义地理学对人的回归，改造了早期伯克利学派所树立的物质主义的文化地理传统，不再将文化等同于有形的物质制品和地理痕迹，而是开始关注无形的精神文化产品；另一方面，他们在“以人为本”的基础上增加了对“何为人”“何为文化”的反思和批判，从符号学和英国文化研究中吸取批判的力量，挑战关于“地理真相”的迷思，颠覆建立在历史传统和精英标准之上的文化霸权。研究的重点从发现“真相”，转向揭露“真相”的社会建构方式和背后的权力关系；从捍卫“地方感”，转向对“地方感”和“地方文化”的形成机制进行更为动态和政治的考察，强调“当代与历史并重、社会与空间并重、都市与乡村并重、主流与抵抗并重以及现实与表征并重”。这种新的文化观将地理学家的田野从人迹罕至的山峰、丛林、部落搬到了复杂流动的现代都市生活中，让他们开始全面拥抱作为“活的生活方式”的文化，也直面资本主义体制下围绕文化和地方感所展开的各种社会矛盾和政治较量。

正是这样的“文化转向”让地理学家重新正视媒介的意义。1985 年，伯吉斯和戈德在《地理、媒介和大众文化》一书中发出呼吁：“媒介已经被地理学冷落了太长时间！”今天看来，这本书完全是地理学对当时英国文化研究和媒介研究的致敬，它将斯图尔特·霍尔的表征理论和“编码解码”理论提到至高无上的地位，用它来分析报刊新闻对内城区和第三世界国家形象的建构、电影和小说对自然灾害的呈现以及风光纪录片的叙事风格等诸多议题。这些研究不再用“正宗”的标准来评判大众媒介对地方的呈现，而是将它作为生产地理想象的强大力量，并透过内容分析折射出各种政治经济权力和意识形态如何参与地方形象和意义的建构。这正是当时大多数文化研究和媒介研究学者所采取的研究路径，只不过被文化地理学家移植到了对地方和地理经验的研究中。自此一系列有关文化地理现象的研究都开始以媒介呈现作为分析路径，研究对象涉及电影、电视、报纸、流行音乐等各种媒介形态，分析视角也是当时文化研究中常见的阶级、性别、国家、种族等维度。这些研究的共同点是围绕表征做文章，用马克思主义、女性主义、后殖民主义、后现代主义等理论武器剖析表征对地方和空间的意义生产和意识形态之争。除了大众媒介研究以外，对表征的批判研究也被广泛运用到地图和景观研究中，地图和地理景观也同样被当作文本和表征，接受着话语的分析和意识形态批判。

这种路径在当时爆发的影响力是毋庸置疑的，它以文化之“虚”撼动了物质实在性背后的社会结构和权力关系，让人文地理学彻底摆脱了物质主义和科学主义的牢笼，用相对的、建构主义的空间观撼动了以往绝对的、功能主义的空间观。表征和话语的力量让人们看到社会实践与空间之间的相互建构的关系，这不仅为地理学研究打开了一条新路，也为地理学的理论和方法进入其他人文社会科学扫清了道路。于是，让许多文化地理学家始料未及的是，他们掀起的地理学“文化转向”也带来了其他社会科学的“空间转向”，原本为地理学专用的“空间分析”“景观研究”逐渐成为其他社会学科所采取的工具。这极大地提升了人文地理学在整个社会科学中的地位。

然而，对于一个具有深厚物质主义传统的学科来讲，新文化地理学在“以虚克实”的同时，也不免过于“务虚”，许多学者担心一味地在话语和表征的圈子里打转会让地理学逐渐因“去社会化”和“去物质化”而变得贫血。从20世纪90年代末开始，人文地理学中又产生了“回归实在性”的呼声。这一回归并不是要回到原来那种科学和量化的“实”，而是要找到打通物质主义和文化主义的通道，超越虚与实的两分法，新一轮自我超越也带来了地理学家对媒介和传播现象的再度审视。

四、非表征理论和虚拟地理学：超越虚实之分

打通虚实的第一条路径是非表征主义地理学，它是通过发现物质的能动性和身体的主体性来破除语言和表征对于文化的主导地位。从20世纪90年代开始，就有一些地理学家从流行音乐、舞蹈、夜总会等大众文化现象的研究中感到语言的局限和表征的贫困。“用文字来写音乐，就像是用跳舞来表达建筑，用耳朵去欣赏芭蕾和绘画……绝对不是最好的方式。”他们呼唤地理学要冲出“语言的牢笼”，寻找表征以外的世界。奈吉尔·薛伟德 (Nigel Thrift) 的非表征理论就是这一呼声的最佳代表。他结合梅洛庞蒂的具身认知学、拉图尔的行动者网络理论、德勒兹的集合（assemblages）概念，试图发展出一个“不同力量在多种空间中通过连续和不自主的遭遇而构成世界的物质性模式”。这种“再物质化”的努力不是要回到早期人文地理学中作为人的对立面的物质性，而是要把人自身纳入物质性的考察范围。它反对西方理性主义哲学观将人性定义为灵魂对身体的主宰、理性对感性的规训，转而揭示身体、情感、行为等物质性因素对主体性的塑造。非表征主义给媒介地理学研究带来了三方面的影响。一是身体转向。认为人既是意识主体，也是身体主体，既通过思维认知，也通过身体认知。在分析对象上，不再拘泥于对视觉文本的分析，而是将声音、气味、触觉、味觉、运动和情感等多种感觉和经验带入研究范围。二是物质转向。将观察点从人转向自然和物质，发现非人类因素的能动性和文化意涵。三是实践转向。不拘泥于媒介“说了什么”，而是“做了什么”，观察媒介参与地方建构的过程和机制，而不是结果。值得注意的是，以上三方面的变化与其说是对媒介表征的抛弃，不如说是扬弃，旨在发现“表征的实在”。正因为如此，有地理学家认为“超表征地理”（more-than-representation）比“非表征地理”(non-representation) 的提法更能表达这一理论范

式的真正内涵。

第二条打通虚实的路径是虚拟地理学。这里的“虚拟”当然是指电脑和互联网所创造的社会交往和空间体验。当这两门技术刚刚出现时，它们同样一度不在地理学的研究范围内，而是被浪漫地想象为与地理无关的天外之物，是不占据地理空间和物质资源的“赛博空间”和“虚拟环境”，是可以超越现实的“网络社会”和“虚拟社区”。随着“新”的光环渐渐退去，电脑、互联网、手机等新媒体也逐渐纳入地理学家的视野。他们开始为所谓的“虚拟世界”绘制地图，发现这里绝非世外桃源，同样存在着中心和边缘、高峰和低谷、富人和穷人、控制和被控制。渐渐地，所谓“虚拟”的非物质假象被捅破，地理学家发现“虚拟”的背后藏着对现实世界土地资源和基础设施的极度依赖，现实世界的地理分布和空间格局在很大程度上决定着虚拟世界版图的扩张。比如，今天的互联网跨洋光纤大致还沿袭着殖民扩张时代海底电缆的路线。再比如，由硅谷设计的每一款智能产品仍然离不开中非国家提供的钶钽铁矿，殖民时代培育出的地缘政治和经济依附的神经在互联网时代还在强劲地跳动。与此同时，虚拟世界也以物质的方式改造着现实空间。那些只有机器才能读懂的符码和程序不仅编织出虚拟世界中的网站、博客和游戏，也编织进了现实的社会组织和日常生活的空间生产和管理之中，创造出新的工作、居家和出行方式。特别是随着电子地图的普及，地理信息开始嵌入一系列位置媒体之中，地图由一种空间表征的载体转变成空间操作的平台，在塑造人的空间感知的同时直接产生物质行动。在这种情况下，“编码”与“空间”融为一体，“原子之城”与“比特之城”相互交织、深度嵌入。

五、保罗·亚当斯与地理学的“传播转向”

至此，我们依次介绍了西方地理学研究媒介与传播现象的四种主要进路：交通地理学、文化地理学、非表征地理学和虚拟地理学，它们兴盛于不同的时期，传达着不同的媒介观和传播观，围绕不同的核心概念解析地理与媒介之间错综复杂的关系。尽管有着共同的研究对象，彼此间一直处于相对分离的状态。这使得媒介与传播研究虽始终存在于地理学家的视野中，却一直没有形成统一的研究领域。为这种离散状态画上了句号的，正是保罗·亚当斯的这本《媒介与传播地理学》。

保罗·亚当斯是美国得克萨斯大学奥斯汀分校地理与环境学院的教授，由他来完成这个历史使命并非偶然。亚当斯毕业于美国威斯康星大学麦迪逊分校地理学系，师从于人本主义地理学大师段义孚 (Yi-Fu Tuan)，但是，他对人和地方的认识与主流人本主义地理学家不尽相同。正如他在给本书中文版写的序言中所透露的，他从段义孚那里学到的不完全是西方的人文主义，更有段义孚作为一个中国人与生俱来的融合观，这使他在看待人与地方关系时更为开放和动态，对一般人文地理学家有意排斥的现代传播技术抱有浓厚的兴趣。在借鉴传播学理论时，亚当斯也比当时许多新文化地理学家的视野更加宽阔，他不仅受到本校传播艺术学院约翰·费斯克 (John Fiske) 的栽培，得到了文化研究的真传，而且从本科时就醉心于麦克卢汉的理论，比单纯崇拜文化研究的地理学家对媒介多了一份物质和技术层面的关怀。相比许多传播学者，作为地理学家的亚当斯似乎更容易让费斯克所代表的文化学派和麦克卢汉所代表的技术学派融会贯通。他发现一旦把媒介置于现实的场景和社会实践之中，何为媒介 (media)、何为讯息 (message) 便不再那么泾渭分明。一般人认为，跨学科交叉注定只能在两个学科的边缘做一点修修补补的工作，而亚当斯却是通过交叉向两个学科的中心发起挑战。麦克卢汉说"媒介即讯息"，亚当斯往前走一步，提出"媒介即地方"。比如电视，它不仅不会像许多人本主义地理学家担心的那样带来"地方感的消失"，而且还在创造另一种地方。只要我们不把电视等同于电视节目，不把地方与地点画上等号，那么电视显然和建筑一样都是重组社会交往和管理社会边界的"相聚之地"。麦克卢汉说"媒介是人的延伸"，亚当斯又往前走一步，提出自我是由"身体"与"身体之延伸"共同组成的"延伸性自我"，前者植根于特定时空，受到感官的限制，相对稳定；而后者则产生于人们与世界的互动，变动不居。媒介为发展"延伸性自我"提供技术条件，也规定着它的边界。媒介的社会意义不止于"传递"或是"表征"，而是在"此处"和"远方"、自我与外界之间建立动态的联系，赋予人类生活无穷的可能性。在此基础上，亚当斯不再只是一个关注媒介现象的地理学家，而是一个以媒介为视角和方法的地理学家，媒介和传播成为他通达人文地理真谛的钥匙。正是从这个意义上，亚当斯认为地理学正在迎来"传播转向"。与20世纪90年代的"文化转向"相比，"传播"的概念"更指向一个过程而不是某个对象"。所谓"传播转向"，不单关涉符号和表征，而是"一切与传播相关的术语和概念普遍成为地理过程的要素，并决定着它们的形态和描述"（见本书第11页）。

接下来亚当斯要做的就是为这样的媒介地理学绘制一张完整的地图，这便有了他著名的"四象限图"，整本《媒介与传播地理学》可以说是这个地图的详解和使用说明。图的横轴是空间和地方两个向度，纵轴是作为空间干预的媒介和作为现实表征的媒介，按照包含与被包含的关系，得出"空间中的媒介""媒介中的空间""地方中的媒介"和"媒介中的地方"这四个象限。理解四象限的关键在于将地理学的空间和地方与传播学的媒介均视为过程而不是实体，它们均是主观与客观、自然与人文、物质与精神二元互动的复合体，而不是二元对立的产物。它们的关系也呈现复杂流动的状态，你中有我、我中有你，相互生成、此起彼伏，传播既在空间和地方之中，又是构成空间和地方的元素。也就是说，传播与地理之间同时存在着两种相互抵消又并行不悖的层次关系。这种状态在基于等级次序和因果逻辑的线性思维中近乎痴人说梦，但是站在基于根茎关系和演化机制的网络思维中，也许正是世界原本的样子。博尔赫斯《分岔小径的花园》和卡尔维诺《看不见的城市》都是对这种复杂关系的文学写照，卞之琳的那句"你站在桥上看风景，看风景的人在楼上看你"也不失为它的一个诗意的注解。

正是借助这种"新型结构"，亚当斯得以将地理学中关于媒介与传播的各路研究带到了一处，让曾经看似隔离甚至对立的流派变得可以并行不悖、互通有无。四个象限分别对应着本文之前讨论的四种研究路径，其中"空间中的媒介""媒介中的地方"对应着较早的交通地理学和文化地理学，而"地方中的媒介"和

“媒介中的空间”则对应着较晚出现的非表征主义地理学和虚拟地理学。这些流派有着不同的知识谱系和理论积淀，其产生和最具影响力的时期有早有晚，亚当斯并没有对它们分出新旧好坏，也不是将它们综合起来发展出属于自己的某个理论，而是为它们留出相应的空间，组成一个相互串联的知识迷宫，再附上一张寻宝图，吸引读者自己去探索。这种态度无疑是可取的。所谓“尺有所短，寸有所长”，每一种研究各有创新，也各有其盲区，后面的研究路径虽然是对前面的补充和发展，但并不意味着前面的路径已经走到了尽头，新的媒介技术和传播现象的涌现极有可能将某个被冷落的路径再次唤醒。比如，移动互联网对交通的革新，社交媒介对地方意象的生产和消费，等等。面对不断媒介化的世界，既然我们无法预判前方的风景，就不存在唯一正确的路径，一张相对完整的知识地图胜过单一的理论工具。

六、媒介与传播地理学的现状及未来

《媒介与传播地理学》英文版面世后的十年间，亚当斯提出的“传播转向”不再只是一种理论创新，而是迅速发展的新媒介正在向我们打开的现实图景，是对数字化、移动化和智能化所带来的人与地方关系转型的回应。随着电子地图的普及以及“大众点评”“滴滴出行”“摩拜单车”等位置媒体的迅速渗透，地理信息已经从传统媒体中的内容，变为组织其他信息的平台，媒介以前所未有的广度和深度嵌入日常生活的实体空间之中，媒介与地理渐行渐近，“媒介的空间化”和“空间的媒介化”从来没有像现在这样真实可感。新技术的魔棒让媒介与传播研究这位曾经的“灰姑娘”穿上了水晶鞋，在地理学的殿堂中大放异彩。

凭借本书所搭建的理论框架，亚当斯当然地成为西方媒介与传播地理学的扛大旗者。他联合地理学和传播学的学者出版了《媒介地理学读本》(*The Ashgate Research Companion To Media Geography*)（2014）和《传播、媒介与地理》(*Communications/Media/Geographies*)（2017）等多部论文集。从2017年开始连续在《人文地理学进展》(*Progress in Human Geography*) 杂志上发表媒介地理学研究的最新发展报告。在他的召集组织下，美国地理学会 (AGG) 从2005年开始增设“媒介与传播地理学”专业小组，集纳了来自政治地理学、经济地理学、文化地理学和空间分析学的一批知名专家，也吸引了一批从事单一媒介研究的地理学家，比如电影地理学、电视地理学和流行音乐地理学等。这标志着媒介与传播研究在西方人文地理学中从边缘开始走向中心，逐步发展为一个正式的分支学科。除了亚当斯之外，另一位致力于媒介与传播地理学建设的美国地理学家是亚利桑那大学的克里斯·卢肯比尔 (Chris Lukinbeal)，他不仅与德国约翰内斯古登堡大学合作创办了媒介地理学的专业网站（https://mgm.arizona.edu）和专门期刊（*Aether: The Journal of Media Geography*），组织出版了媒介地理学系列专著，还积极推进地理媒介素养教育。英国地理学家苏珊·美因斯 (Susan Mains) 和朱莉·卡帕斯 (Julie Cupples) 也做了类似的工作。除英美以外，瑞典和德国也是西方媒介与传播地理学发展的重镇。瑞典卡尔斯塔德大学的地理、媒介与传播学院从2013年起设立地理媒介研究团队，从“空间与文化的媒介化”“新闻生产与消费空间”和“旅游与流动性研究”三个议题展开地理学与传播学的交叉融合，每两年召开一次世界地理媒介大会；德国锡根大学和约翰内斯古登堡大学的地理学院也是建构媒介与传播地理学的积极倡导者。这几所欧洲大学都与包括亚当斯在内的美国媒介地理学家有着非常紧密的合作。这些努力都为进一步夯实媒介与传播地理学的研究基础和营造学术中心做出了重大的贡献。还有许多地理学家并没有为自己戴上媒介地理学家的头衔，但同样活跃在这个领域，比如英国地理学家罗布·基钦 (Rob Kitchin)、马丁·道奇 (Martin Dodge) 和马克·格雷汉姆（Mark Graham）的互联网与数字地理学研究、吉莉安·罗斯 (Gillian Rose) 的视觉媒介研究 (2016)，以及杰森·迪特默 (Jason Dittmer) 对连环画的地理研究，等等。

地理学家对媒介研究的兴趣也得到了传播学者的积极回应。英国媒介学者大卫·莫利 (David Morley) 坦言，他在 80 年代主要拜人类学家为师，而 90 年代以后他甘做地理学的学生，这一转变在他最近几年的新著中表露无遗。曾经师从莫利的英国学者尼克·库尔德里 (Nick Couldry) 和肖恩·摩尔斯（Shaun Moores）也紧随其后，他们借鉴人文地理学的理论和视角，将“媒介”与“空间”的深度融合和关系重构作为理解当今社会媒介化和流动化趋势的重要切入口，积极倡导“去媒介中心化的媒介研究”和“非表征主义的媒介研究”。澳大利亚传播学者斯科特·麦奎尔 (Scott McQuire) 则针对新技术所带来的“无处不在、位置敏感、即时反馈和技术融合”等传播特点，将 21 世纪称为“地理媒介”时代，提出只有打破人与物、虚拟与真实、媒介与地理之间的认知鸿沟，才能把握人类传播的深层逻辑。随着媒介与地理的互嵌不断加深，媒介与传播地理学的研究范围也在不断扩大。这就意味着会有越来越多的地理学家和传播学者自觉或不自觉地参与到这个领域里来，不仅如此，它早已超出了地理学和传播学的范围，延伸到了建筑学、人类学、城市研究、计算机科学等多个学科。

毫不意外，媒介与传播地理学研究的这些最新发展已经大大溢出了亚当斯十年前为它所绘制的四象限图，要为它重新画一张地图只会比十年前更加困难。十年的发展虽然让媒介与传播地理学研究变得更为活跃，却并未让它的边界和中心变得更为清晰。直到今天，西方学者关于媒介与传播地理学是否应该成为一个独立的分支学科还存在许多争议，关于这个领域的核心概念、关键议题和研究方法尚未形成足够的共识，新老研究之间也缺乏延续性，没有人能说清楚“媒介地理”(media geography)“媒介空间”（mediaspace）“地理媒介”(geomedia) 这些混合概念之间究竟是什么关系，连究竟是叫它“媒介地理学”还是“传播地理学”都一直存在争议。这种尘埃未定的状态或许限制了媒介与传播地理学发展成为一门真正主流的分支学科，但一个尚未完全定型的研究领域恰恰也更能包容不同学科和不同流派之间的参与和争鸣，更能产生意料之外的碰撞。正如亚当斯本人所总结的，媒介与传播地理学的跨学科意义可能比人们想象的更为丰富。正因为它所跨越的不仅是原本相距甚远的两个学科，而且这两个学科的内部原本就存在许多差异，这就意味着它不可能是两个大陆之间的单座桥梁，而更像是两个群岛之间纵横交错的道路网。也许有人会担心跨学科交叉会让两个学科失去各自的特色，但亚当斯认为这恰恰可以促进两个学科内部的整合。无论是地理学中的自然与人文之争，还是传播学中的“传递观”和“仪式观”之别，在媒介与传播地理学的视野下都似乎看到了对话和调和的空间。的确，无论是地理学的“传播转向”，还是传播学的“空间转向”，都不是为了成为彼此，而是为了自我更新。它们都是开放社会科学时代的产物，与全球化和新技术所带来的“物质性转向”“身体转向”“实践转向”以及“后人类主义”等当代学术思潮存在着内在的呼应关系，其未来的发展不仅取决于两个学科之间的对话，也取决于整个社会科学学科范式的迭代和交融。

以有界之学科探究无涯之世界，这本是现代人面对大千世界的无奈选择，对于人类几千年的智慧而言，也是一个“忘恩负义的后裔”。媒介地理学的兴起再一次挑战了这种以研究对象划分学术领地的观念，其意义不在于锁定某些特有的研究对象，或是围起一个新的研究领地，而是以一种曾经被遮蔽的“入射角”进入人类生活当中，并“迫使人们对世界传统的解释重新作出解释”。多年前，面对人们对地理学究竟是一门什么样的科学、是否可称得上一门科学的置疑，地理学家哈特向毅然反驳道：“名字又有什么要紧？”“地理学并不对任何特定现象声称独有的研究权，而是研究它所研究的地区中一切值得注意的组合。”同样，今天的我们无须过多纠结于媒介与传播地理学是什么、叫什么，也不必为它不断变化的研究对象和研究路径感到焦虑。重要的是，它能否让我们对媒介与地理的各种“值得注意的组合”保持敏感和好奇，能否创造不同文化和不同学科思想之间“任性的联合”。按照亚当斯的最新解释，媒介与传播地理学的真谛在于“相遇的形而上学”(metaphysics of encounter)。但愿本书中文版的面世能为您带来一次跨学科和跨文化的相遇，并由此创造更多的相遇。

中文版序

我最重要的一本书可以被译成中文出版，让我莫感荣幸！中美两国虽相隔千里，历史迥异，但诸多现象表明两个社会的距离正在被拉近，这本译著的出版再次证明了这种变化。对大多数中国学者来说，阅读英文专著并非易事，译者的辛勤工作帮助我与更多的中国学者相遇，让他们了解我的思想。在序言中，我将尽量为读者理解本书提供一些帮助，还会应袁艳教授的要求，介绍一下我在《媒介与传播地理学》出版之后的十年间所做的主要研究。

先容我说几点题外话。关于语言的相似性和差异性如何塑造地方之间的交往，这一直是我的研究兴趣之一。中国和美国不仅空间上相距遥远，语言上也存在极大的差异，而一个国家的语言往往决定着人们的思维方式。举一个最简单的例子，英语中“空间”(space) 和“地方”两个词 (place) 尾音押韵，长度也相似，这让它们看起来像是天生的一对儿。不仅如此，它们也似乎代表着两种互补的人类经验，从本体论的角度将现实一分为二，就像有内就有外、有大就有小一样。但是就我所知，中文里“空间”和“地方”两个词无论在读音和书写上都没有这种对称性、互补性和完整性，它们在中文有着多种不同的含义。由此可以推想中文读者在读到我根据空间和地方、内容与载体的区分而发展出的四象限理论时，一定会因为语言的障碍对其背后的逻辑感到有点不解。果真如此的话，我真心希望能听到你们的意见。根据萨丕尔 (Sapir) 和沃尔夫 (Whorf) 的语言相对性的假设，我的书会在中文读者那里得到迥然不同的反应，而我特别希望你们能与我分享这种不同的感受。欢迎你们向我提问和给出意见，我不介意被你们带出自己的思维舒适区。

这本书的问世至少在两点上要感谢中国。首先，我 20 世纪 80 年代末和 90 年代初就读威斯康星大学麦德逊分校时均有幸师从段义孚教授，他是我硕士和博士两个阶段导师组的成员。他是美国在世的人文地理学家中最著名的大师之一，我在学习中非常幸运地得到了他的悉心帮助和指导。他 1930 年出生于天津一个外交官家庭，父亲在抗日战争期间获得了一个海外工作的职位，这让他从 11 岁开始就有机会在澳大利亚、菲律宾和英国读书，掌握了流利的英语，后在英国剑桥大学读完本科和硕士，又在加州伯克利分校获得博士学位。段义孚以“世界公民”自居，尽管这个称号可能对有些人来讲显得很空洞，但是由于这种跨文化背景，他对世界的认识比大多数英美地理学家都更加世界主义。这种世界主义情怀也必然影响到我的研究，让我成为当时少数研究媒介的地理学家之一。总之，段义孚国际化的家庭背景筑就了他的地理思想，而他的世界主义态度也筑就了我的研究方向。

另一点要感谢中国的是我在研究生阶段参加的一个初级中文课程。当时外语是我的必修课程，我的法语已经达到中级，所以不想再修了，另一个选择是修三个学期的统计，听起来有点可怕。所以，我就报了中文。遗憾的是，我很快就被汉语的音调和书写搞晕了，更不要说中英文之间根本不存在同源词了。最后我只得放弃，硬着头皮去学统计。这倒未必是件坏事，我在空间统计方面的教学实力后来给我带来了一些工作机会。不过我始终保持着对中文的好奇，也学会了这句中文："你是我的朋友"。这么多年来，我一直未能实现自己访问中国的梦想，但这句话却记在心里，我一直期待在未来的中国之行中，能用这句话开启一段跨文化的交谈。

说回到本书，其实它与我最初的想法相去甚远。我原本是想建立一个可以用来分析传播的多重地理意义的体系，也就是我在书中第一张图中所展示的"四象限图"，可惜我并没有将这个框架在书中贯穿到底。我想借这个序言稍做解释。全书的各章在四象限图中各有其位置，第一、二、三和十一章处在象限图的中心，也就是四个部分交汇的地方。第四、五、六、九和十三章分别处在不同的象限之中，而第七、十和十二章则处在空间和地方的交汇之处。具体来说，第四章是关于光纤、手机这样的媒介基础设施或是技术系统，以及这些系统在地理空间上是如何分布的，它构成了"地方中的媒介"这一部分。第五、六章是关于由媒介的网络和拓扑连接所创造出的空间，这些连接发生在人之间，也发生在思想之间，它们构成的"地理"与我们通常在地图上看到的不太一样，属于"媒介中的空间"。第九章是关于地方再现，即地方在媒介中所呈现的虚拟和符号性意象，属于"媒介中的地方"。第十三章是关于地方如何决定媒介的使用、媒介又是如何通过嵌入地方和生成特定的行为与交往而改变地方的意义，属于"地方中的媒介"。以上这几章可以稳妥地安放在四象限图的某个象限之中。而第七、十和十二章则处在空间和地方的交汇之处。其实只要我们仔细考察传播的过程就会发现很难分清空间和地方之间的界限。今天我们仍然在用那些非常熟悉的空间隐喻来形容数字时代的各种传播经验，比如，"上网""下线""导航"等，我们借助GPS和电子地图实现移动，也在这种移动中建构着自我和地方的身份，我们既移动在数字影像中，又借数字影像实现移动。这些章节共同展现了传播如何改变着空间和地方之间的关系。剩下的五章，也就是第一、二、三、八和十一章，则放弃了四个象限的划分而采取了综合的路径。虽然我也意识到四个象限根本不足以囊括媒介与传播地理的复杂性，但我始终觉得，当地理学家面对具体的媒介与传播现象时，或是当传播学者处理某一个地理问题时，这个图示可以为他们提供一个参照。

接下来，我想介绍一下我在过去十年间所做的研究。写完《媒介与传播地理学》一书后，我又有意识地做了许多相似的工作，进一步整合媒介与传播地理学这个研究领域，在媒介理论和地理学之间搭建桥梁。我在2011年和2012年发表了相关的学术论文，其中后一篇是与瑞典卡尔斯塔德大学的安德鲁·扬森(Andre Jansson)教授合写的。2014年我与另外两位地理学家（Jason Dittmer和Jim Craine）共同出版了《媒介地理学读本》一书，书中包含了22篇关于媒介、空间和地方议题的论文。2016年，我与另一位地理学家（Julie Cupples）和三位媒介学者（Andre Jansson, Kevin Glynn, Shaun Moores）共同完成了《传播/媒介/地理》一书。在这本书里，每一位学者都阐明了他们在传播、媒介和地理研究上的侧重点，交代了自己进入这个领域的研究历程，以及自己对这个研究领域的理解，同时还对彼此的研究发表了评论，整本书看起来很像是一个跨学科和国际化的论坛。

除此之外，我也试图缩小研究的范围，从一些具体的问题上探索传播的地理意义，有许多研究与我在本书中提出的四象限理论不一定契合。总有一天，我会根据后续的研究重新调整这个理论。我最近几年的研究主要集中在三个新的方向。第一个方向是我以前一直想做却没做的地图批判研究。其实我学术生涯中的许多研究都是因地图研究而产生的。早在 20 世纪 80 年代地理学家约翰·皮克尔斯 (Jonh Pickles) 和哈利 (J. B. Harley) 就向我们展示了地图、宣传与政治权力的关系。他们的研究启发了包括我本人在内的许多学者对地方的各种文字和视觉表征进行研究。我最近对地图批判研究的兴趣来自近十年来有关欧洲大规模移民的地图。随着叙利亚、阿富汗和其他中东地区的难民大量涌入欧洲，他们成功或失败的迁移被欧洲新闻媒体和各种政府或非政府组织用地图的方式记录下来，这些地图的学术价值在于它们生动地展现了民主社会的话语是如何处理由突然降临的移民所带来的族群困境的。它们以地图的视觉语言努力划分出谁是欧洲人、谁不是欧洲人，而它们力图维护的“欧洲”这个地理概念，其实是缺乏内在统一性的。在 28 个参与边境控制的国家中，控制的重点其实只在 26 个申根国家中，而各个国家只顾管住自己的边境。所有地图在将“入欧移民”可视化的过程中都将移民群体简化成圈圈和箭头，将复杂的个体生命隐藏在简单的几何图形背后。除了人被简化为流量和代表流量的线条和符号，人的运动也被贴上非法入境的标签。这些地图对成千上万的旅游、经商等其他形式的人口流动忽略不计，却对难民进行详细的统计和绘图，仅仅因为这是“他们不该来的地方”。这些移民在来到欧洲之前在非洲和中东地区所经历的复杂的迁徙过程，连同移民进入欧洲后周旋于各个国家寻找难民保护和逃避驱逐的过程，也都被忽略了。这让欧洲民众很难从这些地图中获得对移民的理解和同情。由此看来，这些地图是以明显的选择性为特殊的地缘政治策略服务，因此它们其实是有意无意地被当作宣传工具在使用，值得我们从人权和国际关系的角度进行批判。这个研究的成果发表在《新闻学研究》(*Journalism Studies*) 和两个论文集中。

第二个方向是对非人类行动者的能动性研究。简单地说就是研究人之外的事物是如何行动和对世界产生影响的，而事物之间以及事物与人之间的交流正是其能动性的重要方面。植物和动物不是为了服务于人的某种有意识的目标和计划长成这样的，它们也不会以人类的方式进行交流，它们的自主性无法用一神论和科学主义世界观来解释。无论是一条狗、一只鸟、还是一只螃蟹，它们都有自己感知世界和与同类交流的方式，它们的表达可以是很简单的，比如“我在这儿”“我看见你了”“这里有吃的”或是“这是我的晚餐，走开！”，诸如此类的。尽管简单，但这对每一个个体可是生死攸关的大事，同时也影响着物种的进化。无论信息多么简单，擅长交流的生物个体都会更加健康、更能战胜对手并获得更多的交配权，由此更能传递自己的基因。在这个意义上，生物演化不仅是一种分子过程，也是一个传播过程，一场在有机体之间绵延千百万年的漫长对话。植物也不乏交流的手段，比如用花朵向蜜蜂、蝴蝶、鸟、蝙蝠发出授粉的信号。味道、形状、色彩都是它们善用的语言。植物同样依靠动物做宣传。根据米歇尔·波伦 (Michael Pollan) 在《欲望的植物学》(*Botany of Desire*) 一书中的研究，它们与人类也存在着复杂的互动。这一研究的理论基础来自布鲁诺·拉图尔 (Bruno Latour)、约翰·劳 (John Law) 和米歇尔·卡隆 (Michel Callon) 等学者提出的行动者网络理论，以及吉尔·德勒兹 (Gilles Deleuze) 和菲利克斯·瓜塔里 (Félix Guattari) 的聚合理论 (assemblage theory)。同时我们还可以借鉴早在一个世纪以前生物学家杰克·范·纽斯库 (Jakob von Uexküll) 发展出的生物符号学，最近人类学家保罗·科克曼 (Paul Kockelman) 对此做了进一步的研究。以上三种理论共同打开了一个新的研究领域，帮助我们从非人类传播的角度来理解非人类行动者，也将地方视作人与其他事物共同创造的结果。我在《英国地理学家》和《社会与文化地理学》杂志上都发表了相关的文章。

第三项工作是总结段义孚的学术思想，为其学术地位正名。在施普林格出版集团（Springer）出版的名叫《地方、空间和诠释学》(*Place,Space and Hermeneutics*) 一书中，我指出了段义孚的思想对诠释学这一源自中世纪的文本分析哲学的意义。尽管地理学家公认段义孚是做诠释研究的，但他本人很少引用诠释学的文献，而是偏向以文学和历史为代表的人文学科，以及以社会学和人类学为代表的社会科学，他也不像哲学家一样喜欢用大段的抽象论述，而是讨论具体真实的例子。因此，段义孚为我们展示了一种不同于诠释学家的诠释学。在他看来，空间与地方、控制与情感、天与地、道德与想象等二元对立的概念代表着经验的不同侧面，它们看似矛盾，但仔细考察就会发现它们其实相互统一。比如，他在《浪漫的地理》一书中指出那些勇闯异域的探险家会在自己的小木屋和帐篷中创造家的舒适，将空间变成地方。在《控制与情感》一书中，他也展示了人类的情感和爱并不是像西方人所想象的那样总是出于善意或是互惠，相反，人总是以或隐或显的控制来爱他们的宠物、花园以及彼此相爱。总体上，他认为人类看似喜欢追求极端的体验，但是冒险通常会将他们带回原点。这些观点总让我想起他曾多次在我们的交谈中所讲到的中国阴阳思想。每次讲到这一点，他总是会停顿很长时间，眼里放着光。尽管段义孚总说自己的观点来自基督教神学和西方启蒙主义，但作为他的学生之一，我却是对他所讲的道教和佛教更为好奇。

我在给另外一本书写的一章中称段义孚为“环境思想的大师”。从这里我发现了自己与段义孚在理智与情感上的分歧。让我感动的往往是自然的环境，在国家公园和自然保护区看到大自然的景观和生态环境总会让我产生一种精神的震撼。段义孚不同，他认为自己反倒会钟爱那些缺乏动植物的环境，那些生命销蚀的地方，而不是生命旺盛的地方，比如荒漠和矿山。这让我在一开始感到有些疑惑。环境主义通常致力于保护生物和原始的生态环境，我应该如何理解段义孚表面上对这种环境主义的无动于衷呢？最后，“环境”一词的多义性帮助我解除了这个疑惑。英语的“环境”一词既指自然环境，也可以笼统地指一个人（或非人）的周遭。从第二种更加宽泛的意义上，段义孚无疑是一个地地道道的环境大师。当然，理解归理解，我本人的兴趣仍然是要寻求保护地球生态系统的。

最后，我想介绍一下我受本学科权威期刊《人文地理学发展》杂志之邀所写的三篇媒介与传播地理学发展报告。写发展报告的初衷是对学科内一个特殊领域的最新、最前沿的研究进行一个简短的总结。我的三篇媒介与传播地理学发展报告分别从三个主题展开："相遇的形而上学""传播之弧"以及"数字化条件下的学术传播"。我在每篇文章中费力捕捉一些难以捉摸的概念。这些概念即使是用英语也很难恰如其分地表述，是否能找到合适的中文表述就更不得而知，任何意思一经翻译就可能变味。不过还是让我试着总结一下这些报告的核心内容。近年来地理学家对文学、电影、电视、数字媒体、摄影、卡通和邮票等多种媒介的研究都表明，媒介的意义不止于传播，不止于信息的传输和思想的交流。一些新的现象引起他们的共同关注，比如表演、能动性、物质性、网络、感情，以及最让人费解的"情动"(affect)(作名词时，它是指在人们在可以指认某种感情体验之前所感觉到的情感力量的流动)。对这些颇难解释的词语和概念，我用"相遇"(encounter)来总结它们的共性。传播意味着一个主体与另一个主体的相遇，这其中包含着一个形而上学的问题，那就是相遇给每个参与者带来了什么影响？没有什么事物在经历了相遇后还能保持一成不变，主体在遇到其他主体后通过传播发生了怎样的转变呢？这就是第一篇报告要讨论的问题。在第二篇发展报告中，我转而讨论文化和传播研究从20世纪70年代就开始关注的两个分支领域：景观和人本主义研究。为了总结景观研究和人本主义近来对传播地理学研究的贡献，我借鉴景观学者乔治·雷维尔(George Revill)的"声音之弧"的概念提出了"传播之弧"(arc of communication)的概念。我的观点是，"连接创造出一种快速移动的时空环境，导致事物之间的共振，继而带来它们的共同演化"。这一点翻译成中文可能会不好理解，我要做的是对不同的行动者的相遇时刻进行理论化的解释，媒介化的相遇、会面、对抗或同行会创造出独特的时间和空间，生产出独特的景观。最后，我在第三篇发展报告中讨论了数字化时代如何改变了与我们自身相关的传播——即学术传播。我指出数字化技术给学者带来的几种风险，包括被剥削和被边缘化的风险，这些风险已经在学术发表、教学和职业发展中初见端倪。我特别强调了几种，比如学术出版物付给作者的稿费越来越少，而越来越多的学者却要花钱发表和出版，这将导致学术的贫困。而教学工作也面临着网上课堂的大规模教学模式的挑战，许多受到高等教育的人被迫成为循规蹈矩、不动脑筋的工人，他们只是"学习公司"雇的没有技术含量的"打分人"。社交媒体也会对学术工作带来干扰和政治攻击。知识生产的政治斗争，以及极端组织对社交媒体的控制，都强烈地冲击着学术与非学术的边界，阻挠了学术的正常发展。这几篇发展报告表明，我仍然继续着媒介与传播地理学的研究，只是提出了新的问题，也在探索新的路径。

本书为中国读者了解我后面所有的研究提供了一个坚实的基础。我非常高兴能够为大家提供这样一个基础，也衷心感谢袁艳教授为此付出的努力！

保罗·C. 亚当斯

2019年2月，奥斯汀，得克萨斯

致 谢

能够有机会写作一部关于媒介与传播地理学的专著是我莫大的荣幸，很早的时候，我就打算将自己一些零星的想法集中在一起讨论。这个项目之所以能够实现，多亏约翰·保罗·琼斯（John Paul Jones）的邀请，以及 Wiley-Blackwell 出版社贾斯廷·沃恩（Justin Vaughan）的帮助。出书的念头最初是我们一起在美国地理协会（AAG）丹佛会议上孕育出来的，他们二位后来一直对当初的计划兴趣不减，对他们的耐心和持续的支持，我非常感激！也要感谢那些匿名评委，他们对我提交的最初计划提出了许多意见，正是他们有益的指导和批评才使我能够朝着正确的方向努力。在技术方面，最后的书稿得益于汤姆·贝茨（Tom Bates）和 Wiley-Blackwell 出版社其他工作人员严谨的编辑工作。得克萨斯大学奥斯汀分校地理和环境系为本书中几张图片的重印提供了资助。因为这本书涉及的范围之广，我深知那些与我共事多年的同事对我的影响是多么重要，尤其是史蒂夫·霍尔舍（Steve Hoelscher）、卡伦·梯乐（Karen Til）、巴尼·沃夫（Barney Warf）、丹·苏（Dan Sui）、乔纳森·史密斯（Jonathan Smith）、瑞娜·戈塞（Rina Ghose）和埃米莉·斯科普（Emily Skop）。书中的许多观点也是我与布莱克斯堡、劳伦斯、奥尔巴尼、得克萨斯州大学城和奥斯汀等地的无数同行和学生交流的结果。另外，威斯康星大学麦迪逊分校地理系肥沃的学术土壤为这本书提供了深厚的根基，在那里我与蒂姆·克雷斯韦尔（Tim Cresswell）、肯·希利斯（Ken Hillis）、戴维·德莱尼（David Delaney）、德博拉·狄克逊（Deborah Dixon）等一些研究生同学相遇，也努力以我杰出的导师鲍勃·萨克（Bob Sack）和段义孚（Yi-Fu Tuan）为榜样。他们各不相同的学术研究从各个方面丰富了我的思想。这里如果遗漏了哪一位，请求你们的原谅！

我尽了最大的努力找到书中所用材料的版权所有人，从他们那儿获得使用这些材料的许可。如果还存在任何的遗漏和错误，请接受出版社的道歉，也请告之出版社，以便在今后的重印和修订中做出改正。

目　录

第一章　导　论

电话响起，你拿起电话，讲了几分钟后再挂上。还有什么事情比这更稀松平 1
常的吗？但是这个看似平常的电话却关联着许多地方，这些地方复杂多样、难以捉摸又相互纠缠。这个小小的传播事件定义着许多不同的地方和不同的空间，从一个对传播和媒介地理学感兴趣的学者的视角来看，可以从以下四个基本维度来归纳它们。

首先，我们可以从其传播基础设施所占据地球表面的地理布局来考虑，也就是传播“占用空间”（footprint）。经过编码的声音信号通过一系列链接（电缆和电磁波信号）在不同的节点（电话、转播站、转换器）间穿越。这些链接和节点在地图上可用点和线来表示：一边是手机，另一边是有线电话，线性的信号流从一部手机传到发射塔，通过转换器、收发器、电缆，到达另一部电话。这还只是一个单一的传播技术，想想它所占用的空间以及这个空间所包含的一系列地点已经让我们觉得很有趣了。现实生活中存在许许多多不同的数字信号，它们通过不同的渠道在传播，如果我们想想由这个庞大的传播流所创造的空间，那就会更加有趣了。它正是曼纽尔·卡斯特（Manuel Castells,1996）所说的“流动空间”。这里我们谈到了三个互补的概念：作为基础设施的传播，这些基础设施所占用的空间，以及由流通于这些基础设施中的信号所构成的流动空间。这三个部分共同组成我们在本书中将要论述的第一个空间维度——**空间中的媒介**。

传播的第二个空间维度不那么直观。想象你到一个国家旅行，到达目的地后你用手机给一个朋友打了个电话。这个电话所占用的空间和你在家给这个朋友打电话时所占用的空间大不一样，它们要经过完全不同的发射塔、转换器、收发器和电缆。然而，无论在什么地方，你都可以轻松地找到你预存在手机里的名字和电话号码，并不需要关心电话所占用的空间发生了什么变化。你关心的是那些不 2
因地点的改变而改变的东西——那个围绕你的联系人而形成的社会空间。这个空间与传播设施所占用的空间一样真实，只是会在你移动的过程中保持不变。这个空间规定着什么与什么相互联系着，而不是这些联系的地理定位。它与物理位置无关，因为你的手机名录中的某些或者全部联系号码完全有可能被存进另一些手机，而它们的位置都是不固定的。这是一个信息和思想流动的拓扑学。这个不随节点和链接的位移而变的拓扑学正是我们要考虑的传播的第二个空间维度。在这个拓扑社会空间中，你和你朋友的医生（他的电话存在你朋友的手机中）之间只隔着两步连接，同样，你和你医生的朋友之间也隔着两步连接。有研究显示，如果考虑进所有类型的熟人关系——个人的、职业的、社会的，等等，你和这个星球上任何一个人之间的连接不超过六步。所以，让地理学家感兴趣的第二个话题可称作**媒介中的空间**，这是一个有实用功能的拓扑空间。这个空间是无形的、液态的，但它的影响却是实实在在的。传播所占用的物理空间总是与传播的拓扑学相辅相成。

以上两种维度根本上都是空间性的，当我们从地方而不是空间的角度去理解传播的时候，就要增加另外两种地理维度。地方是意义和注意力的中心，它由跨越时空的社会交往以及它们所积淀下来的社会意义所构成。还是以手机为例，想象一下你接到一个电话说："嗨，猜猜我在哪儿？我正坐在滑雪缆车上俯视着大陆分界线！"这里传达的是一个通过电话中的语言和非语言符号带给你的一个地方意象。电话中声音的颤抖、大笑或是叫喊都是情感传播的一部分，都可能引发你相应的情感反应。地方意象可以激发我们不同的情感，从极端无感（比如某个路牌上的陌生路名）到极端兴奋（比如电影中的一个战场情景），它们不仅包括单独的文字、图片和活动画面，也包括它们的混合体，比如歌曲《我爱巴黎》和《亚拉巴马我甜蜜的家》中所传达的那种复杂的情感。所有这些**媒介中的地方**便构成了传播与地理的第三个重要交叉点。

最后，想象你正在听一个讲座，或是参加一场礼拜，或是欣赏一场音乐会，这时手机铃声响了，不用说，这个声音在在场的人听起来绝对是种干扰。为什么？因为在人们的理解中，每个地方总是包容某些传播而排斥另一些传播，而这条或明或暗的规则被手机的声音亵渎了。手机的主人可能会招来众人的白眼或是暗地指责，人们的这种反应其实是在声张地方的某些规则，表明地方边界对人们或许不那么正式但从不间断的监管，提醒着人们何种交往是合适的，何种不合适。社会边界决定着不同的行动者、角色、规则和事物是否会被一个特定的地方
3 所接纳或是排斥。当它们被接纳时，传播就成为地方的一部分，地方也因传播而改变。传播地理学的第四个维度——**地方中的媒介**，就是指这种地方对传播的复杂区隔、传播对地方的介入以及由此所创造出的边界。

〉》传播地理学概览

总结上文，传播的四个地理维度随时都在塑造着传播的情境：某个具体的传播事件既在地理空间中移动，也改变着空间的拓扑关系，它呈现着地方，也成为地方的一部分。本书要讨论的就是传播地理学这四个既截然不同又相辅相成的维度，正是这其中的复杂性和模糊性让媒介和传播研究变得如此令人着迷，需要我们来一番综合的概观。本书并非要对互联网、电子商务或是别的什么传播现象做出历史性或机构组织上的深度探讨（你可以在这些文献中找到这些内容：Zook 2005; McDowell et al. 2008; Couldry and McCarthy 2004），而是想纵览地理学家们是从哪些方向如何来处理传播这个话题的。它是由一些可能打通地理学和传播学的小径交织而成的，这些小径或许还不太清晰，但足够诱惑。

本书的一个目的就是去认识真正意义上的“传播地理学家”，这看起来可能野心太大了，因为连“传播地理学”都还是个极新的、一直到现在都未能很好地融合起来的概念。这里引用的学者没有多少人真的称他们自己为传播地理学家，但是他们的研究的确构成了一个思想体系，一个从四个维度上展开的传播拓扑空间：空间中的媒介、媒介中的空间、媒介中的地方和地方中的媒介。从马克·蒙莫尼尔（Mark Monmomier）关于绘图的实用性建议到马库斯·德尔（Marcus Doel）的后结构主义理论，从约翰·皮克尔斯（John Pickles）对视觉表征的兴趣到吉罗伊德·陶塞尔（Gearoid Tauthail）对“剧本”的钻研，从段义孚对虚构和神话的兴致到吉利恩·罗斯（Gillian Rose）在揭露与颠覆虚构和神话上付出的努力，从对互联网主干的实证研究到虚拟性的概念，传播地理学研究的范围是如此广博和引人入胜，它不断地跨越学科的边界，指向马丁·海德格尔、海登·怀特、安东尼奥·葛兰西、路易·阿尔都塞、亨利·列斐伏尔、米歇尔·福柯、罗兰·巴特、尤尔根·哈贝马斯、吉尔·德勒兹，还有爱德华·赛义德。它也间接地指向乔治·格伯纳、哈罗德·拉斯韦尔、马歇尔·麦克卢汉和诺伯特·维纳。英国和北美学者在这个学科中都做出了贡献，尽管这两个学派之间一直缺乏交流，并存在着继续互补的巨大潜力。

4

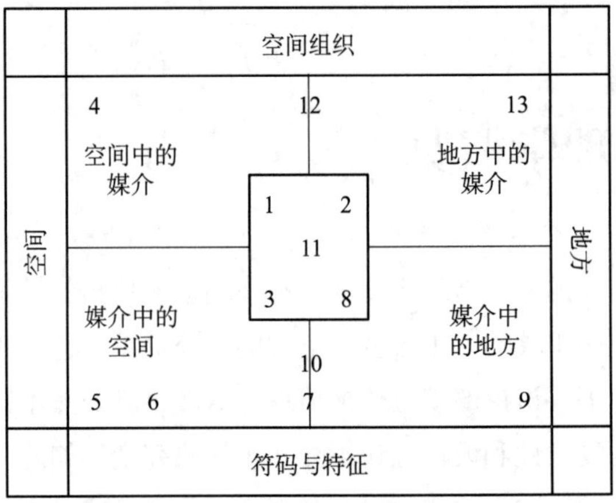

图 1.1　象限图：媒介与传播地理学四大分区的关系示意

〉》关于象限图

图 1.1 所示的象限图将会贯穿本书始终，帮助我们把握整个讨论的方位。这个象限图的概念空间是围绕两对张力关系来结构的：空间与地方，以及地理表征与地理组织。空间对地理学家来说是与自由、易损、潜能、运动、距离和抽象相联系的，而地方则与局限、保护 / 占有、稳定、意义和实在相联系（Tuan 1977）。这种意识形态的对立反映在各种形式的传播上，它们也赋予各种行为以不同的特点，有的行为主要作用于空间，有的则作用于地方，由此产生地方生产（place-making）与空间生产（space-making）的分野，尽管它们常常也会同时发生。空间意味着形式、流动和公共生活的观念，而地方意味着疆界、个人身份、日常生活规律和对隐私的追求。在象限图中，这种地理上的对立关系与传播中的对立关系得到相互印证。

该示意图并非要将传播地理学的各种发现和理论隔离起来，本书引用的许多研究都无法直接归到任何一个区域中，但是归类上的困难恰恰可以帮助我们澄清传播学和地理学的各种理论，并系统地思考它们之间的关联。同时，我们也可以用这几个区块的划分来发现各派地理学研究的共同点，为今后的发展指明一些方向。

在理顺关系的同时，这个象限图也向我们透露出一些悖论。不同要素之间的

从属关系会因视点的变化而发生改变。在图的上半部分，空间和地方是决定传 5
播范围、环境、框架和形式的载体；而图的下半部分，他们又是由传播所生产的内容，也就是说传播在书写、讲述、绘制、刻画着空间和地方，它们成为传播所承载和传输的社会现象和经验。象限图中所表示的这种模棱两可的特点与行动者网络理论中的一个重要观点不谋而合："尺寸大小并不能解释一切，其本身需要得到解释。"当我们用树状图、地图、连接线、量表或是方格去表达事物的关系时，我们总是认为"部分"理所当然比"全局"要小，然而，"部分"和"全局"之间的关系并不是固定的，它们会反转和波动，因为尺寸大小和内容是结果，而不是原因（Callon and Law 2004:4-5）。简单来说，A 可以被 B 包括（地方意象是传播的结果），也可以包括 B（传播也是地方的一部分）；同样，C 可以被 B 包括（传播中包括流动的社会空间），也可以包括 B（流动空间是由无数跨越空间的传播所组成的）。如果从属关系并非固定不变，而是随着视角的变化而变化，那么我们所面对的就不再是传统意义上的等级和结构，而是德米特里·邦达伦科（Dmitri Bondarenko）所说的"变态分层结构"（heterarchy）。

传播地理学中的"变态分层结构"概念源自地形学。在这种结构中，内与外的关系不是固定的，而是会随着视角的不同而发生置换。我们在世界里创造传播，世界也是通过传播创造出来的。没有空间和地方作为经验的先在框架，传播是无意义的，同样，没有传播我们也无法感知空间和地方。

〉》四条探索之路

行文至此，我们已经用象限图中的四大分区表明从地理学介入传播问题是完全可行的，但是这个分支学科目前还处在萌芽阶段，这让我们很难给这个研究方向绘制一张比这个简单的示意图更为复杂的地图，因为这四大部分至今尚未被放在一个统一的学科中来研究。伯吉斯（Burgess）和戈尔德（Gold）早在 1985 年就呼吁："媒介已经被地理学冷落了太长时间！"十三年后，肯·希利斯（Ken Hillis）也主张地理学家们应该克服对"传播的视而不见"（Hillis 1998）。在这期间，地理学最受尊敬的学者之一也认为传播从来就是地理学绕不过去的话题（Gould 1991:3）。遗憾的是，这些声音都成了对空言说，传播地理学至今还算不上是一个自成体系的分支学科，即使是与政治地理学、经济地理学或者城市地理

6 学之间也没有建立起紧密的关联。然而，在这四个象限下不断积累起来的研究成果已经向我们表明，统一这个分支学科的时机已经成熟。已经有大量的研究成果让我们看到了它的可能性，而且成果是丰硕的。

本书第一部分内容——**空间中的媒介**，是由罗恩·埃布勒（Ron Abler）、唐纳德·贾内尔（Donald Janelle）、彼得·古尔德（Peter Gould）和约翰·亚当斯（John Adams）的著作发展出来的研究路径。在二十世纪六七十年代空间分析的基础上，这些地理学家发现传播技术所建立起来的跨空间的连接不仅将不同的地点连在一起，而且带来了空间的转型。这派研究的核心贡献就是“相对空间”的观念，即人们在空间中做什么、生产什么会带来空间的调节、转型、延伸或者压缩。这个观念起初来自交通研究，后来被引入传播研究。贾内尔和埃布勒的好几篇文章都谈到所谓“空间调节技术”的效果，《压缩世界中的人类地理学》（*Human Geography in a Shrinking World*）（Abler et al. 1975）和《坍塌的空间和时间》（*Collapsing Space and Time*）（Brunn and Leinbach 1991a）等论文集中也有好几位作者谈到这个问题。在这一阶段占中心地位的学者还有琼·戈特曼（Jean Gottmann 1977）关于电话的使用对城市形态的演进所产生的影响的研究，另外，梅尔文·韦伯（Melvin Webber 1964 ）令人难以置信地预言了“城市非地方区域”（nonplace urban realm）的出现。这些早期研究被最近的一些研究再次提及，比如贾内尔和霍奇（Hodge）的《信息、地方和赛博空间：可接近性的议题》（*Information, place and Cyberspace: Issues in Accessibility*）（2000a），奥凯利（O’Kelly）和格鲁贝斯克（Grubesic）关于互联网的研究（Grubesic and O’Kelly 2002; O’Kelly and Grubesic 2002），道奇（Dodge）和基钦（Kitchin）的在线赛博空间地图集（2002），以及巴尼·沃夫（Barney Warf）对互联网中多种“角落”的关注（1995,2001,2003,2006,2007a,b）。

海伦·考克莱里斯（Helen Couclelis）指出，这一学术脉络的重要发现在于：“尽管宣称距离已经消失为时过早，毫无疑问，它对空间互动所产生的结构性作用已经与传统地理学中所认为的相去甚远…… 只要想想无论用什么定义和测量方式，接近性都与某种距离相关，我们就不得不思考，当一些至关重要的距离消失的时候，它们会给接近性带来何种影响？”（Couclelis 2000:345）除了关注“收缩”或“坍塌”这些长期的空间效果外，还有一些研究是指向短期的空间波动的（Gould 1991）。相对空间对事物的限定和包容不能被简单地视为一种决定的效果。空间维度会因人们日常活动的周期性呈现出日、月、年的节奏感，这种对跨时空流动的关注激发了相当一部分学者的研究兴趣，他们对建立在信息和传播技术基础上的商业和贸易活动提出了不同以往的研究问题（比如：Moss 1987,1988; Batty 1997; Leinbach and Brunn 2001; Aoyama 2003; Murphy 2003）。

至于第二个部分——**媒介中的空间**，地理学家们最熟悉的是曼纽尔·卡斯特（Manuel Castells）和阿尔君·阿普杜拉（Arjun Appadurai）的研究。卡斯特（1989）的“流动空间”概念与阿普杜拉的“媒体界”（mediascapes）、“技术界”（technoscapes）、“意识形态界”（ideoscapes）（Appadurai 1996）的概念相互补充，共同将地理学家带入社会学和人类学的一些关键议题中。除了这些学术资源，地 7
理学对媒介中的空间的关注还来自尼尔·斯蒂芬森（Neal Stephenson）和威廉·吉布森（William Gibson）的一系列经典的科幻小说。当赛博空间在 20 世纪 90 年代开始流行时，它之所以显得并不像人们想象的那么陌生，正是因为几个世纪以来传播系统一直在为真实的社会交往创造非物理（虚拟）空间。肯·希利斯（Ken Hillis）的《数位情绪》（*Digital Sensations*）（1999）和罗布·希尔兹（Rob Shields）的《虚拟》（*The Virtual*）（2002）共同指出虚拟真实与物理真实之间存在着复杂的关系，这种关系的文化根源可以追溯到电报产生之前。克朗（Crang）和梅（May）的著作《虚拟地理学：身体、空间和关系》（*Virtual Geographies: Bodies, Space and Relations*）（1999a）展示了一系列虚拟地理学的研究路径，总结出虚拟地理学主流研究中的四大要素：模拟、复杂、中介化和空间性（Crang et al.1999b:5-13）。我本人的研究（Adams 1991,1995,1997,2005）也发现，如果考虑到地方必须通过远距离交往和具身在场这两种相互矛盾的力量来感知的话，那么虚拟中就应该既有历史也有地理。马丁·道奇（Martin Dodge）和罗布·基钦（Rob Kitchin）（2000,2002）对这个话题的贡献则在于，他们探讨了赛博空间是如何被拓扑地图、信息空间图和信息景观所呈现的。尽管有以上这些研究，对“媒介中的空间”的研究还是比对“空间中的媒介”的研究要少。

本书第三部分的重点是对**地方意象**的研究，赖特（J. K. Wright）和戴维·洛温塔尔（David Lowenthal）的开创性工作为这一方向在地理学中打下了坚实的基础。赖特的著名文章《人地的秘密》（*Terrae Incognitae*）（1947）和洛温塔尔的《地理、经验和想象》（*Geography, Experience and the Imagination*）（1972[1961]）一起催生了一个最初被叫作“地理知识学”（geosophy）的研究领域，它是关于“过去和当下的各种地理观念的特性和表达…… 这些地理观念有真有假，它们来自各色人等，不仅有地理学家，还有农夫和渔夫、生意人和诗人、小说家和画家，贝都因人和霍屯督人。”（Wright 1947:xx）洛温塔尔以这一思想推进了景观研究，他将景观作为一种观念，探讨生产出这种观念的一整套物质关系，他还将研究范围从画面上的地方意象扩展到了对世界观和宇宙观的研究中。段义孚、道格拉斯·波科克（Douglas Pocock）、安妮·巴提马（Anne Buttimer）和戴维·西蒙（David Seamon）不仅研究文学中的地方意象，更将地方意象当作地理领悟力的来源（Tuan 1978; Buttimer and Seamon 1980; Pocock 1981）。这种对传播现象的研究路径在戴维·利（David Ley）和马维·塞缪尔斯（Marwyn Samuels）1978 年出版的《人文主义地理学》一书中得到了充分的体现。

20 世纪 80 年代末期，学术界开始出现一派对地方意象更具批判性的研究。它们认为表征从来就不是单纯的，而是以不公、不彻底和偏见成为社会斗争的工具。从原有的人文主义和批判研究中派生出"新文化地理学"（Cosgrove and Jackson 1987;Gregory and Ley 1988; Cosgrove and Domosh 1993b:11）。最早这些研究主要是
8 在文本和语境、表征和社会空间构造之间打转，也有一些研究采用了话语分析（Ley 1993）和哲学思辨（Adams et al.2001）的方法。所谓"新文化地理学"，是建立在对客观再现地方的可能性存在根本怀疑的基础之上的一种批判人文主义观点。它置疑的内容包括:（1）现实主义的模式;（2）模仿的原则;（3）以文本来捕捉现实世界的可能性（也被称作"表征的危机"或者"符号的危机"：Barnes and Duncan 1992b; Olsson 1991: 93; Duncan and Ley 1993b）;（4）作者的权威;（5）主题的真实性，甚至宣称作者和主题已死。来自后现代主义、后结构主义、女性主义、符号学和后殖民主义理论的一整套相关理论都指出传播在权力关系和结构中的核心地位，以及它对人们改造社会的主观能动性所构成的限制。

最早对这一庞杂的、具有强烈政治色彩的研究领域做出评估的是《地理学、媒介和大众文化》（*Geography, The Media and Popular Culture*）（Burgess and Gold 1985a），随后詹姆斯·邓肯（James Duncan）、特雷弗·巴恩斯（Trevor Barnes）、利奥·仲（Leo Zonn）、斯图尔特·艾特肯（Stuart Aitken）、艾利森·布伦特（Alison Blunt）、吉利恩·罗斯（Gillian Rose）和约翰·皮克尔斯（John Pickles）等人的文章和论文集又对此做了深入评估。在发展的过程中，美国和英国学界都出现了地方意象研究与表征研究逐渐融合的趋势，英国尤为显著。关于地方意象的讨论在 20 世纪 90 年代发展出了一些新的概念，但中心议题基本保持不变，而且渗透到了批判地缘政治学、跨国和移民研究、政治地理学、发展理论、政治生态学、后殖民地理学、女性主义地理学等多个领域，当初对景观认知的批判始终没有淡出。这一学术流派的重点之一是对"地方知识"的关注，它不仅集合了众多反对普适模式和宏大理论的人文和社会科学研究，也使地理学在话语研究中表现出独特的优势（Mills 1993:165; Curry 1998; Dixon and Jones 2005）。地方的重要性赋

予地理学在意义和表征研究中的特殊地位，因为地理学家将地方（既是作为本土性的地方，又是作为环境的地方）看作每一种传播的场域而不是讲故事的结果，抑或是在认识论上可以被“上帝的把戏”或居高临下的视角一眼看穿的对象。正因为“地方意象”一方面有赖于跨地区的沟通和大规模的融合，同时又具有独特性、偶然性和差异性，它才成为在地理学多个研究领域中的重要话题。

相比之下，第四个话题——**地方中的媒介**，还是一个尚待开发的领域。地理学家暂时还未对传播的场所和传播技术之间的复杂关系给出太多的答案，这个话题的挑战性来自它将传播不仅看作是“地方意象”研究中的文本、话语或是隐喻，也不仅仅是“空间中的传播”研究中的流动，而是——实践。用欧文·戈夫曼的话来说，这就意味着传播是“不由自主的表达”，因此我们必须将它看作是构成地方的一个特殊要素，而不仅仅是“关于地方”或是“在地方中”的表达。 9
埃尔文·戈夫曼认为存在着“两种传播——规定的表达和不由自主的表达”，后一种是指那种戏剧化、情景化、非语言、下意识的表达，无论它是否出于有意识的安排（Goffman 1973:4）。

这就意味着，我们不能仅仅将传播视为一大堆物品（书、照片、电视节目等）或是涵盖“一整套叙事、概念、意识形态和表意实践”（Barnes and Duncan 1992b:8）的社会规范，抑或是像“流动空间”（Castells 1989）这样的抽象概念。传播是一种生活方式——一种我们唯一知晓的方式。女性主义地理学家在这方面走在了前面，他们审视传播、主体性、权力、情感、空间、地方和时间之间的关联。比如，工作场所就不能被简单地看作权力的场所，它也是传播的场所。“身份的话语建构、工作场所的文化、对工作和工人的符号和表征、工作场所不平等关系的生产和再生产过程中的性和权力，这些问题日渐成为女性主义研究的焦点”（McDowell 1999:146）。

“地方中的传播”还涉及一系列嵌入人们流动、工作和生活中的生存策略，它试图捕捉传播的情绪和感性的一面，以及与他人同在一处的感觉。与地方紧密相关的实践的确可以让我们看到身份是如何在冲突中产生的，因为实践离不开权力的展演，但是“实践中的许多经验，比如欲望和愤怒、资格和能力、幸福和恐惧、梦想和遗忘，它们都并不能立即被轻易地贴上‘权力’的标签”（Pile 1997:3）。情感可以分享，它们在时空中的散布创造了传播感性的一面，流动在由人、媒介、物体、机构、文本、话语和非人类生物，以及各种其他要素共同组成的异质性网络之中（Thrift 2000; Adams 2005）。这一领悟主要来自行动者网络理论，它与后殖民理论、女性主义理论及符号学相互交叉，共同揭示出传播是一种不能被限定在地方意象或者空间轨迹上的东西。奈杰尔·薛伟德（Nigel Thrift）是这一方向的主要开创者，史蒂夫·派尔（Steve Pile）、海登·洛里默（Hayden Lorimer）、蒂姆·克雷斯韦尔（Tim Cresswell）、马丁·菲利普斯（Martin Phillips）、迈克·克朗（Mike Crang）以及冈纳·奥尔森（Gunnar Olsson）也对所谓的“非表征”或“超表征”的地理学做出了重大的贡献（Thrift 2000; Lorimer 2005）。

〉》在四个象限之间

当然，地理学中有许多关于传播和媒介的研究是无法套用以上四个象限的。艾伦·莱斯特（Alan Lester 2002）试图将“客观的殖民话语”“知识和表征的多向
10 流动”以及“个人建构流动网络的主观能动性”这几个概念统一在一起，相当于横跨了四个象限中的三个。同样，戴维·利（David Ley 1993:145）所倡导的“一个建立在差异本体论、多元认识论和参与式政治基础上的、对抗性后现代主义的建筑环境”也打破了象限图的分界线。地理学家们在对全球化和技术依赖进行未来预测时（比如，Castells 1989,1996; Graham and Marvin 1996; Graham 1998, 2004）也谈到中心化和离散化的并存。谈到空间中的媒介，他们会同时谈到媒介如何让人沉浸于地方的力量，以及媒介如何呈现地方意象。因此，媒介与传播地理学中的许多议题原本就是跨方向的，尽管在示意图中将不同的领域进行区分是有意义的，但是我们不应该用它们来画地为牢，这种象限本身也可被视作一种空间和地方，同样受到各种运动轨迹的影响。

在各个象限的内部和它们之间，权力的作用昭然若揭。彼得·杰克逊（Peter Jackson）颇具影响的著作《意义地图》（*Maps of Meaning*, 1989）开启了地理学揭示传播中的政治性的尝试。他借助吉登斯的理论揭示语言的政治、隐含在小说中的社会等级，以及命名和宣称两种行为之间的关联。后来地理学对文本、隐喻和话语的研究大量引用福柯、鲍德里亚、德·塞托、列斐伏尔和罗兰·巴特等法国社会理论家的思想，他们都将传播看作是权力在统治、冲突、排斥和审判过程中的表达。除此之外，葛兰西和阿尔都塞的霸权与意识形态理论也是将传播理解为权力、控制和抵抗的表达和工具。无论来自地理学的内部还是外部，20 世纪 90 年代地理学研究的基调就是将传播和权力相提并论，传播见证和推动了政治、经济与话语权力的生产。在薛伟德（Thrift 1983,1985）、普雷德（Pred 1984），格利高

里（Gregory 1982）等人所发展出的结构化理论中，在“第三空间”（Thirdspace）和“社会空间辩证法”（socio-spatial dialectic）（Soja 1980,1996）的概念中，以及米切尔（Mitchell）的“文化战争”的提法中，都可以看到传播被解读为一种极端政治化的过程。当然，还有一些地理学家也开始在不排斥揭示权力关系的前提下探索传播更为复杂和多义的一面（Crang et al. 1999a; Adams et al. 2001; Adams 2005; Thrift 2008）。

》传播转向

在以上的讨论中，我们接触到了传播各种不同的形式：宣传、意识形态、 *11*
话语、文本、声音、修辞、隐喻、表征、图像、标志、符号、意义、制图、知识、信息、监视、全景敞视主义以及新近出现的表演和转译。前些时候地理学各个领域中出现的“文化转向”其实在很大程度上都涉及传播（Barnett 1998），虽然最早的讨论主要属于文化地理学的方向（Hartshorne 1949:310,334; Sauer 1963），但是“文化”一词的意义颇有些模糊，由此也招来许多批判（D.Mitchell 1995,2000）。相比之下，“传播”这个概念则更平易，它指向一个过程而不是某个对象，一个正在进行中的努力而不是一个成就。正因为如此，它不会因为太过难以捉摸而出现以自我为中心、以高雅排斥低俗、以自我排斥他者的倾向。所以，地理学中的“文化转向”最好被解释成“对传播的敏感度增强”（sensitization to communication）。它不单单是语言的转向，而是一切与传播相关的术语和概念普遍成为地理过程的要素，并决定着它们的形态和描述。尽管传播支配着“文化转向”的各个方面，但是，因为“文化转向”从一开始就将传播当作不同的事物在研究，比如个人与集体的意义生产（Zonn 1990a）、作为数据来源的日常生活话语（Ley 1993）、作为权力表达的地方意象（Duncan 1993）或是某种隐喻和哲学的呈现（Buttimer 1982; Olsson 1992），这就导致“传播”在地理学中一直是一个松散的概念。

地理对传播的批判意识源自对所有形式的“书写世界”（writing worlds）（Barnes and Duncan 1992a）或者“地球图示”（geo-graphing）（Tuathail 1996）的不满。如果说地理学的作用在于它能够让隐喻落地、让人们看到文字所传达的空间和地方意义、让抽象的概念表现在物质关系上，那么，过去各种地理学观察得以自圆其说的根基是客观存在的“地球表面”或地方，而现在，其根基变成了随着传播而不断变动的表面。我们可以说地理学的宗旨是把握地球上所有现象的总体性，但是“对这一总体性的把握需要一个建立在可比性原则基础上的、用来理解和架构一切现象的宏大叙事”（Dixon and Zonn 2005:292）。这种困惑也表现在一些具体现象的研究中，比如约翰·阿格纽（John Agnew）曾经这样描述当今国际关系的转型：“曾几何时，国家之间斗争的主题是‘力量’和‘功能’，而今天则是‘话语’和‘实践’。”（Agnew 2007:399）

〉》本书的结构

本书共分十二章，它们是按照上面介绍的象限图来安排的，第二章和第三章从四大分区的交叉点开始，到第八章和第十一章又回到这个交叉点，其他各章
12 基本上是按照逆时针的方向对四大部分依次进行讨论，从第四章的“空间中的媒介”开始，到第十二章和第十三章的“地方中的媒介”结束。中间的章节从第五章到第十章都是将媒介作为一种限制条件在讨论，先是媒介对空间的创造，然后是媒介对地方的创造。

我希望用这种结构方式既向读者介绍地理学中一些专题性的研究领域，比如对媒介技术的历史与实证研究，又让读者了解一些前沿性的理论，比如行动者网络理论、非表征理论、具身话语的概念和主体性，等等。大多数章节的研究成果都来自地理学，它们涉及的范围很广但仍然缺乏综合性，大致可以被统称为传播地理学。第二章和第三章有点不一样，它们的资料具有跨学科的特点，很少出自地理学家的研究。

我在介绍新的路径和理论时都会加上一些个人的铺垫，我不会按照不同研究传统在认识论和方法论上的差异将不同的理论隔离开来。比方说，克里斯塔勒（Christaller）在第五章中邂逅了卡斯特，哈维也在第九章中与段义孚意想不到地狭路相逢。我们之所以要举起“传播地理学”这面旗帜，其目的正是为了开启一片新天地，促进所有有关媒介与传播地理学的思想相互交融和碰撞。读者当然可以选择性地阅读不同的章节，但是按照顺序读完全书也许收获会最大。后面章节中讨论的一些概念会在前面有所介绍，所以，从头到尾读下来是有意义的，如果互联网时代还为线性阅读留下了一席之地的话。

第二章　从口语到文字

媒介的历史常常是由一连串关键时刻所构成的：1455 年古登堡第一次印刷 13
《圣经》、1844 年摩斯发明电报，1985 年微软 Windows 系统推出，但是这些大事件在给我们展现某些东西的同时也隐藏了更多的东西。偶尔，一项技术发明的确会带来急剧而重大的社会变迁，但通常它们对社会的影响会滞后许多年，甚至是好几个世纪。在原有的体制下，惧怕变化的权威往往会对有潜力的技术进行打压（Winston 1998），使用者对它们的潜力经常有眼无珠，旧的技术标准也会对它们做出不利的裁判。传统的媒介社会学早已向我们展示了“传播技术的每一次进步都是对社会身份的打破，它们总会因为威胁到统治阶级的权威而遭遇抵制。但是有用的技术总是会被采纳的”（Sola Pool 1983:7）。新技术的潜力总是在我们回头看的时候才变得显而易见，许多发明在一开始都只能艰难维系，苦苦等待适合它们扩散的社会条件得以成熟，就像蘑菇只能从地下慢慢长出孢子。因此，“导致技术萌芽的革新源泉不是出自真空，它们只有当社会、经济和技术条件都已到位的情况下才会出现”（Bijker and Law 1992:11）。

媒介技术的历史经常会陷入两种极端，要么是技术决定论，要么是社会决定论，前者极力寻找某种特定技术的影响，后者则将技术的意义局限在某些偶发的经济和政治作用上（Graham 1998）。技术和社会的关系是相互构成或者说互为结构的。正如戴蒙德（Diamond 1997:245）指出的，“任何一项技术都是在它发明之后才找到它的大多数用途的”，所以，如果说传统的媒介历史只讨论“谁、什么、何时”等问题，那么地理学的传播历史则应该包括更多的内容，它必须试图理解变化中的传播技术和传播方式与社会、空间及地方的关系。 14

一个简单的媒介编年史会让我们错过很多重要的环节，因为媒介的变化很少符合以新代旧、以高级取代低级的简单模式。大多数情况下，旧媒体总是可以逐渐适应新变化并以某些不同的功能而保留下来。并且，在任何一种发明被采纳的同时，都有许多同样有潜质的发明未被采纳。所以媒介的进步更像是一棵大树，上面有些枝条死去了，有些枝条虽然很老但仍然在生长。广播并没有完全代替现场音乐会的传统，电视也没有使电影变得毫无用处。真正有趣的是，看电影和听现场音乐会的活动在面对新媒体的竞争时发生了许多变化。同样，在电子媒介出现了一百多年以后，图书仍然十分流行，部分原因在于“他们能够在公共汽车、沙滩甚至是浴缸中阅读”（Sola Pool 1990:253）。我们还可以观察到，“从技术成型的微观过程看，传播技术在不同的地方、不同的城市会表现出极大的多样性和偶然性”（Graham and Marvin 1996:105），如此说来，“接受地”在媒介历史中的地位就显得尤其重要了，无论这个地方是一个大陆，还是一个城市，抑或是一个浴缸。

在我们的眼里，媒介的历史不再是线性的，而是发生在不同空间和地方。比如在19世纪，许多邮政系统的支持者就因为害怕电报会代替邮递员而造成邮局生意的下滑，故极力反对商业电报，以此维护邮政系统（Winston 1998:247）。19世纪早期，美国一些小城镇也反对开展包裹邮递的服务，担心那样会让乡村消费者因为有了邮购就不到当地商店购物了（Sola Pool 1990:224）。这些例子都说明，一些既存的社会机制会将某种特定的传播方式固定化，对人类和非人类行动者形成制约，同时又允许传播技术的用途、意义和物理形态在一系列社会关系的限定下不断演进。历史使某种类型的发展成为必要，比如将人的流动转换成货物和文本的流动，将经济利益转变成保护性制度，从口语转变为键盘打字，或者将1和0转换成货运调配。正像科尔迪龙（Coldiron 2006: 127）指出的，“翻译从来就不止于对内容的表达”，语言的变化（比如说从文字到1和0）总是伴随着行动者网络的重组。

卡龙和劳（Callon and Law 2004:6）引用德勒兹的话说，“技术和物质形式影响着行动和行动者。本土的事情从来不是就发生在当地。一些事情和行动之所以会在一个地方发生，因为它将在场和不在场的行动者动员起来。”这是我们对传播的最重要的观察之一。新媒体不仅改变了讯息，也改变了社会条件，因为它们
15 让原有的社会边界变得模糊，并有助于新的社会情境的产生（Meyrowitz 1985）。没有哪种社会关系可以逃避新媒体对权力关系的影响，无论是在政治家与选民之间、多数族群和少数族群之间、男人和女人之间、医生和病人之间还是教师和学生之间。索拉·普尔（Sola Pool）举了一个例子，过去学生只在教师的严格指导下完成课堂作业，家庭作业则没有教师的指导，“计算机网络创造了一个新模式，它让教师可以不时地通过遥控帮助孩子完成家庭作业、检查答案、确保进度”（Sola Pool 1990: 231）。那么在区分它们的边界被打破之后，学校和家庭的意义又会发生什么变化呢？媒介革新不是简单的技术革新的叠加，而是异质性的行动者、权威的方式、权力的来源以及地方和空间在形构的过程中所发生的转变。多种行动者的相互作用产生混合的空间和地方，由此创造出特定的历史观。

随着时间的推进，一轮又一轮的媒介融合所产生的碰撞和重组使新的媒介空间成为常态。人们进入这种传播空间，将自己的主体性转变为由远距离的表征和表演所构成的中介方式，原本内在的东西被外在化。在这种转化中，他们重新定义自己的社会角色以适应外部情境的变化。

尽管有这些变化，新的社会和技术条件一直就是在对旧有的条件进行改造的基础上发展起来的。比如在21世纪初，“网”用来指代计算机传播，但是就像温斯顿指出的，“历史上的大多数技术，其实都属于网络的建立，无论是通过物质或非物质的方式”（Winston 1998: 243）。“网”的概念同样可以用在电报和电话网络上（Standage 1998），也可以用在更早的由出版商、作者、编辑、图书发行、纸张供应所组成的网络上。

所以，本章和下一章所要展现的简要的媒介历史地理将主要聚焦在传播技术的社会建构上，其重点在于：（1）为媒介赋予某种物理形态和特点的权力关系；（2）媒介是如何被使用的，被什么人使用，出于什么目的；（3）与之相关的控制和规范的形式；（4）新媒介与旧媒介的关系。其中要讨论的话题包括“媒介渗透”（使用和拥有某种传播技术的人口比例），以及媒介的社会建构（社会赋予媒介某种意义的方式）是如何制约和塑造传播技术的。除此之外，我们还吸纳了行动者网络理论和科技研究的思想，强调一项技术是在与其他技术、工程师、科学家、公共部门、投资者、金融机构、公共与私人服务商、观念、信仰、价值、文本、表征、政府和管理机构等多种因素所构成的多维网络中发展起来的（Bijker et al. 1987; Bijker 1995）。参与到这个网络中的不同行动者通过彼此之间的对峙或者是（未必有意识的）相互联合推动了某种技术的产生。本章我们将从最原始的 *16*
口语传播讲到象征符号对词语的固定，再说到拼音文字。下一章继续讨论印刷术和电子传播。

〉〉口语

请想象一个没有书写的世界。相信这样的世界是大多数正在读着这本书的人很难想象的。即使你放下书，你也无法逃避已经习惯了的这个世界，这是一个随时要通过文字交流的空间，你已经将文字内化到自己的思维方式中，识字已经被社会视作理所当然。即使是面对面的交流也离不开媒介的影响，你的词语来自书籍、电影、歌曲和广告，你此时此地讨论的人、地方和事件无非是你从某时某地的媒介内容中知道的。总之，前文字社会的原始口语表达对今天的我们来说像是发生在另一个星球上的事情。

原始口语表达正在从地球上消失，哪怕是在那些最偏僻的地方，随之一起消失的是一个我们倍感陌生的时空。正像沃尔特·翁（Walter Ong 1982: 32）观察到的，“声音是没有办法阻止和拥有的。我可以阻止一台摄影机，也可以在屏幕上定住一个画面。但是如果停止声音的运动，我什么都得不到——只是寂静，什么声音也没有”。在原始口语表达中，任何观念、事实和信仰的保存都需要重复，需要某种形式的重复性表演。这就意味着只有用当下的行为才能获知过去，共同的记忆和情感只能用歌曲、诗歌、唱经的方式传达。说书人和吟游诗人必须通过牢记一些节奏性的口语表达来表演，在节日和一些特殊的时刻唱出过去，用神话和传说来保存和传播智慧，这要求他们掌握“大量有韵律的语汇”（Ong 1982: 58, 59-62; Havelock 1986）。掌握这种超凡记忆力的人可以提升自己的社会地位，表演的聚集地也成为主要的传播媒介。行吟诗人、诗文以及作诗的地方成为关系网络中的节点，从中发展出循环时间的概念，而不是后来从账簿、历书、年历和钟表中所发展出的线性时间（Eliade 1960:235; Mumford 1963; Hall 1984）。

原始口语的特点不仅在于口头表演，还在于它所代表的特定的体态和身体节奏，也可以说是某种空间关系（proxemics）（Hall 1990）。因为说话人的身体是口语传播的介质，翁（Ong 1982:68）便将口语文化定义为“言语驱动性文化”（verbomotor cultures）。在印刷和电子传播出现前，只有在听力所及范围内的人才是传播的对象，所以裸声和人耳的生理局限就成为几乎所有传播情景的决定性因素。口语也带来了某一特殊类型的社会互动：“一个口头的声明被视为深思熟虑
17 的结果，其他人必须对它做出反应，智慧是从讨论中产生的。”（Sola Pool 1990: 245）口头语言的意义是从表达它的身体和对它的即时回应中产生的：“它们不仅仅是字典中的词语，真实的口头词语总是发生在一种包含着体态、声音的变调、面部表情和整个身体在内的存在情境中。”（Ong 1982:47）“这种传播无法表达几何图形、抽象分类、正式的逻辑推理过程、定义，甚至是复杂的描绘或是直白的自我分析，一般的思维产生不了这些，它们必须是文字思维的结果。”（Ong 1982:55）

这种传播方式下的逻辑也存在一些特殊性。例如，如果要从一组东西（比如：锤子、锯子、圆木、短斧）中认出哪个是不同的，不用文字思考的人所做的选择可能会让我们大多数读者觉得不可思议。他们不会马上将圆木与锤子、锯子

和短斧分开——背后隐含的逻辑是“工具”这个概念；相反，大脑被情景所左右的口语传播者总是会将“圆木”包含在内，因为“就算我们有工具，我们也还是需要木头，要不然我们做不成任何东西”（Ong 1982:51）。这种组合的概念是建立在实用性的行为理性上，而不是超然的观察和抽象的分类上。这是一种落地的思维方式，有别于那种与现实脱离的理想模式。

口语思维的另一个特点是它与自然现象的关系。尽管它缺乏文字思维所有的抽象能力，可它一点也不乏味和枯燥。

> 识字者是很难体验土著口语社群对自然强烈和生动的感受的……认为任何自然现象（比如一块卵石上阴影的移动）都是有意义的信号，或者与云彩或猫头鹰对话，这种万物有灵论的观点反映了一种对周围事物的内在的、通觉的和共享式的参悟，它认为世间万物都是富于表情、权力和威力的独立个体，而不是毫无生气的。（Kavanagh 2005: 39）

将人类以及他们的成果和经验放进一个盒子，而将自然和自然现象放进另一个盒子，这是一种疏离的文字世界观。原始口语传播将这两个盒子放在一起，也放在它们具体的情境之中：“神话通过将可观察的特征编织进自然景观中（这边一棵树，那边一块石头），增加了人们与地方的纽带。”（Tuan 1991: 686）

正是因为不存在人和自然、意识和潜意识、有生命和无生命、符号和所指之间不可跨越的鸿沟，才有了萨克（Sack 1980:144-64）所说的“神话–神奇”（mythical-magical）空间观。它表现为“将情感投射到客体上，为它们赋予生命，以及将符号工具与它们的指示物部分地等同起来”（Sack 1980:122）。这种口语思
维方式在我所说的“固定词语”（fixed word）产生很久之后都一直余音未了，但 *18*
是它从根本上与固定词语的逻辑格格不入，随着文字成为规范，它也渐渐退席。也许我们可以从行动者网络理论（ANT, actor-network theory）、非表征理论和萨拉·沃特莫尔（Sarah Whatmore）所说的“混合地理学”（hybrid geographies）中看到某种逆流（Latour 1993, 2005; Thrift 2000, 2008; Whatmore 2002），但是还不能肯定我们能否摆脱文字传播所带来的二元对立（Braun 2005: 838; Demeritt 2005: 822-3）。一个由文字主导的空间敏感是与现代化、工业化、世俗化，以及所有这些历史转变所带来的社会边界交织在一起的，它让人类丧失了丰富的与地方紧密相连的经验（Eliade 1959; Relph 1976）。

当然，我们也要防止过度夸大口语和文字文化之间的差异。史前的岩画在某

种程度上也是将听来的故事为可能读到的人书写下来，石碑将意义书写在大地上，建筑将意义凝固并世代传承（Norber-Schulz 1971, 1975）。所以，原始口语传播并非被锁在“现在”的牢笼之中，只是它的过去和未来都深深地嵌入地方，与文字社会的过去和未来存在着本质的不同。

〉》书面语

人类从口语到书面语的转变缓慢却势不可挡，这种结构性转变所用到的介质类型惊人地丰富，从黏土和尖笔、纸莎草和毛笔、纸和笔，到其他不计其数的介质，它们都分别在不同的地方逐渐发育成熟。逐步成型的词汇将符号与器物、现象和观念锚定，再造了时间、空间、权力和身份。这一过程所带来的地理变化让人类可以在更大范围内协调自身的活动，文字的跨时空移动和扩散成为人类日渐增强的、对自然和社会实现远距离控制的工具（Innis 1951, 1972）。文字转化成器物，凝固在黏土、石头、墨迹和其他介质上。词语的固定反过来带来思想的重大改变，随着“外在的符号系统成为一切基本智力活动的中介”，政治、宗教和审美领域都迎来了更大的创造力（Goody 1987:205; Vygotsky 1962[1934]; Luria 1976）。因为文字是书写在固定的纸张上的，还要遵循稳定的样式，图形和布置就变得至关重要。如果说言说发生在事件的顺序之中，是非空间性的，那么书写则要运用字母的形状、页面的布局等空间关系。罗伊·哈里斯（Roy Harris 1995:46）认为，“书写的产生带来了一种新的传播方式，它通过组织空间中的非运动性构造（non-kinetic configurations）将过去、现在和未来结合在一起。”斜体字、括号、嵌入在文字中的图示、字形、字体等，都在固定词语的过程中为语言加入了一层空间性。理解和复制词语都需要调动一系列与口头语言截然不同的空
19 间实践。

这种固定的、空间化的、可移动的词语所带来的社会影响绝不是单一的，超出了宗教、科学或是其他单方面的成就：“读达尔文的理论可能重塑我对世界起源和物种分类的观点……但是看《古兰经》又会激发我长途跋涉到麦加朝圣，让自己可以了解那个世界的中心的想法。”（Goody 1987:215）两种写作指向截然不同的空间，但是无论是宗教还是科学，不同的社会领域中发生了一个共同的变化，那就是活动的分延——社会情景通过固定的词语跨越时间和空间，从而在城

市、帝国、民族和国家间建立联系（Innis 1951, 1972; Giddens 1984）。这一方面得益于语言的空间性，因为它被固定在页面上；另一方面也得益于语言的移动性，因为页面是可以以各种形式流动的。

循环时间被线性时间所代替，流动将空间编织进或是牵引到远方，页面和一套新的符号与代码成为语言技巧的一部分，这一系列变化催生了一套新的社会权力关系。“书写在有能力和有权威创造文本的人与阅读者之间建立起了等级关系。”（Sola Pool 1990:245）“作者”（author）成为“权威”（authority）的词根，这绝不是偶然的（Cosgrove and Domosh 1993）。在权力可以被表达为“权威”之前，必须先产生“作者”——这种掌握着固定语言这一特殊技术的人。从印加官员墓葬的结绳文字（quipu）（一种使用结绳的记录系统）到美索不达米亚地区的一些坟墓里代用币（黏土做的象征物）的摆放中，都可以看到识字和社会权力之间的关联已经在安第斯山脉、美索不达米亚和埃及等早期城市社会中建立起来（Schmandt-Besserat 1996:104）。位高权重者通过书面语的语法、逻辑、组织、词汇形成一种特殊的、用来代表权威的演说方式，而劳动阶层和少数族群的发音成为他们低贱身份的标志（Goody 1987:269; Chambers 1995:55-6）。

随着书写的社会和技术问题逐步得到解决，书面语为新的精英阶层所掌握，它的持久性和可携带性在地理上扩张了人类活动的网络。这些网络将不同时空的人类和非人类活动联结一起，逐渐发展成为一种新的、普遍的、不断变动的、极端强大的网络。这里非常吊诡的地方在于，书面语的固定性恰恰带来了思想、人和事物在时空上的液态性。为了更清楚地说明这种变化，让我们回到人类在公元前 4000 年的城市生活。

黏土书写

丹尼斯·斯基蒙特（Denis Schmandt-Besserate 1996）的研究向我们解释了对有形的记录材料的使用如何孕育出了人类的书写技术。如果你是一个公元前 20
3700 年到公元前 3500 年生活在南美索不达米亚平原的农夫，你必须要以实物的方式向寺庙交税，用来记录你的纳税情况的方式是很有趣的。如果你运去了一批货物，比如说六只羊和两壶油，寺庙的官员就会给你八个代用币，一种鹅卵石大小的黏土块，两个油壶状的和两个圆盘状的，圆盘状的一侧还会刻上一个 X。这几个代用币会用一个黏土球封住，外加一个官印。更早的时候，这种代用币可能 21
就是放在一个油壶里或是一种用来记录的架子上。尽管使用的方式发生了许多变化，这种代用币在那个社会使用了大约 7000 年，从公元前 9000 年谷物种植开始出现，到公元前 2000 年出现复杂的城市社会，比我们现在的平面书写方式使用的时间还要长（Schmandt-Besserat 1978）。

虽然我们对古代代用币与某些特定文字和概念的关系还不太清楚（Daniels 1996:22-3），但是黏土板上那些众多楔形符号中的铭文清楚地表明它们具有语言上的价值。到代用币出现在考古记录中的时候，美索不达米亚和相邻地区已经遍布着商业网络，代用币对加强物资的流动和巩固美索不达米亚城市作为流动枢纽的权力起到了很大的作用，城市以其独有的寺院管理、货栈、政治精英、法律，以及用来记录交易的工具将广大的周边地区集中到它的控制之下，这促进了权力的跨地区扩散，开拓了从香料到羊只等物质资源，同时也使当地人口在面对外敌攻击和旱灾等自然灾害时不再那么脆弱（Schmandt-Besserat 1996）。

到了公元前 3100 年，黏土包开始演变为平整的黏土板，这个不起眼的抽象化改变激发了进一步的抽象化。尖笔刻的铭文从标记性符号和表意符号发展到文字符号和观念符号，最后发展到表音符号。数字系统带来更为抽象的思维方式。书写、城市空间和农业生产这三大支柱共同搭建起联结人、动物、植物、土壤、信仰系统和社会机构的大范围行动者网络（Diamond 1997）。相似的过程也发生在埃及和中国，在那里，象形符号的抽象化同样产生了标记性符号和表意符号。

到公元前 3000 年，刻有楔形符号的黏土板开始通过指代货物的质量、人名、神名成为社会和经济控制的工具。它们“使某个地区可以产生一种领导权，由它来管理社区公共物资的收集，并执行物资的发放。书写因此使统治者掌握对物资投入和商品分配的有效控制…… 书写成为经济再分配的支柱，正是这种经济形式带来了苏美尔的繁荣”（Schmandt-Besserat 1996:105）。铭文的内容有时也会颇为残酷，在一个可能属于某个地方官或法官的黏土板的封印上，一个被五花大绑的裸体男人在神的面前被打，这张图显示着惩罚的威严，看起来像是一个正式的合同或是布告。城市和符号、物质和象征所建构的组合催生了人类文明，它在增强物质保障的同时，也建立了对人进行控制和剥削的系统（Goody 1987: 300；见 Mumford 1961:29-54）。

阿卡德语和苏美尔语，还有埃及象形文字、古代玛雅文、中国古代和现代文字共同组成了一个异质的系统，它们都是将拼音符号（字母符号与音节符号）与整个文字符号（标记符号）和概念符号（表意符号）糅合在一起（Cooper 1996;
22 Macri 1996; Mair1996; Ritner 1996）。理解这个异质系统最好的方法就是大声读出下面这段话：“打 5 折后，这个钱包只要 10 美元。”（At 50% off, the purse was only $10.）这个句子中有六个词（at, off, the, purse, was, only）是拼音文字，有两

个标记性符号（% 和 $），还有两个词（50 和 10）是表意符号［数字之所以是表意符号是因为你必须知道一个词的读音才能知道它的意思，比如我们不会读成“五零”（five zero）而是“五十”（fifty）］。在第九章中我们会再次说回拼音文字、标记符号和表意符号之间的差异，这里我们的重点是理解古埃及象形文字是一个多么复杂的系统，不仅标记性符号和表意符号混合在一起，字母与音节符号也混合在一起，而且这种混合在顺序上还是打乱的［如果是“10 美元”（$10），在象形文字中就会从中间一个字母读起，先读“1”，再读“0”，最后读“美元”（$）］。这在古埃及文里是很典型的。而且，一个单独的符号还可以有很多种不同的用法，在不同的语境下既可用作标记符号，又可用作表意符号（叫作限定词），或是表音符号（字母或是音节符号）（Davies 1990; Ritner 1996）。

希腊语中的 *hieroglyphidos* 的意思是“神圣雕刻”，而埃及语中的 medu neceru 是指“圣语”（Betro 1996:14）。这些表达都透露出书写体系所具有的社会、空间、时间和认知力量在那个时代被转化成对字母的神奇和神圣力量的信仰。这在某种程度上反映了萨克（Sack 1980）所说的“神话—神奇思想”（mythical-magical thought），我们在一些传统习俗中还可以看到象征性地对一些危险符号（鳄鱼、蝎子和蛇）的禁用，比如在描绘它们的时候去掉头，或是用一根长矛插在它们的脊柱上（Betro 1996:14,86），或者通过携带 T 形十字章（埃及文化中生命的象征）来作为护身符。这代表着符号和它们的指示物之间的混用。这种神圣书写的观念也反映在抄书吏对文字使用的垄断上，反映在使用象形文字来记录法老的成就中，也反映在把书写当作宗教和政治权力的附属物的观念上。为了服务这些目标，一套难以理解的书写系统恰恰是最理想的：象形文字的复杂性确保了只有少数特权阶层才能做抄书吏，他们在人口中的比例不到 1%（Davies 1990:99）。抄书吏出于自己的利益会故意让书写方式晦涩难解和模棱两可，这样才能确保他们在文字上的垄断地位。尽管当时已经发展出了一些更快速和随意的书写方式，比如一些僧侣文字和通俗文字（Davies 1990:93-6: Betro 1996:14），但抄书吏不会让书写变得更合情合理。

拼音文字

随着城市向帝国的发展，产生了让书写系统变得易学易用的需要。字母这一基于音节的书写系统的发明满足了这种需要。理想的情况下，一个有两个音节的单词也应该有两个字母，就像单词“so”，它对应的音标也是 /so/。可惜的是，不是所有的英语单词都是这么简单。“though”这个单词由六个字母组成，但是只

23 有两个音标 /ðo/。像这样的单词有上千个，也就是说在英语中我们只能大致地从一个单词知道它的读音。尽管如此，字母不啻为一个飞跃性的革新。它将声音变成视觉形象，相当于用眼睛来替代耳朵（McLuhan 1962, 1964）。这种变化有助于儿童和外国人学习阅读的技巧，由此促进了识字率的提高，实现了权力的去中心化，也增强了跨文化接触。

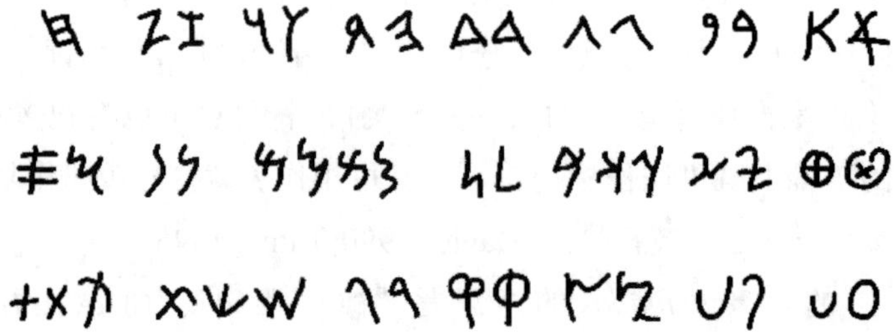

图 2.1　经过加工的迦南原型辅音字母，公元前 1500 年到公元前 1100 年，包含许多拉丁字母的雏形，比如第一行从右到左依次为 A、B、G 和 D。作者根据汉密尔顿（Hamilton 2002）、克罗斯和兰丁（Cross and Lambdin 1960）的研究绘制。

字母的普及让人叹为观止。准确地说，全世界所有的字母都来自同一个祖先：腓尼基人（也叫迦南人）的字母（见图 2.1），而它也被认为是从古埃及象形文字结合一种叫作迦南原型（Proto-Canaanite）的早期字母发展而来的（Cross and Lambdin 1960; Healey 1990; Hamilton 2001; Omniglot 2008）。这种极有影响的字母由一套可以独立组词的辅音字母组成，不需要标记符号和表意符号的辅助。符号的形状出自古埃及文，但是它用来确定读音的顶音法原则则是出自希伯来文（Cross and Lambdin 1960: Hamilton 2001）。某些埃及符号被赋予新的意义，这突出地表明书写开始从原来的仪式和宗教的功能向实用性的方向发展（Davies 1990; Elliott 1996）。这个 3000 年以前的拼音字母在顺序上也很有趣，前四个符号是 A、B、G、D, 这与我们今天字母的前两个是一致的，第四个也是一样的。

因为拼音字母固定的不是整个词语或是抽象的概念，而是读音，这大大减少了人们需要掌握的字母的数量，使得阅读和书写都变得更容易掌握。这无疑有利于社会中的识字精英向中等阶层扩散，也可以让下层民众分享少数精英手上的特权，尽管在印刷术和工业化到来之前，这还谈不上是真正的识字普及，其对权力的去中心化也是有限的。同样具有促进但非决定作用的是，拼音字母为语言通过旅行、军事占领和跨文化接触的方式进行自我更新也创造了条件。

最早的拼音字母是在原有帝国控制范围之外的边缘地区开始被使用的，那

里“不大受到帝国及其祭奠仪式的限制，为思想提供了相对自由的领地”（Goody 24
1987:71）。迦南人或者说腓尼基人生活在苏美尔和埃及帝国北部边疆的地理位置，他们在贸易过程中的跨文化接触（Sack 2003:13）要求他们同时掌握几种语言。对他们来说，声音符号远比词语符号更有用，因为拼音字母更容易用来记录陌生的地名和人名，不需要依靠抄书吏来告诉他们每个词如何发音。拼音字母的传播与腓尼基人的流动性有很大关系，这也是它们最终被希腊和其他文明所采纳的原因。不过，拼音字母本身也具有很强的流动性。

迦南人的拼音字母只有辅音，所以，严格说来它其实是辅音字母（abjad）。希腊人后来创造了真正意义上的拼音字母后才有了元音。在罗马帝国时期，由希腊语发展而来的拉丁语在地中海、中东和南欧地区普及开来。到 17 世纪时，拉丁字母已经代替欧洲的许多本土语言而成为第一批宗教文本的文字，后来又扩散到越来越多的世俗文本中。

从地理的角度来看，拼音字母对帝国的建立是有促进作用的。这是因为：第一，它可以用来保存和传播像航海和陆地旅行方位这样的地理信息，让人们到达新的地方；第二，它激起了一波又一波对迁移和资源开拓的兴趣和热情；第三，它有利于使用规章、行政管理和指令统治降伏地的人民；第四，它极大地丰富了人类经验的跨时空传播，帮助人们适应殖民地的社会条件；第五，它可以对殖民地进行持续的管理，使它们成为自己财富的来源，以至于到了工业化时代以后，继续成为货物倾销的市场（Diamond 1997:78-81, 360）。但是用于征服的工具也可以被用于抵抗和社会动员。拉丁字母也催生了新教和科学的产生，二者都是与当时传播的主导力量——天主教会分庭抗礼的。拉丁字母经欧洲国家传到殖民地后，同样被用于组织独立运动来挑战欧洲和当地的精英。

另外一种从希腊文中发展出的拼音字母——斯拉夫字母，则被广泛运用在东欧和中亚地区。它最初是斯拉夫语对希腊语和一种叫作格拉哥里语的改造（Omniglot 2008）。这种改造主要得益于基督教传教士的努力，因此斯拉夫字母的传播与基督教力量和意识形态在斯拉夫地区的渗透有着密切的关联。阿拉伯拼音字母是腓尼基文的一个分支，中间经历了阿拉姆文，而阿拉姆文的另一个分支就是希伯来文。阿拉伯文作为古兰经的传播工具在伊斯兰地区的扩散也展示了宗教传播、地理协作网络和书写之间的紧密联系，而它在跨越语音差异的传播过程中，又产生了变种和新的字母，以适应波斯、乌尔都语和马来语。今天阿拉伯语和以此为基础的书写系统覆盖了从西非到印度西北部的广大地区。 25

前面讨论的三种书写系统现在在全球都得到了广泛使用：拉丁文集中在西欧

和非洲以及整个西半球和大洋洲，斯拉夫文被用在东欧和中亚地区，阿拉伯文用在北非、中东、阿拉伯海沿岸和历史上的中亚地区。世界上能够形成西欧或是北非这样的区域性文化，部分是因为书写系统的相近性促进了文化的传播和交融，就算是有翻译，在陌生的拼音字母的阻碍下，这种区域文化的形成便无从谈起。

在南亚发展出的是另一套音节字母（abugidas），它起源于阿拉姆文（原因尚待说明）。而中国一直到今天还是沿用着一套复杂的、以表意符号为主的系统。日本则同时使用着四种不同的书写系统：从汉字中发展出来的标记符号系统、两种不同的本土音节符号系统（片假名和平假名），再加上拉丁字母（在日
26 语中叫罗马字）。让我们来仔细看一下这套结构复杂、多元的字母系统（Smith 1996:213）。

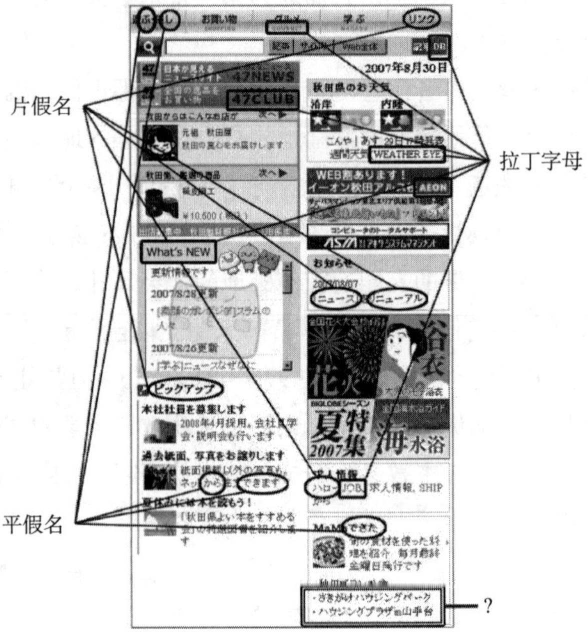

图 2.2　这份日本《东北报》网络版的一个版面向我们展示了一个典型的印刷日文版面上多种书写系统的混合。版面上的大多数字符都是日本汉字（大多数没有标注的字符）。散布其间的是两种音节字母——片假名和平假名，以及罗马字（三处都加了标注）。可以很清楚地看到，这些字母主要用于来自英语的外来词。右下方的一个小方框中则包含了四种书写方式。来源：Akita Sakigake Shimpo（http://www.sakigake.jp/p/akita）。感谢得克萨斯州立大学东亚学系的 Jundo Hatanaka 的分析。

汉字，作为一套复杂的融表意、标记和表音于一体的系统，1500 年以前传到日本，被改造和简化为日本汉字。和汉字一样，这种书写系统用一个独特的符号来表达每一个单字。像“金”或“马”这样的词只需要一个字符，而不是像英语中的一串字符。日本汉字是从象形文字或是象形文字的组合中经过上千年的提炼

而产生的。在日文报刊中，大约有 2000 个常用字都是日本汉字，但是为了保证 27
其易读性，法律规定其他的文字必须使用平假名，这种音节书写系统里每一种辅音—元音组合，比如 /da/ 或者 /sa/, 都用一种独有的符号表示。这一系统以汉字为基础，但只用汉字的读音为书写日文，它也被用在日本汉字的后缀中。在技术或文化输入中所引进的外来语词汇也会以音节的形式出现，这种不同的语音系统叫片假名（Smith 1996: 212）。最后，拉丁字母有两种用法，一种用来直接书写日语，叫作罗马字，另一种以“外来词”的形式出现，特别是那些带有现代感或时尚感的词，比如“网”（web）、“俱乐部”（club）和“工作”（job）等。拉丁字母也被用作计算机打字，因为它用到的字母相对比较少，由一种特殊的软件通过自动化替代功能和跳出来的菜单将它们翻译成平假名、片假名和日本汉字。（见图 2.2）

这种书写系统的混合意味着，日语中有关食物和其他传统的事物是用从汉字中发展来的标记符号和表意符号来写，而世界政治、技术和时尚的内容则会用本土的片假名和平假名或是罗马字来写。而当人们用电脑来写作时，这种经验不仅要借助键盘这一机械界面，也通过拉丁文的概念界面得以延续。由此看来，本土和外来、旧与新，在日语书写中被彻底地融合在一起了。

〉》结论

原始口语传播是一种用现有的语言交流方式无法想象的社会状况，因为文字文化下的社会交往方式在空间、时间、权力和身份结构上都不同于口语文化。在口语时代，社会记忆依托于表演，与之相对应的是循环的时间观。表演不仅让人回忆过去，它一次又一次地通过行吟诗人和说书人赋予过去以生命，将之再现于当下。这种“言语驱动性文化”（veromotor culture）的逻辑是区别于文字文化的，它是依据实用理性和实际功能来和事物打交道，而之后的人们却越来越依靠抽象的分类。那种理性既实用，又充满灵性，它仍然在人类和非人类的交往中得到延续，以我们称作“神话—神奇思维”的方式得到保存。

文字所带来的空间、时间和权力重组促进了对众多人口和大面积地区的管理。书写因此与城市国家和帝国的崛起紧紧相连，它成就了法律、宣判、治安、复杂的社会分工、税收、记录和社会管理的正规化。哪里的社会扩张超出了首领
权威能够管辖的范围，哪里就会发展出某种形式的书写。在某些情况下，最早的 28

书写只是以实体的物质形式出现，很晚才发展出纯粹的视觉形式。

书写的使用让权力向社会上的少数群体集中。最开始，这种特权只限于极少的一小撮人，掌握这一权力的文人主要是僧侣和世袭贵族。直到拼音字母产生，才撬动了文人所占有的政治宗教精英地位。

书写系统比具体的语言所涵盖的区域要大得多，三种主要的拼音字母占据了地球的相当一部分地区，而它们一律源自一种有着3000年历史的表意符号。虽然许多复杂的象形文字和楔形文字都被拼音文字所取代，有一种象形文字却被保留了下来，那就是汉字。它的一个分支形成了日本汉字，它与另外两种音节符号系统和拉丁字母组合在一起，将书写的历史地理在同一页面上完美呈现。

拼音字母不是一种外在于人和社会系统的力量，而是渗透于人的主体性和社会形构的过程之中。作为构成人的主体性和社会复杂网络的一个部分，拼音字母同时支持统治和反抗、中央权威和边缘活力。它并非以某种固定的形态扩散，而是经过了无数次的改造和运用。尽管在这一普及过程中社会权力的分配方式发生了许多变化，在印刷术、大众教育和电子传播技术普及之前，绝大多数人一直无缘识字，也相对无权。这之后发生的事情，我们在下一章里接着讨论。

第三章　从印刷术到电子信号

古登堡究竟有没有改变世界？许多历史学家都认为是的。但事实上，与印刷 29
术相关的社会变迁，所谓的晚期书写时代，早在古登堡之前就开始了，一直持续到他去世几百年以后的早期工业时代。也就是说，从书写文字到印刷文字的转型是一个演化的过程而不是一场革命，正像之前从口语传播到文字书写的转型也是一个缓慢的过程，直到印刷术普及才完成。正如沃尔特·翁（Walter Ong 1982: 119）指出的，手稿文化虽然将内容保存在文本中，口语和听觉因素在其中仍然发挥着很大的作用。因此，是印刷术加快了原始口语传播的消亡，最终完成了上一章介绍的文字化过程，并发展和丰富了它的逻辑。

这不仅是新技术在空间上的扩散，也是经济、政治、文化形态、特定的地点、项目以及抵抗得以传播的过程。书写的发明将词语用固定、可见、平面的形式记录下来，由此促进了世俗力量的发育和跨地区知识网络的形成。被定型的词语有助于建立更大规模和更为复杂的行动者网络，不过，这种地理优势只有在固定词语可以借助以印刷术为主导方式进行交换和流通后才变得令人信服。

就像马歇尔·麦克卢汉主张的，媒介让某些社会过程和情景、某些思维和互动方式成为可能，这才是媒介真正的“讯息”，但是，每一种媒介都会在某些极端情况下出现相反的偏向（McLuhan 1962, 1964; McLuhan and Fiore 1967; McLuhan and McLuhan 1988）。尽管在古埃及、美索不达米亚、希腊、罗马、中美洲和古代中国文明中，书写强化了权力向少数人的集中，赋予他们上帝般的光环，印刷术给固定词语所带来的繁荣却逆转了这种集中化的趋势。当然，这并不是单纯依靠印刷文字本身来实现的，改变的力量来自它所创造的不再那么单一的社会空间秩序，其背后的推动者是一个异质性的行动者网络，它们共同支持批判 30
性思想、经济自治和通过印刷文字所表达的代议制民主制度。

本章要讨论的就是与印刷出版、电报、电话和广播相关的行动者网络。尽管并不可能全面，但也足以说明我们所知道的传播媒介绝不仅仅是技术，而是一个由人、社会机构、技术、地方以及对空间和时间的建构所共同组成的综合体。

》印刷、空间和行动

一部手稿在手工誊写的过程中，词语之间的相互位置可能会保持不变，但是页面和卷册的空间会发生改变，因为不同的人来抄写，字的大小、行距会有或大或小的变化。印刷术创造了“固定页面”。印刷文字“以书写产生以来从未有过的残酷方式将词语安置到位”（Ong 1982:121），它将文字的定着性发展到了极致，以至于像麦克卢汉所说的，让这种媒介的偏向发生了逆转，最终导致了文字的移动。

印刷术让文字跨越国界，甚至穿越几个世纪，在不同的受众之间流通起来。这种流通反过来也撬动了社会权力以及关于权威、信仰、规则和价值的社会结构。例如，正因为印刷术使得一定印数的文本可以做到每一本在什么位置写着什么内容都完全一样，作者身份（承认一个文本只能出自一双手和一个大脑）的概念才得以巩固下来，无论多少册文本只有唯一的创作时间和地点，这样才有了每一个出版物的版权页上所标注的出版时间和地点（McLuhan 1962; Eisenstein 1979）。如果有什么东西可以原封不变地在空间上散布开来，这不啻为一种新的变“地方”（版权页上标注的时空起源）为“空间”（分散的阅读地点）的力量。这种新的受众空间必定带来新的时间观念和新的社会动力机制。

> 印刷从一开始就是一个彻底机械化的成就。不仅如此，它是一种完全面向未来的再生产工具，因为甚至在军服的生产出现以前，印刷纸张就作为第一种完全标准化的产品被批量生产，而它们的移动性也是第一个高度标准化和可替代零件的例子。的确，这个发明在各个方面都是革命性的。（Mumford 1963: 135）

不过，后来的研究也显示这个过程其实并非革命性变化，而是渐进的。其演进的核心力量包括宗教在主体性和集体认同上的角色所发生的变化、社会等级关系的重新排列，以及边界的重建。总体来说，印刷文字将手写文字所代表的中心
31 化趋势转向了分散化，社会从静态转向持续的变化。

印刷术在欧洲普及之前，天主教会掌握着对文字的垄断，文字所具有的塑造空间、时间和社会网络的潜力也处在宗教机构的官僚控制下。在公元 600 年

到 1100 年之间，90% 的识字的人都是受过修道院训练的（Deibert 1997: 57）。那个时候的媒介网络主要是由圣书、宗教建筑、雕塑、彩色玻璃、牧师、僧侣、负责修道院内部和修道院之间交流的官僚、簿记以及代表着社会中心的“准神秘仪式”所构成（Deibert 1997: 59-60）。在这个阶段，绝大多数人都是通过读圣经的方式接触文字，而且几乎无一例外要以教会为中介，使用的都是拉丁文，它所带来的限制和翻译的难度拉开了教宗与受众之间的距离，也保证了人们对神深信不疑。宗教手稿、用来抄写这些手稿的拉丁文和昂贵的羊皮纸、以形象和文字放大自身效果的大小教堂，这一切共同构成了保守的世界观以及维护贵族和牧师特权的系统，一个“教皇—僧侣”权威系统（Deibert 1997: 54）。正是借助这个系统，教会得以维持它的统治地位，为欧洲人民提供关于生与死的一整套叙事。

尽管从 15 世纪的古版书籍中我们可以看到中世纪的图书文化在相当程度上延续了过去的传统，但这些印刷品中也埋藏着新的行动者网络的火种，它们终将在接下来的几个世纪中酝酿出社会巨变（Kuskin 2006a）。到了 16 世纪，新的廉价造纸术与印刷机、怀疑论者、异教徒、商人、出版商与图书作者之间的专业合作同步出现，共同实现了推陈出新。从这个意义上说，印刷术不仅仅是一项技巧或技术，而是一整套将各路行动者召集到异质性网络中的实践。

诚然，活字印刷的概念早在公元前 1700 年就在克利特岛诞生，由此我们可以认为克利特人创造了某种形式的印刷术，但是克利特人的社会组织中缺乏采用这一发明的经济条件和价值体系，采用这一技术并不会让他们获得良好的声誉，这项发明与当时的社会既得利益无法兼容，技术发明者的利益在技术使用者那里也不会得到尊重（Diamond 1997: 239-42, 247-9）。在中国，从公元 7 世纪开始木版印刷就被用于印刷佛经，11 世纪又产生了用陶土做的活字并被用在包括木头、树皮、竹片、丝绸和纸张在内的多种材料的印刷上。雕版印刷被传到波斯和埃及，最后传到俄罗斯和意大利（Mumford 1963: 135）。然而，雕版印刷的优势远远比不上活字印刷，汉字的特点可能延缓了印刷术的发展，因为从几千个符号中选出一个字的速度远比从 26 个字母中选出一个字母的速度来得慢。金属活
字首先在 13 世纪被朝鲜人使用，但是这种印刷技术出现在高丽王朝，只用来印 *32*
刷佛教经典。总之，在东亚“来自国家和宗教两方面的因素导致印刷术并没成为颠覆性力量，而是处在国家的严格控制下，其主要动机无非是标准化和复制”（Christensen 2007: n.p.）。因此，直到它在欧洲普及前，印刷术并没有发展成为一种社会变迁的力量，自然也没有成为新网络上的核心节点。

当古登堡借鉴了不知经过了多少轮改造后的亚洲模式，重新发明印刷术时

(Hanbutt-Benz 2000; Christensen 2007)，历史第一次具备了允许它广为采纳并对社会变迁产生深远影响的条件。共济会组织、地下宗派和黑市供应链都发挥了作用，出版商、印刷商、书商之间的联系几乎总带有一点“暗中串通的特点”(Eisenstain 1979: 144)。这种钻法律空子的情况意味着印刷业不太迎合皇室和教会的既得利益，反倒更契合正在萌芽状态的社会对抗性力量和边缘行动。

这些依托印刷业的利益动摇了欧洲社会结构，它既不是突如其来的，也不全是印刷业的功劳。它始于古登堡之前的传播实践的变迁，早在12世纪，文学已经开始脱离修道院隐居生活的局限，在当时尚处于萌芽期的大学和图书馆，在代笔人和文具商人同业公会的圈子里，一种新的世俗化传播方式开始发育。在这些与抄写相关的空间和地方，人们开始对教会的功利主义和官僚主义产生怀疑。起初，这算不上是一个世俗运动，因为其目的往往是宗教复兴和改良，但是越来越多的律师、政府官员、富商开始用书写来声张他们的利益和世俗化的权力。由此，一个兼顾神圣与世俗的、多中心的文人网络开始发展起来，这个网络的特点在于它更是一个横向的视野，而不是一个纵向的结构。印刷术很好地促进了这种趋势的规模和影响，反过来也在新的社会形态中赢得了中心地位。

文字上的接近性是这一转型得以成功的一个重要原因。最早的《圣经》印刷品都是拉丁文，价格只有手抄本的百分之一，后来的本地话《圣经》在语言上更为易懂，一印就是几百册，到1500年时已经遍布欧洲大小城镇(Eisenstin 1979:44)。当普通人手上有了本土语言的《圣经》之后，他们就可以自主地理解这一神圣文本，不需要再通过牧师和教堂，也不必接受他们对社会等级和秩序的观点。印刷商和出版商无疑培育了新的主体性。

某些地方语言因为被准许用作《圣经》的地方语而得到了地位的提升，这就向建立在社会语言基础上的现代国家迈开了第一步：“以本土语言为基础的国家获得了巨大的权力和地位，这至少在一开始不是谁有意为之的。英语将盖尔语赶出了爱尔兰的大部分地区，法语将布列塔尼语逼到了墙角，西班牙语也将加泰罗尼亚语挤到了边缘位置。”(Anderson 1991: 78) 在这一基础上，各个民族都努力
33 争取语言统一，本着民族统一的精神“夺回”国界之外说母语的领土，相应地也会在国家领土范围内将那些与主流语言不吻合的语言排斥掉。

以印刷为载体的流动一边巩固着国家的疆界，一边也让它变得更易渗透。印刷商通常都是那些有着海外关系的外国人，他们与海外的联系不仅有文学上的交流，也有像衣物和皮毛这样的日常生活产品的交流。印刷带动了物资、技术和劳力的流动，由此形成的行动者网络几乎一夜之间就从本地扩展到国与国

之间（Painter 1976: 176）。印刷商也在赢得海外读者的过程中促进了跨国交流（Coldiron 2006）。因此，尽管他们的印刷制品非常强调语言（亦即民族）身份，他们的物质存在和流动性实则对民族身份构成了威胁，有时还会给他们自己招致暴力和驱逐（Kuskin 2006b）。这种流动性给国家带来的麻烦不仅在于印刷贸易往来和观念的跨国交流，还在于越来越多的读者现在可以通过文本形象了解遥远的地方了。19 世纪欧洲探险者"为欧洲人建构了非洲的表征，他们在给政府开发非洲的经济价值的同时，也向他们的读者建构了关于非洲的概念"（Duncan 1993: 50）。领土扩张经常打着传教的幌子，但其深层原因却是领土扩张这一世俗的野心。以教堂为中介在天堂和人间建立起来的垂直空间——一种关于地方、空间、主体和世界的神圣—神奇世界观，开始让位于民族国家的水平疆界，大众化生产的页面和由此实现的文字流动既巩固了这一空间，又让它麻烦不断。

因此，印刷术从根本上改变了空间和时间的力量权重，空间上的扩张让过去和现在的延续性逐渐丧失（Innis 1951, 1972）。与此紧密相连的是中心和边缘在地理上的重组，富裕的城市逐渐获得比宗教中心更多的权力。安德森（Anderson 1991）所说的"印刷资本主义"由此介入文化、语言、经济、技术和政治多种相互重叠的空间中。印刷术产生后在英国和法国出现的"小册子"（chapboods）（一种简易装订的书）标志着从口语向印刷文化、从实用学习和计算向更加理性的、系统化的和超脱的世界观逐步转型的开端（Thrift 1985: 382-3）。

印刷网络的崛起给权威、概念、价值和信仰所带来的变化是显而易见的，其中一个例子就是马丁·路德的《九十五条论纲》。它在 16 世纪早期以印刷的形式出版，向教会提出了挑战，在欧洲各地激起争议，教皇发表《现身吧主》（*Exsurge Domine*），在其中做出公开裁决要求路德将《论纲》收回。这可能是有史以来第一场以印刷文字为工具的斗争，因为这个公告也是由教皇列奥十世发表的印刷文件。不过，这场战争仍然保留了许多口语传播的习惯：路德的书被约翰·埃克（Johann Eck）烧毁，而路德也烧掉了《现身吧主》。然而，大火是无力 *34*
对抗印刷文字的，任何主张、观点或是疑问都可以被无限复制，或者像胚芽一样隐藏起来，等待合适的时机再无限复制。

当然，在 1500 到 1600 年间出版的 1 亿 5 千万到 2 亿册书中，有许多都无意挑战教会。它们只是将读者带入一个特殊的社会环境，让社会主体或温和、或严肃地站在神圣权威的对立面。

> 即使是16世纪一个肤浅的观察者也很难不注意到各种论述像“雪崩”似的出版，它们以各种各样的“简易手册”（通常还配以图解）向人们解释怎么画画、写情歌、混涂料、烧黏土、记账、测量土地、使用各种工具和仪器、采矿、化验金属、调兵遣将或是移碑、设计建筑、桥梁和机器。（Eisenstin 1979: 243）

这些实用手册唤起了学习者的自主性和他们自我提升的兴趣，这种趋势随着知识分子群体的涌现而发展到极致，其开创者是法国加尔文教徒皮埃尔·贝尔（Pierre Bayle）从1684年开始出版的一个文学批判杂志，名为《文学界新闻》（*News from the Republic of Letters*）。杂志的名称表达了一个属于读者和作者的虚拟社群的概念，尽管期刊的所在地是阿姆斯特丹，贝尔和其他自由思想家发挥他们的地理想象，杂志末页的出版地写的是“乌托邦”或是“大都会”（Eisenstein 1979:138）。他们的目标是要为分散在各个地方的读者和作者——那些大城市人、通晓各国语言的人、自由思想家以及流亡人士——建立一个“虚拟地方”，这些人会使用报纸、杂志和法语，以此推进启蒙精神，他们虽然没有属于自己的领地，却又无处不在。辩论带来更多的辩论，质疑带来更深的质疑。路德在《教会的巴比伦囚禁的序言》（*Prelude on the Babylonian Captivity of the Church*）（1520年10月）一文的开头很好地、稍带讽刺地点到了当时的这一思潮：“不管喜不喜欢，因为有这么多如此有本事的大师争先恐后地教我提高自己，我每天都被逼着要去学更多的东西。”

知识分子作为一种独立于宗教和政治势力的新权威在欧洲舞台上崛起，公开展示公民、自由思想和印刷的力量。“道德和知识权威的主要来源从牧师转到知识分子……霍布斯（1651）的《利维坦》的出版、笛卡尔的影响或是斯宾诺莎的哲学、英国光荣革命后约翰·洛克思想的成功，这些都体现了这一新的形势。”（Claval 2006:212）同时，“随着作者越来越多，印刷促进了社会的多元化，一些小册子的作者，从清教徒的神职人员到沃尔特·李普曼（Walter Lippmann）和詹姆斯·赖斯顿（James Reston），都从印刷中获得了权威”。从印刷文字中还孕育出一种新的等级关系，“它将人分成了两种不同的类型，前一种人的每字每句都影响着上百万读者，而后一种人必须努力争取出版的权力或是从不奢望自己可以出版任何文字”（Sola Pool 1990: 245）。知识分子的涌现离不开印刷商和书商的网络，他们延伸了作者的触角，尽管他（偶尔是她）也会用假名来躲避旧的当局对他们的惩罚（Eisenstein 1979: 138）。[1] 知识分子开始分流成一个多元的网络。比如，文学家用他们的写作为人们打开心灵世界（Tuan 1982），而科学家则借助“作者的功能”所赋予他们的“特权的距离”超然于文本之上（Foucault 1979b; Blunt 1994:53）。

在机器和人力上的投资意味着让印刷机闲置是对生产力的浪费，甚至早在1500年前，印刷商们就开始生产一些像传单、广告这样的各种空洞的“奢侈品”，好让他们的生产力能够源源不断地产生利润（Carlson 2006:40-3）。这些印刷品鼓吹消费主义，尽管最初这只是一种对奢侈的符号消费。因为这一点以及其他一些原因，印刷机的早期阶段特别是15世纪成为一个自相矛盾的时代，新的媒介虽然具有推动社会进步的潜能，但意识形态上也保留着中世纪的色彩（Kuskin 2006: 4）。印刷机最终促成的资本主义、世界主义、民主和世俗化都属于“分布性的变化”（distributional changes），也就是说，它们归根到底是由传播形态的变化所产生的各种社会力量之间权力结构的改变（Deibert 1997:67）。

印刷文字不仅创造了第一个虚拟地方——文学界，也促进了旅游的发展。物理上的移动性和虚拟的移动性相生相伴。在18世纪的英格兰，游记的流行程度堪比神学著作（Wheler 1999: 15），阅读让那个时代的人培养出对旅行的热情，无论实现这种热情是通过坐在扶手椅上的阅读，还是付诸行动。当然，印刷术在加强社会联系的同时也加深了社会隔离：“工业印刷文字的阅读让独居和沉默的习惯流行开来，渐渐剥夺了人们以往在手抄本非常稀缺的情况下必须使用的那些公开和发声的听说能力。”（Virilio 2000:37）麦克卢汉对此也有同感（1962:250）：

> 随着古登堡印刷机充斥了世界，人类就消声了。人们开始无声地阅读，变成被动的消费者。建筑和雕塑也变得干瘪。在文学上，只有像叶芝、辛格、乔伊斯、福克纳和狄伦·托马斯这些从落后的口语地区来的人才会为语言带来一些回音。

在过去的150年间，人类社会也同样经历了类似的，交织着经济、人口、宗教、意识形态和技术等各种因素的多重转型。 36

》》电报与新传输方式的发明

工业化生产的电缆、电磁开关（或电报按键）、摩斯电码，以及经过培训可凭视觉或听觉来破解电码的电报员，这一切的组合不仅使印刷传播变得更快、更广，还从根本上产生了许多新的传播方式。继电报之后，电话、广播、电视和电脑网络接踵而至，虽然它们的传播方式各有不同，但都是在延续着电报所创造的空间逻辑。在此之前，传播隐含着交通的意思，而新技术将二者区分开来，在概念和实践上都分道扬镳。

> 在电报出现之前，“传播”同时被用来指代交通和信息传输，原因很简单，因为信息的流动依赖于步行、马背或是火车。电报终结了身份的差异，让符号的流动不再受到交通的局限，并且更快。换言之，电报将传播从地理局限中解放了出来。（Carey 1988: 204）

很多地理学家会反对上面这种观点，正如他们拒绝承认互联网带来了“距离的消失”（Cairncross 1997），不过凯里的真正意思不是距离消失了，而是距离的阻力不再是传播形态的主要因素。电报和随后的技术当然没有把所有的地方都变得一样，或是彻底消除距离对流动性的影响，但它们的确让远距离实时传播成为社会网络的重要部分，在这种条件下，也涌现出新的行动方式。比如调配一条轨道上的多辆列车，或是期货贸易。电报的行动网络包括火车公司、种粮食的农民、商业投资家、电缆服务商在内的正式行动者，也包括犯罪分子、骗子、情人等非正式的行动者，每个行动者都通过新的电缆来实现各自不同的目标（Carey 1988: 203-6; Marvin 1988: 92-5; Cronon 1991）。电报极大地增强了金融机构的吸引力，因为它们所依赖的正是对“分散在不同时间和空间的货物的买入和卖出”（Carey 1988: 218; 亦见 Cronon 1991）。总的来说，电报促进了资本和劳动力的跨时空再分配，帮助人们达成新的合作协议，暂时缓解了经济的压力和矛盾。在此过程中，资本主义借助哈维所说的“空间解决方案”也缓解了自己的压力和矛盾（Harvey 2001: 284-311）。电子信号伴随着更大规模的行动和新的自我认同，预示着 20 世纪晚期的社会结构的重组（Graham 1988）。

人们通常用“传播的宗教观”来理解电报的创新性，凯里称之为“电子崇高
37 感”（electrical sublime）：“人们愿意相信，将全世界人民连接在一起的电子传播也终将实现全人类的博爱”（Carey 1988: 206,208）。海底电报电缆的铺设不仅给殖民者带来诸多实际利益，以电报技术为基础的殖民主义还带来了宗教布道热情的高涨（Marvin 1988: 98-9）。这种威力在今天是很难企及的，但是在当时，无影无踪、无处不在又威力无比的电的确让人们相信电子传播的背后一定藏着某种超

自然的力量，它不亚于是一种人类征服自然的象征。在经历了几个世纪由印刷媒体所带来的世俗化过程以后，人类社会产生了另一种对神圣的膜拜。

像印刷术一样，电报对社会规范的打破和对社会情景的重新定义也同样引起了精英阶层的恐惧，它所激起的社会焦虑虽然不像它在经济上的影响那样可以量化，却是实实在在的。有些新闻就传言说骗子通过电报和女人约会、结婚，然后卷款而逃，或者隐瞒他们真实的社会身份和肤色（Marvin 1988: 94）。也有一些人出于道德感，呼吁要把女性电报员从这种“毫无遮拦和充满风险的职业中解救出来”（Marvin 1988: 27）。

新的技术不仅带来了上面所说的这些经济的和超自然的体验，与此相关，它还提供了新的有关时间、空间和行为的思维方式。交通和传播之间的分裂从根本上让“传播”成为“作为传输的传播”（Carey 1988），主要用来表达远距离的社会互动，也就是安东尼·吉登斯（1984）所说的“分延和脱域行为”（distanciated and disembedded action）。随着欧洲大陆信号传输网络的建立，以及后来的国际网络的建立（见图 3.1），以往依托某个特定的时空结合点的社会交往从它们通常的语境中抽离出来，进入电子媒介的虚拟空间，这种分延现象从买卖商品到协商和管理，再到约会和引诱，无所不包。从管制的角度而言，它也带来了挑战，因为以前的传播法规都是围绕着印刷文本来制定的，而现在传播的渠道变成了一个

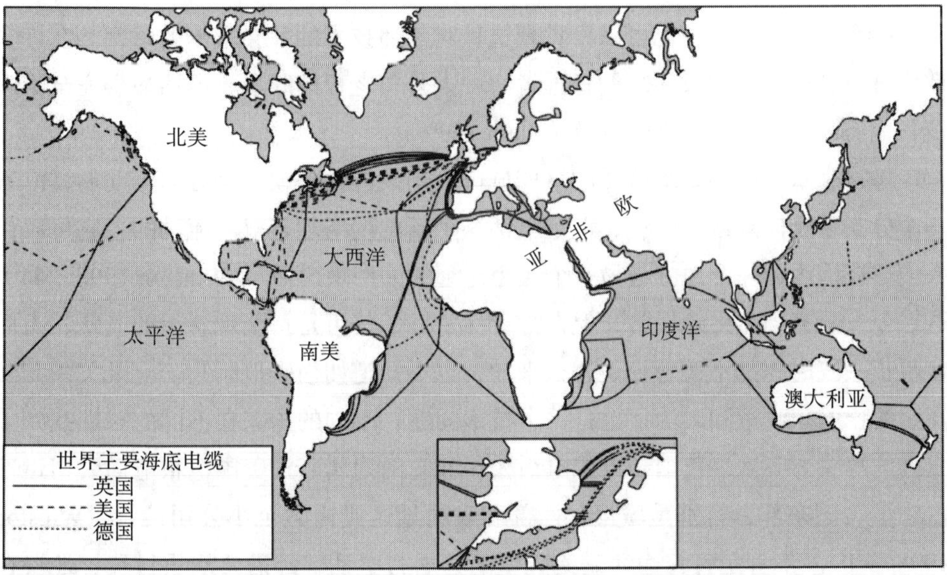

图 3.1　1911 年时的海底国际电报电缆分布。来源：Peter J. Hugill（1999）《1844 年以来的国际传播：地缘政治和技术》（*Global Communication Since 1844: Geopolitics and Technology*. Baltimore and London: Johns Hopkins University Press, p. 44）。约翰斯·霍普金斯大学出版社允许重印。

“公用载体”，它可以允许分散的参与者进行实时交流，这对管制提出了新的要求（Sola Pool 1983）。电话的产生进一步凸显了这个需求。

〉》电话和疆界之争

电话最初运用在商业领域，打电话的都是医生、药剂师、商人、公共服务部门、报纸以及交通和轮船公司（Winston 1998: 53）。它与商业之间是一种共生
38 关系，19 世纪后半叶公司的发展像一个经济杠杆推动了城市内部和城市之间复杂的电话网络的建设，商业带来了电话系统最初的腾飞（Stein 1999）。不过用不了多久，电话就改变了做生意的方式。就像电报一样，电话在促进社会团结的同时也给社会秩序带来了威胁。西部电气公司的合伙创始人伊诺斯·巴顿（Enos Barton）回忆，“我清楚地记得当别人告诉我可以通过一条电线来谈话时，我觉得有多么的反感”（Winston 1998: 45）。从“反感”这个词我们可以看出，当一种新的传播技术开始侵入不同的地方时，当它对不同的行动者网络发起挑战时，人们对它会产生多么强烈的不入流和不正确的感觉，甚至做出道德的审判。我们从乔舒亚·梅罗维茨（Joshua Meyrowitz 1985）的书名——《消逝的地域》（*No Sense of Place*）——中也可以察觉到这种对传播技术的社会影响的评判。在许多政府官员、电报和邮政系统的管理者、私人公司老板的眼里，电话显得完全不入流，他们联合起来阻碍它的普及（Stein 1999）。

像自来水、排污系统这样的早期城市公用设施都是朝一个方向流动的，沿着一个分支系统向外或向内流，但是电话这个新的网络却是双向流动的，它可以让人们“在国内的一个地方与另一个相距遥远的人用嘴说话”（Winston 1998: 244）。这在今天看来当然稀疏平常，但在 19 世纪 70 年代可是一个观念上的飞跃，人们在很长一段时间都不清楚它是怎么来的，也不知道如何去控制它。它既关系到公
39 司运营、国家政策和政治，也是一个技术问题，不同的国家在不同的时期找到了自己的解决方案。在美国，贝尔电话公司和它的附属公司美国电报电话公司迅速占领了美国东部，特别是城市，西部和农村地区则由数个小公司接管（Winston 1998: 250）。不管是打长途还是给隔壁的邻居打电话，都需要双重付费，还要在墙上装上两台不同的电话。

> 没过多长时间，人口在4000以上的社区中就有45%的家庭装了两部电话、两个交换器，通常还有两个“接收台”。贝尔电话公司早期的策略在不同阶级之间形成了差异，商用电话和富人用的是贝尔交换站（它可以连到美国电报电话公司的长途上去），其他人用的服务就比较受限，通常是次等的设备和便宜的独立服务体系。（Winston 1998: 251）

无数的历史经验证明，传播手段既是社会分层的原因，也是它的结果。装在墙上的新设备既是一个身份的标志，也让它的使用者不需要跨越物理距离就可以和不同地方发生联系，这无疑也是一种权力，这种远距离通话的权力为那些本来就可以买得起电话的特权人物赋予了新的社会优势。（本地和长途电话之间的区别在今天也依然存在，人们使用手机打长途，用固定电话打本地电话，因为手机服务的套餐已经包含了一定量的长途服务，而使用固定电话却要另外加钱。）英国主要的私营电话公司——联合电话公司，就被来自政府的竞争和应付10%的提成搞得焦头烂额，同时也苦于缺乏限制地方垄断的法规（Winston 1998: 254），此事很明显地说明了社会对颇具潜力的技术所施加的压制，电话普及所遇到的障碍是政府为保护邮政总局的电报利益而故意制造的（Stein 1999）。

当然，如果说电话挑战了与报纸、电报等旧媒体相关联的经济秩序，也在广播、电视和互联网到来之前渗透到人们的家庭生活之中，这一切并不是技术可以单独达成的，而是依靠一个由科学家、专利制度、电子实验室等因素共同组成的行动者网络而形成的，发生这个转型的社会情景和今天大同小异：

> 但是新的关系是如何形成的呢？……我们得想想电话号码簿、电话线、手机，更不要说电话收费和呼叫记录系统了。正是这些技术连接起远距离的行动者，把他们带到一起，并让他们进行跨时空的移动。（Callon and Law 2004: 6）

正像卡隆和罗指出的，电话传播不只是把声音从一个地方带到另一个地方，它将个人和社会能动性扩展到遥远的地方，重新建构人与人的地理关系，由此动 40
摇了建立在接近关系和距离障碍基础之上的社会秩序。这一社会动员的过程反过来使人的行为方式的大规模变迁成为可能，特别是产生了“传播–交通权衡”（communication-transportation trade-off）的体验。索拉·普尔认为，“在1876年电话发明之后的三年之内，伦敦的《旁观者》杂志就预测这种新设备会代替会面”

（Sola Pool 1990: 225）。然而，尽管有些会面的确被电话所代替，人们的旅行和移动却并没有因此而减少。每当一个旅行在经过传播和交通之间的权衡之后被取消，更多其他的旅行就会产生，因为人们被更深地卷入远方发生的事情之中，他们在空间上更具扩展性（Janelle 1973; Sola Pool 1990; Adams 1995）。

电话让城市建设向外也向上扩张。如果没有电话，就需要有一个庞大的队伍来处理办公地点之间的信息传输，在一座高楼上装上许多电梯和楼梯，这在经济上和建筑上都是不划算的。所以，电话为摩天大楼的建筑形式提供了技术保障（Sola Pool 1990: 221）。同时，电话还允许城市向郊区发展以避开城市中心的拥挤、噪声和污染，向边远地区扩展业务也会给电话公司带来经济效益，这个机会他们不会视而不见的。总之，电话减少了社会向外、向上发展的成本，有利于大都会的形成（Webber 1964; Abler 1977; Gottman 1977; Sola Pool 1977, 1990）。

〉》广播

就像印刷术和电话一样，广播早期的发展也充满着围绕新技术的意义和社会影响所展开的斗争。在 1920 年之前，广播的用途主要集中在业余爱好者、轮船入港通信和军事上。这些运用只把广播当作是点对点的传播媒介，直到公共广播被实验性地用于体育事件、选举、音乐表演和宗教仪式中之后，人们才对它作为大众媒介的功能产生兴趣（Douglas 1987）。早期的广播台主要是靠广播厂商撑着的，广告时段卖得并不成功。美国报纸出版商协会在 1927 年的公报中称，“直接靠广播做广告几乎是不可能的”（引自 McChesney 2000: 191）。与此同时，美国教育者极力将广播的职能引向公民教育。由于迟迟看不到广播时段的商业价值，
41 这种观点听起来是合乎逻辑的。就像政府用税收支持办学，公共投资也可以被用在制作像学校系统一样服务于公共福利的广播节目上。事实上在 20 世纪 20 年代早期，超过 100 座广播台是美国教育机构创办的（McChesney 2000）。

然而，这种非商业的、教育模式的广播没能维持下来，到 1927 年联邦广播委员会发布广播法案时，它就已经被边缘化了，该法案支持的是那些可以最好地服务于“公共利益，强调便利性或必要性”的电台。尽管法案对公共广播报以同情，但是联邦广播委员会还是认定非营利性电台不能服务于公共利益，因为他们有可能被用于“宣传”。这个匪夷所思的决定导致了广播波段不能被分配给那

些以宣传为目的的电台（McChesney 2000:192-3）。广播波段的有限性和相邻波段信号之间的干扰意味着某种方式的管制是必要的，但是对商业性广播的青睐，特别是对新的像 NBC 和 CBS 这样的大型网络的青睐，并不是出于管制的必要，而是商业与政府的勾结。联邦广播委员会（FRC）变成联邦通信委员会（FCC）之后，这种勾结发展成为最为紧密的广播—通信行为者网络，联邦通信委员会、广播产业、国会、法院、公民组织和总统行政力量这六大主体将它牢牢掌控（Drasnow et al. 1982: 33, 139-41; 亦见 Foust 2000: 7）。这个网络将美国广播的意义限定在商业驱动和娱乐导向上，而不是一种教育或是公共服务资源。美国联邦通信委员会把“公共利益”的定义曲解为像“清晰频道通信公司”这样拥有 1000 多家电台的大公司的利益，而不是公民的安全和福利（Klinenberg 2007）。

》》结论

印刷、电报、电话和广播的普及过程向我们表明了“权力的牵连”（entanglements of power）（Sharp et al. 2000）。在上一章中，另一种权力的牵连也通过口语传播和固定文字所呈现出来。这些牵连在一起的技术社会形态是复杂和多维的。本书基于地理和行动者网络理论的路径强调了技术、地方和社会关系的独特性。它的核心观点是技术的社会建构：“从长时间的资本积累和技术改良中发育出对工业生产起到决定作用的初期转型，随之带来新的社会形态，这一转型创造了新的需求，也带来了新的可能性，一直到电视的出现，各种传播系统的产生正是这一趋势的必然产物。”（Williams 1974: 19）它也同样吸取了技术决定论的观点，充分考虑到每种媒介在一定社会形构过程中的独特性：“任何一种媒介或技术所传达的‘讯息’是它对人类事务的规模和速度的改变。”（McLuhan
1964: 24）我们没有必要将两种决定论对立起来，实际情况是，一方面作为行动 42
元的媒介改造着行动者所生活的环境，另一方面行动者也被卷入新的网络、接受某种特定的媒介化形态。换言之，媒介既在属于它的空间中发展，又创造着这些空间。

印刷术的故事显示了社会变迁的历史延续性。尽管印刷术是一个重要的技术进步，与它相关的变迁却开始于发明之前，并在发明之后持续了很长一段时间。事实上，其发明本身就是对已有技术的再发明和再组合，只是在某个时候，技术第一次与一个特殊的行动者网络连接在了一起——他们中间有书商和其他商人，有包括出版者、律师和各种官员在内的专业人士，还有一系列以知识分子、怀疑论者和异教徒为主的重要传播者。早期的电子传播展现了技术应用的多样性，无论是合法的或是非法的、集体的或个人的，技术本身诱发着各种反应，从宗教敬畏到狡猾剥削。随着每一种媒介被社会采纳，它在增强时空分延的同时，也逐渐找到了自己的某种社会定位。在这些技术的有效推动下，交通开始与传播分离，传播被等同于信息传输。广播究竟是一种人际传播还是一种大众媒介？电话的本地 / 长途二元体系是否应该统一？这样的摇摆说明了时空分延的实现方式不止一种，技术走向成熟的方向也不止一个。不过，在所有可能的发展方向中我们都可以看到在技术走向成熟的过程中，网络所表现出的流动性和可变性。

在这两章中我们之所以选择以上这些媒介加以讨论，是为了说明社会机构、传播技术、权威、表征、实践和行为在空间秩序上的相互关联，这些例子相互补充，它们所呈现的行动者网络在电视、电影等其他媒介中也可以看到。下一章我们转向当下，讨论包括电脑和手机在内的融合数字媒介。

注释

1. 这种策略让我们想到一个当代的现象，一些非法和有争议的网站利用离岸的服务器和假用户名来逃脱本国当局的管制。

第四章　传播流与流化

从邻里间的流言蜚语到跨越千里的电脑视频信号，传播流的形态千差万别， 43
它可以藏于一隅，也可以横跨大洋；它可以急似闪电，也可以慢若闲庭信步。它可以是单向的或双向的，也可以是多向的，它也可以诉诸视觉、听觉或是多种感觉。它们可以在时间不变的情况下穿越空间，就像电台播送一首广播歌曲；也可以在保持原地不动的情况下让时光倒流，就像一座雕像一年又一年在同一个地方述说着它的故事。它们还可以同时穿越时间和空间，就像一本 19 世纪的俄国小说出现在 21 世纪澳大利亚悉尼的一个床头柜上。“流”的样式千差万别，但它总是蕴含缺位和重新复位的动力。现在，让我们把前两章中的历史视角放在一边，开始聚焦流在当下的形成和状态，也就是卢克和奥托撒尔（Luke and Ó Tauthail 1988）所说的“流化”（flowmation）。

本章分两部分，先探讨与流相关的概念，然后具体介绍电子传播和信息的流化过程，特别是与电话和互联网相关的部分。本章会揭示“数字鸿沟”的各个面向，但是我们不急于对鸿沟的哪一边更有优势妄下定论。正如丹尼尔·苏伊（Daniel Sui 2000: 108）指出的，“许多研究都表明能够获得无穷的信息对于个人和组织来说未必是件好事。事实上，信息过载（接触到过多的信息）和拥有过少的信息可能同样有害。”话虽如此，传播流中普遍存在的不平衡现象仍然是一个值得我们关注和批判的问题。

〉》传播流 44

离开流动我们将无法认识空间，无论是哪一种流动——光、声、人、疾病、商品、讯息，等等。没有流动，空间根本无法存在，因为看需要光的流动，听需要声音的流动，空间中的生活经验需要人的身体在不同位置的移动才能感觉得到。传播空间是由矢量——方向性的传播路径——决定的，这就意味着它是一个相对空间（Sack 1980: 59-62）。相对空间产生于事物与事物之间的互动，而不是某种先在于事物的存在，而不同传播矢量的聚合就构成了与人类相关的空间的总和。这些流动让事物得以发生，决定着它们的等级关系，也让空间控制成为可能："除了财富及其积累，速度及其积累也同样重要，没有它，历史上一轮又一轮权力的中心化根本不可能发生。"（Virilio 2000: 11; 亦见 Meyrowitz 1985; W. J. Mitchell 1995）关于流动，传播学理论发展出几个核心的模式。

拉斯韦尔公式

60 年前，政治科学家哈罗德·拉斯韦尔（Harold Lasswell）指出，分析传播过程最便利的方式就是提出"五 W"问题：谁（who）、说什么（says what）、通过什么渠道（in what channel）、向谁说（to whom）、效果如何（with what effect）（Lasswell 1948），这就是人们经常说的拉斯韦尔公式，其中各个要素——传播者、讯息、媒介、接受者和效果——之间是一种单向流动的关系。许多年来，这个公式一直遭到诟病，批评者认为它过于简化传播过程的复杂性，未考虑不同要素之间所存在的循环，过于碎片化而忽略了统一性，有点将传播等同于宣传（McQuail and Windahl 1981; McQuail 1993）。然而，这个模式却可以很简便地将传播学研究分解成数个研究领域。

也许拉斯韦尔公式最大的问题在于"受众"和"效果"之间的关系。如果我们用简单的心理学来理解，它们之间的关联是简单明了的：受众 R 接收到讯息 M 就会体验到情感 E，用一个简单的公式表达就是 R+M=E。但是一旦我们意识到所谓的"受众"其实包括不同的社会群体，就会知道受众和讯息之间的关联其实是极其多样和复杂的。对大多数学者来说，讨论某一文本的"效果"已经没有多少意义，因为人们是从相互重叠和冲突的主观立场、不同的阅读方式以及讯息传输方式来接受文本的。正是因为这样，讯息永远不是固定的，它会随着接受者和他们的主观立场的变化而变化。不存在一个唯一正确的话语来指导人们如何从一个文本中解读出一条所谓的"讯息"（Rose 1993; Smith 1996; Livingstone 2005）。

拉斯韦尔模式的另一个问题是它的线性逻辑。如果我们把传播过程想象成一
45 个从传者射向受者的箭，它一定是一根穿过空间的箭：传者在一地，受者在另一地。但是如果我们仔细斟酌空间和地方的含义，那么，传播了"什么"是无法与"在哪里"传播分离开来的（Keighren 2006）。一个终生生活在密西西比的人接到一个来自纽约的电话，纽约人说话的方式——从语音到用词到幽默感——会让这个密西西比人听起来比一个纽约人听起来更加震惊（Saville-Troike 1989: 82-4; Chambers 1995: 253）。一条讯息不是简单地从 A 点传到 B 点，而是按照 A 点的

规则进行了编码，再按照 B 点的规则进行译码，因为两个地方的符码系统不可能一样，所以讯息的空间移动也必然带来意义的转变（Said 1983; Clifford 1992）。简言之，拉斯韦尔模式忽视了传播的地理偶然性。建立在这个公式上的传播模式通常都会存在相似的问题。最著名的莫过于沃伦·韦弗（Warren Weaver）和克劳德·香农（Claude Shannon）的理论。

韦弗和香农模式

韦弗和香农模式是信息论中的一个核心概念，而信息论是一个试图对信息流动进行定量分析并将它运用到电脑、脑神经学和语言学等多个领域的一个学科体系。尽管它和拉斯韦尔模式一样是一个线性的模式，但是毕竟在一定程度上考虑到了空间的存在，它认为每个信号（讯息）在从传者到受者的传输过程中都会受到噪声（信号干扰）的影响。为了理解这里所说的“噪声”，想象一下你的声音被转化成电话声筒膜的振动，再转化成从一个电话到另一个电话的信号，再转化成电话听筒膜的振动，最后变成一种空气中的声波传到某人的耳朵里。在这些多重的转化中，声音会变强、变弱或是变形（见图 4.1）。我们可以将这些变化统称为“噪声”。

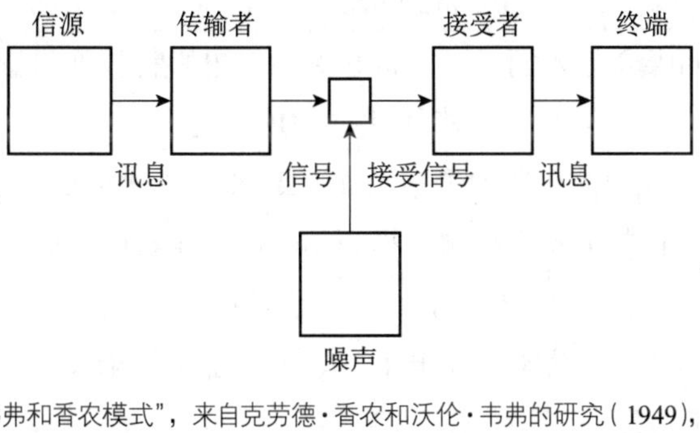

图 4.1　“韦弗和香农模式”，来自克劳德·香农和沃伦·韦弗的研究（1949），作者绘制。 46

韦弗和香农的《传播的数字理论》（*The Mathematical Theory of Communication*, 1963）帮助我们了解为什么多元系统可以自我规范并保持运行，以及为什么反馈原则是传播流的核心。从信息论和它的近亲控制论中又发展出一大批专业研究领域，包括适应系统、复杂系统、控制系统、动力系统、人工智能、复杂理论、决策支持系统、学习机构、操作研究、模拟、数学系统理论以及系统工程（Heylighen and Joslyn 2001）。反馈是指一种可以返回系统、让系统对外部和内部条件做出反应和适应的信息。比如，恒温器就是一个简单的反馈机制，它的开关以二元的方式传达着周围温度的信息，在一开一关之间控制着暖气或是空调。这种将传播视作反馈的观点实质上是以最严格限定的方式理解传播，将之等同于信息传输。它对计算机的操作是如此重要，以至于信息论或控制论现在更多地成了与软件设计、人工智能和机器人相关的理论（Heylighen and Joslyn 2001）。其实，反馈在自然系统、社会系统和技术系统中的表现也同样令人着迷（Wiener 1948; Shannon and Weaver 1949; Weaver and Shannon 1963; Bateson 1972）。

在这个理论框架中，空间的作用完全是负面的，它给传播带来的损失大于补益，它很符合笛卡尔的哲学思想，认为线性距离只会带来信号所携带的信息的弱化。地理学对地方的敏感提醒人们“噪声”远不是如此简单，呼唤能有其他的模式做出更好的解释（Poore and Chrisman 2006）。人们在一个地方能做或不能做何事是受其立场左右的，围绕权威和财产所展开的斗争对讯息传播效果的影响不亚于距离的作用。所以，有一种噪声可能产生于关于一个地方或是一个情景的意义之争，从这个角度来看，韦弗和香农模式应该在简单的线性测量之外将语境的因素考虑在内（Cresswell 1996; D. Mitchell 2000: 259-63; D’Arcus 2006）。

两级模式

卡茨和拉扎斯菲尔德（Katz and Lazarsfeld 2006[1955]）的两级模式让我们认识到有一种特殊的媒介是人们最可能接触到的，电影粉丝通过影评了解电影，政治家通过政治辩论来了解政治，诸如此类的现象说明，“大众”传媒只能间接地影响大众，它们的各种信息需要通过“意见领袖”传达给更多的人。“在选择电影方面，年轻人影响老年人。在购买小商品方面，年长的家庭主妇影响年轻人。”（Katz and Lazarsfeld 2006[1955]:xxiv,6）这是对拉斯韦尔理论的一个重要发展，在它之前的理论都被不太公平地扣上了“效果传统”的帽子，或是以“皮下注射
47 模式”之名贻笑大方。

这一理论（见图 4.2）帮助我们在长于技术运用的信息论和一些更具政治敏感的社会批判理论之间建立起了一座桥梁。

> 我们所说的“意见领袖”，如果可以叫他们领袖的话，是指一种最为简单的领导权：它是人们在朋友圈、家庭和邻里这些小圈子里，在无意之中和不自觉的情况下不经意使用的权力。它不是那种像丘吉尔一样高高在上的权力，也不是地方政客的那种权力，甚至也不同于地方社会精英的权力。正好相反，它存在于寻常的、私密的、非正式和日复一日的人际交往中，是最暗藏的、极不显眼的一种领导权。（Katz and Lazarsfeld 2006[1955]: 138）

这段文字指出了社会影响力往往是渗透在日常生活之中的，这一洞见与福柯的“权力的毛细血管功能”的说法异曲同工，只不过他用的是“权力”而不是“领导权”（Foucault 1979a:198; 1980）。在传播理论界，他们两人的《人际影响》一书将研究的兴趣从传者带向了受众，迈出了传播学以受众为导向研究和大众文化研究的第一步，而这在早期伯吉斯和戈尔德（Burgess and Gold 1985a）的传播地理学研究中表现得非常明显。

在这些创见的基础上，传播理论聚焦到了人们对传播的“使用”以及他们从中得到的“满足”上。这种“使用与满足”路径在 20 世纪 90 年代后期对地理学产生了很大影响（比如，Jackson and Taylor 1996; Jackson 1999）（见第七章）。但是，虽然这个路径更加重视传播语境的复杂性，它对空间作为语境的意义并未强调，反倒是削弱了，空间仍然只是一个空洞而负面的概念，仅作为背景而存在。为了说明这一点，下面侧重介绍地理学对传播流及其与时间空间关联性的论述。

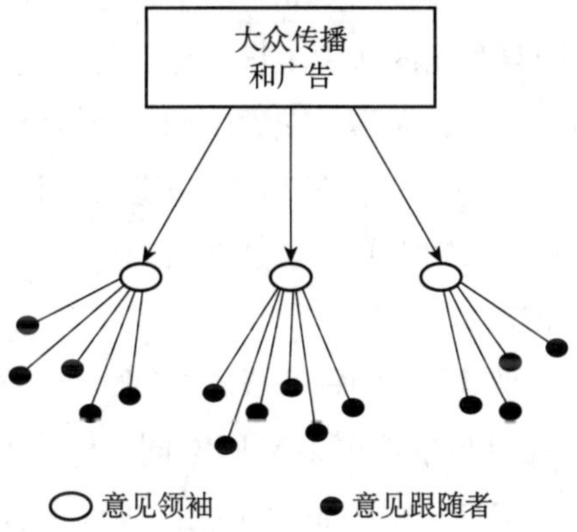

图 4.2　基于卡茨和拉扎斯菲尔德研究的"两级模式"（Elihu Katz and Paul Lazarsfeld 2006 [1955]），作者绘制。

〉》传播的时空 48

理解任何形式的流动都需要知道是什么让空间的特质发生了改变。比如，如果 A 与 B 之间隔着一个湖，在它们之间架起了一座桥，那么这两点之间的空间就被改变了。出于人类的意愿和目的，两个点之间的距离被缩短了。同样，一个坐落在偏僻沙漠路边的电话亭也改造了它所处的空间，至少让它不再那么偏僻（见第 13 章）。如果我们仔细分析人们感知空间的不同方式，就可以发现两种截然不同的空间：相对空间和绝对空间，前一种认为空间先于物质存在，而后一种认为物质先于空间存在（Sack 1980）。我们现在要讨论一种特殊的相对空间，在这一空间中，地方与地方之间的关系是由传播技术这一特殊的“物质”决定的。

空间的可塑性

用这种相对空间的概念可以帮助我们理解什么叫“空间调节”技术（Brunn and Leinbach 1991b: xvii）。1920 年时电话接线员接通一个来自美国东海岸的电话需要大约 14 分钟时间（Abler 1975: 38-9）。到了 1930 年，同样的一个电话只需要两分多钟就可以接通，这在当时就够快的了。到了20世纪70年代，据罗恩·埃布勒（Ron Abler）的记载，“电话传播已经几乎完全实现了时空聚合”，也就是说，接通这样一个电话所需要的时间已经缩短到让人无法察觉的程度：“从时空的角度来看，整个北美都成了一个地方……在过去 50 年的时间里，整个大陆的电子传播时空被极大压缩，所有的地方都变成了一个地方”（Alber 1975: 40）。这一空间压缩的观点与最近关于互联网的认识不谋而合，但是它有两个附加的条件：一则，它指的是电子传播的空间，而不是交通空间、经济空间，或是政治空间（传播技术所实现的聚合）；　二则，它是以时间来定义的相对空间，而不是其他的相对空间，比如成本空间或认知空间。虽然在时间上可以做到即时送达，但不等于不需要金钱或是专业知识。

如果我们考虑到另一种相对空间——成本空间，那么事情就会呈现出另一个样子。这时，跨洋电话就会与本地电话有所不同，因为它的成本更高，也就是说，在成本空间上并没有实现完全的聚合（也许永远不可能实现）。相反，纽约到旧金山与纽约到波士顿的通信传播却完全一样，尽管两者之间的时间距离相差甚远。19 世纪晚期美国采用的统一邮政价格使美国所有地方在成本空间上变
49 成一个地方，类似的压缩也同样发生在英格兰的邮政空间中（Abler 1975: 41-2; Sola Pool 1990: 235）。我们必须记住相对空间的这种变形并不只是象征意义上的：成本空间和时间空间与传播的地图空间（由线性距离所定义）一样真实，只不过每一种相对空间是由一种特定的关系所定义的（更多内容见 Gatrell 1983; Gould 1991）。

时间空间和成本空间从来都是流动不居的，时间会带来戏剧性的变化（见图 4.3）。无论是哪种相对空间，它们在被技术压缩的过程中都会因接近的需求而发展出一种循环的过程，这是要克服地方差异和距离障碍而产生的一种结构性诉求（Janelle 1968, 1969；亦见 Harvey 2001）。技术因社会变迁、特别是政治和经济变

迁的需求而得到应用。在社会变迁推动技术应用的同时，它也带来时空压缩，使地方以各种方式发生演变。比如，在大多数家庭都拥有轿车后，原来散布在某个街区的 10 个街边小店就会逐渐被一个地处中心的大型超市所取代。这种变化反过来会刺激时间空间和成本空间的进一步压缩，导致进一步的空间转型。尽管以上贾内尔（Janelle）的研究是针对交通技术扩散的社会影响，但它对理解传播技术也有帮助。正如海伦·考斯奈尼斯（Helen Couclelis 2000: 341）指出的：

> 随着电子传播和数字信息技术的到来、扩散和合并，人类第一次有了可行的、通常比物理运动更有效的参与经济、社会和文化活动的选择。这一发展与先进的物理交通的设计和管理结合在一起，实实在在地创造了完全不同的接近性景观，它不仅改变了接近性这个概念本身，也改变了它影响城市及区域结构和功能的方式。

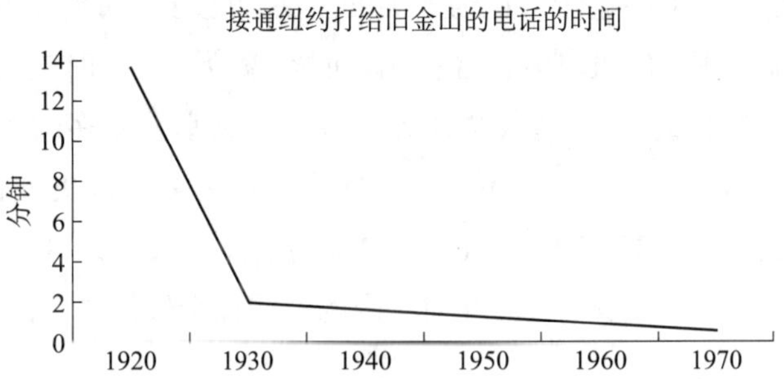

图 4.3　1920 年至 1970 年间纽约和旧金山的电话时间空间的聚合，作者根据 Abler（1975a,39）的研究绘制。 50

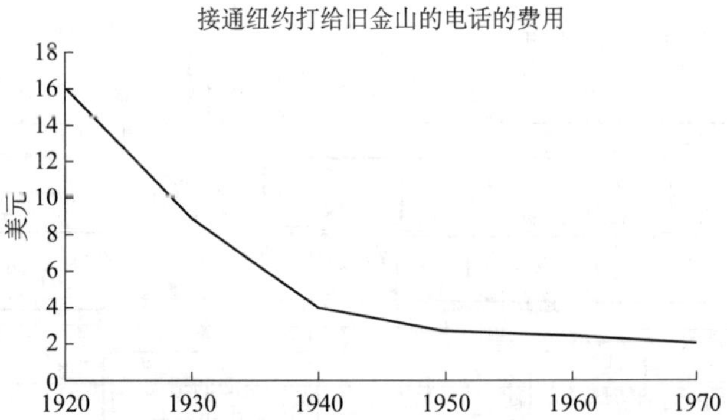

图 4.4　1920 年至 1970 年间纽约和旧金山的电话成本空间的聚合。此图是对成本在逐渐降低的过程中一系列变化的线性概算值。作者根据 Abler（1975a,43）的研究绘制。

或许有一天大型超市会完全被互联网的食物配送服务所代替，或许零售商们会用一种“线上+线下”的市场策略将两者结合起来（Murphy 2003）。技术变迁经常会激发人们管理空间和时间的热情，尽管“时间问题的解决通常会带来空间上的问题，反之亦然”（Murphy 2003: 1176）。在电子传播之前，“接近性”这个概念相对比较直截了当，现在已经变得越来越复杂难辨，因为流动和传播创造了非常不同的空间。

人们在收入、年龄、性别、种族、教育、身体残疾和其他维度上的社会差异，与他们个人在拥有和使用某种传播技术上的选择同样重要（Janelle and Hodge 2000a）。在思考时空聚合时，我们应该尽量避免采取普适的、不可逆转的或是胜利者的观点。普适的观点会认为发生在香港和伦敦的事情一定也会发生在例如巴库或是布哈拉这些地方。不可逆转的观点会忽视前文中贾内尔（Janelle）提出的一个事实：时空聚合在某些方面也会通过一对相互关联的反馈回路带来时空的离散（Janelle 1969: 353-6）（见图 4.5）。而胜利者的观点会将相对空间的总体性变化看成是一种终极意义上的进步，认为人类的生活会随着空间被“占领”而变得越
51 来越好。时空聚合模式的批判者已经指出，时空聚合（也叫时空压缩）并不会给所有人带来平均的利益：“一些人会比另一些人对它掌握更多的控制权，有些人可以发起流动和运动，有些人则不能。一些人会比另一些人更处在被动的地位，有些人还会受到它的囚禁。”（Massey 1993; 亦见 Swyngedouw 1993; Kirsch 1995）这一观点提醒我们要对时空“权力几何”内的不同社会群体进行区别对待。

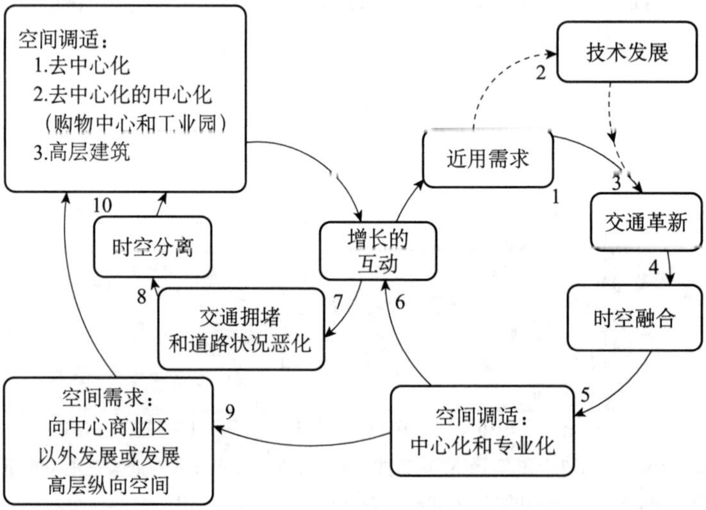

图 4.5 “空间重组的扩展模式”表示时空聚合和时空离散的同时发生。作者根据 Janelle（1969,353）的研究绘制。

梅西的权力几何概念是对贾内尔的“空间调节技术”概念的提炼，也更为详尽地阐述了相对空间的概念。地理学家从多个方向对这一话题进行了探索，从技术决定论到马克思主义再到后现代主义。站在社会决定论与技术决定论相结合的立场上来看，尽管传播流的总量的确是增加了，而且将在可被预见的未来继续增加，但是这一加速的流动也不可避免地带来了各种空间的打破和改变：“包括电子传播、长途交通网络和长途能源供应在内的技术网络，不断地影响着复杂的地方和以交通为基础的社会意义——基础设施的近用权、财产、劳动力市场、‘创新区’、社会互动以及文化设施等，重新组合它们与各种地方性和非地方性因素的关系。”（Graham 1998: 182）琳达·麦克道尔（Linda McDowell 1996: 30）发现多琳·梅西（Doreen Massey）、欧内斯托·拉卡劳（Ernesto Laclau）、弗雷德里克·詹明信（Fredric Jameson）、爱德华·索贾（Edward Soja）和米歇尔·福柯（Michel Foucault）这几个人的观点在有一点上是一致的，他们都认为，“这 52
既是一个事物间的相互关联不断加速的时代，也是一个空间尺度开始出现重新组合的时代，特别是全球与地方的关系在以新的、令人意想不到的方式重新组合。”在最近发生的空间转型中，互联网无疑处在中心地位，而“通道、交换中心、转播站和流量限制这些物理硬件则发挥着传统基础设施网络的作用。只不过对它们的使用是无形的，也不同于任何严格意义上的牛顿力学定理”（Janelle and Hodge 2000b: 7）。

也许对某些人和事来讲，空间可能会消失（想象一个美国儿童刚得到他或是她的第一部手机），但在非洲、亚洲等贫穷地区，甚至是北美一些缺乏基本的电话服务的农村和内陆地区，空间仍然可能是顽固的阻力，限制着人们的行为。格雷厄姆和马文（Graham and Marvin 2001: 382）认为传播基础设施存在着一种分裂：“它只是为融合和关联富裕强大的地区和用户而设计的”，必然会在建造的过程中“绕过那些不那么有价值的地区和用户，连基本的网络服务都不屑于提供”。距离的阻力会因人而异、因地而异、因媒介而异，但是我们每个人都面对一个“历史上从未有过的两难境地，它关涉到我们作为个人如何置身于一个从各个方面来看都极端分裂的现实，我们看待世界的角度时而是中产阶级私密生活的一潭死水，时而又是全球资本难以想象的离心力”（Jameson 1991: 413；引自 McDowell 1996: 30）。种族、阶级、城乡之间的差别都因传播近用权的差异而进一步加剧，例如，女人可能会“被赛博空间囚禁而不是解放”（McDowell 1996: 31）。当然，这并不是说那些被相对隔离的人不能利用“赛博格”（Cyborg，一种人与机器的混合体）来实现技术赋权（Haraway 1991）。

因此，“数字鸿沟”是与资本的全球流动系统紧密相连的，富裕的地区总是处在全球决策、投资、监视和规划的中心，而它们要从处在权力和控制网络边缘的贫穷地区攫取自己所需的资源和劳力（Massey 1993; Castells 1989,1996; Harvey 2000, 2001; Sassen 2001, 2005）。不同的地方在崛起的全球化空间中的地位不尽相同，这不仅是因为它们不同的先决条件会影响这一地区的经济、政治和文化生产，更是因为“跨国财团对每个地方区位特点的审查和精确剥削，他们企图实现的正是一个无缝连接又精细打磨的跨国劳动分工市场”（Graham 1998: 175; 亦见 Castells 1989）。从大的范围来说，这种鸿沟可以用南北半球和东西半球的差异来概括，但是我们也看到，巴西圣保罗或是南非约翰内斯堡的富人有互联网，而住在密西西比三角洲或是阿巴拉契亚山脉的美国人却可能被排斥在赛博空间的边缘（Lentz and Oden 2001; Oden and Strover 2002）。这种不均衡也延伸到更小的范围，即使是在一个学校内部，也可能存在着一个关于信息技术使用的“微观地理”（Valentine et al. 2002: 300）。

〉》电话普及

53 有一种传播基础设施可以很好地显示这种鸿沟，那就是传统电话系统，有人也叫它“公共交换电话网络”“普通的老电话系统”“干线”或是“固定电话”。事实上，这些提法都会对人产生误导，因为在许多地方这种普通的老电话已经不再是当地主要的通话系统了，如果把固定电话的数量与手机的数量进行比较的话，而且固定电话也不再靠电线来传输信号了。无论如何，国家财富和固定电话的相对使用率或者“电话密度”（teledensity）（Warf 2007b: 220）之间的关系是很好预测的：人均 GDP 会提高固定电话的数量。当然，人口密度、政治文化和历史等地理因素也会影响固定电话数量，因此，我们自然就不能仅仅根据人均 GDP 来确定每一百人的固定电话数量了。

像尼泊尔、缅甸、索马里、利比里亚、阿富汗和巴布亚新几内亚这样的贫穷国家每百人只有不到 10 部固定电话（见图 4.6）（本节所有材料出自美国中情局
54 2007 年世界概况）。另一组国家， 主要包括从中国到东欧一些人均 GDP 在每年 1 万美元左右的国家，它们每百人所拥有的电话在 20 到 30 部。而人均 GDP 在 2 万到 4 万美元之间的富裕国家，包括西欧的瑞典、芬兰、意大利和希腊等大多数

国家在内，每百人拥有电话40到70部。最后，人均GDP在4万美元以上的国家，它们之间的情况有差异，美国每百人的电话拥有量是64部，而其他富裕国家，比如卢森堡、阿联酋和赤道几内亚却比预计的要低很多（见图4.6）。它们在分布图中不规则的位置出于多种原因：比如在赤道几内亚是因为政府腐败，在卢森堡固定电话已经被手机大量替代，摩纳哥有大量人口不住在当地，赤道几内亚和摩纳哥也可能存在统计上不准确的问题，经济基础的不均衡对摩纳哥也有影响，而且这些国家的规模都过小，这也是另一个原因。除开这些不规则的分布，这些数据从总体上向我们展示了固定电话的全球分布状态，可以看出，它与各地经济繁荣水平是一致的。

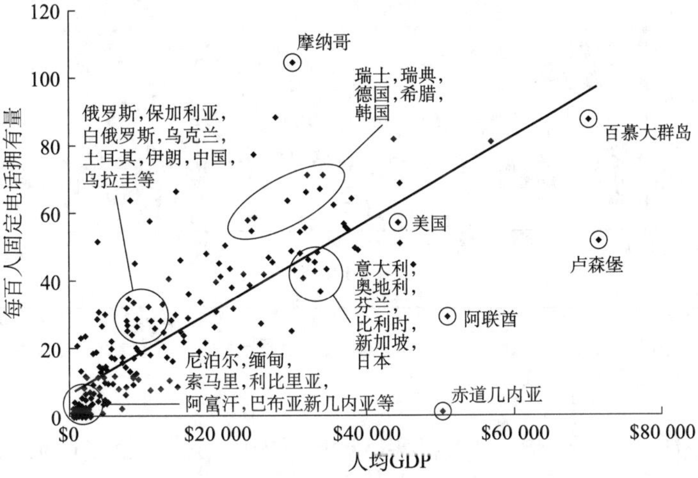

图4.6 国内生产总值与拥有固定电话的人口比例的分布图，以国家为单位。数值表示固定电话使用量与人口的比例。数据来自美国中情局2007年世界概况（https://www.cia.gov/library/publications/the-world-factbook）。作者绘制。

再来看手机，我们同样发现人均GDP对这 传播技术的使用也起着决定性作用。人均GDP接近3万美元的国家，其每百人的手机拥有量就会稳步提高，然后在接近100%的水平持平。对这个曲线最简单的表述就是采用收入的对数值（Comer and Wikle 2008）。在对数线性回归分析结果的分布图（见图4.7）上，可见由英国、德国、瑞士、奥地利和芬兰这些欧洲国家，以及澳大利亚和新加坡这样的非欧洲国家组成了一个集群，它们的人均GDP在3万到3.5万美元，每 55
百人手机拥有量达到90到100部。非洲和亚洲的贫穷国家与它们的反差巨大，这些人均GDP接近1000美元的国家里每百人手机拥有量只有0到20部。处在中段的是南美洲、东欧、东南亚的大部分地区，手机在这些地区比较普遍，但还谈不上完全普及。最后，在一部分像意大利、捷克、葡萄牙、以色列、卢森堡和中国澳门这些富裕地区，每百人的手机拥有量已经超过 100 部，说明人均手机拥有量已经超过一部，这可能是因为有些人的个人话务是与公务话务分开的（Comer and Wikle 2008）。我们前面提到卢森堡的固定电话人均拥有量惊人地低，但它却是人均拥有手机最多的国家，这说明手机对固定电话的替代非常充分。

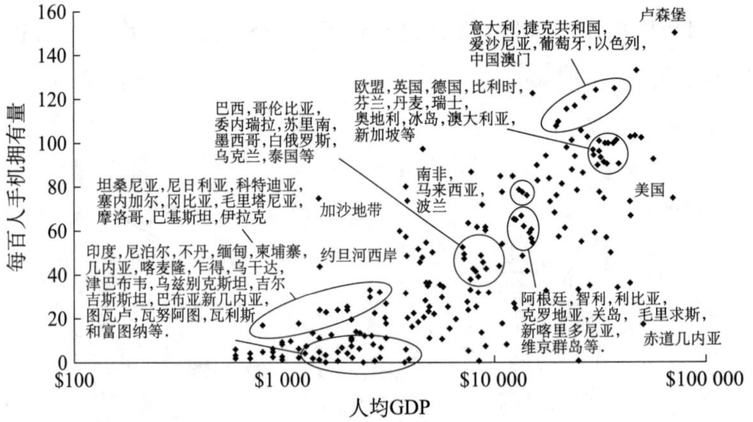

图 4.7　人均 GDP 与每百人手机拥有量的关系图。数据来自美国中情局 2007 年世界概况（https://www.cia.gov/library/publications/the-world-factbook.）。作者绘制。图中显示出一个国家或地区的每百人手机拥有量与其人均 GDP 水平之间的正相关关系。

当然也有例外，一些国家的人均 GDP 和手机的拥有量之间的关系不明显。比预计水平低的是美国，它的人均 GDP 很高，但每百人只拥有手机 75 部。这提醒我们人均 GDP 并不是一个国家财富的最佳指标。与其他富裕国家相比，美国的收入不平等更为严重，所以，它的低收入人群根本用不起手机（Ehrenreich 2001）。[1] 另外，美国较高的固定电话发展水平抑制了对手机的需求，手机系统和
56 “原本就存在两家垄断的电话市场”之间缺乏协同，这也限制了手机服务的扩展（Parker and Roller 1997; Comer and Wikle 2008）。制度和技术条件都使得美国的手机普及率不像它的经济指标所预测的那么高。

在图中高出预测水平的是非洲的一些地区，包括坦桑尼亚、尼日利亚、科特迪瓦、塞内加尔、冈比亚和毛里塔尼亚（图 4.7 中靠近底部中心的部分）。这是“蛙跳现象”的突出体现，当一个区域未能赶上第一代技术而直接赶上第二代技术的时候就会出现这种现象。于是在非洲的一些固定电话近乎零发展的地区，手机就会迅速崛起成为主要的通话工具。手机的技术主导地位与其他地方因素相

结合，形成了一个独特的手机使用系统。比如，非洲的手机拥有者经常会向他人出售通话时间，这已经成为一种家庭经济。一部手机也可能被一个村的人或是一个大家庭的人共用，短信可能被用作代替现金交易的一种信用形式（Comer and Wikle 2008）。这种“蛙跳现象”最为明显的表现是在加沙地带，那里 74% 的手机拥有量远远超过了其糟糕的、只有 1500 美元的人均 GDP 所预测的水平。造成这一不规则现象的主要原因可能是不安全性和恐惧，因为巴勒斯坦的家长都要给儿童配个手机来与他们随时保持联系，以防他们会在与以色列的交火中被抓起来。正是因为军事冲突会刺激手机的普及，约旦河西岸也就毫不意外地成为除加 57
沙地区之外手机普及率与国民收入之比最高的地区。

所有这些都说明手机在巴勒斯坦和在纽约或是在塞内加尔并不是同一种“媒介”。媒介不仅仅是技术，而是人、技术、金钱、观念和地方元素之间一个复杂异质的关系网络。手机也不能被简单地看成西化的力量。虽然其技术产自全球化的生产线，但是作为一种“媒介”，包括它的应用和改造，都是本地化的创造（见 Blaut 1977）。国家财富固然决定着技术的扩散，但也存在着许多例外，我们从这些例外中听到的关于媒介技术扩散的故事同样有趣。

〉》互联网扩散

所谓“互联网”其实是一个由符码、用户操控硬件、公用基础设施、条款、文件、技能、任务导向的知识、网上礼仪、风险资本、公司投资、消费者支出和各种其他因素共同构成的一个异质性组合（Adams and Warf 1997; Zook 2005; McDowell et al. 2008）。如果没有这些非技术元素，人们通常称作“互联网”的一大堆硬件将不会有任何功能和特点。于是，各种地理空间下人们对互联网的差异化使用，必然是由一系列不同的测量标准共同绘制的地图。通常采用的标准包括：上网人口的比例（哪怕只上一次网也算在内）、互联网服务器的数量、互联网企业的数量、每千人所拥有的服务器数量、互联网接入站点数、带宽（传输的数据量）以及联结点（从网络的每一个点直接可以到达的终端数）（Moss and Mitra 1998; Moss and Townsend 2000; Townsend 2001a,b; Warf 2001, 2007b; Gorman and Malekci 2002; O’Kelly and Grubesic 2002; Grubesic and Murray 2004; Rutherford et al. 2004; Zook 2005; Warf and Vincent 2007）。

为了在这个复杂性中找出规律，戈尔曼和马莱茨基（Gorman and Malecki 2002: 406）观察到，“互联网中同时存在着固定的地理和流动的地理，前者不因光纤和数据中心的增加而改变，而后者随着用户和他们电脑之间的数据流动而变化”。当然这只能是一种简单模糊的区分，“就像互联网的其他部分一样，骨干网通常只是一种‘虚拟’的存在——它们是在从长途或本地电话公司租来的高速数据线上操作的”（Moss and Townsend 2000: 39）。尽管如此，我们既可以将互联网想象成一个由主干到分支再延伸到每家每户的层级化网络，也可以将它想象成通过文本、影像和声音即时互动的日常活动。它的“地理”是一个可变的表面，“高地”处绝大多数的人口都可以上网，“低谷”处几乎没人用得上互联网。我们也
58 可以用“高地”和“低谷”来形容不同地方主机和服务器的密度差异，以及用户技能的高低差异。这三个方面的例子都可以帮助我们理解互联网地理中的不均衡性。它们涵盖了拉斯韦尔公式中的三个方面：“谁”“到谁”和“何种渠道”，但是没有涉及“说什么”和“效果如何”这两个方面。从这个意义上说，它们只捕捉到了传播轨迹的一个缩影，但没有抓住地方意象的本质或是传播所建构的意义。

由于美国一直致力寻找一个极具适应力的系统（其背后的动机与另一种网络——跨州高速公路网——的建造也没什么不同），互联网在早期存在着去中心化的趋势（Adams and Warf 1997），尽管如此，“数十个主干网络公司加在一起的最后结果恰恰是一个高度组织化的系统”（Moss and Townsend 2000: 45）。从互联网的覆盖面来说，存在着一套相互联结的树状结构。在北美或西欧内部的主要城市之间的联结相当于树的主干，它们也是每秒可以传输好几个 G 的数据的骨干网络，而电话线、以太网线、Wi-Fi 群和其他技术则是分支，更适合短距离的传输。主干或者说“粗管”是光纤的，由私人公司铺设，再提供给十个竞争者当作一项风险投资来租用。事实上，它们都比实际需要的更“粗”，目前美国和欧洲大城市之间的带宽都是过度供给。就拿伦敦来说，它的互联网联结达到令人瞠目的每秒 31TB（Rutherford et al. 2004: 26），远远超出使用的量。

尽管在带宽和流量上存在如此大的差异，主干网的带宽很能说明区域间的差异性，因为宽带服务公司倾向于投资有更大需求的地区，而且新的企业也总往那些联结性好的城市集中，因为那样他们就可以获得最快、最便宜也最灵活的数据传输渠道（Rutherford et al. 2004: 1-3）。光纤电缆上的数据传输带宽可以开发常规的互联网运用，也可以用来租给私人企业和机构，这样一来，一个地方的数据传输的带宽越大，它可以提供的专用线、便宜的联结和为网民量身定做的服务就

会越多（Rutherford et al. 2004: 4）。不仅如此，在一个网络好的地方做生意也会多一份安全感，因为即使一个系统出故障，也有其他的替代。虽然一个地方现有的高科技产业数量并不完全决定着带宽的分布（Hackler 2003a），但相反的假设经常是成立的：一个地方的带宽很有可能会影响到这里高科技产业的发展，特别是在“城市间超级竞争”（interurban hyper-competition）的阶段（Lentz and Oden 2001; Malecki 2002: 941;Hackler 2003b）。

主干互联网地理

从不同的角度看待主干互联网，会得到不同的景象。奥凯利和格鲁贝斯克（O’Kelly and Grubesic 2002）用数学的方法将每个城市与其他城市之间的直接和间接的联结相加。别的研究者的办法相对简单，比较每个城市主干网每秒传 59
输字节数的总量，或是计算从一个城市到其他城市的直接网络联结的数量（比如 Moss and Townsend 2000; Hackler 2003a,b; Rutherford et al. 2004）。不论是哪种情况，主干互联网地理都给测量不同城市的互联网使接入状况提供了一个大致的标准。

这些研究发现给“世界城市”概念提供了支持，它认为城市的发展越来越依赖于它与全球经济流动系统之间的联结（Hall 1966; Friedmann and Wolff 1982）。一个城市中公司总部、生产服务、金融服务、飞机航线、非政府和跨政府组织的层次成为它在全球系统中地位的标志（Castells 1996; Hall 1997; Sassen 2001, 2005）。因为有些城市已经在全球经济中确立了它们的号召力和控制地位，仅凭经济的发展是不能让一个城市或是地区在新崛起的世界系统中获得成功的。在各种所谓的“高科技产业”中，金融、投资、房地产是最依赖发达的电信传播技术的（Hackler 2003b: 1049-50）。最重要的传播网络其实并不是技术的，而是人与人之间的，因为他们会促进信任、合作以及知识在全球、国家、地区和地方范围内的传播（Makecki 2002）。因此硅谷之所以可以领先像波士顿路 128 号走廊这样的地区，主要是得益于非常迥异的企业文化，以及那里对知识传播和分享极为开放的企业氛围（Saxenian 1994）。

互联网主干线的网络结构由三部分组成：伦敦、东京、纽约所代表的国际轴心，阿姆斯特丹、旧金山、芝加哥所代表的地区轴心，以及迈阿密、明尼阿波利斯、里斯本、布达佩斯等地所形成的辐条（见图 4.8 和 4.9）（Beaverstock et al. 1999）。随着互联网从核心区向边缘区扩散，辐条可能会在发展的后期进入轴心，世界城市理论和网络理论（见第五章）都认为这种有优先次序的扩散模式将会维持一种相对稳定的中心与边缘的关系，而不会使带宽资源在不同地区之间均匀分布。

在美国，除了纽约之外，主要的互联网轴心是图 4.8 上用粗字显示的芝加哥、华盛顿、亚特兰大、旧金山和洛杉矶（Townsend 2001a）。[2] 其中有些城市因它们以往在物资和商品的物理流动上所具有的区位优势而获得了经济上的主导地位，现在，同样的结构被移植到互联网中，这些城市在新的流动中优势地位不变。另外一些城市属于汤森（Townsend 2001a）所说的“新网络城市”。像丹佛这样的城市是得益于它们处在连接东西海岸轴心路线中途的地理位置，还有一些则是因为处在进入主干联结密集区的节点而获得繁荣。

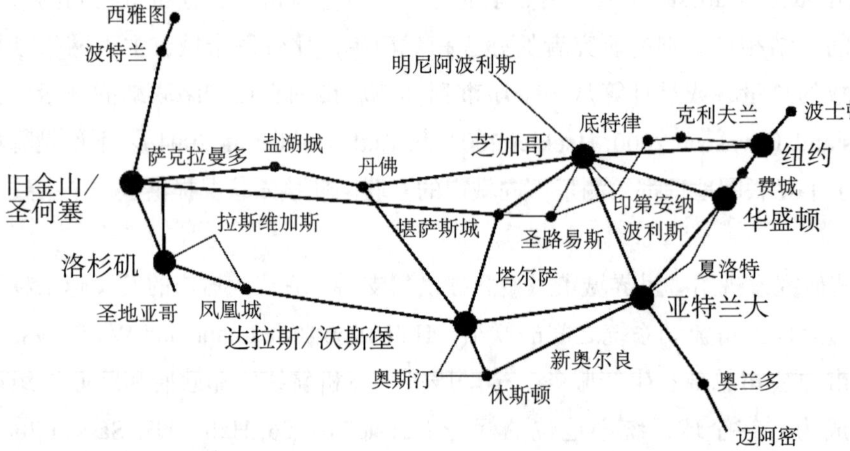

图 4.8　美国的主干互联网。美国主要的光纤联结的简化图。准确的电缆线路并没被表示出来，但是此布局大致表示出了其网络结构。被显示为节点的城市是 2003 年带宽数据传输总量居前 20 位的美国城市，其他联结性比较好的城市则仅用名称表示。最大的几个节点为带宽最大的 7 个城市。作者绘制。材料来源：Moss and Townsend（2000）,Townsend（2001）,Gorman and Malecki（2002），O’ Kelly and Grubesic（2001），Telegeography（2002）。

在欧洲，主要的轴心是伦敦、巴黎、阿姆斯特丹和法兰克福（见图 4.9）。第二级轴心包括处在东欧门户地位的柏林和慕尼黑、处在斯堪的纳维亚半岛门户地
60 位的哥本哈根，以及负责向伊比利亚半岛其他地区和北非扩散的马德里。

美国和欧洲的核心区都大致为椭圆形，欧洲的核心区从斯德哥尔摩延伸到马德里，而美国的核心区从纽约延伸到旧金山。不过，美国与欧洲的不同之处在于其大多数带宽都集中在椭圆形的两端，其中心区的服务反倒相对比较弱；而在欧洲，最大的带宽都集中在包括荷兰、德国、法国北部和英国南部在内的中心地带。

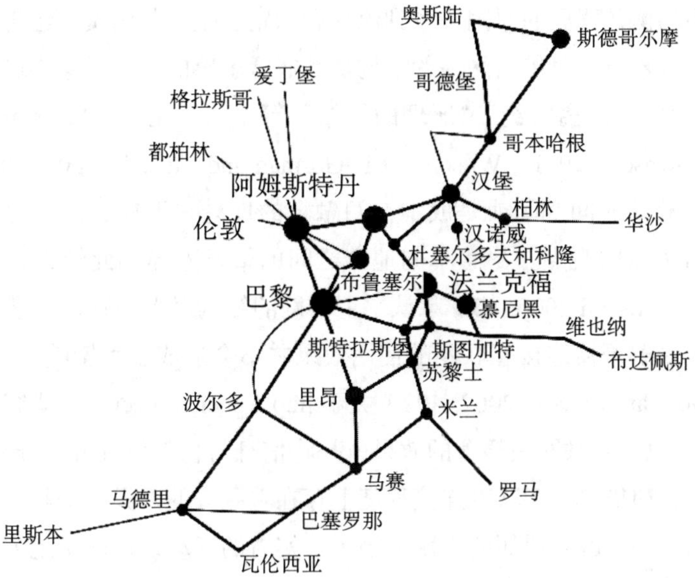

图 4.9　欧洲的主干互联网。欧洲主要的光纤联结的简化图。准确的电缆线路并没被表示出来，但是此布局大致表示出其网络结构。被显示为节点的城市是 2000 年带宽数据传输总量居前 20 位的欧洲城市（杜塞尔多夫和科隆表示为一个节点），其他联结性比较好的城市则仅用名称表示。最大的几个节点为带宽最大的 4 个城市。作者绘制。材料来源：Rutherford et al.（2004）。 61

有关主干互联网的研究表明，网络使用随收入的变化而变化，经济繁荣地区比中等富裕地区的互联网接入率更高，而贫困地区的接入率就更低（Moss and Mitra 1998）。单独考察包括数字用户线（DSLs）、同轴电缆网络连接和宽带固定无线系统在内的所谓“高级服务”（达到了每秒 200 千字节基准的服务），格鲁贝斯克和默里（Grubesic and Murray 2004）发现地区间的差异巨大，像内华达和南达科他，每个地方只有一到两个服务商，而在新泽西和马里兰，一个地方的服务商多到 20 个。这种不均衡的主干网地理也得到了政策上的鼓励，比如，在缺乏管制的环境下，互联网的发展必然存在着“摘樱桃”现象，公司都抢着挑那些有钱的用户服务而绕过那些不怎么幸运的人（Graham 1999; Gorman and Malecki 2002: 393; Grubesic and Murray 2002, 2004）。在美国，尽管 1996 年出台了保护竞争的法案，威瑞森、南方贝尔和 SBC 这些现任地方交换运营商（ILECs）仍然极力维护它们在网络市场上的垄断地位，这进一步延缓了落后地区的互联网发展（Grubesic and Murray 2004）。由于农村和小城镇缺乏技术工人和创新产业，基础设施的发展受到限制，这反过来会妨碍企业在这些地方开设公司，经济差距在这种情况下只会进一步拉大。

正如麦克道尔等人（McDowell et al.2008）指出的，互联网之所以在地理上分布如此不均衡，背后的原因关系到流动和固定、生产与消费、经济与政治力量之间的张力或矛盾。对传播网络的不均衡性非常敏感的地理学家们已经驳斥了诸如“距离已死”“距离灭绝”“地理的终结”等主张（比如，Moss and Townsend 2000: 36; Townsend 2001a; Wilson 2001; Gorman and Malecki 2002: 400），但是这种批评与有关时间空间或是成本空间融合的理论并不冲突，因为这个理论本身就包含着离散的观点。尽管不同地方之间的带宽差异如此惊人，莫斯和汤森（Moss and Townsend 2000: 40）承认“主干网的结构对上网速度和普通用户通过电话线和调制解调器连接互联网的使用效果并不会造成多大影响”。戈尔曼和马莱茨基（Gorman Malecki 2002: 402）关于 p2p（peer to peer）的研究也支持这样
62 一种观点：“也许互联网最显著的效果就是将信息与物理位置分离开来。”这就意味着尽管伦敦和华沙在互联网连接程度上存在着巨大的差异，但是人们在这两个地方都可以与一个巴塞罗那的人用电脑进行实时的互动，这两个地方只是当地的用户密度不同而已。

互联网用户密度

说到这里，关于互联网的讨论还缺少一个重要的方面，那就是网络渗透性（Internet penetration），即某一地区互联网用户占总人口的比例。这在技术扩散研究中是个很有意义的指标（Warf 2007b: 223），类似我们前面讨论过的电话的量化标准。它代表的是某一人群中技术的拥有量，而不是实际的使用量，因为人们可能分享或是租用使用权。在拉斯韦尔的公式中，它将关注点从渠道转向受众。

从全世界的范围来看，绝大多数国家的互联网渗透性都偏低，而包括美国的大城市在内的很少一部分地区遥遥领先。总体数据显示，互联网的用户主要集中在那些在全球经济中占重要地位的地区，特别是像纽约、东京和伦敦这样的国际大都市。与之相反，贫困地区的互联网用户却少之又少。全球分布上最引人注目的一点是，占世界人口一半的热带地区（北纬 23 度到南纬 23 度之间的地带）其互联网用户只占全世界的 18%（Warf 2007b: 234-5）。

在互联网用户的分布上，西欧和美国，连带加拿大、澳大利亚、新西兰以及日本在赛博空间中的主导地位尽显无遗（见图 4.10）。有趣的是，图上的点并不像手机或是电话分布一样那么集中，而是分散在一半以上的区域。造成数据分散的原因在于，有相当一部分人均 GDP 较高的国家网民的比例却相对比较低，包括阿联酋、卡塔尔、文莱、开曼群岛、英属维尔京群岛、泽西岛、安道尔和赤道几内亚。这些国家要么规模比较小，要么在经济上依赖性比较强，过于依赖出口

或是税收天堂的优势。卡塔尔、赤道几内亚、阿联酋都严重依赖石油的出口，这可以抬高人均 GDP，但未必能带来国家的整体繁荣。英属维尔京群岛、泽西岛、安道尔、开曼群岛都是重要的离岸金融服务中心，在不同的程度上具备税收天堂的功能。这同样也会导致人均 GDP 的虚高，却无法相应地提高国民对电脑的购买力和互联网的普及程度。换言之，那些有钱但网民数量却低得惊人的国家，很有可能是因为财富过度集中在少数人手上，或者是仅供环球旅行者过境但不停留的地方。与此相反的情况是，有些国家的网民人数大大超过其人均 GDP 水平所预测的，比如纽埃岛、牙买加、新西兰、格陵兰和其他几个地区。这些地区共同 63
的特点说明地理上的隔离性也是促使互联网接入率提高的一个相关因素。

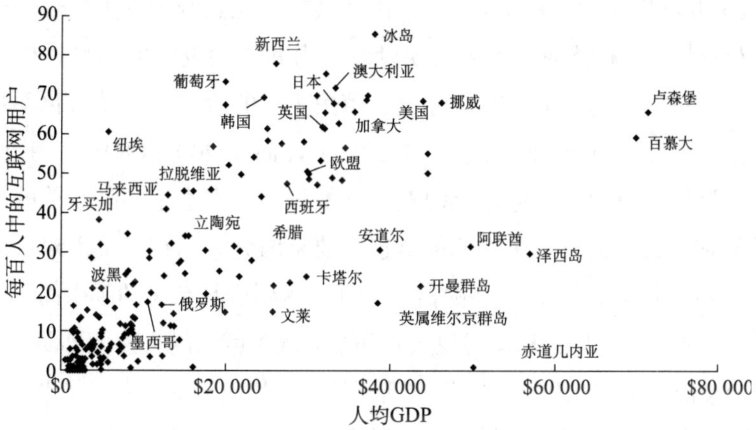

图 4.10　国民生产总值与使用互联网的国民人数的关系图，以国家为单位统计。数据来自美国中情局 2007 年世界概况（https://www.cia.gov/library/publications/the-world-factbook.）。"每个国家的统计来源不尽相同，用户使用从至少每周几次到几个月一次不等。"（作者绘制）

我们可以看到西欧（包括斯堪的纳维亚半岛）、北美、澳大利亚、日本的互联网接入率都很高，拉丁美洲、东欧、俄罗斯、北非和亚洲的部分地区处在中间状态，它们的使用率仍然比较低，但是人们对这项技术已经比较熟悉了。而在西非和撒哈拉沙漠以南的非洲，以及少数几个像也门、阿富汗、塔吉克斯坦、孟加拉国、尼泊尔、不丹和老挝这样的国家，则几乎没有人上网。由于电脑的使用和保管需要稳定的供电、电话线（也可以是同轴电缆或光纤），以及不受气候条件限制的建筑，如果一个地方不能满足这些基本条件，其互联网的发展自然就会处于劣势（Warf and Vincent 2007）。互联网使用率较低的地区也会是网民人数骤增的地区。例如，整个阿拉伯世界[3]中网民只占总人口的 7.8%，但这一地区网民的数量在 2000 年到 2006 年之间平均每年增加 830%，其中苏丹的网民人数共增加了 9000%（Warf and Vincent 2007: 84-5）。但是这种超速增长不会持续太久，它在经历了

64 最初的上升后，最终会在一个饱和点趋平。在阿拉伯国家中尚未进入这个 S 型对数曲线的还有也门，那里一百人中只有一人使用互联网；以及伊拉克，那里一千人中只有一人使用互联网（Warf and Vincent 2007: 84）。

互联网主机分布

再来看互联网主机的分布，即那些随时在线、可供其他互联网用户接通的电脑，这个指标呈现出一个更加集中的分布状态。非洲从图中干脆消失了，而美国、澳大利亚、斯堪的纳维亚半岛、日本占有明显的主导地位（见图 4.11）。另一个很接近的量化指标是互联网服务提供商数量（ISPs）。在 17 个阿拉伯国家中，有 12 个国家互联网提供商的数量都只有一位数。[4] 互联网版图上出现的这个“低谷”，不仅反映了当地经济发展的欠缺以及电力和电话设施的不足，也反映了较低的识字率、对妇女的压迫、军事冲突、殖民主义的后遗症、城市化不足以及专制政权的审查制度（Warf 2001: 6-9; Warf and Vincent 2007: 88-91）。我们也看到英属维尔京群岛、泽西岛、赤道几内亚、开曼群岛、安道尔和阿联酋的互联网连接率相对于它们的国民收入来讲偏低。这主要是因为它们在经济上对近海银行业
65 务和石油出口的依赖，因为这些财富一般都只落到少数精英的手中而不能贡献于当地的服务产业。同样作为离岸避税天堂和金融服务巨头的百慕大群岛也毫不意外
66 地属于这个集群，它的互联网连接率也低于其国民收入水平。卢森堡也是一个反常例子，如果按照它的经济繁荣程度，它拥有的互联网服务应该比现在多出四分之一，但是它在地理、经济和文化上的位置让它非常方便直接使用周边的像德国、法国、比利时和荷兰的互联网主机。

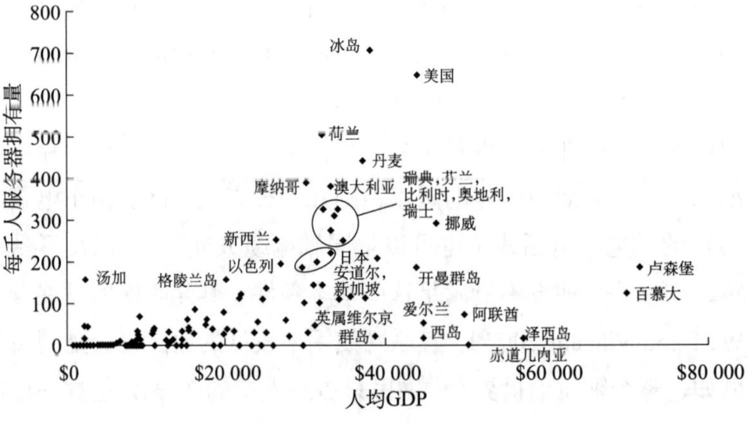

图 4.11　国民生产总值对应每几千人互联网主机拥有量的点状图，以国家为单位统计。数据来自美国中情局 2007 年世界概况（https://www.cia.gov/library/publications/the-world-factbook）。“互联网主机是直接连接互联网的电脑，一般情况下，一个互联网服务商（ISP）的电脑就是一个主机。”（作者绘制）

不均衡发展和地区差异

除了经济水平的差异以外，另一些因素也会造成传播基础设施和互联网发展的不均衡。政府在技术扩散方式上扮演着一定的角色，尽管这一角色通常是模糊的。巴尼·沃夫（Barney Warf 1995: 373-5）的研究显示国有化的电信服务既会抑制经济（以苏联倒台前的匈牙利为例），也会刺激经济（以新加坡和多米尼加共和国为例）。世界银行和国际货币基金组织力促各国推进本国电信行业私有化以促进经济发展，然而菲律宾的电信服务长期以来都是私有的，发展仍然落后于其邻国（Warf 2007b: 222）。再说，“发展”也是一个值得质疑的目标，因为传播基础设施的发展可能会伤害而不是帮助贫困的大多数，反倒会进一步巩固精英的权力（Bunnell 2002）。

电信产业内的融合和并购可能会让富裕国家的影响力进一步增强：“如果任由垄断持续下去——这几乎肯定会成为一个趋势——整个产业可能最终被少数几个全球玩家操纵，由几个超级寡头来提供全球各地的电信服务。”（Warf 2003: 340）而这些玩家的总部大多会集中在北美。而在另一头，非洲则处在技术扩散的末端和技术发展的落后地位。不过它也会演化出自己的发展轨迹，而不是简单地追赶。在“蛙跳现象”的影响下，某些传播技术的缺乏可以让它对新技术反应敏捷，于是它采用某些新技术（比如手机）的速度远超过其经济发展水平。对于手机，非洲有它自己的使用方式，在外表上，它未必有多么与众不同，其独特性存在于行动者网络上。便携式电信媒体在非洲正在建构一种不同的行动者网络，尽管那里的手机在技术上与别处的手机并无明显差异。

以上研究的主要启示在于，每一种社会技术网络都存在着地方特殊性，这一点在青山优子（Yuko Aoyama 2003）关于电子商务和移动商务的研究中得到证实。他发现美国和日本在社会和空间条件上的差异导致两国的计算机商业模式大不相同。在日本，便携设备、公共交通的广泛使用和高密度的城市生活共同推动了移动商务：人们主要通过便携设备获取资讯、数据、定位信息和服务。而在美 67
国，因为台式电脑和笔记本电脑普及率比较高，它带来的则是电子商务的繁荣，人们主要通过网站购物车和邮购的方式来购物。这两种计算机商业模式反映了日本和美国各不相同的社会技术语境，也说明像商业这样的社会功能在某一个科技发展阶段能够发展出的社会技术形态其实是有限的。

总的来说，正像老式电话和电话系统一样，手机、互联网和互联网主机的分布都与国家财富水平呈现正相关。国家财富是预测所有这些技术的分布状态的一个有力指标。只不过，单凭平均财富和人均 GDP 来判断并不一定准确，当财富集中在少数投资者、游客、资源开发者或是掌权者的手中，而不为普通大众所享用时，互联网连接的地理就会呈现不规则的分布。

〉》结论

电话地理与计算机基础设施地理之间非常相似，它们都分别存在着一个连接良好的世界和一个缺乏连接的世界，不过，在这两个世界之间是逐渐的过渡而不是截断的鸿沟。世界上富裕地区之间日益加强的联系直接得益于传播技术的推广，它们以最小的信息损耗和噪声实现信息的远距离传播。这种传播流的全球化系统是信息论所强调的，但是“全球”的概念并不意味着均质，相反，流动的地理极端不均衡。

在这一不均衡的状态中，我们看到的不是数字鸿沟而是数字的连续统一体，各个国家在这一连续统一体中的位置可以被大致推测出来，因为其国民财富在很大程度上决定着媒介使用水平。少数几个国家不在这个规律之内，那通常是因为它们的人均 GDP 数字的误导性，因为其国民财富的分配存在着超级有钱的少数人和大量中等或极端贫困人口之间的两极分化。这些国家的情况或许打破了总体规律，但是如果我们按照总体规律来理解，这恰恰说明战胜贫困的关键在于解决传播基础设施的不平等。不仅贫困会限制电话线的铺设和其他传播技术的推广，缺乏传播基础设施反过来也会构成经济发展的障碍。

本章我们从拉斯韦尔模式开始，介绍了噪声、意见领袖和受众使用与满足等概念对这一线性模式的改良。借用某种版本的拉斯韦尔模式，有助于我们绘制关于电子传播和互联网的地图，将某个地区人口中的传者与受众进行量化，或者聚焦传播渠道及它们所占用的空间。正如前面对互联网的研究所显示的那样，只有
68 将各个因素进行综合考虑，才会使量化变得最有价值。然而，这种“空间中的媒介”的研究路径还是无法说明受众的使用与满足，比如传播如何用来巩固某种价值观、建构主体性以及再现世界。接下来的几章就将探讨这些议题。如果放在两级传播模型中，它们所代表的更多的是以受众为中心的传播理论，同时会对传者的权力进行反思。

注释

1. 这里的经济不平等是根据基尼系数来测量的。美国 2004 年基尼系数为 45，与斯堪的纳维亚半岛国家的 20 多和大多数西欧国家的 30 多形成反差。在贫富差距的问题上，美国与乌拉圭、哥斯达黎加和科特迪瓦等国家处在差不多的地位。
2. 被研究的实体通常是大城市或是以这些城市为中心的市场区域。
3. 这个区域包括阿拉伯半岛、北非和中东的 17 个国家，巴勒斯坦被算作一个国家，但不包括以色列。
4. 互联网主机和 ISPs 是一些通过长期在线上的电脑来提供网络连接的公司，它们让个人和机构接入并持续在线。当一个主机非常尽职尽责地维护它的服务时，其他一些主机公司可能并不维护它们的服务，因此每千人拥有的主机数量和每千人拥有的 ISPs 是两个对互联分布状况非常相近但不尽相同的指标。

第五章　传播的拓扑学

69 一个雨天的下午，你打开自称为“连接人与人的社会公共平台”（www.facebook.com）的脸书（Facebook），浏览起朋友们的照片以消磨时光。无意间你点开罗德里戈，你 83 个朋友中的一个，发现你和他之间有 4 个共同的朋友，而罗德里戈本人还有另外 125 个朋友。你点开其中的一个：苏菲，发现你和她之间有两个共同的朋友，一个当然是罗德里戈，另一个叫马克。再经过一番小小的探究，你就会搞明白苏菲、马克和罗德里戈都在去年春假参加了一个赴墨西哥的 7 人学习小组。你虽然不认识小组里的其他人，但所有人都通过一个共同的朋友（罗德里戈）而成为你的朋友。在社会熟人圈的拓扑关系结构里，他们与你只有“两度分离”（two degrees of separation）的距离。

就像这个例子所显示的，世界可以按照拓扑关系——关于连接和节点的结构关系——而不是地点来理解。在这一维度下，空间由传播所创造和定义，成为一个“由连接而不是由数量来决定大小”的空间（Callon and Law 2004: 4）。像脸书这样的社会公共平台让你可以维护已有的社会关系，还可以帮助你建立新的社会关系，比如，你在派对上遇到一个人，随后你们二人又成了脸书上的好友。这种拓扑空间观颠覆了欧几里得几何学中以“直飞长度”来衡量的距离，也不必理会由时间和成本所定义的距离。这更符合地理学家安东尼·加特莱尔（Anthony Gatrell）所定义的空间，他认为“物体间的任何一种关系都在创造一个空间，由此可以推论，空间不应是地理学家的专属领域”（Gatrell 1983: 4）。

无论是口语传播、书写传播、印刷文字传播，还是电子传播，支撑传播系统的支柱正是这种由节点和连接所构成的空间。构成节点的可以是人，也可以是文字、羊皮纸、网页、动物、手机、手机上的电话号码，或是其他任何与这样的事
70 物产生互动和关联的事物。这种连接对传播地理的意义在于，除了直线距离、地方和其他传统的地理要素以外，拓扑关系也对传播起着结构性作用。这就是网络理论的视角。

两个地方之间产生关联的潜在可能性，或者说从一个地方到另一个地方的可接近性，以往通常都是由欧几里得距离、旅行时间和功能性旅行时间来决定的（Abler 1991; Ord and Getis 1995: Scott 2000）。这是因为在传统社会“事事彼

此关联，但更近的事物更相关”（Tobler 1970）。这个道理是成立的，由线性距离或是某一路径上的距离所决定的可接近性对人们的生活的确会产生极大的影响。同样，人们也一直习惯用看地图来推断地理变化，反过来又将地图上的信息理解为地理变化的结果，这种循环使得“空间”的意义被简化为距离和相对位置对行为所产生的影响。然而，空间同样也包括由节点和连接所构成的拓扑关系，而且这种拓扑关系让空间“活”了起来。因为它的建构和持续受到许多人为因素的影响，人们对它或喜欢或不喜欢，其中所注入的各种欲望、恐惧和其他感情，这些都会对它产生影响。与此同时，它也为人的主体性建构和社会交往提供外部条件。

过去 100 年来人类传播和流动性的增强使得传播的拓扑关系已经超脱了地图的框架。地方因此越来越不再是一块块的拼图，由相邻的图块来决定每一块的位置，相反，它们之间更像是同一个拓扑空间中相互连接成网络的电脑。如果我们不受普通地图的局限，减少其他的信息，仅从节点和连接关系来看待世界，就会发现一个深藏其中的结构。这样的空间也许与可见的实体空间相比显得不那么真实，但是它为我们理解地图上的世界提供了另一份洞见。下面我们将从网络理论、Q 分析、城市系统和作为拓扑关系的地方这几个方面对这个空间进行详细的探讨。

〉》网络理论

人脑神经、互联网上的电脑、生态系统中的物种、演艺圈子里的电影演员、合写论文的学者，这几件事物之间存在着什么样的相似之处呢？在网络理论家的眼中，它们都是自我管理的网络中的节点（Buchanan 2002; Barabasi 2003）。社会空间的网络理论起源于 20 世纪 60 年代晚期，当时耶鲁大学的一个心理学家斯坦利·米尔格兰姆（Stanley Milgram）借用美国邮政服务系统做了一个创新性的研究。为了调查社会网络的特性，米尔格兰姆请他的研究对象将一封信送到一个自己不认识的人手中，采用的方式是将它传给他们认为最有可能知道目标收信人的熟人（Milgram 1967; Travers and Milgram 1969; Barabasi 2003: 28）。这个目标收信人要么是波士顿的某个股票经纪人，要么是住在马萨诸塞州剑桥镇的一个神学院学生的妻子，而研究的参与者则来自内布拉斯加州的奥马哈市或是堪萨斯州的 71

威奇托市。那封信要跨越的不仅是大约1250英里的线性距离，还有从美国乡村到都市的社会距离。最后成功送达的信件平均经过了六道转手。事实上，并不是所有成功送达的信走的都是最直接的渠道，有些信没有成功送达，也是因为其中一个传信人在中途把信弄丢了。如果排除这些因素，我们可以说，即使把那些非常隔离的社区包括在内，地球上任何一个人到另一个人之间平均相隔的熟人也一定不超过10个（Buchanan 2002; Barabasi 2003）。

这个数字少得让人吃惊，它的发现带动了对社会关系拓扑结构的跨学科研究热潮，随着一本书的出版和一部电影的上映，“六度分离”这个概念开始广为人知（Guare 1990）。最让人惊讶的是，传统地图上显示美国东部与中部之间、南北之间和城乡之间存在着明显的差距，而在社会网络的拓扑空间里它们却是一个紧密相连的“小世界”。在“六度分离”理论中，社会空间的结构方式与地图相去甚远，其中的秘密只有用新的、非制图术的思维方式和视觉方式才能识破。

小世界

让我们试着这样来理解什么叫“小世界现象”（small-world phenomenon）：假设你认识1000个人，这是个并不离谱的假设，而且，你的每个熟人又认识1000个人，那么你与一百万人之间（1000的平方）只隔两道握手的距离，与十亿人（1000的立方）之间只隔三道握手的距离，与全地球的人之间只隔四道握手的距离。当然，现实生活中的社会关系不会像理论描述的这么简单，但是，因为你认识的许多人也会彼此认识，这样，其实你每一次相识（一度分离）所认识的并不全是从未联系过的“新人”。为了更准确地处理这种情形，我们可以将“强关联”和“弱关联”进行区分（Granovetter 1973）。强关联是指一个人日常交往的主要社会关系，包括朋友、家人、雇主、员工和同事这些密切交往的人，而弱关联在像美国、欧洲、加拿大、澳大利亚、新西兰和日本这样的富裕和发达国家非常普遍，它们将人们的交往从熟人延伸到各种不同的人群中。

按照群体的构成方式，如果A和B之间存在着强关联，那么，A的强关联和B的强关联中就可能包括许多相同的人。一条只通过强关联传播的消息就有可能囿于一个群体内，无法向外扩散。世界上许多地方的人群都是由强关联连接起来的，特别是农村地区和贫穷国家，他们会更容易受到敏感和有价值导向的信
72 息传播的影响。相反，通过弱关系传播的信息（就像米尔格兰姆实验中的信件传播）则可以跨过不同的强关联群体到达遥远的地方和社会领域。因为少数违反托布勒（Tobler）第一原则的现象彻底改变了社会空间的结构，弱关系反倒对信

息、疾病和其他事物在网络中的迅速扩散起到更大的作用。因此，尽管我们在认识自己的社会网络时总是更看重强关联，但恰恰是弱关联对建立社会关系意义非凡，它也让世界变得比我们想象的“更小”。在更大的范围内，我们可以说社会关系的拓扑学是由强、弱关联共同编织而成的，关键在于究竟什么样的组合可以让世界变“小”。这个问题将我们带进了网络理论的核心。

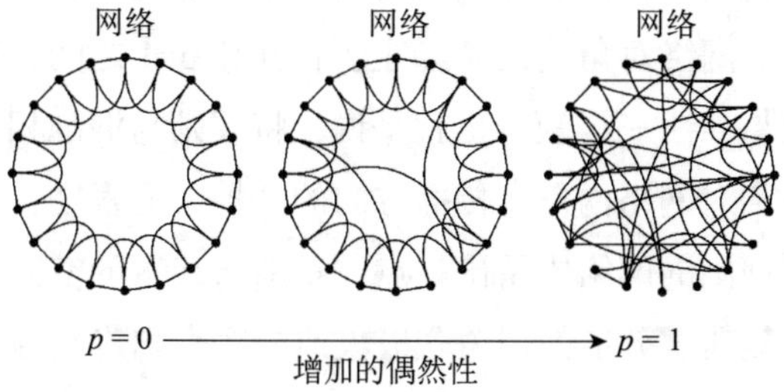

图 5.1　小世界网络处在规则性网络和任意性网络之间。p=0 表示一个连接偏离其规则性组合而产生某种任意组合的可能性为 0。p=1 表示一个连接偏离其规则性组合而产生某种任意组合的可能性为 100%。作者绘制，参照沃茨和斯特盖茨（Watts and Strogatz, 1991）的研究。

一个 1998 年的简单模型奠定了小世界拓扑学的基础（Watts and Strogatz 1998）。这个模型在大的秩序中加进少量的混乱。让我们首先来想象一个环格（见图 5.1），其中每个节点都与它相邻的两个点以及这两个点的相邻点连接，总共四个点。这种完全符合秩序的规则，也就是图 5.1 中 p=0 时所显示的情形。这种有规则的格状与小世界恰恰是背道而驰的，因为对于一定数量的节点而言，它们中任意一对连接之间的平均分离度都很高。从这个小小的环格的一端到另一端（也叫网络对角线）要经过五步连接。如果美国人口的社会网络是以这种环状拓扑关系来结构的话，那么对角线的连接需要 6000 步。在米尔格兰姆发现的六度分离的真实世界里，这显然是一个很糟糕的模式。

p=0 模式另一个特点在于，如果 A 和 B 是两个彼此相连的节点，那么与 A 相连的 C 也很可能与 B 有关联。这就很容易产生“典型的邻里小集团”现象（Watts and Strogatz 1998: 440）。p=0 中所表示的小圈子或是抱团现象在现实世界中同样存在：就像前面提到的，如果你的熟人认识一个人，你就极有可能也认识这个人。 73

图 5.1 中的 p=1 则表示另一种极端的拓扑关系，即我们所看到的完全任意的格状连接。在这种连接状态中任意一对节点之间的路径的平均长度很短，形成小圈子的可能性也很低。这种格状连接的对角线距离很短，在现实世界也是如此，但是米尔格兰姆的实验在这样的世界里也是无法进行的。如果没有任何的小

圈子，我们也就无从判断谁更有可能联系上目标收信人（Wattsetal. 2002）。在这里，连接的路径虽短，但是它们会因缺乏规律而让人难以把握：我们无从判断 A 与 X 的联系是否可能大于它与 Y 的联系。

居于规则与混乱之间的状态才是最有意思的网络关系。在图 5.1 中间那张图示里，足够的规则性（亦即群体的组合）可以让不同的节点（人）通过可被确认的群（社会群体、机构、社区）而找到与另一个节点（人）相连的最短路径。你可能觉得这个图中的网络对角线长度会处于 p=0 和 p=1 之间，事实上，它的对角线很短，甚至可能与 p=1 一样短。也就是说，将规则与混乱相结合的网络可以兼顾较短的平均路径和对网络内信息传播方向的掌控。简言之，创造一个小世界需要在一个具备大致规则的网络中留出一点“重新布线”的空间，以连接原本完全隔离的群，这样才能通过分散的弱关联极大地缩短平均连接路径。

前面我们提到，用一个完全的、毫无偶然性的网络来连接美国人口需要将近 6000 步的连接。具有讽刺意味的是，靠这种完全合乎规则的网络恰恰是无法维持社会秩序的，因为还不等传达到大多数人，信息就会变形。而社会网络关系中的混乱，比如由国内或海外移民所带来的混乱，恰恰有利于维持传播的秩序。准确点说，当混乱中所产生的随机性传播被有识之士加以利用时，可以协调社会行为，从而促进网络的自我规范。

从实用的角度来说，社会网络中的混乱使得我们坐在家中就可以很容易地找到工作或是找到一个水管工。一个人的“社会联系”之所以是“社会的”，就是因为它具有一定的随机性。也许我们从邻居的朋友、房东的表亲或是室友的姐姐那里会听到关于就业、找保姆或是找水管工的信息呢，谁知道？只有关联上这些半随机的网络，我们才能发现这样随机的关联，为小到个人生活、大到整个社会创造出秩序。这种秩序既可以用来推广像免疫系统这样的自上而下的政策，也可用来开展像政治抗议这样的自下而上的抵抗。

随之而来的问题是，如何理解我们身边那些被叫作“社会网络者”的人，他们似乎认识所有的人，我们生活中绝大多数的偶然性的社会联系也来自他们。研
74 究显示，在所有自然发展出来的、自我组织的网络中都存在一些轴心，正如你所想象的，这些轴心（比如说社会交往中的那些“社会网络者”）为我们提供许多弱关联，让社会网络的对角线变短。其他类型的网络轴心还有像雅虎和亚马逊这样的访问量很高的网站，或是那些忙碌的高速公路交换站。这些具有高度连接性的节点对一个网络的连贯性和“微缩性”至关重要。

网络构成

沃茨和斯特盖茨（Watts and Strogatz 1998）的“小世界”网络是通过随机地改造一个原本超级规则的环格创造出来的（见图 5.1），但现实世界中大多数的网络并不是这样形成的，它们更多的是在新的节点和连接偶然加入的增长过程中自发形成的。要维持网络长时间的规范，就必定有一些规则来管理这种随机的增长过程，这样才能让一个网络就算遵循多个规则，也可以在轴心和其他节点之间的比例以及网络对角线的长度等方面保持长期的稳定（Buchanan 2002: 106-20; Barabasi 2003: 79-92）。

为了理解这种决定网络增长结构的“混乱中的秩序”，我们需要运用“节点度”（node degree）的概念，简称“度”（degree）。这里的“度”是“连接性”的意思，亦即与某一节点相关的连接的数量。在图 5.1 中左边图示（p=0）里的所有节点都是 4 度，因为每个节点只与其他 4 个节点相连。右边图示（p=1）里的节点从 1 到 6 度不等，中间值为 3，因为有些节点的连接多，有的连接少。这个网络的度值分布呈现一个以 3 为中心、两边垂下为 1 和 6 的钟形曲线。一个自我管理的网络呈现出特别的“J”形曲线的度值分布（见图 5.2），由众多的低度连接的节点和极少数的高度连接的节点组成。这样的网络被称作“无极”（scale-free）网络（Barabasi 2003: 207-8）。[1]

75

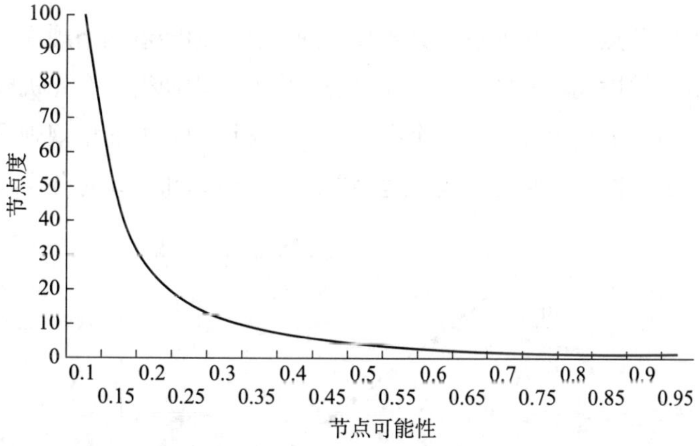

图 5.2 一个幂律法则分布 $y=x^{-(1+K)}$。当 $k=1, y=x^{-2}$。（作者绘制）

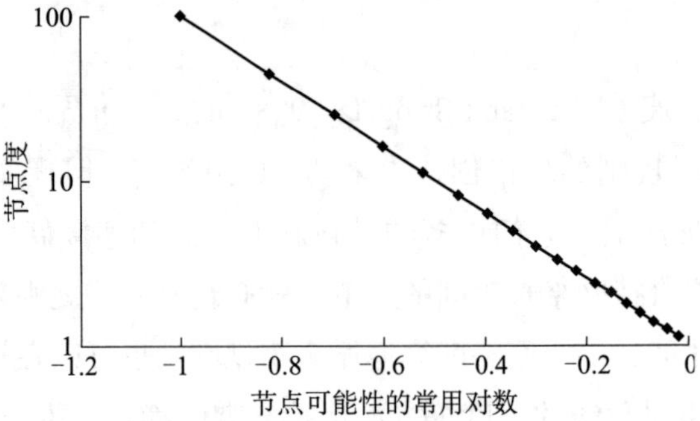

图 5.3　幂律法则分布 $y=x^{-(1+K)}$（当 k=1 时）。采用将 x 转换成 $\log_{10}x$，或者将 y 轴机械转换成对数值的方法拉直曲线，显示出 k 指数的恒定性。（作者绘制）

如果我们将 X 和 Y 轴的值转换成对数值，就可以把曲线拉直，让斜率变成常数（见图 5.3）。有一个简单的方法来表示无极网络的构成方式，即随机地添加新的节点，并让新的节点尽可能与连接值高的节点相连（Barabasi and Albert 1999）。这就有点像马太效应，一个节点的“吸引力”与它已有的连接成正比，这种情形非常符合现实中的许多网络的构成，这也被称作“节点连接度和连接频率的数学关系”。图 5.2 和 5.3 显示的就是这种关系。它不仅再现了连接值分布的幂律法则，从中我们也可以看出，网络在成十倍、百倍、千倍地增长过程中，这种特性是如何长时间延续下来的。尽管规模大小发生了巨大变化，但拓扑关系（即 n 度节点与 n-1 度节点的比例）却保持不变，这就是所谓的“无极网络”。在自我组织网络中，就算原有的节点并不是所有都具备高度的连接，但随着网络规模变大，原有的节点总会成为连接度比较高的节点。连接的偏向性法则使得占有先机成为持久的优势。这中间最重要的启示在于，一个有关节点“吸引力”的简单规则可以产生一个
76 复杂的“小世界”网络，它可以极大地促进信息的流动和行为的自我调整。

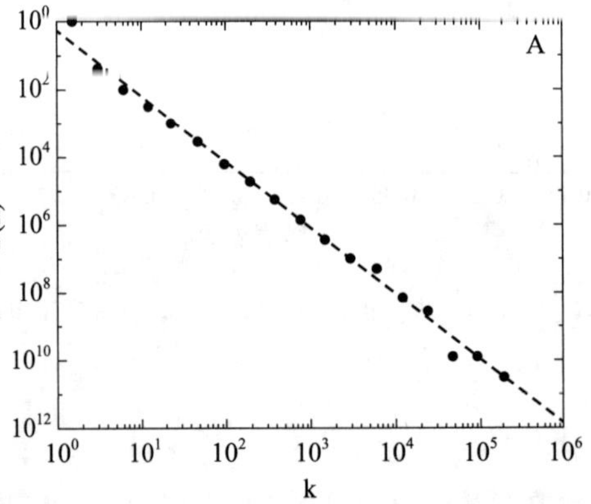

图 5.4　1997 年 12 月的一天的美国在线（AOL）用户的网站访问量。对数值所呈现的线性显示了公布的幂律法则。数值在高 y 值处集群以减少错误。来源：Adamic（2006）。虚线斜度为 1.94 度。

互联网上的轴心当然是像雅虎这样的门户网站。图 5.4 显示了网站拓扑关系无极的特点。某些网站在网络中占有轴心地位，这种轴心的数量极少，而重要轴心的数量就更少。社会交往中也能看到类似的网络特点，这种网络遍布学术合作、生态系统、人类性行为和其他许多情形（Buchanan 2002; Barabasi 2003）。在流行病学中，甚至有像“伤寒玛丽”（历史上一位叫玛丽的伤寒病菌的带原者，有许多人因她而染病——译者注）这样一个人就成为网络轴心的例子。

疾病传播的例子向我们提出这样一个议题：当一个轴心被“感染”或是被隔离时，它会对网络的稳定性产生怎样的影响。事实证明，从一个无极网络中随机地抽掉一些连接或节点明显不会造成整个网络的破灭。从这一点来讲，无极网络其实是非常坚固的。然而，如果在同一个网络中有针对性地攻击轴心却能带来致命的打击。巴拉巴斯和博纳博（Barabasi and Bonabeau 2003）写道：“通过一系列模拟，我们发现从互联网中只需去掉几个关键性的轴心就会将整个系统拆散成彼此隔离的局域网。”这个发现非常耐人寻味，因为互联网原本是冲着要创造一个免受攻击的军事传播系统而产生的（Adams and Warf 1997）。这么多年过去了，互联网却演变成一个由轴心和辐条组成的拓扑结构，这种互联网所固有的秩序，让它一旦遇到攻击轴心的黑客就变得不堪一击。这一普遍存在于自我组织系统中的特点也许在提醒我们，要加倍慎重地克服这一问题并想办法加以控制，以确保网络的安全性，增强其抵抗破坏的能力。

到目前为止，我们已经认识到网络其实就是节点和连接之间的结构关系。从本书的角度出发，也可以说网络拓扑就是一种由媒介承载和定义的空间。前文已经讨论了由“六度分离”所体现的“小世界”实际上是秩序与混乱并存的一个 77
自我管理的网络。一个简单的生长规则就可以使网络在规模成倍增长的同时始终保持性质的稳定。网络理论的这些发现揭示出传播系统与其他许多系统之间的相似性，比如胚胎的发育、生态系统以及大脑神经系统等（Watts 1999; Buchanan 2002; Barabasi 2003）。

〉》地理与网络拓扑

真正在做以上研究的地理学家并不多，但是早在 20 世纪 70 和 80 年代，宾夕法尼亚州立大学有一位地理学家彼得·古尔德（Peter Gould）在探究空间流动、运动和扩散方面做了一系列引人注目的研究，他运用了一个不太一样的网络概念，与之相关的技术被称作 Q 分析。古尔德关于集合、连接和空间时间的动力结构的研究极大地拓展了地理学对传播的独特理解。他提出了一个非常有包容性的观点，即传播就是地方之间的共享，这其实是在强调“传播”应该成为所有地理学家关注的焦点，只是这个观点并没有得到广泛的运用。

古尔德坚信在分析信息、货物、病菌和人等各种形式的流动时，应该有一个可以共同遵循的基本原则。在各种形式的流动中，应该对不同级别的关联要素加以区分，不同的集合中各要素的相互关联是分层次的。如果只是习惯性地把事物简单地分成不同的集合和次集合，这只能显示事物之间的区别，却无法显示它们之间的关联（Gould 1999: 289-93），而且由分类所发现的“规律”不可避免是二维的，而古尔德主张我们应该将事物之间的关系理解为以节点为顶点、连接为边的三维或者多维的空间。

在网络理论中，连接要么存在，要么不存在，但是古尔德的 Q 分析则考虑连接度从强到弱的变化。类似的理论在早期的网络理论中一度存在（比如 Granovetter 1973），但是到 20 世纪 90 年代就退出了。Q 分析的一个核心议题是：当我们只考虑强关联、同时考虑强关联和中等强度关联，或是考虑从强到弱的所有强度的关联时，连接的拓扑关系会发生何种变化？我们用来分析的连接强度称作限幅值（slicing value）。比如，当限幅值为 640 千字节时，构成互联网的某些连接就会消失，因为一些较慢的调制解调器就不在考虑范围之内了，余下可见的互联网就可以更好地完成电影或是其他大文件的传输。

Q 分析中的顶点总是与另一组要素连接起来组成一个组合。这一拓扑关系
78 中由边所组合在一起的顶点被称作“单体”（simplices）（见图 5.5）。打个比方，我们可以想象有一组国家 A 和一套国际条约 B（协议、草案、惯例等），某个国家 A_n 是一套特殊的条约（B_1、B_2、B_3……）的签署国，某个条约 Bn 由一组国家（A_1、A_2、A_3……）所签署。其中，在由条约所定义的多维空间中，一个像瑞士这样的非欧盟国家就会与其他欧洲国家之间拉开距离。反过来，如果一个条约
79 是双边或三边签订的，它就会远离其他条约所组成的网络。在 Q 分析的框架内，国家未必就一定是节点（顶点），而条约也未必就一定是连接（边），它们的关系完全可以发生颠倒。

所有边的总和就组成了“背景幕”（backcloth），这个概念在网络理论中表示一种特殊的拓扑关系，在网络理论之外，它也表示将一个组合嵌入另一个组合之中。这种“背景幕”承载着传播，Q 分析理论用“通信量”（traffic）来表示这种

传播。比如，如果我们发现 A 国签署了生物多样性公约，但却对其转基因生物的出口做了隐瞒，那么关于这一违约行为的记录就会通过签约国的“背景幕”传播开来。这是在“一个时间和空间的动态结构”（Gould 1991）中的传播，因为 A 国可能会受到制裁，在一段时间内，它与其他签约国之间的经济和物质流动会被有效地切断。这个例子告诉我们，信息量（也就是关于 A 国的违约记录）有效地改变了背景幕的构造。这就形成了一个变态分层结构：一方面，背景幕为通信量划定了边界，与此同时，通信量也划定了背景幕的边界，只不过后者不像前者那么显而易见。

(a)

Intellectual concerns (columns) / Persons (rows)

	A	B	C	D	E	F	G	H	I	J	K	L	M	N	O	P	Q	R	S	T	U	V	W	X	Y	Z
A	3	2	3	1																						
B		3	1		2																					
C					1	2	1																			1
D							2	2																		
E								2	1	3	3			2												
F				3								1														
G										2	2	1	3	3												
H																			2	1						
I																	2	1	3							
J															2	1	3		3							
K										2	3			2	1	3										
L																					2	3	1	2	3	
M					3	2																				

(b)

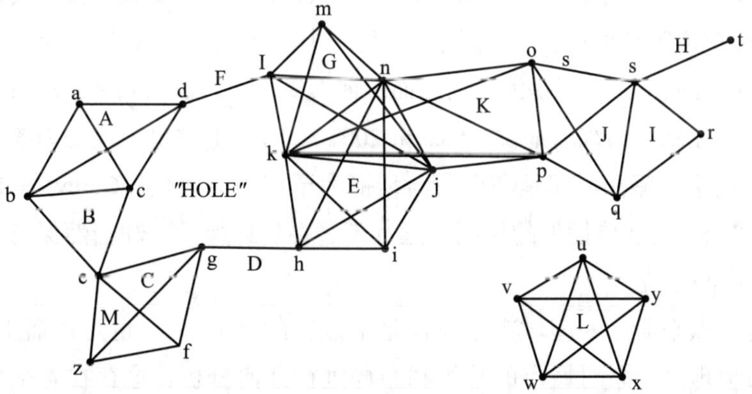

图 5.5 （a）按照人们之间兴趣相投的不同程度来描述的一组人群的关系图，范围从 1（最弱）到 3（最强）。来源：古尔德（1991,22）的研究。（b）按照（a）所表示的弱、中和强关联所生成的背景幕。来源：古尔德（1991, 25）的研究。

古尔德用 Q 分析理论和相关概念分析了包括北美洲的航空乘客、艾滋病的人类传播、城市和森林中的火灾扩散、狂犬病在狐狸中的扩散、电视节目的思想传播以及信件在不同快递公司内的循环等一系列现象（Gould 1984, 1991: 16-19, 1993, 1999: 167-75）。他的研究将不可见的、动态的拓扑关系带入了地理学的研究，这种拓扑关系对互动和扩散所起到的结构性作用不同于线性距离和地图上的接近性所代表的空间关系。

Q 分析理论与网络理论最大的区别在于 Q 分析理论中的顶点是由共性所联系起来的，而网络理论中的节点则是由流动所决定的。比方说，Q 分析理论中的一个单体可能包括所有每加仑汽油行驶里程在 25 英里以上的汽车，而这些汽车之间并不存在一个相互依赖和自成一体的网络。这种共性与互动之间的差异在某些情况下会消失，因为要素之间的共性往往会带来它们之间某种形式的互动，正如古尔德（Gould 1991）在他后来发展出的“动态结构”概念中所表达的。比如，从英国到澳大利亚相隔 8000 英里的思想传播远比从新几内亚到澳大利亚相隔 100 英里的思想传播要来得容易得多，这就是因为澳大利亚和英国之间在语言、宗教、政治和经济上存在许多共同点，这些共同点所组成的背景幕将这两个相距遥远的国家联系得比新几内亚与澳大利亚之间要紧密得多。

》网络理论中的中心地

网络理论也可以让我们更好地理解为什么某些城市会如此重要。传播理论家
80 威尔伯·施拉姆曾经说过：“一座城市就是一个传播机构。”纽约之所以在美国城市中占有中心地位，并不是因为它的面积或人口，而是因为它在全球资本流、信息流和行政控制中的统治地位（Sassen 2001）。历史上它也一度是因统领着贸易和货运而繁荣昌盛，但那是在交通与传播大至相当的年代（Carey 1988; Meinig 1993）。如今，它在传播上的控制权远远超过在货运上的，却仍然保持着功能和网络上的中心地位。

从这一点来看，一座城市不仅仅是地点上的“中心”，也是传播上的枢纽。以“中心地理论”来对城市的等级和布局进行几何分析，这存在着很大的局限性。如果说它有什么长处的话，那就是它毕竟将城市看成网络中的节点。关于网络结构与城市节点功能的研究不仅关注以地域为基础的城镇和乡村竞争（Christaller 1933: Losch 1954; Burns 1997），也同样关注城市内部的传播。从一个国家的城市所呈现的幂律分布中，我们就可以理解为什么要把城市作为节点才能

解释许多现象。要说明这一点，你只需要列出一个地区或国家中的所有城市，将它们按照人口排序，再将它们排列在一个对数图上，这样所得到的以规模排序的分布与我们之前说过的网络的无极分布极其相似。

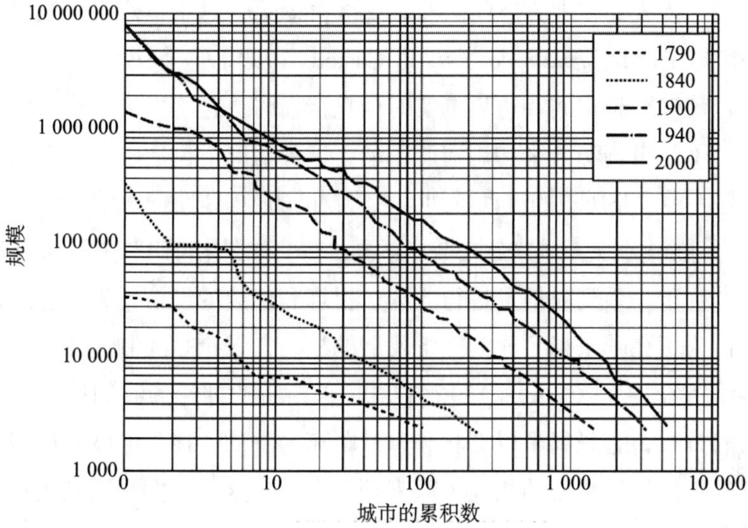

图 5.6　美国城市人口规模和排序的关系图，1790—1990。来源：Paul L. Knox and Linda M. McCarthy, *Urbanization: Introduction to Urban Geography.*

图 5.6 显示了美国历史上五个不同年代按城市人口规模排序的分布图。从图中几条平行的对角线我们可以判断，在过去的 200 年间，美国城市系统的幂律分 81 布表现出惊人的连贯性。这一城市规模的排序规律也适用于其他发达国家，尽管在发展中国家这些线条的上端会有明显的弯曲，因为这些国家一般都有一个唯一的和超大的“主要”城市。这些超大城市的地位看似例外，但也是可以用网络理论来解释的。因为这些超大城市正是一个国家的城市网络中与国际流动发生关联的点。它与外部网络的连接提高了它的总体连接度，也自然提升了它作为节点的“吸引力”。比如，墨西哥城就是北美城市系统的一个排头兵，它与美国和加拿大许多城市的联系十分广泛，正是这种建立在国际传播流基础上的轴心作用让它比墨西哥第二大城市瓜达拉哈拉要大出五倍。不管是美国城市规模所体现出的规则性，还是发展中国家中超大城市所表现的反规则，都是因为连接是有指向性的，新的连接（比如，商业合同、投资、补贴和外包生意）总是会更多地依附于已经占据传播轴心地位的城市。

流动空间

“流动空间”（space of flows）的概念是由曼纽尔·卡斯特（Manuel Castells）提出的，用以表达一种新的空间逻辑是如何创造物质和非物质的流动的。这种空间逻辑取代了传统的“地方空间”（space of places）。这个概念最早被提出来是在《信息城市》（*The Informational City*）（Castells 1989）这本书里，指的是当经济关系越来越依赖跨越空间和边界的实时信息传播时，经济发展模式转向主要由信息驱动，而不是由资源开采和制造所驱动，这种情况下创造出来的空间就是流动空间。这是一种“非历史的流动空间，它将自己的逻辑强加于分散的、彼此隔离的地方，让它们的内在关系越来越松散，不再共享一种文化符码”（Castells 1996: 428）。流动空间产生于一系列对信息进行收集、提炼和包装的经济行为中。这种以信息为导向的行为正在越来越“成为经济发展的核心，无论是在制造业、农业、能源或是各种服务业中”（Castells 1996: 378）。卡斯特的理论为我们提供了一种新的理解空间的方式，它脱离了以形状和直线距离为主的、抽象的欧几里得几何，而是以不同等级的信息中心的相互关联来理解空间。这让我们又回到拓扑关系的话题上来了。

当今推动全球信息经济的主要是纽约、东京、伦敦等少数几个全球化城市（Sassen 2001,2005），可以说，它们将整个地球组成了一个共同的经济区或经济领域。但是所谓全球化城市“并不是处在金字塔尖的几个核心城市那么简单，它
82 是一个在全球网络中将高端服务、生产中心和市场连成一体的过程，其密度和规模随着每个地方行为在全球网络中重要性的变化而变化”（Castells 1996: 380）。因此，所有的城市都要受制于它与网络轴心的关系，在全球经济系统中驱动城市扩张和发展的是拓扑关系而不是几何关系。

早在电脑出现以前，一个城市的级别就取决于它内部的流动性。信息网络大约在 200 年前就出现了，“从 19 世纪 30 年代开始，芝加哥人因为他们与东海岸联系的强度和广度而与众不同”，贸易成为这个城市的点金石，“不论你是要把干苹果变成铁钉，还是把腌制火腿变成木料，或是把成垛的麦子变成成捆的印花棉布，都必须通过一张能够连接西海岸和东海岸、农村和城市、农庄和工厂的网才能做到”（Cronon 1991: 61）。这种转换的力量反过来吸引了东海岸的资本家投资芝加哥，让这个城市超过圣路易斯一跃成为“西部门户”（Cronon 1991: 295-307）。在城市化的晚期，纽约之所以超过墨西哥城、东京之所以超过加尔各答，正是因为前者掌握着对信息流而非物质流的控制，它们成为全球化城市无形的点

金石。轴心城市是那些可以将合法信息变成广告影响力、广告影响力再变成咨询服务、咨询服务最后变成投资的地方，财富就在这每一步的转换中螺旋增长。城市网络拓扑关系对城市发展的重要性始终没有改变，变化的只是连接的内容从物质的流动变成了信息的流动。

〉》作为拓扑关系的场所

当然，并不是所有的拓扑关系都是如此宏大，日常生活中像教室、家庭、车间、教堂这样的地方也存在拓扑关系。这些微观的传播拓扑关系可能呈星形（像教室或教堂），也有可能会紧密地相互连接（像圆桌会议或是一个派对），也有可能被打散成一群一群的（像餐馆或咖啡馆）。不仅如此，与网络理论中的现象不同，它们之间的连接经常是有方向性的，这种方向性对具体的地方至关重要。在讲座、布道、音乐会或是剧院演出中，我们一般看到的是一种单向的、放射状的连接——一个节点（牧师、传教士、老师、教授、歌手、音乐家，等等）将信息发送给众多节点（参加集会的成员、学生、观众，等等）。这种单向的、一对多、放射型的传播方式也许从视觉效果上来看显得有点单调（见图 5.7a），但是它们对诸如教育、娱乐、宗教崇拜等人类活动的作用却很大。一般来说，它规定了一种表演的场景——一种为特定的时间、地点和服务目的而创造的通用空间。在这种表演场景中，大多数人都知道应该做什么。我们会在看戏、听一场好的讲座或是沉浸在音乐之中的时候感到欢乐，如果观众中有人窃窃私语，我们就会因为他们破坏了这里应有的放射性拓扑原则而表示反感。 83

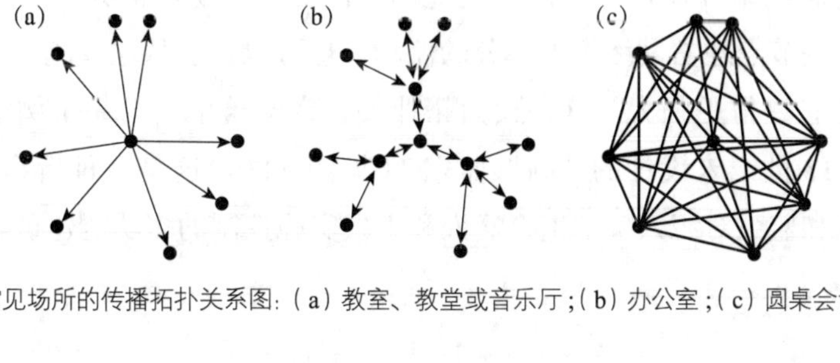

图 5.7 几种常见场所的传播拓扑关系图：（a）教室、教堂或音乐厅；（b）办公室；（c）圆桌会议或鸡尾酒会。（作者绘制）

放射性拓扑关系不仅是一个场所中的社会关系的描述，也是这个场所本身。

当我们走进一个教室、参加一个教堂的活动或是聆听一场政治演说时，这种放射性拓扑关系正是我们的所在。作为关系的轴心——如果你可被提升到这个地位的话——你应该明白成为众人关注焦点的风险和回报。你的传播将会被你所在的拓扑中心的地位所放大，这让你紧张，但如果你的表现得到认可，你就会感到释然，也会体验到在这个特殊位置进行传播的成就感。

其他的场所也有它们各自的网络拓扑关系（Adams 1998）。办公室的特点是树状的、等级化的传播结构（图 5.7b），而圆桌会议和鸡尾酒会则是“多对多”或者“所有人对所有人”的结构（图 5.7c），在这种情况下，每一个节点都与其他所有节点相连，图中每一个节点的连接度都降为一个稳定值 n-1（节点总数减一）。当然，还有一些场所是为一对一的传播设计的，比如忏悔室、心理咨询室、卧室和双人桌。

总体来说，人类对场所的理解与特定的传播拓扑学紧密相连。作为一种拓扑关系，每一个场所对应着特定的表演、情感和经验模式。我们必须依照自己在一个场所的主体身份来区分哪里是酒吧、哪里是教堂，判断自己是身处一个晚会还是一场演讲，而人们的关系结构又直接决定着他们的主体性。因此，场所不仅仅是网络中的节点，它们就是网络本身，而网络的拓扑关系的实质就是人与人错综复杂的社会互动。

〉》权力与监视

从最广义的角度来说，权威源自对中心的占有和控制。这一点不仅适用于城市网络、电脑网络和城市道路网，也适用于同处一个房间的人群。广泛的连接
84 性可以让某些节点左右网络中大部分的流动，也可以让它从这些流动中获得最多的利益，让它变得更强大。这种权力拓扑关系在建筑学上的一个例子就是杰里米·边沁在 18 世纪末设计的“圆形监狱”（见图 5.8）。这是一种旨在帮助看守、教师、医生和监工对犯人、学生、病人和工人实施控制的多功能建筑。

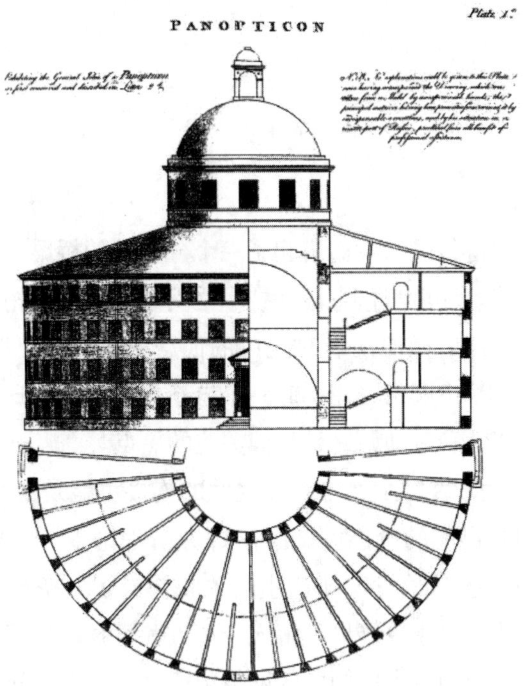

图 5.8 圆形监狱，杰里米·边沁于 1791 年设计的一种用来控制包括工人、囚犯、病人等各种人群在内的空间结构。出自 Gale: English Century Collections Online.

尽管这个空间的拓扑关系是要实现监视而不是表演，但它的放射性结构同样 85
将权力向中心集中。圆形监狱是一个有着明确的几何中心的拓扑空间，但它所代表的“全景”机制也体现在社会其他方面，比如摄像监控系统并不存在 个几何中心，但它也可以实现类似的监视。监视屏幕所在的保安室无论设在建筑的哪个位置，它在拓扑关系上也处于中心地位。无论是哪种形式，圆形监狱所代表的是一种“看不见的全知者”（Foucault 1979a），因为处在中心的人无论是否被看见，都掌握着控制权，而被困在这个空间中的其他人则无法选择不被看见（Foucault 1980: 146-65）。

技术让这种全景权力变得越来越强大。位于圣地亚哥的克拉瑞塔斯公司推出了一款叫作 P$ycle 的产品，它的广告语是：“远不止评分——具有实用价值的人口细分方案，通过财务行为瞄准家庭用户”。它所宣扬的概念是，任何一个美国人的个人信息——信用记录、购买习惯、婚姻状况、居住地甚至是手机通话记录——都可以拿来售卖。也就是说，一个全景监视系统内的拓扑中心位置是可以用钱买来的。同样的，金钱也可买到可见性。比如，只要花上 250 万美元，你就可以买到美国橄榄球超级碗大赛 30 秒钟的广告时间。

》结论

以拓扑关系来看待传播为我们搭起了一个分析性的桥梁，帮助我们理解实体空间与虚拟空间、建筑环境与信息传播技术之间的统一性。拓扑学的路径将世界抽象为节点和连接，或者是Q分析理论中的顶点和边，它让我们重新看待房屋、建筑、城市直至全球都市网络，建构起一个全新的世界。在这一过程中，构成传播网络的连接、相似性和流动始终是我们关注的焦点。

在网络理论中，世界上A点与B点之间的连接可能是A对B产生影响的可能性，或是它们相互影响的可能性。而在Q分析理论中，A与B从各自不同的系统出发，以某种强度同时与Y所产生的关联构成了一条连线。无论是哪个理论，拓扑学路径都认为要想更好地理解人、地方和事物，最好是要了解它们在一个由元素、关系、连接和节点所构成的网络中所处的位置。科学家一般会将随机的连接与概念性的关系、自然与社会网络、建筑内部空间与都市系统、城市、人和电脑区别对待。然而在拓扑学路径下，如果从一个足够抽象的层次上分析的话，所有这些现象其实都是按照有限的几种结构特征构成的网络。

小世界网络理论指出，在任何网络的组织过程中，某些连接度很高的节点起
86 着极为重要的作用。这些轴心的存在可以通过缩短平均路径以及产生聚合而将网络变得更小。它们也相应地获得了统治和控制的地位。聚合反过来让信息流动带有方向性。在社会网络中也是这样，因为人们可以猜测谁可能会认识谁，他们可以通过攀上更有可能掌握着某种关系的人来与另外的人产生联系。这种带有方向性的连接也存在于互联网里，电脑将数据打包发给任意一个可用的服务器，接下来这个数据包会被不断重复地、并不遵循任何计划和路线地转发出去，直至到达它们要去的终端。

当你遇到一个人，他碰巧也认识你的一个高中好友，或是那个给你兄弟做推拿的人，你总会发出一声感叹："这个世界真小！"这正是对"传播中的空间"的一种观察。处于轴心位置的个体——一个与几百个人对话的政客、一个与多个城市做生意的商人、一个经常到另一个大陆做研究的学者——他们在"小世界"现象中之所以如此关键，是因为他或她保持着许多弱关联，可以在不同的组合之间架起桥梁，在原本相距遥远的人与事之间达成捷径。小世界网络可以用来解释

为什么在全球化的势力下，新闻、观点和疾病的扩散可以如此迅速。

这个世界也许是很小，但它的居民并非总能和睦相处。这也许是因为在两个临近的陌生人，或是两个相距甚远的国家之间的连接还太过脆弱，不足以承载敏感的或情感化的传播。弱关联很容易被强烈的憎恶所压倒。在两个缔约国所建立起的关系中，那些支持它们进行真诚的国际间理解与合作的利益分割，也完全有可能使它们的关系毁于一旦。这种离散现象也会反映在较小规模的网络中。比如，一个城镇中富人区和穷人区之间或是白人和非白人之间的隔离。这就要求我们超越网络拓扑关系，在接下来的一章中讨论社会包容和排斥中所包含的张力和动力。

注释

1. 之所以叫“无极”（scale-free）是因为除了节点的数量之外没有明确的上限。如果取走网络的一部分，其度值的分布，即其点阵分布的斜率，将与整体的网络完全一致。

第六章　包容与排斥

87 建筑物的物理屏障存在着双重功能，正如媒介研究者乔舒亚·梅罗维茨（Joshua Meyrowitz 1985:35）描述的："任何一个场所，比如一间房屋，都会通过墙、门及其方位对参与者进行某种形式的包容或排斥，以此表达特定的社会意义。"场所所包容和排斥的不仅是人，也包括社会过程、社会力量、生物和机器。无论是一个国家的疆界、一个庭院的篱笆、一个房子的外墙、一个屋子的内墙、办公室里可移动的屏风或是孩子用来玩耍的纸盒，都将屏障的这种双重功能彰显无遗。

要想理解传播的人文地理，必须关注存在于不同尺度空间的包容 / 排斥机制，小到一间房屋，大到国际区域。罗伯特·萨克（Robert Sack 1986）认为人类的疆域由三个要素组成：（1）一个有界限的区域，（2）指认和标识这个区域的方式，（3）凌驾于这一区域的人、物和社会过程之上的某种权威。疆界的双重功能就是划一条同时具备包容和排斥两种功能的界线，并赋予内部、外部和分区界限相应的意义。虽然地理学家对边界的这种双重功能早已熟悉，但他们对边界的传播意义才刚刚有所认识。科学历史学家詹姆斯·西科德（James Secord 2004: 662）声称"每一种传播行为在包容的同时也构成排斥"。与之相映成趣的是，哈利（J. B. Harley 1985: 285）也告诉我们，"地图所排斥的与它们所囊括的一样多"。这些观点都反映了地理学研究更加侧重于物理疆界所构成的直接的和针对身体的包容和排斥。

女性主义研究为我们指明了另一条路径，它们关注到了与包容 / 排斥相关的表征，以及具身行为中所包含的属地意识，其贡献在于从具身性和话语两个层面上来理解边界。吉布森 - 格雷厄姆（J. K. Gibson-Graham 1997: 309）[1] 以强奸现
88 象为例，从女性主义的视角将边界的跨越解释为对身体的雇用，由此挑战了许多为人熟知的空间隐喻，诸如"内部 / 外部""表面 / 深层""空洞 / 丰满""居住"等，让我们看到边界的跨越是如何发生在多个层次的。理查德·弗朗西斯·伯顿爵士（Sir Richard Francis Burton）早在他 19 世纪所写的《索塔迪克区》（*Sotadic Zone*）里就提出过类似的观点，即人们在遥远的地方更容易违反性的禁忌。"对于那些从英国旅行到阿拉伯半岛的人来说，有许多边界都可以打破。"（Phillips 1999: 84）

当研究者将“强奸受害者和强奸者的具体经验抽象化，将女性空间归为缺席和消极的空间，而将男性空间归为在场和积极的空间时”，他们实际上是将异性恋的观点投射到了边界空间中（Gibson-Graham 1997: 310）。对社会边界和地理边界的研究要特别小心，避免用有疑问的概念为研究设限，将一些问题固化。其中一个特别重要的问题就是符号性对立或“两分法逻辑”的问题，也就是非此即彼的意义结构。在过去 15 年里，许多地理学家都尝试在一系列研究领域打破这一逻辑（Rose 1993; Curry 1996; Soja 1996; Yapa 1996; Wolch and Emel 1998; Agnew 2007; Freedman 2007）。

两分法恐怕是我们认识世界时最容易得到公认的方式，对它的批判看似千变万化，实则都是基于这样一个共识，即大多数时候，边界并不是对人们在追寻历史、重建身份和采取行动的过程中所达成共识的一种简单的反映，相反，边界是一种表演，正是这种表演产生了各种差异。在国家层面上，这一过程意味着“国家身份是在国家疆界多多少少已经形成‘之后’才被创造出来的，而疆界的形成往往伴随着中央政权和它们的地方代言人所实施的种族清洗或驱逐、强制同化以及其他的或强行或自发的过程，通常都是以暴力的方式对文化进行同化。”（Agnew 2007: 400）无论是主张民族统一的人，还是殖民主义者，他们都是靠“一整套机构彼此勾结，共同生产和传播有利于自己的地图”，这样才能推行他们的政策，将人们头脑中的地图重新改写（Herb 1997: 179）。在一个国家内部，“以纯洁和玷污的观念来划界，并将边界内外的社会类别做不同的表征，再将这样绘制出的边界强加到一个地方，这种做法绝不是什么幻想，而是存在于人类实践中的社会排斥”（Sibley 1995: 68-9, 引自 Raimondo 2005: 55）。通过文字和制图术的划界，一些特定的种族、语言、宗教和文化实践被安上污染、不洁、腐败的污名，为了从符号上和物理上给这种社会排斥正名，社会把它们变成了异端。因此，划定边界本身就是在执行某种道德秩序。

〉》哈贝马斯和理想的言论环境

边界对塑造传播方面具有特殊的功能，它们按照某种特定的话语或对话原则对参与者做出包容或排斥。对此，尤尔根·哈贝马斯提出了一种“理想的言论环境”。按照这一原则，任何人都不得受到外界或自我的压制而被排除在讨 89

论之外，并且任何参与者都有权提出任何问题或讨论任何议题。这一理论的基本假设在于，将任何个人或群体排斥在传播之外——或者说对他们进行任何形式的禁言——都会妨碍真相、诚意和公正。按照哈贝马斯的理论（Habermas 1984,1987），传播应该满足三条有效性原则，分别对应客观、主体间和主观三个方面。“交往理性”不仅依赖实证主义的狭隘理性和抽象逻辑（客观有效性），它也应包括观念上的正当性，即事物的应然状态（主体间有效性），以及主观的透明度，即真诚（主观有效性）。理想的言论环境远远大于言论本身，它是基于广泛包容和相互认可，还包括对人们在争辩、讨论、反思、表达感情和交往过程中所主张的各种观点的接纳，这是达成社会公正的必经之路。哈贝马斯交往理论的根源在于这样一种假设，即没有对公共交往领域的广泛参与，就谈不上民间社会，再好的制度和法律也会毫无用处。

哈贝马斯的批评者，比如南希·弗雷泽（Nancy Fraser 1985）认为以理性辩论为基础的公共领域的概念只是一种空想，如果固守这个空想，只会带来另一种压制，只有承认“存在着多重公共领域，它们在强烈的差异性和复杂的权力关系中相互影响，我们才能更好地实现社会科学和政治的各种目标。”（D’ Arcus 2006: 18）然而，如果我们将理想的言论环境看作是一种用来衡量社会技术安排好坏的理想模式，一种将交往过程引向公正社会的诉求，哈贝马斯的理论与这些批判者的观点是完全可以调和的。他所强调的是传播的规范化视角，主张传播应该坚定地迈向公正社会，反对以隔离式传播对女性、少数族群、穷人和被殖民者的声音所构成的排斥。

地理学家以格外直接的方式介入了这些议题的研究，因为其中涉及了关于地理信息系统（GIS）的问题。虽然新的地理信息系统没有采用传统纸质地图一贯的复杂精致的符号语言，它的发展和普及还是形成了另一种屏障，将寻求地理信息的人与可用的地理信息之间拉开了距离。人们现在犯愁的不再是如何折叠一张地图，而是如何处理更为复杂的数据兼容的问题、学习晦涩难懂的软件、面对笨拙的界面和支付昂贵的注册费用。批评者对地理信息系统提出了一系列怀疑，认为它有可能对大量公众使用地理信息构成排斥，同时又成为少数特权阶层实施监视和控制的强大工具（Pickles 1995; Curry 1998）。在他们看来，地理信息系统的应用实际上建立了一种地理信息使用的双重或多重结构，阻碍了社会对这些信息生产和使用的充分参与。

为应对这一技术性排斥，有一种呼声是要发展“公共参与地理信息系统”（PPGIS）。比如，西伯（Sieber）就建议将地理信息系统看作是一个鼓励人们思考的过程，而不是一种靠技术就能解决的工具或是一门科学。地理信息的生产 90 过程应该得到社会运动、非营利性机构人士和公民组织的积极参与，为他们提供“一种可以更好地包容分歧、激情、复杂性和冗余信息的技术”（Sieber 2004: 27, 29）。经过改造后的地理信息软件应该为自定义元素留下更多的空间，允许对软件各部分进行分解、改写和重新编码，同时结合一些制度性的安排，让更多的地方性知识和传统知识进入数据库，更好地服务于社会行动（Sieber 2004: 31-3）。这些步骤可以减少地理信息系统对公众参与地图传播所构成的排斥，提高地理信息“言论环境”参与者的多样性。

这个例子告诉我们，排斥和包容这对反作用力会在三个维度上展开：语言、制度和技术，它们都会同时构成排斥和包容，创造出盘根错节、相互交织的传播边界，带来持续不断的融合与分离、聚集与孤立、同化与异化。我们必须对传播的镜像功能报以批判的态度，因为它会妨碍现实中的传播朝着哈贝马斯的理想状态发展。排斥不决然是件坏事，正如包容也不是什么都好。套用一下拉斯韦尔的公式，它们的社会意义要看谁被包容、谁被排斥、为什么而又产生何种效果，应该结合地理和传播的复杂性，具体情况具体分析。本章接下来分别从语言、制度和技术三个方面讨论包容和排斥，再以聋哑人地理为例来思考这三种包容 / 排斥之间的相互交织。

〉》语言的包容与排斥

语言对疆界起着既巩固又修正的作用。正是基于这个原因，德勒兹和瓜塔里（Deleuze and Gauttari 1987: 139-40）认为：“语言在成为语言问题之前首先是一个政治问题，就连是否合乎语法的评判也是一个政治问题。”每当我们听到或看到语言上的一个“错误”，一次不按常规说话或是写作的“失败”，我们都有可能是在一个语言社群内对某个亚群体说话人采取包容，而对其他亚群体进行符号性的排斥。当你将自己划归某个语言社群、以其特定的方式说话，或是以此来断定别人说话的方式时，你也就卷入了包容与排斥的政治之中。

正如段义孚（Tuan 1991: 688）指出的，“命名即权力——它以一种创造性的力量召唤事物的存在，将不可见的变为可见，为事物赋予某种特性”。与此同时，一个标签也可以将一个人从公民缩小为个人，从个人缩小为身体，从身体缩小为某种肤色，再从某种肤色到不可见，从不可见到沉默。在哈利（Harley 1988: 289）看来，这种化约的现象在制图实践中也随处可见，“为了满足统治集团的地
91 名标准在地图上抹去少数族群的原有地名，这种案例数不甚数”。这也是在用词语来划分“我们”和“他们”，通过对“他们”禁言来成就“我们”，并将他们的标签从我们的现实中抹去。

社群

说话这一行为让我们归属一个具有特殊人口和地理特征的社群中。人们用“邻里”“居民”“公民”这样的地理标签将自己人和外人分开。“邻避运动”（NIMBY）经常采用像“邻里素质”这样的术语来排斥新来的居民（Smith 2000: 125）。“前线”（frontier）这个词暗含着包容的过程，也同时隐藏着排斥（Qratt 1991: 7）。从更普遍的意义上，说一句“good morning”让你加入英语的行列，而说“buenos dias”让你加入西班牙语的行列。同样的道理也适用于专业行话：当电脑专家们说着“小麻烦”（snivitzes）、“虚似代码”（bogon code）、“句法甜味剂”（syntactic sugar）这些晦涩难懂的词语时，谁是高手、谁是新手就变得一目了然。当生物学家把狮子叫“Panthera leo”、把蒲公英叫“Taraxacum officinale”时，不是搞科学的人就插不上话了（Guelke and Morin 2001: 319）。总之，在任何特定的场所，语言、方言和行话的使用都会同时带来包容和排斥。

一个房地产项目可能为了市场推广被贴上“庇护所”“隐居”或是“安全”的标签。语言在这一推广策略中扮演着双向的功能：为什么要将自己庇护起来？从哪里隐遁？又是什么威胁到我们的安全？“在19世纪晚期和20世纪早期的房地产广告中，新郊区总是充满着阳光和富足感；独立的别墅矗立在青翠的草地上，住在那里的人们优雅而精致地享受着新的环境赋予他们的轻松愉悦，他们不是在自家花园里休息或是野餐，就是和自己健康的孩子在附近的乡村漫步。”（Gold and Gold 1990: 178）但是这种地方并不属于所有人：广告所使用的语言和地点总是将穷人排除在外。“实际上，这些广告不遗余力地想渲染这样一种印象：搬到郊区不仅会改善人们的居住条件，而且可以让他们进入一个更能独享特权的社会领域。”（Gold and Gold 1990: 175）与此相似，卡罗琳·米尔斯（Caroline Mills）也发现关于“生活方式”的语言在城市中心区崛起的过程中起着很大的作用。

公民权和国籍

当语言成为民主参政的基础时，它的政治性就更为明显了。“某个群体所

说的语言不仅是他们用于交流的工具，也是一个民族的教育、文化和身份的核心。语言关系着民族身份，而身份为人们提供安全感、归属感和共同的遗产。” 92
（Yagmur and Kroon 2003: 320）这也向我们提出了公民权的问题，瓦伦丁和斯凯尔顿（Valentine and Skelton 2007: 122）在谈到公民权时指出：“语言对于公民权和归属感之所以至关重要，是因为国家必须借助语言才能发挥其功能。事实上，政治实践本身就是一种传播行为。”公民的“声音”是建立在表达和被倾听的基础之上的，只有实现了这个目标，才有可能实现“多族群组织和主体以多种方式并在多个领域扩展他们的权力”（Radcliffe 2007: 392）。当然，这种作为被倾听权的“声音”必须以肉身的、听得见的声音为基础，它不可避免地携带着说话人的种族、阶级和地方性，否则就只是一个抽象的概念。

当语言的包容和排斥与民族国家交织在一起的时候，命名也成为一个重要的议题：“美利坚合众国”“大不列颠与爱尔兰联合王国”或是“墨西哥合众国”都代表着一个想象的共同体——这个共同体也是真实存在的，因为有相当多的人会因为听到这些词语而产生情感上的共鸣（Anderson 1991: 108）。在某些情况下，一个国家的名字可能意味着要让全体人民都认可由一个少数民族来当权，就像“约旦哈桑王国”。“东方”这个名字也同样具有排斥的力量。欧洲中心主义的书写将“东方”他者化，把欧洲以东的广大地区描绘成懒惰、感性、腐败、狡猾的，它们与欧洲理想格格不入，甚至截然相反。这种审判反过来又为殖民主义的干预提供合法性，以修正东方民族某些被建构出的不足和残缺（Said 1995[1978]; Yapa 1996）。当然，正如邓肯和利（Duncan and Ley 1993b: 6）指出的，不论是从时间还是空间上，西方对东方的描述也绝不是铁板一块的，忽略了这一点，我们就很容易用西方对待东方的方式反过来将西方本质化。

国家权力与语言的另一个交叉点是官方语言的确立和推广，它同样会构成对人的包容和排斥。从 18 世纪一直到 20 世纪，国家建设项目总是要将本民族语言强加给全体公民，将某些原本属于本地的人口划成外来者，而将某些外来者重新定义为本地人：“本国语在推广的过程中具有强大的权力和地位，至少在一开始这种力量和地位可以完全出乎人的预料。正是这种力量让英语将盖尔语挤出了爱尔兰，法语把布列塔尼语逼得走投无路，西班牙语把加泰罗尼亚语赶到边缘。”（Anderson 1991: 78）德意志第三帝国将欧洲所有说德语的人都定义为德国本国人，接下来就开始要“解放”最新推广德语的地区。与此同时，一个人的“犹太姓氏”会让他 / 她被关进高墙和铁丝网，并从社会中隔离出来（Agamben 1998: 2005）。

当国家建立起来以后，它也需要通过语言来加以巩固。“历史告诉我们，英语不是因为它让印第安人听起来悦耳而取代印第安语的，相反，正是说英语的外来移民通过发动战争、杀戮和传播疾病杀死了大多数印第安人，再强迫活下来的印第安人接受英语作为通用语言，这样才实现了语言的转换。”（Diamond 1997: 328）

93 还有一种方式会让语言变成政治，这种情况会在某些族群、语言、宗教和成套的文化实践被贴上污染、肮脏和腐败的标签时出现。邓肯和利（Duncan and Ley 1993b: 6）解释道：“排斥的话语不仅围绕着性别、帝国霸权、民族和种族的内容建构，以阶级、宗教、政治意识形态、年龄甚至是生理或心理缺陷等类别来形塑的各种表征也在其中发挥着作用。”例如，希腊民族主义者就将斯拉夫人和保加利亚人看作是对自己国家的污染（Agnew 2007）。在后结构主义的分析中，语言“被视作对政策起着结构性的，而不仅仅是描述性的作用”（O’Connor 2002: 159）。因此，说一个群体是破坏性的、外来的或是不合群的，就会让他们遭到相应的对待。

当然，这种机制的作用是双向的，少数语言社群也可以在他们的空间中使用自己的语言来生产文本和话语，从而巩固自己的身份并排斥语言上的大多数人。不同的少数语言社群在使用这种策略上的能力各不相同，语言学家称之为“民族语言活力”（ethnolinguistic vitality, ELV）。这种活力既是原因也是结果：当一个少数民族语言活力较低时，人们就看不到使用它的好处；而如果使用的人很少，它的活力也会进一步消失。反过来，采取措施鼓励人们更多地使用一种语言就会提升它的活力，其使用价值也会相应地提高。决定“民族语言活力”的基本因素有三个：这个语言群体的社会地位、其人口特征以及制度保障（Giles et al. 1977; Sayahi 2005）。社会地位是这三个决定因素中最为复杂的，它受到经济自治、集体自尊、历史因素和这种语言在海外的使用状况等条件的影响。人口特征可以从两个维度上来看：该人口的地方性和它在整个国家的地位。与那些成员多（比如在美国说西班牙语的人），或者至少聚居地相对集中（比如在加拿大说法语的人）的族群相比，一个成员少又在地域上不够集中的少数族群很有可能会面临语言活力不足的问题。民族语言活力的第三个决定因素是制度保障：它包括来自国家、区域和地方层面的，正式和非正式的支持语言发展的措施。长远来看，那些在一个国家获得了“官方语言”地位的某一民族语言，亦即得以在官方的文件、医疗、图书馆藏书和媒体中得到使用的语言，一定会比没有这种地位的语言更有活力。

时间的变化也会反映在语言特征上。法语在 20 世纪 70 年代之前的加拿大长期缺乏活力已经给魁北克地区的语言打下了深深的烙印（Thibault and Sankoff 1993;Landry and Bourhis 1997;Bourhis 2001）。20 世纪下半叶，这个省曾经两度对它们的主权归属举行公投，尽管没有获得绝大多数投票，公投还是迫使加拿大政府赋予魁北克与其他省份不同的地位，这反过来提升了法语在整个加拿大的声誉。对外来移民的语言控制（遏制非法语人群迁入该省）、限制户外标志用语等各种法律措施，以及著名的（或臭名昭著的）1977 年 101 法案所颁布的其他 94
控制措施共同保护了法语在魁北克地区的语言活力（Giles et al. 1977; Landry and Bourhis 1997; Bourhis 2001; Hazel 2001）。

图 6.1　在蒙特利尔，英语和法语分别占领着不同的街区。这个城市里的停车牌，有的是英语 stop，有的是法语 arret，还有一些是既有法语又有英语的 arret/stop。这体现了多层次的语言斗争，以及法语语言活力的地理差异性。（作者拍摄）

身体的包容与排斥

如果说赛义德的东方主义为我们展现了命名在创造一个地理空间上的力量，另一个理论则强调了命名在改造身体上的力量，也就是对身体的审判、感知和体验。弗朗兹·法农（Franz Fanon）的以下文字向我们表明，当某个主体被说成好像只有一个身体时，那就是一种暴力。

> “看，一个黑鬼！”当我走过时一个声音从我旁边轻轻飘过。
>
> 我不禁僵硬地笑了一下。
>
> “看，一个黑鬼！”没错呀。这让我觉得好笑。
>
> “看，一个黑鬼！”我离他们更近了。我已经无法隐藏内心的好笑。
>
> “妈妈，看这个黑鬼！我怕！”好可怕！好可怕！现在他们开始被我吓着了。我下决心要笑到流泪，但却笑不出来。（Fanon 1952: 111-12; 引自 Pile 2000: 264）

95 史蒂夫·派尔（Steve Pile 2000: 264）指出，贴标签的行为将包容和排斥合二为一：“他的身体被那个白人小孩放置在一个种族化和遭受着种族歧视的肉体之中”，这个符号性的容器将黑人钳闭在白人的欲望、幻想和恐惧所筑成的监狱中（Pile 2000: 265）。一个词语就可以如此有效地唤醒社会差异，这样的事情何止发生在种族问题上？一直到 20 世纪 80 年代，英语中的 policeman、serviceman、Englishman 等词语还在将世界性别化，它迫使玛丽·金斯利（Mary Kingsley）把自己称作“登上喀麦隆山顶的第三个英国人（Englishman）”（Blunt 1994: 59）。她故意忽略自己的性别而使得 Englishman 这个词在这里显得有点别扭，而这种毫不掩饰又不加解释的“误用”正是对性别双重标准和性别排斥的挑战。因此，诸如“大不列颠与爱尔兰联合王国”“黑种人”“英国人”此类的名字和标签实质上是通过命名来巩固包容与排斥的一般原则。

男女差异常常是他者化话语中最重要的一个维度。女性主义地理学家声称性别的两分法存在于各个学科中，她们为地理学家提出了一项特殊的任务：“要识别出是什么样的意义实践使性别建构的过程成为可能，它们存在于什么样的时间和地方，又存在着何种不同的可能性。”（Domosh 1996: 422）传播是以对立为基础的，但是女性主义地理学家用她们的研究试图超越现有的二元对立，她们不是要简单地歌颂被贬低的一方，而是要“撬动整个二元对立的结构”（Massey 1996: 123）。这要求我们深入丰富多样的传播现象中去，因为“任何一个特定的文本只是由众多文本共同组成的连续体中的一个点，这个连续体包含着不同的传播形式，研究者、研究对象和制度框架都取决于它们”。因此带有合作和反叛性质的女性主义必须将研究建立在互文性的语境下（Nast 1994: 62）。在朱迪丝·巴特勒（Judith Butler 1990, 1997a,b）的启发下，杰拉尔丁·普拉特（Geraldine Pratt）、吉莉恩·罗斯（Gillian Rose）、琳达·麦克道尔（Linda McDowell）等女性主义地理学家都开始质疑是否存在一个先于话语的自我，或者说，一个先于或外在于意义实践的自我。女性主义理论也发出诘问：我们是否可以又如何可能谈论不同于自我的他者。一旦我们开始谈论他者，就是对他者的禁言，因为说话者是从自己的主体性出发站在他者的位置上说话的。维拉·乔伊纳德（Vera Chouinard）认为，关于介入和禁言的问题是女性主义地理学绕不过去的问题，认识和承认这一点非常重要（Chouinard 1996: 401; 亦见 Blunt and Rose 1994b）。

为一个国家命名、确定其官方语言、处理官方或非官方的少数民族语言、使用他者的语言以及为他者发言，这些都构成了语言包容和排斥的不同面向。语言的划界发生在从家庭到国际区域各种不同的范围。这种排斥不仅针对文字，也针对方言，处于社会最有权力、最中心地位的说话者规定着一种语言应该或不应该如何发音，随意地授予某些媒介审判正误的特权，而这种特权也会间接地落到某些说话者的身上。总而言之，在当今世界语言就是疆界和政治。语言的包容与排 96
斥规定着多重与相互交叉的社会空间。

〉》制度的包容与排斥

语言政治的空间离不开机构的力量。规模最大的机构是像联合国或是欧盟这样的多国组织，家庭则是规模最小的机构。在两极中间，还有学校、宗教组织、志愿者组织和一系列其他的实体，它们中的许多都被大致归在“社群”这个充满争议的标签下。所有这些机构和社群都存在着包容与排斥，而传播是实现包容与排斥的必要条件。下面我们按照规模的从大到小的顺序来加以讨论。

20 世纪 70 和 80 年代早期，联合国教科文组织经历过的最激烈的争论就是关于国家是否应该支持发展本国媒介而排斥外国媒介。美国和英国主张“自由交流”的模式以维护它们的对外贸易以及它们表面上对民主的促进。与此同时，其他国家却要力寻一个“更加平衡的信息传播秩序”（UNESCO 1978, 1980）。最终，联合国采纳了后一种观点并将它确定为“新世界信息与传播秩序”（the New World Information and Communication Order, NWICO），其中的基本原则被写进了 1980 年《麦克布莱德委员会报告》（*MacBride Commission Report*）之中。因为不甘心为对抗性的世界传媒体制贴钱，美国在 1984 年退出了联合国教科文组织，并中止对它的资助，这一下子给联合国带来了超过 4 亿美元的债务。美国这一

"自我驱逐"的做法说明它想牢牢掌控对外来文化产品包容与排斥的话语实践。从其他国家的角度来看，美国就像是一个"文化帝国主义"，它所主张的自由交流只会巩固西方世界观的统治地位，提高媒介机构的外资控股，加速生活方式的美国化，将媒介市场上反对美国的竞争者边缘化（Ó Siochrú 2004: 208）。

这场争论的焦点在于"文化例外性"问题，即在制定国际贸易政策时，是否应该将媒介产品区别于其他产品来加以处理？有种观点与新自由主义的自由交流立场分庭抗礼，用一句经典的话说就是："看日本生产的电视机和看日本的电视节目是两码事"（Sinclair 1996: 36）。它认为限制电视机的国际贸易对集体利益是有害的，而限制外国电视节目的流入则有利于维护文化身份与加强文化凝聚力。一旦美国的电视节目将欧洲、亚洲、拉丁美洲或非洲的本地节目挤出了市场，各个地方独特的思想、知识和信仰体系就将难以为继。这就是"文化例外论"的观
97 点。"自由交流论"的观点刚刚相反，它将文化产品等同于其他产品，主张所有产品的自由贸易原则，这样才能符合北美自由贸易协议、关贸总协定等国际公约的规定。耐人寻味的是，在这场争辩中，只有美国和以色列两个国家持自由交流论的立场，像加拿大这样的国家则支持"文化例外论"，它在文化出口上的收入还不到美国的 0.5%（McAnany and Wilkinson 1996:8; Ó Siochrú 2004）。

美国文化产品要想占领地方媒介市场是不太可能的，但美国的确是一个"代表着文化单一性的商业庞然大物"（Singer 1994: 56），这激起了各个民族以不同的形式进行主动或被动的抗争，它们共同构成了地方媒介与全球流动之间的抵抗空间（Newcomb 1996）。"本地"这个概念的模糊性也将这一斗争变得更为复杂。西班牙的文化产品对生活在加泰罗尼亚的人来说并非"本地"，同样，魁北克人也不会认同加拿大的文化产品是他们自己"本地的"（de la Garde 1996; Grenier 1996; Lemieux and Saint-Jacques 1996; Martin 1996）。值得注意的是，人们在反对自由交流论、攻击美国的媒介霸权时，往往对其他层面的文化霸权讳莫如深。

一个国家内部的制度排斥又有着不同的运作方式。比如，意大利北部帕达尼亚地区的北方联盟右翼运动，就带有种族排斥的色彩。参与这个运动的凯尔特人喊出诸如"从一个腐败的中央政府手中夺回自己对生活和文化的控制权"这样的极端口号，公然反对外来移民（Hague et al.2005: 152）。他们歌颂帕达尼亚文化内在的统一性，却反对意大利成为一个多文化的"熔炉"。他们梦想通过分裂来挽回文化身份，通过自我排斥划出楚河汉界（Fremeaux and Albertazzi 2002: 152）。

这种内外对峙的话语建构同样体现在 2004 年"法兰西民族集会"（Franch National Assembly）对一项法律的修订上，它禁止法国公立学校的学生"穿戴任

何明显表达某种宗教身份的标志或服饰”（Thomas 2006: 237）。在外人看来，这项法律无非是要禁止穆斯林女生在学校戴头巾，因此被视为一种宗教排斥的举措。但是从法国人关于公民权的观念来看，这项法律却可做另外的解读。尽管在美国，教会与国家的分离是为了保护宗教群体免受国家权力的干涉，在法国，二者的分离却是为了在教会的权力下捍卫民主（Thomas 2006: 240-1）。法国大革命以及接下来一百多年的反对贵族和教会统治的斗争已经将民主的观念与世俗主义结合在了一起。于是在法国人眼里，一条头巾就可能威胁到国家通过学校制度确保所有学生的平等（Thomas 2006: 241-2）。在美国，这条法律被视作将一个宗教少数族群排除在公共空间之外。在伊斯兰社会，头巾则被看作是“一种赋权的行为”，因为“它允许妇女离开家庭的私人空间进入公共空间”（Freedman 2007: 42），他们对这条法律的解读自然又不一样。围绕头巾和其他种族标志的争议不可避免地会牵涉到俄卡普所说的“同化话语”（assimilation discourses）:“通过生产同化话语，接受移民的社会会对移民施加压力，要求他们变得和自己一样，接受自己的规范和价值。这种话语也可能构成一种排斥，制裁某些行为，而允许 98
其他行为。”（Ehrkamp 2006: 1673）同化既是一种包容的行为，同时也构成排斥。这其中的悖论只有通过将文化实践与身体分离开来才能解决，但这在现实生活中是无法实现的，于是这个悖论将永远无解。

另一个通过传播而实现包容与排斥的例子是舞蹈，这个例子将我们的讨论从国家转向家庭。舞蹈看似与传播关系不大，因为我们无法道出一个旋转或踢足究竟是什么意思；然而，舞蹈却通过将舞者带入一个特定的社群而表达出意义，这种经过表达和分享的感情叫作情绪。比如，伦纳德（Leonard 2005）就告诉我们，生活在英格兰的爱尔兰移民后裔就是用传统爱尔兰舞蹈来展演他们的爱尔兰身份，以具身的和情感的方式体验对一个爱尔兰流散社群的归属感，这可以让第二代移民与远方的“家”保持联系。用一个生活在英格兰的爱尔兰女孩的话来说：“当我们回到爱尔兰，每天晚上，人们都会说‘劳拉来了，她会跳舞’。接着他们就把地毯推开。我爸爸是九个孩子中唯一去英格兰的，那些留在爱尔兰的表亲们完全不沾爱尔兰音乐和舞蹈的边儿。他们会说，‘噢，只有那些去了英格兰的人才做这些爱尔兰的事儿！他们喜欢在我们面前炫耀’。”（引自 Leonard 2005: 520-1）一种少数民族舞蹈的表演帮助那些离开家乡的人找到家的感觉，透过情感来体会包容，传达归属感。

社群既是一个强大又充满风险的符号（Young 1990）。不计其数的人曾为“我们的”社群的名义牺牲生命。当然，一厢情愿地反对社群也是短视的。社群是任何一种社会语境不可回避的内容（Nisbet 1973），制度化的包容与排斥依靠传播而实现，他们抑或反动保守，抑或进步甚至激进。上面提到的舞蹈和服装都是以符号的方式在表达“我们是谁”，为群体带来某种正面的情感和情绪。允许人们进入一个社会群体的另一种方式是社会仪式，当个体非常正式地被一个群体接纳的时刻，就是人类学称作“阈限”的状态。大学毕业、婚礼、加入一个志愿者组织，这些都属于阈限体验。它们也许看起来保守，恰恰包含着复杂和多元的政治内涵（Phillips 1997: 13）。社群之所以一直是批判地理学中的一个核心概念，“正是因为它离不开人们在交往中所形成的文化身份，而且，社群要靠‘边界’来守护”（Fremeaux and Albertazzi 2002: 147; Cohen 1986）。

〉》技术的包容与排斥

除了语言和机构之外，传播技术也会将一些人包括在某种社会情境之中，而
99 将另一些人隔绝在外。MySpace、Facebook 这样的在线空间只对所有注册和设定了密码的人敞开大门，而对其他的人大门紧闭。用户也可以通过设定“好友”的方式决定什么样的人可以接触到自己的信息。在这里，软件和密码共同组成一道隐形的编码屏障，创造出特定的社会语境、图像、文本和表演。虽然软件中最基本的组合仍然要按照像学校、校园和城市这样的地理单位来建立，但技术也允许社会组合超越地理距离的局限。

技术在包容和排斥的方式上不分新旧：“一扇门的开合，或是一堵墙的垒起与拆除会带来情境的变化，在当今社会里，拨动一下麦克风的开关、打开电视机，或是接起一个电话也会带来相似的变化。”（Meyrowitz 1985: 40）从这个角度来看，互联网技术并没有那么革命性，只不过它树起的是一道数字之墙，而且在空间上无比广阔。传播技术所实现的包容可能与地理上的远近无关。“互联网让社会互动去空间化，它打破了地理编码。再不存在什么地址的好与坏，人们也不再以他们所在的公司或所拥有的职位来定义自我。”（W. J. Mitchell 1995: 10）话虽这么说，虚拟边界并没有完全取代物理障碍，任何形式的包容与排斥都是在建立社会等级。虚拟地方的出现带来了这样几种社会变化：社会展演的再结构、社会角色的模糊化，以及人们对待权威和公共秩序态度的转变（Meyrowitz 1985）。即使是半信半疑，这些跨界的经验也会让人对权威产生怀疑——无论是对男人和

家长的权威，还是对政府的权威，这反过来就会带动社会角色的重新定位。电视的普及也以同样的方式让人们不再像以前那样“各就其位”。

地方依然对社会关系起着结构性作用，但是随着技术渗透到物理空间，许多因技术而生的地方开始出现（Dodeg and Kitchin 2000）。伊锡尔·德·索拉·普尔（Ithiel de Sola Pool）早在 15 年前就预测到了这种变化：

> 我们可以预见专业化的知识亚文化会骤增。有为歌剧爱好者而备的歌剧和歌剧新闻，为微生物学家而生产的微生物信息基地和交换中心。所有这些都会将人们的时间和注意力从全国性的体育、政治、英雄事迹和新闻中带走……机动的信息处理技术可能会让人担心大量的专业化信息只是服务于小众的兴趣，而不是整个社区。它们让社会分化，不再能够以人们共同感兴趣的话题来凝聚人心，统一社会。（Sola Pool 1990: 261）

表6.1　信息与传播技术（ICT）用户的分布（来自皮尤互联网和美国生活项目的John Horrigan） 100

	年收入超过75 000美元的家庭比例	拥有大学文凭的比例	平均年龄	群体特征
杂食者	41	40	28	拥有最多的信息设备和服务，而且使用起来贪得无厌，他们在网络空间非常积极，喜欢线上表达，做各种网络2.0的活动，比如发表博客和管理自己的主页。 占受访者10%的西班牙裔用户占这类用户的18%。
连接者	44	45	38	一边使用智能手机，一边保持经常性的线上活动。使用ICT技术管理数字化内容。所有人都对ICT技术在帮助他们开展社区活动和发展业余爱好方面的作用抱有极高的满意度。
暗淡无光的退役者	29	42	40	经常使用互联网，而较少沉迷于手机。对ICT技术所带来的社会连接性并不太感兴趣。
生产效率提高者	37	47	40	对技术在社交、工作和学习方面所发挥的作用抱有极其正面的态度。
手机中心主义者	21	19	32	全面拥抱手机的所有功能。也使用互联网，但不太经常。认为ICT技术可以加强自己与他人的联系。 占受访者12%的黑人用户占这一类型的21%。

	年收入超过75 000美元的家庭比例	拥有大学文凭的比例	平均年龄	群体特征
在线但不活跃人士	28	41	46	尝试过使用许多技术，但是发现技术所带来的连接性和信息对自己的生活是一种干扰和负担。
无经验的实验者	27	31	50	偶然使用ICT技术进行社会互动。但因经验不足，使用技术的机会不太多。
轻度介入但满意者	13	18	53	拥有一些技术设备，但是技术在他们日常生活中并不占据中心地位。他们对ICT技术可能提供的服务感到满意。
无所谓者	10	13	47	还没有手机，也不上网，只是间歇性地使用ICT技术，对技术所带来的连接性感到不适。
下线者	4	7	无数据	既没有手机也不上网的老年人，他们安于使用传统媒体。

* 此分布统计是将 ICT 用户的群体特征和对 ICT 的态度作为一个分类而生成的。来源：Horrigan（2007, 52-3）。

101 技术的骤增所创造的不仅仅是“地球村”（McLuhan 1962），它也会带来更加多元的包容与排斥。一个地方也许是虚拟的，或者说主要由网络、信号和符号而构成，但是它仍然可以将人们带到一起，创造真实的社会组织和符号身份（见第7章）。虽然有一些像阿尔文·托夫勒（Alvin Toffler）这样的赛博技术狂，梦想着移民到“纯粹和自由的赛博王国”（Graham 1998: 170），但我们不要忘了，发明互联网的初衷其实是让美国拥有一个坚不可摧的国家安全和太空军事系统。“就像州际高速公路网络一样，互联网的起源是要通过国防规划改善脆弱的国家基础设施系统，前者创造的是交通之网，而后者是传播之网。”（Moss and Townsend 2000: 38）换言之，对外来入侵的恐惧，企图以控制疆界来抵挡外来者的欲望才是新技术发展的真正动因。

大多数关于技术与社会排斥的讨论都会涉及对所谓的“数字鸿沟”的反思，即信息和传播技术对某些人群的排斥。这个概念反映着不同人群在电脑拥有量、互联网使用、上网时间和互联网浏览能力上存在的差距。“数字鸿沟”所反映的差异性存在于全球、国家和地区各个范围内，也受到阶级、种族、族群和性别所具有的不同社会权力的影响。发展中国家明显落后于发达国家，经济核心地区的连接性比农村地区更好，有些城市领先，而有些城市落后，城市内不同社区在使用互联网上也存在着差异（Norris 2001）。在美国，黑人与白人在电脑拥有量上一直相差悬殊，互联网使用上的地区差异与种族、收入和教育程度的地理分布之间也存在着一致性（Chakraborty and Bosman 2005）。不过，信息传播技术使用的分布并不是单一的，一些互联网的使用水平一般或偏低的群体却对其他信息传播技术有着很高的使用率（见表 6.1）。

2005 年，美国白人男性经常性地使用互联网的人数达到 70%，而白人女性和西班牙裔男人有 67%，西班牙裔女性有 66%, 黑人女性有 60%，黑人男性有 50%（Fallows 2005: 3）。以往偏向男性的性别鸿沟现在减少了几个百分点，而且在美国黑人群体内，性别的比例发生了颠倒，女性上网比例超过了男性。尤其令人关注的是，黑人男性和白人男性之间存在着 20% 的差距。年龄也是赛博空间的一个结构性因素。美国 65 岁以上的人只有 22% 的人上网，而年龄在 50 到 64 岁之间的人则有 58% 的人上网，30 多到 40 多岁之间的是 75%，18 到 29 岁之间达到 77%（Fox 2004）。年轻人和老年人之间存在的 55% 的鸿沟，标志着两代人在交往习惯上发生的巨大改变。尽管对生活在美国的西班牙裔来说，对西班牙语的依赖的确对这些人上网构成了障碍，但仅仅身为西班牙裔并不会带来太大的影响。同为西班牙裔，说英语和说西班牙语的人群之间存在着 46% 的差异。这说明语言对数字鸿沟产生着特殊的影响（见图 6.2）。

102

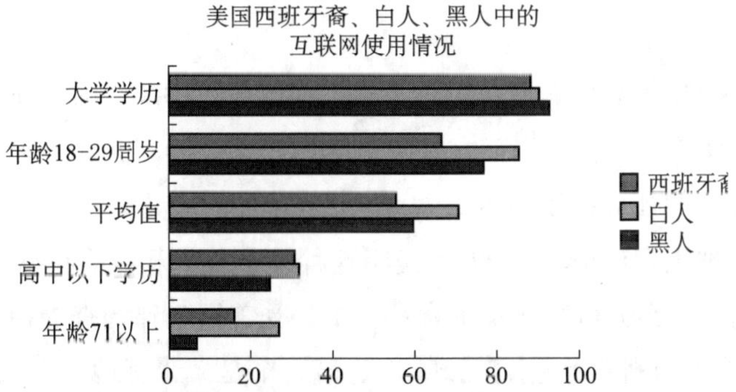

图 6.2　不同年龄、种族、族群和教育程度的人使用互联网的不同频率。图中显示有三个不同种族的人群。每个人群在不同的使用类别中的参与程度是根据本人群在所有样本中的比例来计算的。来源：Fox（2007: iv）。（作者自绘图）

在世界范围内，性别所造成的差异更加显著。例如，从 2005 到 2006 年，全球只有 32% 的女性上网，而男性上网人数的比例却达到 68%。日本的国民收入虽然很高，但两性上网的比例仍然有 10% 的悬殊（Ono and Zavodny 2005）。这些反映数字鸿沟的数据也为我们提出了一些对策，包括通过一些适当的技术来降低门槛、改良社会政策以及普及电脑知识和兴趣等。许多时候，人们都会把解决问题的希望寄托在“技术对策”上，企图推广某项新的技术来解决一个复杂的社会技术问题。

新技术也不是毫无用处的。麻省理工学院的尼古拉斯·尼葛洛庞蒂（Nicholas Negroponte）设计的一款电脑就很有用。这个设备是专门用来帮助世界上的穷人跨越数字鸿沟的，特别是儿童。这种低端电脑不仅价格便宜，而且可以适应各种环境，不需要将它犹如蚕茧般地保护起来，非得有空调和充足的电力才能使用。这种“绿色设备”自带橡胶外套，使用比硬盘更耐用的闪存，还有一个内置接线板的背带。更神奇的是，它有一个可以发电的风力曲柄，即使在没有电网的地方也能使用。同时，它的操作程序也是非商业性的开源软件，这样就可以安装本地开发的软件。这项技术革新仅仅依靠技术是不行的，它还需要相应的政策环境来鼓励儿童拥有个人电脑。而这项计划在推广中却遇到了许多障碍，推广地区的政府对此不太热心。看来，没有经济、政治和文化上的创新，单纯的技术创新很难弥合鸿沟，也无法变排斥为包容。

〉》社会技术排斥

103 语言、机构和技术要素相互配合才能实现包容与排斥。前面所举的例子都只突出了某一方面因素的影响，而在现实世界中，这三种因素是并存的。我们可以将这种结合称为“社会技术包容”，社会正是在它们的共同作用下才能迈向哈贝马斯所说的“理想言论情境”。为了说明这种社会技术相结合的包容和排斥，我们接下来用两个个案分析来结束本章：一个是受美国联邦调查局控制的所谓“51区”，它是一个通过排斥来包容的地方；另一个是“聋哑地理”，它以另一种方式来实现包容和排斥。

51 区

通常我们会以非此即彼的方式来理解包容或排斥，不被排斥就是被包容，反之亦然。然而，某些人与事可能会被一个国度既包容又排斥。一个最好的例子就是内华达州那个臭名昭著的“51 区”路边竖着的牌子。有传言说美国政府曾经在这里解剖过外星人，真实情况可能是，这里曾为实验性航天器的测试基地（见图

6.3)。这里随处可见标语牌，警告闯入者未经允许进入这里是非法的，他们的身体和财产都要接受搜查，不得在这里摄影、摄像、绘制地图或绘画，也不得飞越此地区，路牌上常常声明在这里“使用杀伤性武器是合法的”。意思就是说，人们一旦跨进这块领地的边界，就立即脱离常规法律所保护的领地，来到一个不受该法律保护的领地，或者说一个不受宪法保护的“非地”。一个自身不受法律制约的政策将这个区域从美国国土中排除出去，让它无法享受人们在这个国家领土范围内所拥有的民主保护(Paglen 2007)。

图 6.3 位于马夫湖的 CIA 武器试验设施警告牌，“51 区”，内华达。照片来自加州大学伯克利分校的特雷弗·派格伦(Trevor Paglen)。

更重要的是，它让我们了解到个人是如何在受到合法包容的同时又遭到合法的排斥。安娜·塞科尔(Anna Secor)指出，一个被国家驱逐或是流放的人看似被排除在了常规法律保护之外，其实是以更加强迫的方式被纳入法律范围之内：“被驱逐的个人被一种排斥他的力量纳入法律之内”(Secor 2007: 39)。这一吊诡的洞察可以追溯到乔治·阿甘本(Georgio Agamben 1998, 2005)关于“例外空间”的理论，它描述的是一种人们在极权国家里可以明显感觉到的状况。它是一种众目睽睽之下而被公众视而不见的生存状态：个人以象征性或实质性的方式被脱光和抛弃，以及被剥夺一切逃亡到别处或是重新进入社会的可能（Gregory 2007: 206: Hyndman and Mountz 2007: 77-8）。

> 抛弃和排斥不尽相同。抛弃更难归类，它既不受司法体系的约束，又在它
> 104 的控制之下。抛弃是一种更为积极和相对的过程。被抛弃的人仍然没有脱离与
> 政权的关系，他们通过被排斥的方式被管辖。（Pratt 2005: 1054）

在最为暴力的状态下，国家不再是简单地包容一部分人、排斥另一部分人，而是运用它的威权对某些人在管辖的同时加以排斥。这个概念也被用来解读女性移民和少数民族所遭到的掠夺和剥削（Pratt 2005）。

聋哑人地理

听力障碍为我们提供了一个强有力的例子，证明在包容与排斥的运作过程中，语言、机构和技术因素总是紧密交织的。这里的“聋哑”有两层意思，我用小写的“聋哑”（deaf）来指代那些有听力障碍的人，用大写的“聋哑”（Deaf）代表以使用手语为基础而建立起来的语言社群以及他们的文化和思想。

105 对聋哑人的语言包容可以追溯到 18 世纪的老式法国手语，其他的手语都是在改良法国手语的基础上发展出来的，其中美国手语主要结合了马大葡萄园和马萨诸塞地区的聋哑人手语，而英联邦手语主要结合了英国肯特地区的聋哑人手语。“让聋哑人感到强烈归属感的情感纽带、集体政治和社会身份不是他们听力上的残疾，而是他们的共同语言——手语。”（Valentine and Skelton 2007: 131）手语包括五个要素：手形、方位、部位（手势是在身体哪个部位做的）、手势运动以及包括面部表情在内的非手势标志，所有这些加在一起才能表达意义。手语区别于口语的特征之一就是它的非线性，或者说是各种要素间的叠加性，用手语表达“我驾车从这里到那里”与表达“我喜欢驾车从这里到那里”所需要的时间是一样长的。手语的使用既是对聋哑人的包容，也是对非聋哑人的排斥。英语中大写的“聋哑”“聋哑类型”“聋哑世界 ”等术语都是对手语社群权力的语言张显（Erting et al. 1994; Bragg 2001; Ladd 2003: 266-7; Kowalsky 2006; Valentine and Skelton 2007）。

然而，仅仅靠手语和这些新的术语并不能实现社会包容。第二个必要条件是让聋哑人可以创造属于他们自己的地方，建立自己的社区的机构保障。这就意味

着将非聋哑人从某些时间和空间中排除出去，由此才能为聋哑人从他人的厌恶、模仿和嘲讽中找到一片避风港（Valentine and Skelton 2007: 129）。20 世纪 60 年代的民权运动和妇女解放运动是为争取社会包容的权力而斗争，而另一些运动，比如美国印第安人的领土斗争，则是要争取排斥的权力。聋哑社群的斗争精神同时体现了包容和排斥两种策略：既要主张他们有权力出现在并且参与到所谓“正常的”听觉社会之中，又要努力创造和使用属于他们的“退隐空间”，在这个空间中手语变成了常规而不是另类。

加拉德特大学是众多扶持聋哑社区机构中的一个，它们从 19 世纪中叶开始就为聋哑人提供高等教育的机会。聋哑人的社会化不仅需要像加拉德特大学这样的正式场所，也需要非正式的场所。在英国，有聋哑人俱乐部（Valentine and Skelton 2007: 32），在美国，有开始于 20 世纪 90 年代后期的“聋哑人职业快乐时光”（DPHH）。最为大胆的行动是聋哑人在劳伦所开展的领地斗争，他们已经开始在达科他州为聋哑人专门兴建一个小镇（http://www.laurentsd.com）。

除了这些专为聋哑人建立的空间外，还有一些制度干预是为了改善听觉空间对聋哑人的包容性，比如提供视频转播服务（VRS），将聋哑人的视频电话转化成普通人可以收听的电话。除此之外，美国和英国已经颁布了各种法律保护聋 *106*
哑人和听障人士的权利，比如美国在 1990 年颁布的《残疾人法案》，以及英国在 1995 年颁布的《反残疾人歧视法案》，它们都力图保护人们不因听力上的残疾（或其他残疾）而影响他们在教育、就业和政治参与上的平等权利。

这些有利于聋哑社群的语言和制度干预也得到了技术力量的配合。20 世纪以来的广播、电视和电影技术大大压缩了声音传播的空间距离（见第五章），但是并没有解决听觉障碍所带来的困难。直到 20 世纪 90 年代技术的发展才开始面向人们对视频电话的市场需求。虽然有点晚，但是这项革新为聋哑人带来了巨大的福利，让他们有史以来第一次可以享受长途、实时、面对面的传播。短信和电子邮件进一步让实时的互动越过耳朵向眼睛延伸。这些技术发展有助于建构一个能够团结社会边缘人群，允许他们表达自己的社会政治利益和需求的“对抗性公共领域”（Valentine and Skelton 2007: 131）。

因此，技术、机构和语言的发展共同推动了两个互补的“运动”：聋哑人群既可以从正常人群的空间中策略性地隐退，同时也可以获得进入这些空间的极大自由。

》结论

特定的语言、机构和技术之结合，发展出特定的包容和排斥。就像建筑空间所形成的包容与排斥，一定社会技术语境下的传播同样可以包容一些人而排斥另一些人，在更大的传播空间中塑造出不同类型的地方。广义而言，传播就是市民社会的建构过程，传播的包容性是一个社会既难以实现又至关重要的政治目标。

包容与排斥的制度包罗万象、异常复杂。宗教身份的有形标志可以将信仰者包容在内，但也会让他们在学校、工作或其他的空间中受到排斥。一项新的技术，无论是电视还是网络，都可以通过重新定义社会情景的边界向社会制度发出颠覆性的挑战。以技术为中介的跨国信息流可能会将外国公民吸纳到国际交流空间中，实现“自由流动”的理念，但也有可能造成一国对另一国传播的干涉，致使地方传播和民族传播边缘化。当一个秘密武器试验基地可以隔出一大块地方，
107 让它免受常规的公民法律的保护时，它让传播与权力的结合暴露得格外分明。魁北克地区的语言冲突虽然发生在不同的语境下，从中我们也可以看到，在一个语言社群为自我排斥而斗争的政治行动中，包容与排斥是如何互相交织的。最后，为聋哑人维权的地理斗争向我们展示，一个群体在社会的平权斗争中不仅要争取被主流传播空间所包容，也要争取能够和操着其他语言的人拉开距离。在以上例子中，传播行为都起着既包容又排斥的双重作用，建立和强化着“我们”与“他们”之间异常复杂的边界。类似的传播过程有时还会创造出我们常说的“虚拟聚会”或是“虚拟地方”，这将是我们下一章要讨论的话题。

注释

1. J. K. Gibson-Graham 这个名字是朱莉·格雷尼姆（Julie Graham）和凯西·吉布森（Kathy Gibson）的假名，他们使用一个假名合作发表文章。这种命名和合作本身也是为了挑战以著作权划清边界，并以相互孤立和人际竞争来巩固著作权这一传统的学术惯例。

第七章　虚拟性与分散性聚集

你游向奥卡兹岛，惊讶地发现周围有一群水怪在兴风作浪。这是一个神秘之岛，你能够看到的只有水怪们守卫着一堆乱七八糟的残垣断壁，里面住着可怕的斯塔莎兹·那加这个人和蛇的杂交物。作为一个进入了60级、自嘲为呆子的游戏高手，你至少知道自己为什么在那里，你是去杀那加，并用它的尸体去提高你的铁匠手艺。在真实世界里，你是一个化学工程专业的大学新生，可是一到半夜你对化学的兴趣就荡然无存，就算喝上两罐红牛也不管用，这时让你着迷的是“魔兽争霸”和奥卡兹岛这样的虚拟世界。这个地方的存在一定是有原因的，尽管有些神秘，但虚拟世界里的事情不会是无缘无故的！你的网友Spock313正在那儿帮你挡开怪兽赚得财宝，他努力想要解开虚拟世界里的谜团，而设下这个谜团的游戏设计者则躲在某个遥远的角落里。 *108*

传播不仅通过网络形成空间、关系以及社会包容与排斥的机制，它也意味着不同的社会语境。本章为你介绍赛博空间里的各种概念和术语。在这个世界里，有人注册“魔兽争霸”这样的多人角色扮演游戏，沉迷于屠龙斗兽，有人在网上学习如何战胜毒瘾，还有人为自己的女儿物色有才学的如意佳婿。这三种人都会在互联网这个虚拟空间中遇到真实的他人。人们还会聚集在论坛、电子邮件组、博客和聊天室等虚拟空间里，交流从濒危海龟到沙滩排球、从商品贸易到类星体在内的各种信息。有些线上的聚集会在一段时间内非常活跃，有的甚至会持续许多年（Rheingold 1993），而有些则是分散的，甚至会稍纵即逝（Rheingold 2003; Adams 2007）。 *109*

本章将主要讨论网上角色游戏、作为领土的全球资源定位器（URL）、MySpace以及婚恋网站等例子，从各个方面来认识虚拟聚集。我们会再次用到第四章中说过的使用与满足理论来理解这些不同的空间，也会介绍一些新的理论，包括肯·希利斯（Ken Hillis）的“数字激情”的概念、阿朱那·阿普杜拉（Arjun Appadurai）的“景观”的概念，以及道奇和基钦（Dodge and Kitchin）关于互联网地理的研究。这些理论都是将虚拟聚集视作一种集信息、技术、意识形态、资本和身体为一体的社会现象，它们在不同的具身性物质关系下发挥作用，而且它们的真实性并不亚于物理空间。

〉》使用与满足理论

“使用与满足”的概念出自媒介理论家保罗·拉扎斯菲尔德（Paul Lazarsfeld），已经被媒介理论研究广泛运用。因为人们的需求和寻求的满足不同，所以同一个文本不会在受众中达到同样的传播效果，受众才是媒介经验的创造者。受众绝不是完全被动地接受传播技术。伊莱休·卡茨（Elihu Katz）和他的同事们（Blumler and Katz 1974; Katz et al. 1974）提出了媒介满足的四种形式：转移 / 逃避、个人关系 / 闲话、个人身份 / 间接体验、监视 / 收集新闻。这种四分法也许显得有点随意，但从中我们可以推断，人们使用虚拟空间也应出于多种原因，包括回避物理空间、更好地学习关于物理空间的知识、遇见并与他人互动，以及延伸对自我的感受。这让虚拟经验，或者说媒介化经验在许多方面具有了真实性。用埃里克·韦泽（Eric Weiser 2001: 725）的话说，“使用与满足理论不再将媒介受众看成是被动的、被麻醉的、慵懒的、随意的接受者，它认为人们的媒介使用是有目的、是为实现一定的功能、满足一定的需求而做出的行为。”从 20 世纪 90 年代末期，使用与满足理论的一些观点开始影响到地理学，比如理查德·菲利普斯（Richard Phillips）就在它的启发下提出，“读者阅读探险故事的方式非常不同，有的很保守，有的很批判。这一差异是因阅读而不是因文本产生的。这说明读者具有一定的决定文本意义的力量。”（Phillips 1997: 20）

尽管对虚拟空间的研究兴趣是从互联网的普及才开始变得突出，但其实传统媒体早就以各种不同的方式带给人们虚拟空间的体验。电视带给人们的满足可以归结为一种“虚拟的中心感”（virtual centrality），它包括：（1）看与被看见；（2）参与到大规模共享的经验之中，这种经验将社群成员带到一起；（3）了解什么对自己的同伴是重要的，什么是不重要的；（4）了解一个社会接纳什么，又将什么视为异端；（5）感觉自己能与政治家、皇室、明星和专业运动员这样的神人发生
110 关联（Fiske and Hartley 1978; Esslin 1982; Gitlin 1986; Fiske 1987）。电视这一媒介所提供的平台让人们对自己所在社会的生活中心有所感知，尽管有时这个生活中心并不一定是地理中心，它将某些人、物、事件和思想提升到一个高度可见的权威地位，确立这些才是被接纳的和重要的，而其他的事情则被边缘化（Adams 1992）。人们将看电视的行为融入自己的日常生活之中，也将电视所宣扬的观点、

电视所代表的社会与道德权威植入自己的世界观之中（Ang 1985, 1991, 1996; Morley 1986,1992）。

如果说电视屏幕和它背后的一切构成了某种虚拟地方，互联网也以相似的功能建构着自己的虚拟地方，那么，显而易见，世界上的虚拟空间就不止一种。电视虚拟性与互联网的虚拟性在有一点上是相同的，那就是它们都在“消灭距离”，但是电视“在消灭距离的同时也在创造新的距离”（Katz and Dayan 1985: 30），这一点就是互联网所不具备的了。它把许多事情都变得非同寻常，但同时又让观众感到与那些事情离得如此之近。这种张力让它在符号和社会意义上成为一个强大的虚拟地方，其统治空间、思想和社会生活的力量完全可以与早期的教堂、庙宇和神坛相媲美（Adams 1992）。当然，即使在如此强大的统治和社会中心感下，人们看电视的方式仍然是千差万别的。比如，一个英国皇室婚礼虽然可以吸引英国国内外的观众，但是不同的观众在观看这个仪式的过程中得到的体验却截然不同：“英国人看的是皇室，外国人看的是英格兰。”（Katz and Dayan 1985: 61）因此，电视这个例子告诉我们，观众的主体性对虚拟地方的意义至关重要，电视这个媒体所具备的社会与符号的中心性要与观众的主体性相结合才能发挥作用。

〉》赛博空间的使用与满足

直到 20 世纪 90 年代中期，大多数对互联网的研究不是过度的乐观，就是世界末日将临似的悲观。它们要么歌颂互联网是人类历史上自取火术产生以后最大的技术飞跃（Barlow et al. 1995: 36），要么谴责它创造了一个地狱般的“高压和控制的等级社会”（Boal 1995: 12）。悲观的论调主要在学术圈里回响，而乐观的论调则在高科技企业中大行其道，这让它们在 1999 到 2000 年期间获得了蓬勃的发展，也为其带来了巨额的利润（Zook 2005）。

在遭遇了 2001 年的下滑后，以前那种认为社会精英会通过电脑网络控制世界的末日论开始式微，与此同时，互联网也迅速地渗透到人们的日常生活之中，其速度之快超过任何人的想象，它所表现出来的世俗性足以击破任何关于互联网的极端观点，无论是赞成的，还是反对的。如今的风险是，它的日常性可能会掩盖虚拟性所带来的社会影响，而这些影响会在很长的时间内慢慢表现出来。研究者面临的任务就是要开始了解这个媒体介入日常空间和地方的多重方式，以及它在物理空间之外创造出的“复杂景观”（Crang et al. 1999b; Haythornthwaite and Wellman 2001:10）。

111 从一个新的网址，到大型多人在线游戏，再到网络社群，互联网成为满足用户多重需求的重要资源，帮助他们实现对信息、娱乐、社交和逃避的多种欲望。情绪是认识赛博空间重要性的一个重要维度。电脑的使用者不仅是在操纵符号并与之互动（见第九章），实际上他们自己也成为数字化媒介环境中的一个符号为他人所感知。“赛博空间”这个说法来自控制论和科幻小说（Gibson 1984），用来比喻技术与空间之间的嫁接，这个概念可以拓宽我们对互联网的讨论和思辨，但是符号之间的互动不完全是虚拟的，它在情感和认知上是真实存在的，尽管这种互动是以电脑为中介的，它所代表的拓扑学意义上的社会空间与几何的可见空间之间是可以相互转换的。人们自古以来就生活在许多不同的空间里，传统社会中的空间也并非都是物理的，“虚拟的”（或者说符号的、概念的）地方和空间从来就是人类生活的一个重要部分（Tuan 1977; Sack 1980; Gatrell 1983; Lefebvre 1991）。

通常，“虚拟”就等于“不重要”或是“不真实”（Shields 2002）。这种二元对立的思维方式在 MySpace 这样的社交网络里变得不堪一击。2008 年，一位被绑架儿童的母亲在她的 MySpace 网页上发了一条信息，她的孩子在一个韩国学校被人认出来，这个消息通过 MySpace 发给这位美国母亲，她最终找回了自己的孩子（Trapasso 2008）。在这个案例中，互联网技术的个人化与这个技术对时间空间与成本空间的压缩和融合（见第四章）相互配合，助成了母亲与儿子的重逢。当然，社交网络带给人们的并不都是好事。密苏里一位 13 岁女孩梅甘·迈耶（Megan Meier）的悲剧就很好地说明了这一点（Collins 2008）。梅甘在 MySpace 中认识了一个叫乔西的男孩，并和他调情。2006 年她和乔西分手不久后就自杀了。事后才知道这个乔西只是一个虚拟身份，是住在同一条街上的一家人和一个年轻工人以及一个女孩邻居共同创造出来的。“乔西”是他们用来戏弄和欺骗梅甘的一个玩偶，而梅甘却从他那里寻求安慰和陪伴，直到他们“分手”。在 MySpace 和其他社交网络应用中，人们之间的互动对他们生活所造成的影响是实实在在的，虚拟与真实之间的分野在此变得十分模糊，甚至已经消失（Baudrillard 1983; Debord 1994; Castells 1996）。同样的模糊性也出现在 1999 年科隆比纳高中的大屠杀中，艾里克·哈利斯和迪兰·克里波德枪杀了 12 个学生和一名教师，这两个人都是电脑游戏《劫数》这款“亲手射击”游戏的忠实玩家，他们也都是暴力电影《生来就是杀手》的忠实观众（Corliss 1999; Taylor 1999），最后他们在现实生活中也成了杀手。这一事件发生以后，竟然还出了另一款叫《科隆比纳大屠杀角色扮演》的游戏，更让人瞠目结舌的是，游戏的发布日居然定在那次袭击和自杀案的六周年纪念日。

当然，这种反社会的极端事例在电脑游戏世界中并不是太多。许多玩家更多的是在享受网络游戏玩家之间所形成的社区感，这是一种“出于寻友、探险、经济收益等各种目的而走到一起的群体”（WoW 2007）。还有一些玩家享受的是自 *112*
己在幻觉世界中通过努力生存、学习与“提升”自我所得到的肾上腺分泌和全神贯注的体验。能够把电脑当作一种“超验设备”而进入一种忘我的状态，这也不失为一种快感（Hillis 1999: xx）。只是不要忘了，电脑用户是不可能摆脱他们自己的身体的，实际上，他们经常会因为玩游戏罹患腕骨穴位综合征、肌肉紧张和肥胖症等各种生理疾病。

并不是所有从虚拟世界中获得的满足都是无足轻重、具有破坏性、自恋或自私的。环境保护主义者可以使用电子邮件、邮件组服务和公告栏系统来统筹他们的活动，唤起公众的支持（O’ Lear 1997）。自由思想者可以利用赛博空间向僵化的等级制度发出挑战，讨论那些位高权重者害怕讨论的话题（Starrs 1997）。还有那些主张动物权利、劳工权利和经济平等的激进分子，以及那些为残疾人权益、世界和平和同性恋权利呐喊的人士，他们都不约而同地把自己的战场扩展到赛博空间，让边缘的声音在这里获得某种公开表达的空间（Froehling 1997, 1999; Warf and Grimes 1997）。士兵可以利用虚拟环境来训练他们的杀敌技能，类似的技术也可以帮助那些患有心理恐慌症的人战胜恐惧（Taylor 1997: 180-5; Monaghan 2004）。可以说，信息和传播技术为人们提供的使用与满足像万花筒般千奇百怪。

〉》景观

在阿朱那·阿普杜拉（Arjun Appadurai 1996）的“景观”（scapes）概念中，传播流被视作多种结构和理解世界的方式，这为深入分析虚拟性和全球化过程创造了条件。这个理论最大的贡献在于将一系列全球化流动整合在景观的框架下。他总结出了景观的五个“建构视角”，对应着五种不同的行动者关系和相关的支撑性结构，它们分别是：民族景观、媒介景观、技术景观、金融景观和意识形态景观。这里，阿普杜拉把流动比作景观，而人、媒介、技术、金钱和意识形态的流动分别构成特定的结构或空间（见第四章），它们在流动中重组，创造出一系列全然不同的地方意象和看世界的不同角度（见第八章）。“景观”（landscape）一词在日常使用的过程中所具有的双关含义（既指风景也指对风景的表征——译者注。见第九章）使得这个比喻尤其恰当，因为它同时折射出传播的多重面向。

以上列出的每一种景观都是传播学研究中的核心问题。“民族景观”看起来并不复杂，但是正如阿普杜拉本人指出的（Appadurai 1996: 53-4），“民族”这个概念产生自一个“大部分社会生活都按部就班”的时代，现在这种惯性被形形色色的流动打破了，面对由大众传媒所呈现的多棱镜般的生活样式，民族身份必然会经历“有意识地重新设计和政治改造”。这一洞察让我们不得不关注“媒介景
113 观”，即关于人类生活的影像和叙事的流动，以及包括报纸、杂志、电视和电影在内的用来扩散这些影像的技术。而“技术景观”让我们看到“技术以同样的流动性在全球范围内重组，无论高技术还是低端技术，也无论是机械化技术还是信息化技术，它们都在高速跨越过去曾经不可渗透的边界”（Appadurai 1996: 34）。“金融景观”是指在“信息时代”（Castells 1996）的背景下，出现在一些全球城市或世界城市（Sassen 2001）中的资本流动的空间和景象。最后一种景观是“意识形态景观”，阿普杜拉将它定义为从启蒙运动的元叙事中所产生的一系列意识形态的“影像并置”，包括自由、福利、权利、主权、政治代表和民主等（Appadurai 1996: 36）。夸梅·安东尼·艾比亚（Kwame Anthony Appiah 1998）、阿希思·南迪（Ashis Nandy 1987）等学者也认为西方国家并没有像它们梦想的那样掌握对意识形态景观的垄断。在流动的影响下，人们对更高的社会地位充满着想象。流动也创造了多元化、多层次的地理，各层次之间的不协调给意识形态景观带来了一道道裂痕。阿普杜拉的这几种景观没有一个脱离了我们所生活的地球，它们都是真实存在的地方，正是在那里我们与媒介发生各种接触，它们之间的分裂意味着虚拟与真实的结合可以创造出多种形式的空间与地方。

〉》赛博空间激情

要理解赛博空间的意义，一个重要的方面就是看它是如何作用于我们的感觉和认知的。这既关系到人们从中获得的使用与满足，也关系到我们对各种“景观”的感知。回到多人在线游戏的例子中，玩家们可以感知到自己进入了一个虚拟空间，不仅自己在其中活动，还可以与其他人和事物进行互动。在他们看来，

这个空间是三维的和统一的，有着几何学的自然属性。但是跳出这个空间来看，事情却是另一种样子：一个人进入虚拟空间，其实是一个正在使用电脑的真人从局外人的位置进入以电脑为中介的关系性空间中，在这个由节点与连接组成的关系网中，他正在改变着自己的位置（见第五章）。

在《数字激情》（*Digital Sensations*）一书中，肯·希利斯（Ken Hillis）为我们解释了虚拟环境是如何“将绝对空间和相对空间的概念融合在一起的”。人们在屏幕上看到的几何空间，是在以幻影和可见的形式让我们感知到使用者被电脑软件组织在一起以后，所创造出的相对空间，让它变得可操作（Hillis 1999: 77）。屏幕上的几何空间实际上是用户与用户之间，以及各种在线“物体”之间的连接关系，这些原本分离的元素都受着数字模型的操纵。“相比电子邮件、互联网通信组、公告栏、新闻组或是网络聊天室这些文本形式的电脑应用而言，这种从一种空间到另一种空间的转化让人更难看到符号与其指示物之间的区别，使得虚拟与真实的距离发生塌陷”（Hillis 1999: xiv-xv）。 *114*

对有些人来说，这种虚拟景观有点类似于 19 世纪美国西部开发的神秘意境（Adams 1997）。赛博空间就像是一种可供逃离的电子边境，“有人逃离自己的身体，有人逃离地球，有人既逃离身体又逃离地球”（Hillis 1999: xx）。无论是哪种情况，这种看似脱域的、向虚拟空间的逃离都是一种对日常生活的超脱；这种新的技术再次将 300 年前印刷术刚刚发明时带给人们的“乌托邦”展示在人们面前（见第三章）。不幸的是，这种乌托邦景象混淆了“新的信息传播技术与空间、地方和社会之间的复杂关系”（Graham 1998: 167）。

这种社会和感知的空间丝毫不缺乏现实和历史意义。作为一种意识形态景观，它的重要性不亚于西方启蒙时期的文坛（见第三章）。作为一种民族景观，其重要性不亚于边境。电子边境不同于北美洲边境的地方在于，后者通常“存在着人与自然的直接接触”，而前者则要“开发一个有别于自然的世界”（Adams 1998;Hillis 1999: xvii），它将不可见的关系可视化，将事物的关联性呈现为一个地方意象，帮助人们实现对自然和物理世界的超脱，这便是虚拟性为我们带来的最大满足。

> 如果说现今人们想在真实空间中逃到某个无人之地和未经开垦的处女地已是不太现实，那么对很多人来说，寻找和创造一条“信息高速公路”，借此“移民”到“电子边境”就成为一种诱人的乌托邦，人们用这种想象代替现实中的远征。（Hillis 1999: xvii）

当然，要实现这一运动必须依赖于特定的技术景观、资助技术应用的金融景观，以及可以表达意见、传播影像和讲述故事的媒介景观。当所有这些因素都恰到好处地结合在一起的时候，它们就不再只是以空间的形式出现，而开始呈现出地方的特性。

〉》互联网应用

让我们来看几个为赛博空间提供连接的网络应用。借助远程登录（Telnet）和文件传输协议（FTP），我们可以不用看到内容而在网上交换文件。它们是互联网传播中最简单的形式，但只是少数人在使用。大多数人对电子邮件已经习以为常了，它是一种异步的、一对一的文字传播方式。聊天室则刚好相反，它是同步的、一对多的文字传播方式，有着广泛的参与者，这些参与者通过打字的方式进行实时互动。另外，公告栏（BBS）和邮件组也是一对多的文字传播。但它们
115 不是同步的，以这种方式进行的讨论会延迟几天或几个星期。公告栏和邮件组有着准入的控制，这也形成了一种包容与排斥的机制（见第六章），决定着谁能进入这一特定赛博空间，谁被拒之门外。

除了电子邮件以外，最常见的上网行为就是浏览网页。这种将二维的文字和影像安排进同一个“环境”中的方式，通常对所有想进入的人都是开放的，因此它们是互联网中最为“公共”的部分。常规的网页一般都是一对多，或是少数对多数的传播方式，具有不同步性和多媒体的特征。网页最重要的一个功能就是可搜索性——人们可以用搜索引擎找到一个网页，这比在一个传统的图书馆里去找某个人、机构和事件的信息要方便得多。这些都已经是我们司空见惯的事情了，根本用不着多解释，有了它们，我们就更容易找到兴趣相投的社群，更能形成虚拟聚集。

最后一种重要的互联网传播方式是供人们进行实时互动的，由言语或是文字组成的虚拟环境。无论是大型多人在线角色扮演游戏（MMORPGs）、大型网络游戏（MMOGs）、多用户网络游戏（MUDs）、多人网游（MMOs），还是多人共享幻觉（MUSHes），这些虚拟环境都满足了逃避的需求。虽然所有形式的虚拟世界都经常被叫作“虚拟现实”，但是真正的“虚拟现实”是指那些沉浸式技术，比如眼球带动的三维影像和数据手套，它们可以让用户操控数字化物体，目前这

项技术还未广泛运用到互联网中来（Taylor 1997）。

这样说来，赛博空间其实相当于由包括电话、报纸、邮政服务、杂志、广播和电视在内的各种传统媒体所共同支撑起来的传播拓扑关系。不过，作为它们的杂交体，互联网似乎打破了以往那套被视为理所当然的二元对立。根据道奇和基钦（Dodge and Kitchin 2001: 13-24）的总结，这些二元对立包括：

- 空间与无空间
- 地方与无地方
- 工业化与后工业化
- 公共与私人
- 广播者与听众
- 真实与虚拟
- 自然与技术
- 固着与流动

在以上这些二元关系中，互联网通常都与后者联系在一起：它代表着无空间和无地方的世界，一个隶属并服务于后工业化经济的产物，一种私人化的、以受众为中心的传播方式，一处虚拟和流动的互动语境，以及一种建立在技术而不是自然基础之上的现实。 116

小心不要被这种印象误导了，因为它将互联网出现之前的媒介景观与技术景观说得太过理想化了，它也夸大了互联网改变人类经验和社会关系的威力。应该说，自从人类开始运用语言来加工自己的所作所为，人类的经验就存在着虚拟的一面，语言的无处不在让我们其实无法知晓未经媒介化的现实究竟如何（Whorf 1956; Vygotsky 1962[1934]）。同样，定着与流动、公共与私人之间的二元对立早在互联网出现之前就已经被其他媒介所打破。比如，安德烈·凯尔泰斯（Andre Kertesz）的摄影作品就让“传统哲学中内与外、背景与图形、远与近、物体与空间、环境与世界等对立关系相互协调并展现出新的形态”（Seamon 1990: 59）。不仅如此，社会理论家早在互联网到来前就已经警告过人类公共空间的消失（Light 1999: 122）。当前我们所经历的一切并不是迈向虚拟世界的衰落，因为“地理依然至关重要——它仍然是社会关系的组织原则和构成方式。它不可能被彻底消灭”（Dodge and Kitchin 2001: 14）。

与其说人们正在向赛博空间移民，不如说人们正在将赛博空间中的经验与其他形态的经验结合在一起："物理与虚拟空间的杂交融合正成为信息时代新地理的构成方式。……原有的物理基础设施的分布和结构方式可能会在互联网中得到巩固，加剧不同地区技术使用上的不平等。"（Janelle and Hodge 2000b: 9）鉴于地方和空间面对技术挑战所表现出的顽强，急于宣称一个无地方 / 无空间的世界的到来恐怕还为时过早。无论是"再地方化的新机制"（Morley and Robins 1995: 116），还是在宏观层面上存在的"一种虚拟变为现实、现实被虚拟化的回归过程"（Dodge and Kitchin 2001: 24），它们都在提醒我们，面对地方感丧失的冲击，地方仍然保持着它的战斗力。

117 图 7.1 一个在线角色扮演游戏《魔兽争霸》的截屏图，感谢暴风雪娱乐公司供图。

〉》赛博场所

赛博空间可以细分为许多彼此相对独立的小空间，它们像不同的地方一样有着各自不同的存在价值，在功能上也相对独立。就像在物理空间中，不同的地方与其他地方或多或少会发生联系，这些赛博地方也彼此关联。接近性的概念在赛博空间中同样适用：在超链接的拓扑关系中，某些网站之间只隔几度分离，而与其他网站却相距甚远（见第五章）。如果说赛博空间的确在某种程度上是混乱和不连贯的，也许这种不连贯性正好迎合了今天许多人身上所具有的分裂人格："虚拟现实提供的空间也许最适合多重人格，它也可以帮助人们打破原来建立在统一人格基础上的文化身份。"（Hillis 1999: 164; 另见 Stone 1992; Turkle 1995）

这样说来，赛博空间并不仅仅是一个技术现象、一个技术景观，它也是一套异质的符码、机构和使用者，它们以某种特定的社会、心理、符号和物质关系而结合在一起。正是因为这样，赛博空间中就包含着无数的赛博地方，每个地方都产生于意义、自然和社会关系各要素之间的独特组合。现实生活中的一把椅子首先当然是一个物质实体，一个木头做成的物体，但它同时也标志着一定的社会地位（在 20 世纪 60 年代之前的美国，餐厅里的椅子一般都是不会给黑人顾客坐的），也是一种符号（一个国王的宝座、一张办公椅和一把电椅之间的符号含义就大为迥异）。同样，当一把椅子出现在虚拟环境中时，尽管它是一个符号，一个电脑屏幕上的图标，但它同时也是一个由数字记忆库中一系列微小转换所组成的物理实体，它也代表着一定的社会地位（在多人在线游戏中某人可能要使用虚拟武器把潜在的入侵者打下来）。因此，无论是网上的椅子还是办公室里的椅子，它们都是物质、符号和社会因素的组合。正如现实世界中的地方是由自然、意义和社会关系三种因素共同组成的，这些因素交织在一起同样会形成赛博地方。

我们通过电缆、光纤和电磁信号所进行的网络交流，全靠数百个普遍使用的符码。这些符码不仅让人们彼此相连，它们也变得和地方一样千差万别，并与 *118*
不同的地方融合在一起（Dodge and Kitchin 2005）。在这种多样性的背后，有上百万的公司在提供在线服务，上百万的机构在使用网络进行交流，还有数百个政府机构在监管着其中的内容，以及小到兴趣小组、大到军队学校不计其数的网络社群对电脑传播的"殖民"（Rheingold 1993; Smith and Kollock 1999）。

〉》作为虚拟版图的网址

互联网有一个让人百思不得其解的现象，就是由网址或是全球资源定位器

（URL）所创造出的虚拟版图。这些版图可以价值上千美元，尽管因网址而起的“领土争端”通常是靠恫吓和以物换物这种原始的方法来解决的。比如，加拿大青少年迈克·罗（Mike Rowe）注册了一个个人网站 www.MikeroweSoft.com, 被软件巨头微软公司起诉，说他违反版权并威胁要把他告上法庭。2004 年他和这家公司达成协议，他出售对网址的控制权（微软其实也不想用它，只想让它消失），换来了微软公司的训练课程、一个 Xbox 游戏卡和设在微软总部的技术节门票（CNN.com 2004）。虚拟不动产的所有权被用来换取物理移动性和物质实惠。

以“.com”为后缀的网站是商业实体，“.org”是政府机构，“.net”则是网络服务提供商。这是三个顶级域名的例子，其他的顶级域名还有代表高等教育机构的“.edu”、专属美国联邦政府的“.gov”，以及专为美国军方所设的“.mil”（McDowell et al. 2008: 123-5）。除了这些顶级域名以外，还有国家代码顶级域名，像代表加拿大的“.ca”、代表墨西哥的“.mx”，或者代表英国的“.uk”。还有些非国家实体也拥有自己的国家代码顶级域名，比如代表关岛的“.gu”和代表泽西的“.je”。这些字母都是国际标准化组织所规定的全球国家列表中的双字母代号。有些规模小、相对孤立、人口在 2 万人以下的地区会有简化过的域名，比如图瓦卢的域名是 .tv, 纽埃岛的域名是 .nu。这些域名因为在某些语言中所代表的特殊含义而变得价值不菲：与电视频道相关的网站会看中带“.tv”的域名，而“.nu”这个域名会让人联想到英语中“新”（new）、荷兰语和北欧语中的“现在”（now）以及法语中的“裸体”（naked）。结果许多带有“.nu”的域名都被纽埃岛以外的地方买走，与这个岛毫无关系。从 2003 年开始，国家代码的管理者极力宣传这个域名“本应代表着一个真实的地方，这个地方有着被理想化的原始落后的历史以及进步与发展的未来”（McDowell et al. 2008: 139）。与此同时，皮特克
119 恩岛的域名“.pn”却有着相反的经历。在一场社会运动的推动下，这个域名从关于这个岛屿的神秘化象征，演变成一个“与皮特克恩岛毫不相干”的注册主页（McDowell et al. 2008: 136）。

一个好记、有趣和醒目的网址可以带来巨大的利益。在 1999 和 2000 年互联网蓬勃发展的时期，带“.com”的商业域名卖价最高，一直是美国和世界其他地区最抢手的资源。最近其他顶级域名也开始越来越走俏。有些公司发现自己想要的域名已经被其他商业网站注册，他们就会使用国家顶级域名加以弥补。比如，一家名叫科罗拉多的法国广告公司注册了 Colorado.fr 的域名，这是因为 Colorado.com 已经被美国科罗拉多州的一家旅游办公室注册（他们显然不想用 colorado.us）。许多顶级域名都被美国的公司和代理商买断，这可以让那些公司

更容易摆脱地点的限制，也让它们看起来更为全球化。而美国以外的公司一般都用着带有国家代码的域名，从符号意义上来说，这让它们受到更多的局限。对于那些主张每个国家应该在赛博空间享有平等空间的人来说，美国这种“极端霸权地位”显然是要遭到反抗的（McDowell et al. 2008: 118）。

〉》幻想空间

在线角色扮演游戏所营造的地方，不光是一个由程序师设计出来的虚拟环境。就拿本章开头所描述的那个场景来说，当玩家闯进囚禁风暴国王瓦里安·乌瑞恩的地下迷宫里，他可能很想了解一下这个国王的背景，知道他为什么会被关进这个残破的监狱，这便会吸引他点开另一个虚拟地点——某个粉丝网站，参与这里的聊天，与其他玩家交换点子和一些宝物。这种交往是虚拟世界的一种重要补充，游戏网站的数字符码实现的是游戏玩家之间社会化交往的使用与满足，让这些分散的、往往是国际化的玩家结成社群。在这种情况下，虚拟聚集地点会脱离游戏空间，从一个嬉戏的（也可以说是逃避或出世的）空间变成一个供玩家相互讨论、交换游戏的文本空间。

与游戏相关的第三种空间是城市空间，就像加州的厄湾成了魔兽争霸游戏升级的地方，玩家们来到这里解决他们的各种问题，发展新的冒险。表面看起来奥卡兹岛上发生的事情与加州厄湾没什么关系，但是作为游戏生产地，在这里发展出的点子和对游戏的期待不可避免地会影响到这款产品，软件设计师们将自己的世界观外化到游戏中，再通过游戏逐渐被玩家内化成自己的世界观。不仅如此，魔兽争霸游戏从软件和超过 500 万玩家的订阅费中为加州厄湾的经济贡献了上亿美元，这一金融景观反过来又巩固了加州在软件生产上的统治地位。

第四种空间是网络地方意象。除了上面希利斯（Hillis）所指出的特点外，多人在线游戏还存在着一些种族景观的因素。比如，电脑游戏中的各种角色和
地理景观通常都隐晦地带有“人种”的色彩，他们的服装和建筑风格都透露出 120
其所属的不同部落、宗族、队伍或是群体，人们可以看得出来角色的性格有些偏“东方”，有些偏“高加索人”，有些偏“美国原住民”，有些则属于其他种族（Schwartz 2006）。在给游戏分区和设立地点时也会带有强烈的种族景观特点。

游戏中还存在着第五种空间，那就是低收入劳工的空间。当一个玩家在多人

网络游戏中为生存而挣扎时，他们的线上经验会转换为线上角色或是化身的经验值。玩家还在玩的过程中收集宝物、神力和虚拟金币，这些都被记在游戏远程数据库的账上。但是有些玩家想要在虚拟世界里不劳而获，为了满足这些人在游戏世界的成功欲望，跨国界的“金农”就应运而生。他们是一些以玩游戏为职业的外国劳工，他们的工作是系统地收集经验值、虚拟财富和神力。他们用自己的真实劳动赚取虚拟的成果——财富和线上化身，再把它们通过互联网卖给美国和欧洲的玩家。用一个中国金币农场老板的话来说，“我不知道这种工作算什么，它甚至还没有一个正式的名字。但它应该算是一种服务产业。从某种意义上说，中国的玩家在花自己的时间为美国的玩家服务。”（Jinge Jinge 2006）

一个金币农场主可以轻松地赚一万美元，而众多受雇于这个行业的工人却只能从产品的利润中获得不到百分之一的收入（Lee 2005）。只有雇主才拥有赚取金币的电脑和软件（无论来源是合法的还是非法的），工人争取更多收益的机会微乎其微。如此看来，赚金币的工场与分布在世界贫困地区的糖果厂并没有太大不同，他们都是不平等的全球金融景观中的一分子。

综上所述，多人在线游戏并不是一个单一的空间，而是一连串彼此关联的空间：一个游戏和逃避的顽皮空间，一个搭建线上友情和社区的聚集空间，一个设计和创意的生产空间，同时，也是一个压榨低收入劳工的剥削空间。

〉》种族身份空间

对于大多数生活在富裕的后工业国家的人来说，用互联网来谈恋爱并不是件陌生的事情，许多人都会通过网站来挑选自己浪漫的对象，还有一些人直接在互联网上发布个人的征婚广告。印度的巴拉特征婚网（www.bharatmatrimony.com）也是这样一种网站，其用户已经达到一千万。这个征婚网站是为印度人在他们复杂的种族圈内寻找婚配对象而设计的，无论他们要找的人在地球上的哪个地方。这个门户网站包括 15 个分站，都是按种族和语言进行分类的，比如马拉地语婚
121 配网站、孟加拉语婚配网站，等等。每个网站提供一个特定的印度种族语言社群的名单，再按照年龄、身高、宗教、教育、职业和居住地对这些人进一步分类。一旦用户找到一组自己认为合适的候选人，还可以获取关于这些候选人的更多信息，比如种姓、分种姓、星象、身材、肤色、教育和家庭身份等。大多数注册使

用巴拉特征婚网和其他征婚网的用户都要附上个人照片和像这样的简介："她是个教养好、很踏实的人，在孟买的一家建筑工作室工作。"大多数用户也会强调自己的家庭条件，比如，"她有两个兄弟，都在软件公司工作，父亲是个政府高级官员。"这些信息起到一种屏障的功能，家长在为女儿或儿子安排婚姻的过程中可以维护自己的社会身份。人们普遍接受以这种方式来安排婚姻，他们相信这种方式比起让缺乏智慧和任性的年轻人自己来安排要好得多。不仅如此，整个过程省掉了谈恋爱这一步，在印度这被认为是不太检点的行为。这种网络征婚广告是对印刷广告和口口相传等传统征婚媒介的一种改良（Adams and Ghose 2003），从社会身份、性别关系、家庭权力和女性性行为的角度来说，电脑在其中被用来维护传统和保守的价值（Adams and Skop 2008）。

大约有 25% 的生活在美国的印度裔人使用这样的网站，鉴于婚姻在个人一生中发生的次数是如此有限，我们就可以想见这种网站对海外印度人维持其种族语言社群来说有多么重要了。它同时也标志着一种种族景观。在双方家长的安排下，工作在美国、加拿大和其他富裕国家的年轻男人与留在印度的女孩子配对，这其中包含着他们对维持种族和遗传身份的渴望。在这种情况下，网站成为处在两种或多种经济、文化和政治之间的"中间地带"，它所实现的使用与满足是在两个地方之间架起桥梁，让人们同时参与两个地方的生活（Adams and Ghose 2003）。这种"嫁接空间"不仅帮助人们选择婚配对象，也为尚未定居的印度人提供工作机会（特别是那些针对高学历和外国人的工作机会），为他们提供关于移民的法律信息，它还是一个购买各种与印度文化相关的香料、衣服、宗教圣像和其他物质的虚拟市场，一个可以看到来自家乡的最新消息的新闻门户网站。阿普杜拉所说的各种景观都在这里得以呈现，通过跨国的媒介使用，种族景观、媒介景观和金融景观相互交织在一起。正如佳泽（Jazeel 2006: 27）所描述的：住在伦敦的斯里兰卡上流和中上流阶层女性对媒介为其所塑造的"异国情调的自我"是持欢迎态度的，因为从中她们可以获得"因自身被当作异国情调而产生的自豪感"，"电视将她们的文化差异呈现给英国公众，这让她们产生一种文化使节的自豪感"。不同的媒介共同促成跨国身份的形成——一种在新与旧、近与远微妙的平衡关系下所维系的身份（Glick-Schiller et al. 1992; Clifford 1997;Glick-Schiller 1999）。互联网加入传统媒体的行列，与它们一起共同发挥着 *122*
这一桥梁作用，由传统媒体所生产的种族景观，在互联网中得到进一步的发展和延伸。

》结论

作为人类主观经验的场景，传播带给人的体验在很大程度上类似于地方带给人的体验。当我们在虚拟地方的场景下来探讨这种经验时，需要加倍小心，因为虚拟之中同样存在着真实的交往。在线游戏空间将角色扮演游戏的玩家、软件工程师和“金农”们汇聚在一起，婚配网站将新郎、新娘带到一起。只要想想网络婚配中的种族因素，想想“金农”们的劳动、患腕道综合征的办公室职员，以及那两个从玩枪击游戏到实施校园枪杀的凶手，我们就无法再轻信线上交往是与身体无关的事情。虚拟也是具身的，因为它同样是供人们进行身份展演的诸多环境中的一部分。在虚拟的环境中，人种、民族、性别依然是至关重要的。阿普杜拉所说的五种观景无一例外都是人们居住、学习、结成社会关系和发生矛盾的地方。

我们可以从用户使用与满足的角度来理解人们为何会介入媒介空间、特别是赛博空间。事实上，任何媒介总是在以某种方式将人们带入某种空间或是某种用户社群。从虚幻的游戏到移民家庭，再到政治激进分子、博客写手、互联网企业家和学者，不同的用户在互联网空间中创造出不同的地方。他们对赛博空间的介入也许比电视观众更加积极，但是其中所包含的使用与满足原则与电视时代，甚至电视以前的时代大同小异。

在线互动所创造的地方多种多样，从多人游戏中的模拟几何空间到电子邮件、邮件组、公告栏和新闻组的文字性分类空间，不一而足。逃避到这些地方的人们也许摆脱了某种自然条件的限制，比如距离的阻力，但是他们仍然要面对新的社会冲突，必须与具有不同物理、社会和心理特征的人与事发生实实在在的互动。因此，逃到虚拟空间可能比人们想象的要受到更多的局限，面临更微妙的关系。其中所表现出的惊人的多样性值得地理学家做更加深入和长期的探索。

第八章　符号、象征和信号

本章我们要讨论构成传播的原子和分子。就像众多的原子组成分子，众多的 123
分子组成砖块、纸张、人、电脑一样，我们也要思考，在传播的过程中，基础的单元是如何组织在一起形成较大的单元，较大的单元又是如何组织在一起形成更大单元的。用这种思路来理解传播存在着一定的局限性，它会让我们将传播笼统地看作由不同文本所承载的扁平的信息，看不到传播其实是社会交往的一个动力机制。然而，正如我们在本书一开始所说明的，我们要按照四大分区对传播的不同侧面一一加以讨论。作为一个重要的分析视角，有必要用分子学的方式来研究符号、象征和信号是如何构成传播的，继而理解文本、话语和类型是如何构成的。

类型
|
话语
|
文本
|
比喻
|
符号/象征/信号

图 8.1　“原子化”传播的元素：文本及其语境和组成要素的示意图

请看图 8.1，不要误解，它并不表示媒介的表意是一个自上而下或自下而上的过程。这不是一个时间过程图，而是一个概念结构的示意图，上下关系表示的是从最概括性的概念到最具体的概念的排列次序。我们介绍的方式既不是从上到
下，也不是从下到上，而是从中间——也就是文本——开始，到目前为止，这是 124
地理学家关注得最多的一个领域。接下来，我们会讨论排在文本下方的符号、象征和信号，再讨论排在文本上方的话语和类型，最后总结这三者之间的关联。

》文本

从 20 世纪 90 年代开始，地理学家就开始用“文本”来指代除文字作品之外的“其他文化产品，比如绘画、地图和景观等，也用它来指代社会、经济和政治机构”（Barnes and Duncan 1992b: 5）。文本的比喻可以用来说明“意义所固有的不稳定性、碎片化和不完整性，它缺乏权威性的控制，充满着多义性和不可调和的社会矛盾”（Barnes and Duncan 1992b: 7）。从文本的视角来观察，世界是含糊的、协商的，世上的事实是被建构的，而不是与人类表达无关的某种确凿可知的存在。

早期关注文本和文本性的地理学家（Burgess and Gold 1985a; Barnes and Duncan 1992a; Duncan and Ley 1993a）并不是把文本当作是与地方、景观、区域等许多地理学经典话题截然不同的话题来研究的。相反，社会现实的物质、社会和心理领域在他们眼里并不是一成不变的，他们认为文本与地方、景观、区域、路线等现象之间无时无刻不在发生着互动。所以，文本与地理事实之间是相互形构的。后来的研究开始将阅读作为一种以地点为基础，并与之紧密融合的文化表演（Livingstone 2005; Keighren 2006）。在这一路径下，与其说地理学家的兴趣从真实世界转向了文本，不如说通过研究文本，他们开始以新的方式认识世界。

文化地理学中的文本研究得益于学术界发生的一系列变化，这些变化的倡导者包括像肯尼思·伯克（Kenneth Burke）、弗雷德里克·詹明信（Fredric Jameson）、特里·伊格尔顿（Terry Eagleton）和海登·怀特（Hayden White）这样的文学理论家，像克利福德·格尔茨（Clifford Geertz）和詹姆斯·克利福德（James Clifford）这样的社会学家，像雅克·德里达（Jacques Derrida）、保罗·利柯（Paul Ricoeur）、理查德·罗蒂（Richard Rorty）和汉斯－格奥尔格·伽达默尔（Hans-Georg Gadamer）这样的哲学家，翁贝托·艾柯（Umberto Eco）和罗兰·巴特（Roland Barthes）等符号学创立者，以及雷蒙德·威廉斯（Raymond Williams）、斯图尔特·霍尔（Stuart Hall）、本尼迪克特·安德森（Benedict Anderson）和爱德华·萨义德（Edward Said）等文化批判者。来自多门学科的影响激发地理学家以极大的兴趣重新思考景观、地方、空间、区域、路径和世界，是如何通过表征的方式构成人类经验和社会现实的。正是因为对文本的兴趣，“文本性”和“互文性”这些来自欧洲的概念也开始影响到美国的地理学界。

地理学中的“欧洲学派”媒介研究特别关注“意义的生产以及媒介与其他文

化政治活动的关系”（Zonn 1990b: 4; Burgess and Gold 1985b）。而以往专注于研究流动性的北美地理学家们也迅速对无处不在的文本和互文性产生兴趣（Barnes and Duncan 1992a,b; Pickles 1992; Smith 1992; Duncan and Ley 1993b），他们认识 125
到，传播正是世界社会化和符号化过程的核心（Barnes and Gregory 1997）。互文性理论主要来自比利时裔的法国哲学家朱莉娅·克里斯蒂娃（Julia Kristeva），她认为“社会和历史并非外在于文本、只经文本所阐释的现实，它们本身就是文本，因此不可避免地存在于文本系统之内”（Irwin 2004: 229）。与此相似的一个更为精简的表达是德里达的“文本之外无一物”。在这个意义上，文本是一个无限的网络：“任何文本均由引用拼贴而成，它们彼此包容和转化。”（Kristeva 1980: 66）这种来自语言学、心理分析和后结构主义批判的理论，逐渐代替实证主义和自命不凡的客观性准则，而成为理解人类世界的方式。

有些地理学家非常青睐互文性理论，并极力推崇这个概念，他们相信文本之外什么都没有，所有关于真与假、准确与扭曲的问题开始被表征的建构蒙上一层烟幕（Doel 1993）。不过，当互文性遇到具身性和表演的概念时，这个方向的研究开始出现衰退（Mehta and Bondi 1999）。最初是邓肯和莱（Duncan and Lay 1993b: 9）从阐释学的角度对表征展开批判，他们坚持认为要同时关注文本、超文本指涉、文本间指涉，以及读者与文本之间的关系。这一主张认定在文本之外必定存在一个真实的世界，尽管这个世界与文本存在着深度的关联。邓肯和莱用“超文本指涉”（extratextual field reference）来描述文本生产所使用的“数据”，更准确地说，“超文本指涉”其实是那些以符号的方式被转换成文本空间的现象、关系和模式。按照利文斯通（Livingstone 2005）的分类，它们包括“文本循环的空间”“文体杂交的场所”“文本接受的地图”以及“阅读的文化地理”。因此，读者与文本的关系应该存在于多重空间的多个地点：不仅作者和读者都分别隶属于不同的社会和文本空间，而且，文本为他们所提供的相遇的空间也是多样的。

互文性理论的一个重要贡献在于它有助于打破这样一种成见，即“无论有没有瑕疵，权力精英总是可以非常明确地传达他们的意见”（Irwin 2004: 233）。但不幸的是，对这一成见的打破也是有代价的，因为它动摇了所有事实判断的基础，这反而让进步作家也无法用“事实”“数据”和“统计”来发言和写作，以抨击社会问题。如果客观世界不复存在，我们将很难判断应该或不应该做什么（Irwin 2004: 233）。正是基于这个原因，具有强烈实践导向的地理学家并没有像哲学家和文学批评家那样去拥抱互文性的概念，把它作为一个完整的理解世界的框架，反倒对超文本性保有更多的兴趣。他们大多数人都认为“真实的世界本来 126

就充满着矛盾、不连贯性和不确定性，它们不完全源自人类认识的局限”，很少有人会完全赞同后现代主义所提出的“哪怕是在理想的、不可企及的标准里也不存在什么客观的事实”（Duncan 1996: 436）。

文本之间的紧密联系就构成了话语。本书第九章中有一个很好的例子，玛丽·路易丝·普拉特（Mary Louise Pratt 1992: 7）在她关于旅行写作和景观概念的修辞学研究中提出了一种“天真无邪的策略”，这就是一种话语。特定的话语包含着不同文本之间的交锋，话语规定着讨论中所使用的术语，为讨论划定一个可接受的范围，也左右着讨论的方式（Barthes 1974）。福柯的知识考古学（1975, 1979a, 1980）结合互文性的概念指出，话语也会生产出特定的监视方式——它们既被参与者内化在自我之中，又不受他们的控制。权力和知识是如此紧密相连，以至于福柯干脆把它们放在了一起，用“知识权力”一词来表示在话语创造世界的过程中这两者之间相互缠结的关系。

无论是建构文本还是建构文本间的话语关联，作者都要用到比喻。这个词的希腊词根（tropos）的意思是“转换”，简单地说，比喻是指句子的某种转换。如果把非语言媒介考虑在内的话，它也应该包括思想的转换。所以，比喻就是“用来说服读者的传播方式”（Barnes and Duncan 1992b: 5），它将读者从一种思想带到另一种思想，从证据到结论，从发现到提问。常见的比喻包括隐喻、转喻、提喻和讽刺（Smith 1996），其中隐喻是人们最为熟悉的。隐喻将看似不相干的现象结合在一起，比如把美国社会比作“大熔炉”，它可以说是“不同的阐释主体用来理解变化中的地方和变化中的世界的一种话语策略”（Kearns 1997: 271; Le Heron and Pawson 1996）。许多地理学著作都用隐喻来做书名，像是《阴影下的地方》（*Shadowed Ground*）（Foote 1997）和《崩塌的时空》（*Collapsing Space and Time*）（Brunn and Leinbach 1991a）等。转喻是用非常相似的事物来指代另一事物，比如用五角大楼来指代美国国防部。另一种比喻是提喻，它是用事物的某一部分来指代全部。《恐惧的景观》（*Landscapes of Fear*）（Tuan 1980）、《绝望的景观》（*Landscapes of Despair*）（Dear and Wolch 1987）和《特权的景观》（*Landscapes of Privilege*）（Duncan and Duncan 2003）这三本书都是使用转喻作为书名（同时它们彼此之间也存在着互文关系）。让人感到不解的是，在地理学研究中，转喻和提喻经常会与隐喻混淆起来。

比喻相当于用低层次的词语来组织高层次的词汇，它给予作者自主权，决定他们究竟是站在社会秩序的中心还是边缘来写作（Guelke and Morin 2001）。比喻与权力之间的这一关联，迫使我们密切关注比喻是如何被运用到与健康、疾病、种族、阶级、性和性别相关的社会斗争中的（Raimondo 2005: 54）。凯瑟琳·柯比（Kathleen Kirby）认为“必须通过清楚地分析空间的比喻才能正确地评估空间的影响”（Kirby 1993: 188; 引自 Sparke 1996: 217）。尤其当与空间、地方、限制、运动和尺度这些基本地理概念联系在一起的时候，比喻变得格外有说服力，其影响也更加深远和微妙（Duncan 1990）。因此，许多地理学家在用到它们的时候都 *127*
会格外谨慎。

隐喻是讨论得最多也是最常见的一种比喻，它“涉及日常生活和社会过程的各个方面，其影响力是因为它可以折射出一整套现有的社会和文化表征”（Barnes and Duncan 1992b: 12）。正如海登·怀特（Hayden White 1996）所说，历史叙事必须装在书写这些叙事的社会话语所组成的画框里，地理学的比喻同样是借来的词语，同样存在误导的可能性。安妮·布蒂默（Anne Buttimer 1982）在关于地理学的“根比喻”的研究中，为我们展示了关于地图、有机物、机械装置和竞技场的比喻如何对地理学思想起着结构性作用。像实验室和教室这种地方，它们既是物理的空间，也可以被用来做比喻（Kirby 1993; Sparke 1996）。另一个有趣的地理问题是观察比喻如何在空间扩散的过程中发生嬗变。比如，进化论看似与地方无关，但是在不同的社会地理语境下，人们对它的理解也会各不相同（Livingstone 2005: 396-98）。

到目前为止，地理学对比喻的关注已经让人们开始对现有的比喻进行审视、瓦解和置疑，根据海登·怀特的观点，“叙事对于人类意识来说已经变得如此自然，如此深入日常会话和话语之中，以至于我们对任何自称为科学的某个领域的研究都要持几分怀疑”（White 1987: 26, 引自 Entrikin 1991: 144）。遗憾的是，这种怀疑并没有让地理学家学会更为建设性地使用比喻，也没有让他们在解构和批判的觉醒之后产生重构的冲动。恩特里金（Entrikin）曾经把讲述地理故事称作“情节化”（emplotment），意思是说它应该同时兼顾主体和结构、个人意愿和外部条件、普遍性和特殊性，因为它既会用到一套既成的比喻，也会联系到人们当下的观点（Entrikin 1991: 25）。对话语的过分敏感可能会妨碍我们对实践的关照，正如罗宾·卡恩斯（Robin Kearns 1997: 274）所提醒的：“当我们对不同地方的健康观念进行了深入细致的了解以后，不应该忘记还有一个更大的故事要告诉人们，那就是，地理学家应该对社会公正作出应有的贡献。”只有一边保持对批判的敏感，一边怀着对真实性的坚守，才能推动实践和伦理的进步。

文本之间的相互呼应形成了风格类型或是讲述模式，它们创造了传播中普遍存在的连贯性。一种风格类型相当于许多具有共同特点的文本的集合。政治辩论是一种风格类型，西部小说和法国悲剧电影同样也是。每一种风格类型都在人们世界观的建构中起着一定的作用。乔纳森·M. 史密斯（Jonathan M. Smith 1996）归纳了四种讲述模式：悲剧、喜剧、浪漫和嘲讽，每一种讲述模式都对应着一种地理学的写作风格，写作风格上的这种分野经常会在地理学家之间产生误解，他们站在各自的立场上指责对方，说别人保守、过于理想主义、异化或是幼稚。喜剧风格总能在利益冲突中看到解决方案，悲剧风格则盯住矛盾和局限性不放，浪
128 漫风格偏向个人和群体超越社会限制的力量，而讽刺风格则采取邓肯和巴恩斯（Duncan and Barnes 1992: 253）所说的后现代主义学术态度，他们“通过质疑和攻击来动摇既有的文化秩序……一边欢迎新观点，一边又怀疑它们”。这种吊诡的立场透着这样一种信条：“嘲讽是我们实现统一的唯一希望，而这一目标本身不过也是一种讽刺。”詹姆斯·赛达威（James Sidaway 2002b: 11）在一本关于后殖民主义地理的书中也表现出这种嘲讽的风格：“任何后殖民主义地理必须认识到其内在的不可能性。”这种主张虽然有趣，但在其他风格的地理学家看来是大有问题的（Smith 1996; Adams 2005）。没有哪种地理学叙事风格可以做到像数字那样价值中立。“为了描述人类生活的丰富性，地理学家随时都在讲故事”，这就意味着他们必须有意无意地选择使用某种比喻和风格（Daniels 1985）。

在以上的讨论中，我们从文本说到比喻，再从比喻说到话语和风格类型，讨论的范围一步步扩大。在本章的后半部分，我们回过头来，讨论传播中最小的单位：符号、图标和信号。

〉》符号

想象你自己站在大城市郊区的一条四车道的路上。城市景观中遍布着各种文字：广告牌上的、路标上的、缓冲标志上的、商店橱窗里的……这些文字之所以有意义，是因为我们已经将一整套符号系统内化为自身的一部分。表意的一个特殊之处在于能指与所指之间的任意组合，“停”这个字的发音与“停止运动”这个意思之间没有任何必然的联系。同样，英语中“stop”这个词的字母也与这个词的意思没有任何关系，连字母“S”都不一定要发成 /s/ 的音。因此，你在城市景观和其他任何地方看到的词语都是能指与所指之间的“双层组构”（double articulation）的产物，其中要用到两种任意性关系，一种将无意义的元素组合

在一起而产生意义，另一种将能指与所指结合在一起（Barthes 1967: 39）。每个符号的意义一部分来自纵向关联（paradigmatic），即该符号和与其反义词或有子类别关系的符号之间的对比；另一部分来自符号所在句子的句法和语境所决定的横向关联（syntagmatic），即该符号与句子其他部分的关系（de Saussure 1986[1972]）。“就像其他词语一样，关于我的各种标签，其意义一部分来自它们自身，一部分来自它们的语境，另一部分则来自它们的反义词。”（Olsson 1978: 111）

按照符号的逻辑，意义是以规则为基础的，必须遵循严格的规则，而规则需要靠权力来维护，因此表意的过程就成为“社会领域中的微观政治”，或者德勒兹和瓜塔里（Deleuze and Guattari 1987）所说的“抽象机器”（abstract machine），它在创造表征系统的同时也在创造社会现实。如果我们聚焦表意的过程，意义的产生是符合社会互动论的，社会互动才是社会现实产生的基础（Berger and Luckman 1966）。不仅如此，因为所有的传播都受制于权力，而传播者之间的权力是不平等的，所以每一种意义都是斗争的结果，正是各种围绕着意义的限定和 *129*
巩固所展开的社会斗争，创造出人们所感知的社会现实。比如，“大陆”这个词不单意味着一块原本隔离的土地，它也在创造隔离本身。我们在学习“大陆”这个词的时候，也在学习用一道心理分界划出一块土地。

> 因为欧洲看上去并不是一整块大陆，按照字典上的定义，它很难被称作一个大陆。其东部边界乌拉尔和高加索山脉其实被一个 600 英尺的鸿沟隔开。连乌拉尔山脉本身也不能构成一道屏障……正是因为这个原因，头脑比较清醒的地理学家有时会把欧洲和亚洲叫作一个大陆，即欧亚大陆，这样世界上的大陆就由七个减少为六个。（Lewis and Wigen 1997: 35）

事物之所以是我们看到的这个样子，是因为在众说纷纭之中存在着某种“共识”。欧洲人可能在欧洲和亚洲之间的具体分界上并未达成一致，但是如果完全否定欧亚边界，欧洲就将不复存在，在四个世纪以前的地理大发现和殖民扩张的语境下，这是不可想象的。

符号的逻辑在于能指与所指之间的任意关联，这就意味着它们之间的关联是由社会决定的，必须经历权力、控制和认知的斗争。符号学正是从这一视角来阐释符号如何左右所有文化现象。继瑞士语言学家索绪尔（1983[1972]）之后，罗兰·巴特（1972, 1979）用符号学来对各种文化现象展开批判，包括摔跤、人造黄油、洗衣粉、旅行指南、《罗马书》、脱衣舞、烹饪、城市空间和建筑等。克利福德·格尔茨（Clifford Geertz）也主张将文化当作文本来研究，他的研究又带来了更多的追随者（Geertz 1973, 1988; Gottdeiner and Lagopoulos 1986; Fiske et al. 1987; Barnes and Duncan 1992b: 7）。

同样，罗斯（Rose 1993: 67）通过解读海伦妮·西克苏（Helene Cixous 1981: 90-8）以下的文字，也很好地发展了符号学方法论：

> 她在哪里？
> 积极 / 被动
> 太阳 / 月亮
> 文化 / 自然
> 白天 / 夜晚
>
> 父亲 / 母亲
> 大脑 / 心灵
> 易懂 / 敏感
> 理性 / 同情
>
> 形式、凸起、步行、前进、种子、进步
> 实质、凹下、大地——托着步行、容器
>
> 男人
>
> 女人

130 这个列表向我们昭示出二元论的力量。地理学经常会宣扬田野调查中所包含的“强悍的英雄主义”，或是歌颂“自然”的纯粹，无论这种思想要传达什么样的主张、描述什么样的经验，它们总归逃不出男性 / 女性二元论的窠臼（Rose 1993: 70）。

当然，现实中的传播并不像符号学所认为的那样二元对立，它们更像是“由多种行为所组成的茎块，它们不单单是语言，还有感知、模仿、肢体和认知。世界上不存在任何单一的语言，也不存在什么语言的世界，只有对话、方言、俚语和各种术语的集合”（Deleuze and Guattari 1987: 7）。这句话里有两点值得注意：第一，它应和了行动者网络理论以及奈杰尔·思里夫特的非表征地理学（Nigel Thrift 1996, 1997, 1998, 2000）（见第十三章）；第二，它吸收了巴赫金“众声喧哗”（heteroglossia）的思想，即人们即使用一样的词语也可以说出不同的话语。

围绕语言所展开的斗争反过来会改变斗争的方式，许多斗争就发生在符号系统的内部。巴赫金的“众声喧哗”理论让我们对19世纪晚期斯德哥尔摩出现的多元化语言有了重新的认识：

> 除了烟囱清扫工外，还有许多专业群体都有自己的语言，这种语言既包括纯粹的技术术语，又包括与这项工作相关的熟人交谈的表达方式。大量与实践相关或是嵌入实践活动中的职业语言的存在构成了19世纪晚期斯德哥尔摩人语言的多样性，只不过，这些语言并不像扫烟囱者的语言那样有意地对外人保密，它们只是让外人听起来有点难懂。在19世纪晚期和20世纪初，专业俚语的意义已经超越了日常会话的范围，人们靠着这些专业术语来判断谁是斯德哥尔摩的马车夫或手推车夫，谁是砌砖匠、送信人、铁匠、木材商人、金属片工人、木匠、货车车夫、面包师、洗衣女、电话公司工人、石匠、码头工人，谁又是地方应召兵和海军候补军官（Pred 1990: 21）。

每个社会群体都会发展出自己的一套词汇，它既是一套实用的、为人熟悉的符号，用来确定其专业的特点，又可以表达这个专业所特有的梦想、希望、斗争、幽默、欲望和厌恶。一个词语的含义可以如此丰富，它可以同时指向城市的某个地点、身体的某个部位以及某个特定的社会等级（Pred 1990: 139-42）。接下来，让我们将注意力转向传播的其他几个原子单位，重点讨论一下图标和信号。

》图标

回到我们在一开始讨论符号时所提到的街景，我们可以看到那里充斥着各种标志，从车辆的标志到麦当劳餐厅的金色拱形字母，银行大楼用石质门面让自己看起来无比坚固，住宅公寓则用盆栽植物让自己显得更加亲和，还有我们熟悉的画在沥青路面上的各种箭头。所有这些都是图标，它们与特定意义之间的关联是 131

非任意性的。

让我们以“悍马”这个行驶在城市街道、用来炫耀权力的交通工具为例。为什么“悍马”会成为一种象征权力的交通工具？简单来说，它够大够宽，重达2.5吨，有393马力的引擎动力，它撞上一个小车会毫发无伤，如果撞上一个行人则会造成重大伤亡。不仅如此，大家都知道它其实是一种军用车辆的改装版。因此，“悍马=力量”这个等式就是一种有现实驱动的关联（motivated association），它是一种由模仿所产生的非任意关联。

模仿是帮助我们感知传播内容的原则，比如，如果一幅画画的是山，我们就可从中看出山的形象。如今的理论家们在评论一幅画时总是避开模仿不谈，他们更多地会讨论这幅画的主题是如何反映艺术家作为创造者、作者或是艺术权威的主观思想，这幅画交易的社会环境，世界是如何被浓缩到这个二维界面上的，它如何代表着画家或观察者的凝视，带有偏见的眼睛是如何将不该存在的建筑从画中抹去，或者，是什么样的美学传统让某种光线和颜色更受到青睐，诸如此类的问题。这些批评忽略了一个事实，即为什么人们可以从一幅画或照片中识别出一座山或是一张脸？它们也无法回答悍马或是一幅山水画究竟在传达什么意义。图标的表意是有现实驱动的，一个山的图标包含着山的形状，一个权力的象征本身也会强大有力。模仿代表着图标与真实之间的一致性，这种一致性也许是有限的，但也是真实存在的。

对模仿的批判发生在20世纪90年代，当时地理学家们对启蒙主义思想产生怀疑，并开始挑战文本和作者的中心地位（Olsson 1992; Barnes and Duncan 1992a; Duncan and Ley 1993a）。这一思潮受到许多其他学科的影响，以詹明信（Jameson）、伊格尔顿（Eagleton）、格尔茨（Geertz）、克利福德（Clifford）以及德里达（Derrida）和怀特（White）等人为代表，后来又受到结构主义语言学、符号学、心理分析和马克思主义社会理论的推波助澜。这一跨学科的理论方向最终让学者自身的社会权威也遭到严重的质疑。在对模仿的批判中，符号、图标和信号这三个概念经常被混为一谈。这里，我们要从地理学的角度重申它们之间的差别。

到目前为止，地理学关于图标的研究还非常零散，尚未成体系，用到的理论也五花八门。例如，乔纳森·史密斯（Jonathan Smith）在讨论“图标符号”时认为：“在地图上，一只猪的形状就是一个图标符号，它可以代表许多事物。猪的大致轮廓就在告诉人们，某个地方有猪或是猪肉的生产，或是有很多肉食者。”
132 （Smith 1992: 81）的确，地图上猪的形状起着图标的作用，它筛除掉猪的其他方面的特性（声音、大小、气味等），仅保留它与猪之间某一点上的一致性。乔恩·戈斯（Jon Goss）曾经专门分析了零售商店对美国印第安人形象的符号表征：

> 印第安人的头像具有强烈的原始感，同时代表着自然的力量和一个文化的消亡。他们被描绘成是像野牛、老鹰、狼一样具有“野性”，也一样濒临灭亡……在礼品店和艺术品商店里，这些印第安人头像用狼一样悲怆的目光盯着人们，还有一些小雕像让他们挽歌般地抬起头和手……到处可以看到印第安人的艺术品，原汁原味的手工珠宝，还有弓、箭、战斧之类的武器复制品……在这里，我们看到的印第安人都具有原始的暴力，他们都是捕猎者和勇士（只有男人没有女人），他们出生入死，只留下精神不灭。（Goss 1999: 64）

这种印第安人头像不像地图上的图标那样只有简单的形状和轮廓，它使用一个独特的身体和脸来代表一个民族、一段历史、一个失去的生活和文化、一次世界观的冲突，等等。这些都没错，但是至于它究竟为何要对事实做此番过滤加工，我们还得从这个图像背后的悲怆感，以及它对旅游零售店所起的促销作用中才能得到真正的理解（图 8.2）。

图 8.2　艺术品中的印第安人——一个复合图标。《酋长》，出自达拉斯艺术家瑞克·梯蒙斯。30×30 英寸，油画，罗伯特·马特里收藏，由瑞克·梯蒙斯提供。

133 图标也被广泛地使用在广告和商标中：

> 图标可以绕过传播的两大障碍：语言和注意力的限度。借助编码后的图像、声音和期待中的兴奋，图标的思想表达可以跨越文化的障碍。同样，全球网络的带宽和速度也有利于用图标传达思想，就在人们识别它的一刹那，一种生活风格便被创造了出来。（Huish 2006: 3）

图标还被用来为组织做宣传。比如，环保组织就大量使用“高密度的符号表征”（Kurtz 2005）。一只手可以代表许多层含义，如果与禁止通行的标志用在一起，它就表示“停”；如果与“黑豹”（一个美国卡通英雄——译者注）高举的拳头用在一起，就表示社会公正；如果是握手的姿势，则表示欢迎或关心。无论是哪种情况，它都与人类的手联系在一起，其意义至少有一部分来自它是什么样的手、又在做什么，而这种意义上的相关性并不是任意的，而是有目的的（Kurtz 2005）。

因此，“图像符号”“比喻”“标志”都是图标演变的各种形式，地图也是一种图标，而且是地理学最具代表性的图标（见第九章）。然而，地理学家对图标特别是视觉标志总是充满怀疑，这是因为符号的视觉性以及“视觉政体”是知识生产过程中一个重要的权力机制（Crang 2003a,b: 500-1）。“视觉政体”（scopic regimes）是指一定权力关系下，由影像和对影像的使用所决定的关于看和视觉的政治，它包括看什么、何时看、如何看、由谁说了算，这些因素共同构成了所谓的“视觉性”（visuality）（Rose 2007: 2）。福柯对监视的研究告诉我们凝视可以对它的对象施加某种权力，无论这个对象是什么（Foucault 1975, 1979a, 1980）。唐娜·哈拉维（Donna Haraway）指出理论分析也是一种凝视，它同样使用上帝的视角来观察一切，而将分析者置身于观察之外，在掌握控制的同时还不失“风范”（Haraway 1997）。地理学家现在认识到人的眼睛和视觉本身就是一种图标，无论我们眼中看到什么——男人、女人、自然、景观，等等，其结果都会受到权力的监视（Hillis 1996; Nast and Kobayashi 1996）。当图片的边框（也可以是地图或 GIS 数据）将某个事物视觉化，并将它与其他事物分开时，它也在巩固着科学、资本和国家的眼睛以及与它们相关的机构所拥有的特权。

传统的视觉性一直受到男性凝视的统治（Pratt 1992: 7），而男人的观看视角通常带有地理的特点（Curry 1996; Ó Tuathail 1996;Sidaway 2002b: 27; Livingstone 2005）。同样值得关注的是，地理学通常要用图表、地图、幻灯片、电脑演示、遥控图像、地理信息系统和其他视觉化形式来阐释事实和宣扬观点，这其中所包含的权力已经成为许多研究的焦点，有些研究甚至对灯笼和黑板这样的老式工具也产生了兴趣（Gregory 1993; Driver1995, 2003; Matless 1996, 2003; Crang 2003a; *134* Rose 2003b, 2007; Ryan 2003; Pickles 2004, 2006; Thornes 2004）。

“为了能在毁灭性的身份政治的斗争中生存下来，我们也许应该将注意力转向‘我’（I）是如何被建构的，而不是永久地相信自己那双虚伪的、似乎无所不知的‘眼睛’（eye）”（P.Moss 2001b: 9）。正如科斯格罗夫（Cosgrove 1999: 11）指出的，“地图与领土真正的区别在于它是经过选择的”。罗斯（Rose）也告诉我们：

> 地理知识生产过程中的视觉性从来都不是中立的。它们有着自己的聚焦、变焦、高光、闪光点和盲点……这对于地理这门学科的研究主题以及从事这门研究的研究者和研究对象来说都是至关重要的。（Rose 2003b: 213）

然而，仅仅停留在对地理的视觉性有所反省是远远不够的，地理学家还应该努力创造和传播他们所需要的影像。正如詹姆斯·瑞安（James Ryan 2003: 236）所指出的，“更加深刻的问题是，地理学究竟应该用什么样的视觉方式来表现”。这就要求我们重新认识地理标志，并进一步思考它们与社会关系和现象之间的关系。

有一种符号尤其引人关注，那就是身体。就像图 8.2 所展示的印第安人，身体本身就是一个符号，体形的大小和胖瘦、肤色是黑是白、性别是男是女、是否裸体、衣着正式还是休闲，都会引起我们的注意。身体的位置、正在做什么、它的外表、它与谁在一起，这些都会影响我们对身体符号意义的解读。沃尔特·本雅明很早就在他的“拱廊计划”中关注人体的符号意义：“当收藏家、拾荒者和侦探的身影徘徊在化石和废墟之间时，妓女、赌博者和闲逛者那变幻不定的身影也让当时的人们迷恋不已。”（Buck-Morss 1989: 212; Benjamin 1999）蒂姆·克雷斯韦尔（Tim Cresswell）也探讨了不同社会语境下流动的身体是如何对社会构成某种干扰的。比如在 19 世纪晚期的美国，“流浪汉不是被发现的，而是在 1870 年左右被‘创造’出来的……各种人口分类手段共同创造出‘流浪汉’这样一个超流动的男性形象”（Cresswell 2001: 13）。除了流浪汉以外，妓女、癫痫病人、孕妇和传染病人也成为社会干扰的具身符号，其他的身体才代表着“正常”的地方和社区（Bakhtin 1984; Stallybrass and White 1986; Longhurst 2001; Wilson and

Grammenos 2005)。新媒体也同样在用敌对的眼光、松垮的裤子、大个子、肥胖等符号将某些移民的身体塑造成对社会的干扰（de Oliver and Yoder 2000; Wilson and Grammenos 2005: 302-4）。

符号的力量在于它们可以跨越不同的尺度、不按常规的因果关系来行事。身体可以仅仅凭借在场就对他人构成干扰；地图既代表着某个地方，又代表一种凝视；一个与真实的猪相去甚远的标志可以让人觉得看上去像头猪；一只手可以什么都不做就抓住人的思想。符号中所蕴含的诸如此类的生产性张力，才刚刚开始引起地理学家的关注。

〉》信号

135 请将注意力再次转到那条城郊的道路上来：前面的车辆突然闪起了红色的尾灯，不等想明白这是什么意思或是你应该做什么，你就踩下了刹车。“停”的讯号似乎不是来自大脑，而是身体，尤其是腿和脚。人对一个信号会做出反射性的反应，就像巴甫洛夫实验中那条狗流下的口水，是一种条件反射（Pavlov and Anrep 1927）。

信号以现在进行时态发出命令：“你，来这儿！做这件事！”它要求我们马上采取或停止某些行为，因此具有“即时和存在”的特点（Barthes 1967: 38）。信号在传播学研究中经常被忽略，因为它们通常被当作像交通信号一样的物体、机器和设备，它们所唤起的似乎只是身体在未经大脑干预的情况下做出的物理反应，似乎是形而下的东西。但是信号也是用来传播讯息的，而且通常是专为传播而特意创造的。所以，它们也是一种媒介。

信号的特别之处首先在于它与行动的特殊关系，其次在于人们可以借助它向非人类进行“表达”。比如，食物原本是通过狗的视觉和嗅觉向它发出“即将开饭”的信号，巴甫洛夫在他的实验中重组了狗与外界交流的信号系统，用听觉刺激代替视觉和嗅觉刺激向狗发出“开饭”的信号，让它产生分泌唾液的条件反射。动物的信号有很多种，在向攻击者发出警告时，狗会露出獠牙，猫会发出嘶嘶声，蛇会发出咯咯声，两栖动物和昆虫会亮出鲜艳的颜色。动物还用气味、视觉、声音和触觉发出各种各样的求偶信号。植物也会通过花和果实发出视觉和嗅觉信号。这些都说明传播是超越人类世界的。不要忘了，不管是信号的发送还是接受，人类发明出许多与动物交流的方式，它们都是用来实现跨物种沟通的（Philo and Wilbert 2000; Whatmore 2002; Philo 2005）。

就像是狗的唾液分泌，我们对威胁和危险所具备的动物性警觉也是被编进了大脑程序的。当你看到前面的车亮起尾灯马上踩下刹车时，你的反应和一头野兽是一样的。作为司机，我们不仅要依靠信号，而且是要一套共同认可的信号，因为只有其他人都像我们一样对这些信号做出同样的反应，才能保证我们的安全。无论是出现在停车灯、停车牌还是挡车条上，只要看见红色，我们就知道要马上停车。只有大多数人都按照信号来行动，而且都是不假思索地、按照一种事先设定的“身体芭蕾”来行动（Seamon 1980），信号才对我们有用。一个社会正是靠着人们对环境和社会信号这种自动和共同的反射，才能协调社会行为，尽可能降低各种冲突和破坏。出于这个原因，信号在本书接下来要谈的“地方中的传播”中也占有中心地位（见十一、十二、十三章），它对人类与非人类行动者之间结 136
成异质且相互影响的行动者网络也是至关重要的。

从哲学的意义上，非表征理论（Thrift 2000）和行动者网络理论（Latour 1993）为我们理解信号提供了很好的框架，时间地理理论中有不少洞见值得参考（Hägerstrand 1970），结构化理论也对此有所发展（Gregory 1982; Thrift 1983; Giddens 1984, 1991; Pred 1984）。皮埃尔·布尔迪厄（Bourdieu 1984）用“惯习”（habitus）的概念对日常生活中的信号做了细致和详尽的讨论，其中有一些在德·塞托的研究中有所提及（de Certeau 1984）。布尔迪厄（Bourdieu 1984）通过对场域的论述告诉我们，人的活动、生产、消费的方式，甚至对快乐的追寻，都标志着他们所拥有的经济和文化资本。同样作为一种信号，口语也没有随着书面语的发展而消失（见本书第二章），直到今天，它仍然活跃在语言符号的传播中：

> 如果看不到说话人的面部表情，受众是无法理解他们的意思的，能指的形式甚至语言的单元都会变得模糊不清。（所以我们经常会听到这样的话：“哎，他看起来有点生气……”；“他说不出话来……”；“我跟你说话的时候，你要看着我的脸”；“仔细看着我……”）孩子、妈妈、男人、父亲、老板、老师或是警察各有一套说话的方式，每个人各不相同的面部特征都是他们表达意义的方式。（Deleuze and Guattari 1987: 167-8）

虽然这段话混用了“表义”与“信号”两个概念，但它还是向我们证明了口语表达不仅是人类历史上曾经有过的传播方式，也同样存在于今天的传播过程中。文字的出现只是减少了人类表达对信号的依赖，让传播成为由符号、标志和信号共同组成的多层空间，但是信号仍然是其中的一个层次，它包含着各种空间和时间因素，并与它们紧密交织。

〉》关系项的交织

符号、标志和信号在人类经验中的相互交织创造出复杂和混合的地方感。不论是人对地方的亲身体验，还是通过媒介的间接和虚拟体验，都离不开它们的作用。事实上，正是因为已经习惯了物理场所中相互交织的符号、标志和信号，我们才能对电视和电影语言习以为常："看电视不需要什么技巧，一个农民第一次看电视时就具备足够的视觉素养来欣赏电视节目"（Sola Pool 1990: 240）。我们在电视和电影中所看到的符号、标志和信号的复杂组合，这对人类的经验来说是非常自然的事情。当然，如果要理解纯粹的符号环境，比如你现在看到的这页书，的确需要接受一定程度的教育。不过，就算是印刷文字，也存在着多种符号的混合。

马库斯·德尔（Marcus Doel）借用德勒兹的话指出："关系项只在关系和交
137 互作用的幻象中才成为它们自己。关系向各个方向延伸、触及各个地方，让离散的事物成为关系项就相当于对社会空间的隐藏……因此，任何对社会空间存有热情的人都必须在关系中得到满足。关系之外，别无他物。"（Doel 2003: 141）奥尔森（Olsson）用"=""/""-"等抽象符号和几何关系来表示语言背后的关系，他认为基本的元符号对文本中的符号起着结构作用，这就有点像布蒂默（Buttimer）所说的"根比喻"（root metaphors）。

> 等号属于逻辑，斜杆的标志源自辩证法。前者统治着实证科学，后者则渗透在解构之中。前者所象征的知识相当于对身份的重申，而后者则表示身份与差异的不可分离。前者在模糊中寻求确定性，而后者在确定性中寻求模糊。
>
> 尽管两种比喻完全是相互交织的，等号的力量主要来自转喻，斜杆的力量则来自隐喻。由此可以认为，等号是指向标准化和具体化的，而斜杆则是对它的逃避。（Olsson 1992: 90）

〉》结论

文本将我们带入了一个“原子化”的传播模式，由此引出对文本性和互文性的讨论，也让我们认识到符号运作过程中的二元对立。符号学的理论已经在地理学研究中得到广泛运用，其基本观点在于事物与我们用来表达事物的方式之间的关联是任意的，是社会约定俗成的。正因为这种约定俗成是拥有不同权力的主体，在长期的社会互动中所形成的结果，符号的世界里渗透着权力。

地理学家同样关注标志和信号，但尚未有一个统一的理论框架。对视觉体制、景观标志、流动身体和消费地方的关注，都从不同的角度触及了标志的运作，它们所表征的事物不同，使用的标志的功能和情感力量也各不相同。另外我们也可看到，符号研究对模仿总是有些排斥，然而符号与事物之间的相似性哪怕再微小，它对传播的意义也绝不是无足轻重的。地图上一个小猪的图标显示出某些与猪有关的特点，如果把商标上的一只手换成一只脚或是一个头，意思就会大不一样。我们也可以把人的身体看成一个标志，它可以强有力地代表某种秩序或失序。最后，我们谈到信号，它广泛存在于人与人、人与动物、植物与其观察者之间的交流中。德勒兹和瓜塔里的开创性理论为信号研究指明了新的方向。 138

正像本章开头那个街景的例子所说明的，符号、标志和信号在不同的地方相互交织。这一现象意味着一个地方的特性在很大程度上是由传播在这个地方形成的独特组合所决定的，这将是本书第十一、十二和十三章要讨论的内容。如果从符号、标志和信号的角度来考虑，地方除了是一个多层叠加的传播媒介，还能是什么呢？接下来，我们将探讨这三个因素对地方意象所造成的影响。

第九章 地方意象

139 试着在脑海里想象以下几个地方：埃菲尔铁塔、泰姬陵、吉萨金字塔、中国长城、悉尼歌剧院、巨石阵和大峡谷。不论你曾周游世界还是一个“沙发土豆”，你都可以在脑海里勾勒出它们的图景。个人的亲身游历和来自电视节目、杂志、报纸、电影的媒介化经验共同帮助我们获得这些“个性化地方意象”。同时，你也从直接经验和媒介化经验中获得了一些“一般性地方意象”，比如“海滩”“小镇”“热带雨林”“贫民区”，等等。段义孚认为一般性地名无法像个性化地名那样能够激起人的情绪：“把一处景观叫作‘山’赋予了它某种特性，但是叫那个地方‘悲惨山’（美国马萨诸塞州林肯镇的一处自然保护区——译者注）就会让它变得格外独特，与众不同。”（Tuan 1991: 688）

尽管存在这些区别，个性化和一般性地方意象之间并没有截然的分界：登上阿巴拉契亚山脉和登上落基山脉会让你对“山”留下不同的印象，继而让你对露营和登山更感兴趣或是丧失兴趣。个性化意象会转化成一般性意象，而一般性意象又会转化成行动。出现在电影或电视节目中的山可能会影响你对“山”的体验，最终成为你的生活世界的一部分（见本书第十三章）。沙滩上的一次散步和坐在家里看一个小时电视都能够形塑你的思想、话语和行为。琼斯和克拉克（Jones and Clarke 2006: 304）引用一位研究鲍德里亚的专家威廉·梅林（William Merrin）的话来指出：“接触媒介所呈现的差异化经验，至少可以让我们看到图像的强大以及它对行动所造成的影响，有时甚至可以彻底扭转人的经验和现实。”

地方意象存在于表征和行动、内化和外化、泛化和具体化的无尽循环之中，这一过程的复杂之处在于，“一个地方和关于这个地方的想象之间并非存在什么
140 因果关系”（Domosh 1990: 27）。更为复杂的是，地方意象的显著程度各不相同，有的明显，有的隐晦。文本所唤起的通常不是某个单一的、固定的地方，而是多尺度、不断变化的地方（Duncan and Ley 1993b: 13；Raimondo 2005: 57）。

在一定程度上，我们可以通过四个要素来分析地方意象的复杂性：媒介、被呈现的地方、受众和意象的创造者（Zonn 1990b: 3）。这四个要素与拉斯韦尔的公式非常相似，同样都是基于传播过程的结构化分析路径。本章我们将从多个方面讨论地方意象，尽可能涵盖到以上各个方面的问题。地理学对地方意象的研究

已经不再是仅仅关注文本中所蕴含的意义，而是将文本看作更加普遍、扩散和有效的行动中介。他们既要挖掘文本的内在意义，又要观察它们的外在语境以及地方意象是如何作用于日常生活实践和表演的。在地理学家眼中，大多数地方和景观文本既有高度的政治性，又渗透着情感和情绪。

〉》作为表征的地方

地理学家对地方意象的系统性研究是从 20 世纪 70 年代开始的。从 1974 到 1978 年，有六本重要的专著出版，它们是：《恋地情结》（*Toppophilia*, Tuan 1974）、《心理地图》（*Mental Maps*, Gould and White 1974）、《地方和无地方》（*Place and Placeness*, Relph 1976）、《空间和地方》（*Space and Place*, Tuan 1978）、《意识中的地图》（*Maps in Minds*, Downs and Stea 1977）、《城市环境意象》（*Images of the Urban Environment*, Pocock and Hudson 1978）。尽管迈尼希（D. W. Meinig）、杰克逊（J. B. Jackson）和皮尔斯·刘易斯（ Pierce Lewis ）等人很早就指出地理学家必须慎重而有意识地介入地方意象的研究，但一直到 20 世纪 70 年代对地方再现的研究才达到前所未有的高度。段义孚和雷尔夫的人文主义研究不仅探讨了地方意象与文学和大众传媒表征的关系，也结合了直接经验的因素。他们的研究广泛涉及文学、诗歌、大众传播等各种媒介化经验，段义孚还特别注意到了身体和感知的作用。《意识中的地图》和《心理地图》两本书不太关注人类经验的复杂性，而是专注解决空间性问题，同时从方法论上研究了如何在一张地图上集合多种空间视野的问题。这项工作在本质上是行为主义的，它用大量的经验主义试图分析和理解人们的空间行为方式。

第三种路径开始于 20 世纪 80 年代中期，它主要聚焦地方意象所折射出的社会冲突和分歧。有八本代表性著作：《地理、媒介和大众文化》（*Geography, the Media and popular Culture*, Burgess and Gold 1985a）、《景观图像学》（*The Iconography of Landscape*, Daniels and Cosgrove 1988）、《意义地图》（*Maps of Meaning*, Jackson 1989）、《地方、文化和表征》（*Place/Culture/Representation*, Duncan and Ley 1993a）、《书写女性和空间》（*Writing Women and Space*, Blunt and Rose 1994a）、《地方、权力和奇观》（*Place, Power and Spectacle*, Aitken and Zonn, 1994a）。这一开创性的丛书将地图、绘画、电影、报纸新闻、文学、学术写作、 141

旅行写作、流行音乐等更多的媒介纳入考察范围，后来约翰·皮克尔斯（John Pickles）的《大地事实》（*Ground Truth*, 1995）一书还将最新的媒介技术 GIS 也装进了地理学的工具箱。在这一传承的过程中，地理学的研究兴趣转向了权力与表征的结合，意识形态、统治和权力关系等议题开始浮出水面。

总的来说，关于地方意象的研究文献是非常丰富和多元的，涵盖了人文主义、行为主义和批判研究等各种形态。地理学对地方意象的关注其实受到了来自学科以外的驱动。早在 20 世纪 60 年代，彼得·伯杰和托马斯·勒克曼（Peter Berger and Thomas Luckmann, 1967: 38）就将社会建构主义框架带进了社会学，他们认为"语言表达经验，允许人们将个人的经验纳入更宏大的社会类型中，这样个人的经验才不只是对自己有意义，对同胞也同样有意义。与此同时，语言在表达的过程中，也必然会隐去一些经验，因为由语言所表达的个人经验从原则上是可以被任何同属于一个文化类型的人所复制的"。关于经验的泛指形式和特指形式的关系，一位英国艺术批判家约翰·伯杰（John Berger）做了论述，他在一档著名的 BBC 电视节目中指出"每一个图像都代表着一种看的方式"（Berger et al. 1972: 10）。在大洋彼岸，传播学者詹姆斯·凯里（James Carey 1988: 25）也提出，"现实无法独立于语言而存在，语言也不是对现实的直观写照。实际上，传播通过符号的建构、理解和运用生产了现实，造就了现实的存在。"这种观点有着浓厚的哲学根源，包括克利福德·格尔茨（Clifford Geertz）对文化的文本化理解、欧文·帕诺夫斯基（Erwon Panofsky）对图像深层意义的解读，厄恩斯特·卡西尔（Ernst Cassirer）的符号论、约翰·拉斯金（John Ruskin）对景观的道德和审美分析、雷蒙德·威廉斯（Raymond Williams）对风景的批判、安托尼奥·葛兰西的霸权概念、米歇尔·福柯（Michel Foucault）对知识权力的揭示以及罗兰·巴特对日常生活的符号分析，文学批判也对这一思想脉络作出了贡献。

得益于这些资源，地理学家们引进了建构主义视角，动摇了一直以来坚如磐石的现实主义表征观。社会建构主义早期的观点多关于书写语言和透视的或制图术的静态图像，后来又拓展到对语言、哲学和社会科学的分析，最后接触到更加让人眼花缭乱的媒介现象，包括摄影、电影、旅行写作、电视、日记、涂鸦和网页等（Cresswell 1996; Brunn and Cottle 1997; Blunt 1999; Duncan and Gregory 1999; Adams et al. 2001; Hoelscher 2003: Lukinbeal 2005）。这一派研究最大的影响在于它质疑表现世界的可能性。我们究竟有没有可能精确地表现世界？要知道地理学家们通常宣称他们可以，而且他们还比别人做得都要好。如果表征是一个地理和历史的偶然，那么是否存在另外一个世界，还是那个世界与我们的想象完全不同？对地方的精确描述一下子成了悬而未决的问题。

早期的建构主义研究主要聚焦景观和地图是如何形塑人们的行为和活动的。142
科斯格罗夫（Cosgrove,1985: 58）认为，“景观的概念包含着根深蒂固的保守主义，它维护私有财产，主张社会身份的固化，也压抑着景观内不同社会群体之间的矛盾。”哈利（Harley, 1992[1989]: 232）也认为：“地图无可争辩地是一种文化系统。制图术从来就不是自治和封闭的知识系统，它也从来没有脱离过知识的政治。”他进一步指出（Harley, 1990: 418），“对空间和时间的社会定义完全受制于客观事实的影响，所有的个体和机构都身在其中。”整个20世纪90年代，这种建构主义观点在经济、文化和历史地理学中大行其道，对制图研究也产生了极大影响，对文本、话语和制图的研究兴趣由此与日俱增。

社会建构主义最核心的贡献在于对模仿论的批判（见本书第八章）。尽管严格来说，模仿与仿造或表征是同义词，但是地理学家通常用模仿来表示“一种对精确描绘世界的盲目信仰和执着追求”（Duncan and Ley 1993b: 2）。如果表征并非中立，而是充满着权力和偏狭之见，那么地理学家就应该责无旁贷地告诉人们“某一社会群体对他者的表征其实是非常狭隘的，完全不像其修辞术所声称的那样”（Duncan 1993: 53）。这是因为信息的发送和接受者处在不同的地方（无论这种地方是物理上的、还是隐喻的），发送者不可能对接受者所在世界做到完美的呈现，而接受者即使有机会回应，也同样不可能对发送者所在世界做到完美的呈现。他们中间存在着由控制、剥削、征服和边缘化所造就的巨大鸿沟。赖丁（Rydin 2005: 77）认为，改进政府政策的最佳办法不是向政策制定者提供更多的或是更对的知识，而是要让他们懂得知识生产是一个对抗性的过程，而政策是从话语中产生的。持同一立场的还有杰拉尔丁（Geraldine Pratt 1997: 169），他也对当今学术讨论中常用的有关移动性、边缘化和边疆的符号提出批判，认为每一种符号都以不同的方式“在打开某种思想的同时关闭另外一些思想”。

〉》领土的地方意象

正是因为世界总是因距离而变得遥远，而边界又总是模糊和秘象丛生（Tuan 1977: 88），探索者和占领者才需要用各种地方意象来消除模糊，使占领和殖民合法化。帝国主义的眼睛和它们最著名的凝视——东方主义（Said

1995[1978]）——将世界上的其他地方看作是需要改造和欠发达的落后地方。在殖民主义的地方意象中，一个个充满关怀和依恋、由地方性知识所构成的地方变成向政治控制、经济剥削和军事扩张开放的空间（Gregory 2004）。值得注意的
143 是，这种他者化的话语并非一定发生在遥远的国度之间。英国作家和旅行家福蒂斯丘（Fortescue）女士将法国农民也描述成无知、粗野和幼稚的（Sharp 1999: 203）, 而 19 世纪的美国小说也同样“宣扬黑人是次等的民族，鼓吹美国民族主义和宿命论”（Silk and Silk 1985）。在报刊新闻日复一日的宣传下,“城市中心区”虽然近在咫尺，但也被贴上了无政府主义以及道德败坏的刻板印象，呼吁人们坚决和毫不留情的态度来解决这个地方的诸多问题（Burgess 1985;Smith 1985 ）。这些例子都说明，某种方式的观看也会带来相应的行动。

刻板印象或制度化的地方意象并非一定出自某个单一文化的垄断。东方经常将西方与沙文主义和浪漫主义意象联系在一起，这有可能是对东方主义的反抗，也有可能是对西方的鄙视，抑或属于一种另类的现代主义，为民族主义或宗教复兴所驱动（Bonnett 2005: 516-17）。这种刻板印象充满着真实的社会关系和独特个性的地方划分成不同的类别。“所有文化中心论者都是从自身的重要性来看待世界的。地理中心主义通常会用某个集体神话来创造出处于中心的‘我们’和处于边缘的‘他们’。在最糟糕的情况下，这些神话会将无知与仇恨结合在一起，用恐惧笼罩社会。”（Peet 2005: 942）

当我们在众多关于领土的表达中专门聚焦“边界”（border）这个概念时，领土与表征的关系就显得格外微妙而强大。罗伯特·萨克（Robert Sack 1986）认为，人类关于领土的概念中包括三个普遍存在且形式多样的因素：（1）一个有界限的地区,（2）指认和标识这个地区的方式,（3）掌控这个地区的人、物和事件的权力。本书第六章在谈到社会包容和排斥时，已经对第一个因素与传播的关系做了分析，这里要指出的是，第二和第三个因素也同样依赖于传播。边界是通过传播来确定的，无论是地图上的线条，还是路牌、樊篱、墙壁、岗亭和矿井。边界是一种强有力的传播，它为其他同样强大的传播方式提供框架，正如法律法规总是在一定的边界范围内才适用。

当然，领土和边界并非都是静态的，地方意象同样会成为开疆拓土的工具。早期美国白人在掠夺密西西比的过程中，这些外来者需要将这个陌生的领土从符号上转译成他们所熟悉的事物。他们把高山牧场比作海洋，把土著人比作野狼，把印第安手语看成戏剧，把盖岩地貌看成城堡。最不可思议的是，他们还把蛙鸣听成了羔羊咩咩的叫声（Schroeder 2004: 44-8）。他们用熟悉的概念来理解这片

新的领土，比如“肮脏无赖的狼”“爬虫样的刺梨仙人掌”以及“阴郁的山丘”（Parkman 1938[1849]:60,49）。正是这种迎合东部读者口味的符号化占领吹响了空间占领的前奏，它让西部变得不再陌生，而且急需外来者的改造。同时，西部也被描绘成“自然环境对人类坚强意志的道德考验”（Smith 2001: 309），宛如一个召唤行动的剧场，这种意象将这一地区的历史推至极端久远的时代，试图以这种方式抹去印第安人在此定居的历史。

领地化的地方意象在强化某种边界和局限的同时，也蕴藏着行动的力量。它 144
们与其他形式的地方意象相结合，形成强制性的行动框架，为占领开路，为统治搭桥。边界是对两种相反事物的双重表达，它在道出谁是自己人的同时，也道出了谁是外人。正因为人类普遍会依照距离边界的远近而决定对待他人的态度和采取的道德标准（Brock 2005），所以边界即行动。

〉》过往的意象

像“边界”一样，“过去”也是一种积极的地方意象。它活跃在英国乡村的灌木篱墙和羊群中（Williams 1973），也活跃在美国西部开发时代的沙龙和妓院里（DeLyser 2001）。20 世纪 80 年代以来出现了大量关于共同记忆，特别是追忆性地方意象的研究。当我们说起“集体记忆”“社会记忆”“公共记忆”“历史记忆”“大众记忆”或是“文化记忆”时，我们其实是在说一种发生在当下，并且服务当下的对过去的符号建构（Hoelscher and Alderman 2004: 348）。受法国社会学家莫里斯·哈布瓦奇（Maurice Halbwachs 1992[1951]）的影响，地理学家“开始将记忆看作是一种社会行动、一种表达和一种凝聚群体身份的力量”（Hoelscher and Alderman 2004: 348）。

“过往即异邦”（Lowenthal 1985），异邦反过来也可以被当作过往，作为一个符号代表人们所失去的和所超越的（Sharp 1999: 206），以空间的转换代替时间的脱位。大众媒体时常会以田园牧歌般的格调重温对过往的记忆，而这些记忆总会寄托于多少有点遥远的地方，比如东方、法国南部或是斯里兰卡的高地（Youngs 1985; Said 1995[1978]; Alderman and Good 1997; Duncan 1999; Sharp 1999, 2000; DeLyser 2001; Lukinbeal 2006）。这些充满怀旧的场所（site）同时也是一种引用（cite）——起着互文性建构的作用，以及一种景观（sight）——一种经过事先编排的视觉消费行为。正是这种场所、引用和景观的三位一体使得怀旧以及关于怀旧的仪式得以巩固下来（Curtis 1905; MacCannell 1976; Ó Tuathail 1994; Gregory 1999）。

这种地方意象与记忆的交融在现代性中比比皆是。一个澳大利亚原住民“会从周围的景观中看到古老的故事，记录着他所敬畏的神灵的生活事迹；…… 众神在他的经验中就像自己的父辈祖辈，或是兄弟姐妹。整个乡村对他来说就是一部活着的古老族谱”（Strehlow 1947: 30-1, 引自 Tuan 1974: 100）。同样，美洲阿帕切族人的地理景观中也渗透着让传统和社区价值得以维系的故事，谁要是忘记了这些传统，人们就会在某个特定的时间和地点重讲那些故事，用这种方式来教育他，他会因违背社区规范而感到羞耻（Basso 1984）。继原始的口语文化之后，
145 类似的仪式开始出现在旅游和媒介消费中，由它们生产着二手的地方记忆。

在现代社会里，人们在访问一个承载着共同记忆的地方时，头脑里通常带着来自电影、电视、小说和其他文本的记忆。无人居住和坍塌的房屋、寂寞的房间和尘封的家具本身也是一种媒介，以互文的方式唤起来自电影、电视和书籍的集体记忆（DeLyser 2001）。在那里，时间看似停滞，过去仿佛重现，但是“无论多么精心安排，任何对过去的加工都会以各种方式改变它”（Lowenthal 1985: 264）。为了让一个地方能够帮助人们记住某种特殊的过去，可以用到许多方法，包括除草、添加人工草坪、放置抗风化的石头、加盖架空的遮盖棚、把来访者吸引到某个特定地点、为风景加上边框，等等。最匪夷所思的是，这些地方会干脆把游客拒之门外（Lowenthal 1985: 271）。英国殖民者为了在海外营造一个“极度浪漫和高度审美的前工业时代的英格兰”，会在斯里兰卡建造乡村风格的教堂、种植樱草和其他英国鲜花、修剪植被，加建人行道和长凳（Duncan 1999: 152-7）。与此同时，东方装饰也被用在英格兰的风景中来创造一种异国情调的过去（Duncan 1999: 152-3）。

当一些地方在让人怀旧的同时还着意吸引“游客的凝视”（Goss 1999; Hanna et al. 2004）时，它们和大型商场就没什么两样了。市场往往带来“地方感的缺失”，因为它让人以经济利益特别是满足外来者的刻板印象来重新打造一个地方，而“大众传媒则通过鼓吹和传播普遍的、标准化的品位和时尚使得地理景观千篇一律，淡化了地方的独特性”（Relph 1976: 92）。雷尔夫（Relph）还对博物馆化、迪士尼化、未来主义化等现象进行了批判，他指出这些现象会抹平旅游地之间的差异，长此以往，我们会按照理想化的过去和未来，或是某些幻象来改造地方，让它更加符合市场经济的逻辑，用一些从杂志、电视和电影中发明出来的地方

意象来掩盖地方的真实面貌。伯里亚托斯和加斯波迪尼（Beriatos and Gaspodini 2004）提供了一个关于雅典的例子，这个城市因 2004 年奥运会而被“国际化”，当地最有特色的城区被改造成为记忆服务的旅游点。景观不仅是看过去的方式，也是掩盖过去的方式。美国各地的地方网站使用历史主题来提升当地的旅游、商业和经济发展，其中亚拉巴马州的塞尔玛镇在它的网站中吹嘘：“说到历史，我们无人能敌！”（Alderman and Good 1997: 31）其实它使用美国民权运动中的社会冲突和战争作为营销手段是有问题的，这个网站显然只是做给支持者看的。

当然，就像所有的社会行动一样，记忆的发展也同样充满着分裂和冲突。当权者总是想控制人们对一个地方的记忆，从未获得完全的成功。“记忆的空间性是一种策略，它决定着事物、行为和人在哪里、如何被安置。然而总是存在一些地方，在那里记忆以另外的方式被体验、实践和表达。”（Edensor 2005: 830）当 *146*
权者企图创造对过去的唯一解读，让社会记忆“随着挑战或辩论的中止而被定型”（Massey 1995: 183）。但是已经形成的共识总是会在不同的地区和社群中出现断裂。比如，同一个德国历史博物馆在不同的参观者眼里会产生不同的解读，这取决于他们在德国统一之前住在东德还是西德，也取决于他们在那段历史时期的经历，以及对整个冷战时期和当今德国的经验（Till 2001）。正因为社会记忆与当下的社会和空间结构存在着千丝万缕的联系，它才会如此流动和多元，而无法被固定和封存。

〉》直接经验与媒介化经验的杂交

从电影《梦幻成真》中艾奥瓦州的玉米地，到《第三类接触》中外星人着陆的怀俄明州的魔鬼塔（Riley et al. 1998），再到曾经在电视节目《北方曝光》中用来充当阿拉斯加西塞里镇的华盛顿州罗斯林镇（Hanna 1996），许多地方都为迎合某种媒介经验经过重新改造，吸引游客纷至沓来。这种火热的现象可能会随着电影或电视节目被人遗忘而成为过眼云烟，但事实证明，“人们感知和表现景观的方式往往会比这个景观本身更为持久”（Domosh 1990: 9）。那些间接的、媒介化的经验文本通常会对空间中直接的、第一手的经验带来永久性的变化（Relph 1976）。

> 拉蒙纳激起了人们对加州残存的传教边哨的兴趣，不仅是那些原有的边哨得到了保护，而且还产生了一种新的叫作“边哨复兴”的建筑风格。这种建筑风格明显地表现在全国各地的市政大厅和其他公共建筑中、私人豪宅和火车站的设计中，尤其表现在世界博览会那个壮观的加州大帐篷的设计中。（DeLyser 2003: 900; 亦见 Weitze 1984）

更为普遍的现象是，地方的经验同时被公共化和个体化，并且地方与地方的表征之间的边界也变得模糊不清。技术加剧了直接经验与媒介化经验的混杂。

> 随身听让人可以随时关注个人的欲望和审美。使用者虽然与身边的其他人是分离的，他们却与音乐家、歌手以及此时正在聆听同一音乐的人连接在一起。人们通常会把使用随身听看成是自闭，事实却并非如此。与物理环境的脱节虽然是一种代价，但有时为了与其他时空环境和人发生联系，这种代价是值得的。（Callon and Law 2004: 7）

147 个人音响设备的发明和使用产生了声音和地方的脱离。一个人可以同时活动于两种空间——通过视觉感知的街景和通过听觉感知的音乐“声景”。当然声景也不完全是媒介化的，非媒介化的声景也普遍存在，在一个地方所进行的音乐表演行为可能被用作“创造组织空间、记录时间或是识别身份的手段。它们会成为一种仪式，一方面确认一个社会在世界的位置，另一方面推进面向未来的政治运动”（Smith 1997: 510; 1994）。当音乐响起时，地方也随之成为乐器：“当小提琴上的 E 弦被拨动时，它会立即让弦产生振动，随即，琴身、其他琴弦、小提琴手的身体、周边的空气、房间的物品以及听众的身体也会跟着振动起来。”（Evens 2002: 171; 引自 Saldanha 2005: 719）要让小提琴的声音被听见，它必须作用于它所在之地的所有东西。音乐不仅能够作用于它所在的环境，通过声音的分享将听众与环境联成一体，其本身的效果也会受到所在地方的影响，正如一个音乐厅需要好的音响效果。直接和间接的经验还会以另一种形式发生融合，那就是当某些特定的音乐成为一个地方的代表时，就像“汽车城”音乐已经成为底特律的代名词一样。同样，人们听到柴迪科舞曲就会想到南路易斯安那，听到瑞格舞曲就仿佛置身牙买加。当一个音乐家在某个地方被奉为大师时，也会带来虚拟与真实的融合，比如纽约中央公园的“草莓音乐节”，它已经成为人们纪念约翰·列侬的一种世俗朝圣（Druse 2003）。

文本与周围环境产生回应或抵触，一个地方记存着一首歌或一部电影，环境本身也是一种乐器。经过日积月累，传播与地方相互渗透，形成视觉的风景、听觉的声景以及其他感觉的质地。正是以这些为条件，观众才能以集体的方式展演他们共同的身份。身体的共同在场就是在同一时间分享一个地方的经验，其中既有直接的经验、也有媒介化的经验。

〉》风景意象

科斯格里夫（Cosgove）认为风景不是某种客观事物，而是“一种独特的感觉，一种对自然或人工的外部世界进行体验和表达的方式，也是对其中所包含的人与人关系的一种判断”（Cosgrove 1998: 9; 亦见 1998: 254）。之前在地理学中也有过类似的观点。迈尼希（D. W. Meinig 1979）在他具有里程碑意义的文章中就描述过“同一场景的十种版本”，它划分了人们看待周边环境和风景的几种不同视角，包括自然、居住、艺术品、系统、问题、财富、意识形态、历史、地方和审美。这一系列不同的视角意味着“就算人们身在一处、看向同一方向、隔着同一距离，他们所看到的风景也不尽相同”（Meinig 1979: 33）。更早认识到风景的多元性的还有赖特（K. Wright），他在 1947 年发表了一篇文章叫《大地认知：想象在地理学中的地位》（“Terrae Incognitae: The Place of Imagination in Geography”），其中提出想象包括“提升”“直觉”和“审美”等各种形式，这些 *148*
不同形式的想象可以帮助人们理解他们不知道的事物（Wright 1947）。

从赖特到迈尼希再到科斯格里夫，符号性建构的作用越来越得到重视，赖特将想象力看作是用来填充客观知识空白的工具，科斯格里夫则将风景彻头彻尾看成是符号，人永远无法将自己从这个想象的世界中抽离出来。科斯格里夫发展了赖特所说的“提升性想象”的概念，这是一种用来实现某种利益的想象。他认为争论和斗争是创造与定义风景的基本机制。这一观点影响持久，比如有学者就提出，“田园风光通常会处在不同意识形态利益的相互冲突之中，这就是为什么会产生对田园不同的想象，社会主义徒步者（socialist ramblers）、民俗学家、规划师，还有保守党的乡绅们、画家和景观园艺师，他们的想象各不相同”（Daniels 2006: 30）。

对景观的感知及其表达是存在着社会差异的。比如，“对斯里兰卡的想象地理一度与这里康提高原独特的物理环境是密不可分的”，但是英国殖民者到来后开始用欧洲人的感知方式构建一种新的景观（Cuncan 1999: 151）。随着英国人开始控制这个岛屿，它曾经带给人们的“人间天堂”的印象被一种实用主义和浪漫的景观所取代。“这种对文化和自然复杂与多变的改造产生出一种杂交性的创造物。它刚开始表现为一种话语、一种观看和谈论地方的方式，继而带来对那个地方的全面改造，新的想象地理由此变成具体的事实。”（Duncan 1999: 151）地方意象与环境之间的关系既是可被感知到的结果，又是原因，它一方面决定着人们可以感知到什么，另一方面，由它所产生的行动又可以改变物理环境。和其他文本一样，著名的纪念性景观树立和表达着霸权的世界观，规定着何为“常识”、何为看待历史和地理的“自然”方式。无论是在华盛顿的商场，还是在北京的天安门广场，或是不那么知名的阿德莱德的亨利王子花园，主流文化的修辞无处不在（Cosgrove 1989a,b; Longhurst 1999; Kong and Law 2002; Hay et al. 2004）。

对景观的解读折射出不同的主观立场，它让同一种景观产生多种解读。比如，19 世纪的女性游客对那些让男性探险者痴迷的宏大和壮观的风景都不屑一顾，她们反倒能够“对事物看似平常的细微品质倍加欣赏”（Guelke and Morin 2001: 318）。与此同时，作为一种修辞性动作，她们这种“不屑一顾”的态度中也包含着某种对崇高之美的欣赏，或者说，对事物显而易见的一面所表现出的蔑视态度，而这种态度也是风景最能打动男性游客的因素。她们的感知中包含着多种并存的解读，并且可以选择将哪一种解读视作优先。艾利森·布伦特（Alison Blunt）发现玛丽·金斯利（Mary Kingsley）这位英国 19 世纪旅行家存在着“游移在科学家、探险者和贸易者这三种角色之间的策略性的认同，她通过这种方式实现女性对空间的性别差异的建构。在这个例子中，男性和女性身份的同时并存也说明社会对‘他者’的建构并不是固定和统一的，而是暧昧的”（Blunt 1994:
149 61）。不同的利益群体产生不同的意义解读，而关于景观意义的符号斗争也总是与控制领土的物质斗争互为因果（Mitchell 2000: 91-119）。总之，任何一个景观都不仅是对物质要素的加工，也是按照一定的话语对文本的编织。

对乡村景观的解读常常是一种欺骗，它们用各种谎言让人无视事物不可避免的无常变化（Smith 1993），要不然，就会用“土地的谎言”为一个充满着艰辛劳作的严酷环境披上虚假的美丽外衣（Mitchell 1996）。土地的景观被权力所书写，赋予它特定的符号意义，而这种意义与劳作在土地上的工人以及他们对环境的改造格格不入。“对那些生活和工作在一个地方的当地人来说，用景观来形容他们的环境似乎欠妥，因为对当地人来说，并不存在明确的自我和景色、主观与客观之间的分界。”（Cosgrove 1998: 19）远方的一片云对一名农夫来说代表的主要是雨水的多少，而在画家或是庄园主的眼里，风暴则是大自然威力的象征，或是一种崇高之美（Casey 2002: 40-73）。

这也意味着政治的进步一定会动摇对景观的审美。在过去的15年里，地理学的景观研究对所谓审美的愉悦感充满着深刻怀疑。许多学者已经把文化，特别是像风景画这样的“高级文化”的研究从审美的框架中脱离开来，转而采用政治的框架，把景观看作不同社会利益协商、冲突和阐释的结果（Duncan and Ley 1993b; Jackson and Taylor 1996; D. Mitchell 2000）。作为众多途径中的一种，地理学对景观再现的反思极大地撼动了社会结构和空间结构之间某种理所当然的关系。比较前人的研究，新的景观研究正在颠覆以往有关景观表征所建立起来的一些基本假设。比如，康斯坦丝·戈登·卡明（Constance Gordon Cumming）这位19世纪自然主义的女性旅行画家，大量采用水彩来表现宏大的远景，这就打破了过去以为女性画家只擅长近景绘画，以及风景画一定是油画的假设（Guelke and Morin 2001: 315）。有了这一突破，地理学家近来也开始参与到对实用风景画艺术的解构中来。

景观曾经被看成是“两面派”（duplicitous）（Daniels 1989），因为它表达着劳动和剥削、地主和农场工人、强和弱之间的二元对立。然而，换一种方式来解读，景观的意义其实是超越二元对立的，它更是一种共享的具身经验——虽不那么确定但却无可置疑地真实。尼亚拉瓜瀑布的风景不仅是一处政治边界和自然奇观，它也是“一种模糊的死亡之脸——一个让人们看到自己最深层恐惧和最高追求的屏幕”（McGreevy 1992: 71）。同样，沙漠也有情感的维度，让人感到一种超越物理、社会和心理局限的可能性（Philips 1999）。乔安妮·夏普（Joanne P. Sharp）从彼得·梅尔（Peter Mayle）的旅行游记中也读出了这种具身体验，它传达出“一种来自普罗旺斯，融合声音、味道、感觉的综合体验”，以及通过味道、气味和触摸与一个地方进行交流的“即时消费”的方式（Sharp 1999: 205, 210）。比如，梅尼这样描写食物和它们的呈现方式：“一块包起来的猪排看起来 150
如此洁净和脱离现实，它已经与有体温的、脏乎乎的猪的肉体毫无关系。”（Mayle 1989:9）

这些研究对传统的景观概念提出了鲜明的挑战，如果说景观原本代表着浪漫，或是为享受这种浪漫所拥有的特权，在具身理论和非表征理论的视野下，它不再那么抽象，主体对风景的体验摆脱了过度媒介化的局限，还原到一种人与地方之间更为发自内心的、落在感觉层面的交流。

》》当记忆遇上风景

风景之所以为人类所共享，其最深层的心理基础是对死亡和失落的体验。人们在历史遗迹、纪念碑、神龛和圣堂所体验到的“当下的礼物”其实受着不在场的力量的驱使，包括人对死亡、虚无，以及个体之无足轻重等存在体验的反应（Richardson 2001）。不管是用数千个名字记录越战阵亡士兵的纪念碑，还是天主教神龛中那些意义非凡的虔诚文字，或是供歌迷们缅怀猫王的“雅园”，在场与缺席之间的对话或话语决定着人们在这些地方的行为方式。无论是世俗还是神圣，朝圣地都是为人们提供了一种“从缺席中体会当下”的体验。这些地方的非凡之处在于它们可以让在场与缺席并存而并不会顾此失彼。具身的在场让人们彼此遇见，让朝圣者相互拥挤在同一条路上。这种物理的接触并非没有意义，它带给人们社区感，即使一个社群曾经或正在被失落、缺席和不可避免的冲突所困扰。

具有类似功能的还有废墟这种风景。它用残垣断壁强有力地向人们讲述着缺席和在场的意义。爱登舍（Edensor 2005: 829）把废墟描述成“尚未祛魔的场所，这里还残留着那些本应被消除的东西。让人不安的鬼魂出没于此，记忆在这里沸腾，它们纤细到无法被管束。它们萦绕在到访者的心里，将记忆锁进这个地方”。即使离开了，当人们再次听到这个地方，或是当它的视觉元素扑面而来的时候，这些鬼魂又会降临，唤醒我们在那个地方看到的一切。也许当地方和地方意象之间的差异消弭，我们无从区分何为直接经验、何为间接经验时，这也算是另一种“闹鬼”（见图 9.1、9.2）。

战场、骚乱、事故、刺杀、火灾、爆炸或是自然灾害，人类对这类现场的社会反应非常相似。面对这些蒙上了阴影的地方，人们的态度大致有以下几种（Foote 1997）：他们会将可耻的死亡之地从动乱的历史中“抹去”（obliteration）；与此相反，荣耀的死亡之地都会被“神圣化”（sanctification）而置于至高无上的
151 地位；那些发生了重大的悲剧事件又没有什么英雄事迹的地方，比如兴登堡飞船的坠毁，它们会被“命名”（designation），但不会被神圣化；最后一种表现手法是“矫正”（rectification），仅仅是将残骸或是血迹清除干净，任凭记忆渐渐褪色。

当然无论是哪种态度，我们仍然要记住，“朝圣地对不同的人有着不同的意义”（Kruse 2003: 160）。地方意象是不可被锁定的。

图 9.1 《手印》，来自 Tim Edensor 的英国工业废墟网站的照片（http://www.sci-eng.mmu.ac.uk/british_industrial_ruins）

图 9.2 《步伐》，来自 Tim Edensor 的英国工业废墟网站的照片（http://www.sci-eng.mmu.ac.uk/british_industrial_ruins）

〉》结论 *152*

媒介化经验和直接经验的结合产生了地方意象。它们在传播过程中使个体的经验普遍化，也使普遍的经验个体化。经验的多样性导致了行为的多样性，因为人们通过对地方的参与将个人的经验外化，在普遍性经验与个体经验相互转化的过程中，影像被转化为行动。这中间不仅有媒介和内容之间的互动，也有传者与受众、图像生产者与观者之间的互动。所以，拉斯韦尔公式同样体现在地方意象中，它们不仅在表达着“传播什么”（what），也包含“谁在传播”（who）、“对谁传播”（to whom）和“通过何种渠道传播”（through what channel）。

因此，地方意象是可以产生一定的社会效果的，而不是透明的玻璃或镜子。对模仿论的批判让我们不再关注表征是否准确的问题，而是转向了新的问题。图像成为分析影像生产者和接受者间权力关系的工具。在经历了人文主义、行为主义和批判理论的洗礼后，地理学家正在转向具身和多重感官的理论来理解地方意象。这一方向的认识论基础仍然是社会建构主义，它将人对世界的感知看作是社会建构的结果。一个在今天看似诱人的风景未必昨天也是如此。同样，一个在今天看起来像是昨日的风景未必就是它昨天的样子。更为挑战的是，今天的某种风景可能在昨天压根就不会被当成是风景。我们所感知的风景无非是图像和行为所建构的结果，它们就像社会和技术一样的流动和多元。

现代的地方感同样也包括领土及其三个组成要素：权力、传播和边界。边界是简单的一条线，它也是一种特有的划分领土的言说方式。地图和大地上绘制的线条都代表着某种特权，它赋予某些社会主体话语上的优势地位，规则和法律的制定者将权威与某块领土绑定在一起的，也通过领土来践行这种权威。社会规范的传播有赖于与边界相关的基础性传播。

当然，传播也是一种跨越边界的力量。东西方之间的相互凝视从来就充满着屈尊俯就，导致对外殖民或自我封闭。它也充满着建立在刻板印象基础上的效
153 仿，为西方带来东方主义的景观，也在东方创造出西化的景观。在各种地方意象中，关于他者的景观恐怕是最引人注目的。

同样强大的是那些分享和传播记忆的地方意象。这种跨文化现象的源头可以一直追溯到神话和民间传说中。现代性和后现代性带来了旅游、记忆和地方再造的结合，它们让地方变成了博物馆、神堂和纪念碑。不过，地方既可以承载集体的、社会的和公共的记忆，也可以承载幽灵式的记忆，为令人不安的、社会性或反社会性的在场留下空间。当地方成为某种缺席的代言者，这种幽灵的力量就会驱使人们采取某种行动，因为缺席可以公然蔑视当下的意义，而这种对意义的蔑视也对主体构成威胁，其程度相当于，甚至超过死亡的威胁。传播与主体之间深刻的纽带关系正是本书下一章要讨论的话题。

第十章 内化与外化

一篇《纽约时报》的文章对一部毛绒玩具儿童电视节目表示明确的厌恶。作 154
者从新闻客观公正的原则出发，对这个节目提出严厉的批评，他嘲笑节目主持人的"胡子修剪得和郊区的草坪一样"，批评动物的服装"因穿得太久而变成灰不溜丢的"，讽刺节目的布景"居然是在塑料葡萄叶装饰的藤条屏风前摆上一个米黄色的弹簧椅子和落满灰尘的桌子"（Smith 2006: A4）。一个普通的儿童电视节目为何会激起如此强烈的反感？问题的答案在于这个节目的社会和地理属性：这不是一个美国或欧洲的节目，也不是南美或中美洲哪个发展中国家的节目（那样可能会给如此低下的质量找到借口）。相反，这个节目是由哈马斯（伊斯兰抵抗组织——译者注）制作的，那些毛绒玩具演的是特洛伊木马向儿童观众灌输收复巴勒斯坦领土的雄心壮志。这就让该节目成为对抗以色列政府的意识形态工具，而这种对抗也间接地指向了以色列的铁杆盟友美国。这篇文章的语气会激怒多方民族主义。

本章我们将话题从文本和话语转向主体，从内化（internalization）和外化（externalization）的概念来探讨"真实"世界和表征世界的区别。尽管结构化理论在地理学中不再时髦，这并不意外（Harvey 1990: 431），但是它的原则已经渗透到了许多地理学研究中，因此我们将花一点时间说一下结构化是如何通过内化与外化的机制塑造现实世界的行动的。

接下来我们会接触到涵化理论，一直以来人们并没有看到这个来自美国媒介研究的理论与结构化理论存在任何联系，但它其实是对结构化理论的一个有趣并且很有价值的补充。围绕这些理论，我们将探讨主体性、民族主义以及与它们紧密相关的地方身份的形成，看看身份与诸如国家和地区这样的空间概念之间存在何种关联，理解民族身份是如何先经过主体的内化、再被外化为行动，最终实现 155
地理改造的。

在领土及其边界的背后是一整套信仰、前提、知识和价值，它们定义着国家的社会边界，规定着谁是这个想象共同体的"自己人"和"外人"。这种边界不仅是话语的建构，也是一个铭刻人心的过程，有了这一铭刻的过程，才会产生真正的民族主义和地缘政治。当然，它也同时受到底层话语和批判性地缘政治的抵抗。“一种主流或是霸权文化的形成很少是完全被动的强迫内化，它通常要经历日常生活中的协商、抵抗和有选择接纳的过程”（Duncan and Ley 1993b: 11），正是基于这一立场，后殖民主义地理学提出要致力于“围绕地理所展开的话语和规训的持续斗争”（Blunt and McEwan 2002b: 1）。

〉》仇敌电视

《纽约时报》那篇关于哈马斯电视节目的文章用讽刺的腔调隐晦地表达了美国对巴勒斯坦、以色列、中东、约旦和伊斯兰的态度。这种态度将巴勒斯坦排斥在世界之外，这样一来他们的领土主张就变得无足轻重，甚至可以说是邪恶的。如果说哈马斯做这样一档节目听起来有点令人毛骨悚然，那么我们为什么不问一下，像 PBS、BBC、CBC 这样的国家电视台制作的节目又何尝不是如此呢？国家经常会介入武力冲突和镇压，而联邦政府出钱资助宣扬爱国主义精神的节目已经是司空见惯的事情了。这些媒介文本向人们灌输一种敌我对立的世界观，有时这种世界观可能是致命的。问题是，为什么当这种文本来自一个在地图上尚未得到承认的国家时，它才让人感到如此危险呢？

事实上，哈马斯为我们提供了一个视角，让我们认识到国家不仅有权力发动与别国的战争，或是对本国的不同政见人士进行镇压，它还有权控制人的社会化，引导年轻人接受和培养国家所需要的世界观。一个政权的力量是通过暴力和教育同时实现的，这二者之间的关联让我们看到国家其实是由一种文化认同团结在一起的，它通常表现为通用的语言，以及共享的宗教、历史和尊严感，维护这种身份既要抵御外来的攻击，也要压制内在的分裂。实际上，在如今的孩子所生活的环境中，来自学校、家庭和媒体的符号都在强化他们特定的民族身份，最终将他们变成国家公民。美国孩子长大以后就觉得他们是美国公民，以色列孩子相信他们是以色列公
156 民，尽管没有其他国家的认可，巴勒斯坦孩子也会觉得他们是巴勒斯坦公民。这一过程从童年就开始了，连卡通片也同样传达着政治言论和官方文本。

像电视节目这样的媒介文本也在定义着一个国家的历史轨迹，无论是把它描绘成抵抗还是扩张、压迫还是胜利、扎根过去还是面向未来、多元还是统一（Dikink 1996）。孩子们或者通过学校，或者借由电视、杂志、广播等大众传媒接受着正式或非正式的教育，在反复的灌输下，他们逐渐培养出对这个想象共

同体中的其他成员所负有的道德责任（Anderson 2007），相信国家边界的正当性（Agnew 2007），愿意为这种由符号建构起来的“我们”奉献时间、金钱甚至生命。在有些情况下，这一过程所创造的社群会成为国家，即一种在国际上被承认的政体，就像加拿大、伊拉克或是以色列这样的。而在另外的情况下，它所形成的社群并不具备政权的身份，就像魁北克、库尔德斯坦或是至今还是一个理想的巴勒斯坦国。

因此，学校、媒体、政府或政治机构对儿童的教育不仅是在传授技能和知识，它们也是一种身份植入的工具，用其所传达的历史观和地理观管制着人与人之间的互动。

> 边界通过无数的实践和话语渗透到社会之中而使领土得以确立，并获得官方的意义。因此，正是发生在政治、经济、文化、政府和其他各个领域的社会实践以及它们所生产的意义创造出了领土，并扩张到日常生活领域。这些因素通过空间的社会化成为日常生活的一部分，它完成人的社会化过程，使他们成为某个区域群体的一员。（Paasi 2003: 113）

地图以其恒久的形式成为这一教化过程的工具（Harley 1988: 283, 285）。在最普遍的意义上，社会化和教育也在年轻的头脑中设置内在的壁垒、樊篱和边防。这种内在的边界成为物理边界的补充，只有当它们成为理所当然的事情时，一个人才算是完成了社会化的过程。与此同时，人们还会将这些边界外化到自己的行动和人际交往中。我们从以上那个电视节目和对它的恶毒攻击中都可以看到这种机制。

〉》臣服

人通过将权力内化于自身而成为权力的臣民。朱迪丝·巴特勒（Judith Butler）为我们提供了理解臣服过程的两大理论基础：“阿尔都塞的召唤，以及福柯的话语生产都在告诉我们，对权力的原始服从开启了人的主体性。”（Butler 1997a: 2）这句话的意思是，我们并不是简单地被权力所控制和征服，被强迫服从，我们从一开始就是由权力所造就的，并随之被改造。

157 这一观点影响到越来越多的地理学家（Nelson 1999; Nash 2000; Werner 2006; Atia 2007; Valentine 2007; Thrift 2008），表现出与更多的社会理论相互融合的潜力。巴特勒的展演性概念揭示了言语不仅是一种用来表达人的信仰、观点和态度的外化的形式，也是一种将有关“我是谁？我是什么？”的观念内化的过程。言说或是传播的过程，也是人们展演特定身份的过程，而这种展演反过来决定了你在与他人的关系中究竟是谁。实际上，诸如性取向这种生理上的身份特征也是在不断的展演中形成的，我们在向外表达自己的时候，也内化着这种身份。

关于他人和来自他人的传播也包含着这种外化 / 内化的过程。巴特勒借用阿尔都塞的一个模式来说明：一个警察叫住我，我做出反应并转身，认识到我就是那个被叫的人；由此，我被一个权威人物召唤，他不仅是叫了一声，也唤起了我的注意力，将我带入某种秩序。正是导致他 / 她在场和行动的过程才构成了对权威做出回应的那个自我，这个形成过程是社会主体内化的关键。巴特勒（Butler 1997a: 5）问道：“主体为何会对法律的声音做出回应？这种回应对开启一个社会主体又起到什么作用？这是一个有罪的主体吗？他 / 她又是如何成为有罪的？要想理解召唤，是否需要先弄清楚什么是良心？”巴特勒的疑问让我们回到更早的结构化理论和批判社会理论，它们都尝试将结构与主体、意识与传播结合起来。

这里所说的内化和外化的过程将处在不同社会情景中的行动者或主体联系起来，将他们编织进一种理所当然的、黑格尔所说的“主人”和“奴隶”的关系：“看起来主人是‘外在’于奴隶的，其实他就存在于奴隶的自我意识中”。这就意味着“看似外在的权力强加在主体身上，它强迫主体成为从属，主体会以这种心理方式形成自我身份”（Butler 1997a: 3）。因此外化 / 内化的修辞表达的不仅仅是人与人，或是主体与主体之间的关系，也不仅仅是指社会环境，它更是权力关系下主体的内在构成，与人的各种经验、意识和传播密切相关。作为社会主体的人离不开相互之间的依赖，有依赖就会产生不平等，一旦这种不平等被内化到主体意识之中，意识形态就开始产生作用。

〉》结构化理论

在 20 世纪 80 年代，许多社会地理学家采用结构化理论来协调两种对立的理
158 论路线：一种强调社会结构对人类行为的制约，认为以资本主义为主的非人类

力量通过限制人的行动能力来设置历史方向。另一种则强调个体经验的主观能动性，认为人的意志是自由的，个人的自主行动才是影响历史和地理的关键要素。

这一研究方向中最重要的人物是安东尼·吉登斯，他提出在结构与个人能动性的二元关系中，离开了日常生活实践，社会结构将不复存在（Giddens 1984）。吉登斯将社会结构重新理解为人们在互动过程中所运用的原则和资源，社会主体先将这些原则和资源内化到自身，再将之外化到行为中。它们包括：（1）语言和其他意义系统，（2）物质财富以及各种权威所代表的统治力量，（3）社会规则及其背后的社会观念和行为导向。以上三种类型通常会被分别简称为意义（signification）、统治（domination）和认可（sanction）。这些内化的规则和资源对行为既有限制，也有促进，它们在帮助人们创造世界的同时，也限定着他们的所思、所言、所为。这些规则、权威结构和符号形式在一定的社会语境下通过学习、信仰和传授内化到个体意识中，直至被视作理所当然。与此同时，这一内化过程也塑造着我们自身，构成了人的主体性。正如安东尼·吉登斯指出的，"自我身份并不是与生俱来的，亦非产生于个体行动系统的连续性中，它必须在个体的反思性行为中不断地被创造和维系。"这一过程与传播存在重要的关系："一个人的身份并非天然地存在于其自身的行动或是与他人的关系中（无论这些对一个人来讲有多么重要），而是产生于他们维持一种独特叙事的能力。"（Giddens 1991: 52,54）因此，"结构化理论提醒我们要更加深入地去了解社会意义是如何被表达和传播的，以及特定的社会实践和关系是如何被合法化的。"（Chouinard 1996: 390）

巴特勒的开创性研究对结构化理论的某些基本前提做了补充。她认为："已有的权力运作可以促使但不会最终限定主体的行动。人的主观能动性可以超越促成它的权力。"（Butler 1997a: 15）结合当下的情况，她进一步提出，"因此，权力以两种前后不同的形式对主体性的形成产生作用：第一种力量先在于和外在于主体，从一开始就发挥作用；第二种则通过主体的意识发挥作用"（Butler 1997a: 14）。这就意味着，结构与主观能动之间存在着辩证关系，传播是建立权力关系的基础，权力关系反过来又影响主体的形成。

"主体"有时会被当作"人"或是"个体"的同义词。然而，这个概念来自一个批判的知识谱系，它意味着主体不完全等于个体，而应该被视作一个语言类型、一个点位符、一个形成中的结构。个体占领着主体的位置（主体也可以是一个"位置"），它们都只有通过语言才能得到理解。主体便是个体可被理解的语言事件，是它得以存在和获得能动性的语言条件。（Butler 1997a: 10-11） 159

结构化理论一方面强调社会经济条件对人的局限性，同时也为改变和反抗现有的秩序留下了一定的空间。不可否认，一定的统治和剥削关系会内化到人的主体性之中，但是当这些关系被外化于外部世界时，理性、选择和创造力也会在其中发挥作用。

> 然而，外部的物质性行为要想影响个体的行为方式也离不开一系列内在的心理活动——自我反省、对隐含在事物之中的意义符码的认知、实际理性的操作、意愿或无意识目标的形成、对其他可能性的想象力或是按照一定的时空条件在新旧事物之间做出的选择。这些心理活动本身也是建立在个体在以往时空条件下以亲身参与所获得的经验和知识的基础之上的。（Pred 1984: 286）

没有什么比言语和语言的关系更能说明内化与外化的辩证关系，如果用索绪尔的术语就是 *la parole* 和 *la langue* 的关系（Saussure 1983）。语言（*la langue*）包括语法规则、拼写、语序和标点，看似一种限制口头和书面传播行为的固定结构，但是离开了无数的言语行为（*la parole*），语言什么都不是。口头语和文字的表达不仅是对无限多样的情境、任务和世界观的反映，也要遵循自身的表意原则，即 la langue，这就使语言看起来更像是一个身外之物。这中间同样存在结构和主观能动的辩证关系。正如艾伦·普雷德（Allan Pred 1988: 142）指出的："同一种语言既可以用来统治人民，把他们变为臣民，也可以用来对抗统治，让人民当家作主。"要想抵抗压制，就必须努力识别那些通过传播内化到个体中的压制性思想："利用联想、形式化、遮蔽和细微差别所产生的无穷力量，人的主观能动性可能在有意无意之间将话语作为一种抵抗的工具。"（Pred 1988: 142）这里我们并不是要否定在人们的日常生活中，"语言也同样可以通过改变意义来维护统治，服务某些特定群体的利益"（Thompson 1984: 35, 37, 引自 Pred 1988: 144），而是想说每一个表达都是一种有技能的表演，表演者的知识和能力来自他们对过去的反思和对统治的清醒认识，经过足够的反思（这种反思本身也要依靠口头和书面的文字），人们表达事物和采取行动的方式就会发生变化。主体为这一过程设置限度，它是"形成个体的语言时机"，因此传播不仅是抵抗的手段，它也是抵抗的主体得以形成的条件。

160 结构化理论加深了我们对社会生活的理解，它让我们认识到传播语境的变化也会带来内化和外化机制的各环节的变化。随着计算机技术的运用，人的社会交往超越了面对面的交往场景，在空间上获得了更大的延展，这也使得内化和外化

的过程越来越多地摆脱了物理地点的局限（Giddens 1991: 18）。人类传播从“囿于一地”到“跨越空间”的地理转型与现代化，特别是吉登斯所说的“晚期现代性”之间存在着千丝万缕的联系。在结构化理论之前，地理学家在分析人类行为的时候主要关注那些让人们的时空路径在某一地点相遇的事情（e.g.Hägerstrand 1970, 1973）。吉登斯继承了这些研究的成果，同样强调语境对人类主观能动性的作用，但是他认为在现代社会中信息和传播技术也是语境的重要因素。技术虽然不直接作用于人，但却让人摆脱了单一情境的局限，可以在不同的空间条件下展开行动，这样就给他们的社会网络注入了不同的意义、控制和认可。因而，通信技术和大众传播在日常生活中的扩散为不同形式的臣服、不同的主体建构和政治斗争提供了舞台。

〉》乔治·格伯纳和涵化理论

传播学中有一派研究对以上问题尤为关注，它就是涵化理论。这一理论不仅在美国传播学研究中长期占有中心地位，而且一直被社会心理学、心理学等其他学科广泛引用，只不过地理学对它还未产生足够的重视（Morgan 2002: 4）。它将媒介内容与世界观联系起来，同时也关联到政治和经济关系。为了弥合内容和受众之间的鸿沟，涵化理论要问答的问题是：媒介在世界观的内化过程中究竟扮演着什么角色？这个概念最早是由匈牙利裔媒介理论家乔治·格伯纳（George Gerbner）提出的，他曾是宾夕法尼亚大学传播学院的院长、文化指标项目的创始人。这个项目的研究发现美国电视节目平均每小时会出现 6 到 8 个暴力片段，在儿童节目中竟达到每小时 20 到 35 个。但是这个项目的终极目标远不只是这些量化的发现。

涵化理论是要用这些数据来提出制度性的建议。它的一个关键假设是媒介对社会的影响并非可以全凭直觉感知。比如，电视暴力的真正问题并不是让人们去施暴，或是去模仿暴力行为。相反，它会传播一种恐惧心理，让人们对于暴力 161
产生过度的恐慌，这反过来会让人更容易被那些打着秩序和保护幌子的力量所操纵。在这种话语下会产生格伯纳所说的“残酷世界综合征”，从而降低人们的政治参与度，有助于维护现有的社会等级制度。

尽管经常被归入效果研究（一种简单的用量化的方法来理解媒介使用与个人

的态度和行为变化关系的媒介研究路径），涵化理论其实是从长期社会变化的视角来理解媒介内容的影响。这一路径将受众对媒介产品的长期消费视作主体的内化过程。随着长时间的消费某种媒介内容，他们逐渐接纳媒介内容所传达的对世界的理解框架。这一框架的威力在于它得到了社会上许多，甚至是大多数人的共同认可，它已经成为该社会传播的基础，即使人们并不同意传播的具体内容。

其中的一个途径是通过将某种行为方式内化。比如，电视、电影中的死亡都是某人将另一个人杀死，这就是在提醒我们世界是多么残酷，也彰显出杀人者和被杀者所代表的社会群体之间的权力关系。“电视世界中死亡的符号功能是建立在它的暴力结构中的，它从本质上就是力量的秀场和权力的仪式性彰显。”（Gerbner 1980: x）不同类型的人通过暴力和受害或多或少地被赋予执行社会惩罚的功能：“暴力画面中折射着权力的等级，包括性别、种族、性、阶级和国家权力。”（Gerbner 2002a: 263）因此，媒介中死亡的符号意义“不同于真实生活中的死亡，它赋予死亡和生活本身以独特的意义”（Gerbner 1980: xx）。

统计媒介文本中不同群体的死亡次数、频率或数量，这就是内容分析的方法。在这个案例中，这样做的目的是揭示不同角色在电视所呈现的社会等级中的地位。每一个群体中杀人者和受害者的比例就代表这个群体的社会地位：白人男人的比例是 0.83, 年轻女人为 0.56，而年长女人则只有 0.3。[1] 这就意味着一个年轻女人被杀的可能性是她杀人的可能性的两倍，一个年长女人被杀的可能性是她杀人的可能性的三倍，而一个白人男人被杀的可能性与他杀人的可能性一样高。最终这一文本所建构的等级关系会为现实世界中强制性的社会控制提供辩护。一个接受了电视现实的人更容易支持现有的权威，他们普遍为白人和男人，倾向于以安全和保护为名、用强硬的政策来对抗一个建构起来的残酷世界，通过对某些“危险”人群的污名化使社会从更为要紧的问题上转移注意力。格伯纳的解释很明显地带着社会建构主义的色彩：“污名是一种可以引发可耻行为的耻辱标记。给某些人戴上野蛮人的标签就能更方便地用野蛮的方式对待这些人。”（Gerbner 2002a: 262）少数族群在“残酷世界”中总是扮演着受害者和犯罪者的角色，而低收入工人在美国媒体中几乎看不见（他们在黄金时段节目的人物中只
162 占 1.3%），这让社会对工人工资和劳动条件更加漠不关心，通过暗中支持经济剥削，它让残酷成为现实（Gerbner 2002b）。

致力于探索其他方法论的理论家曾经极不公平地说格伯纳是在鼓吹传播学的“皮下注射模式”，相比之下，另一种对他的批评更为公允，他在分析媒介文本的过程中遇到了内容分析通常会遇到的棘手问题：如何定义电视节目中的“一个暴

力行为”？叫喊算不算是暴力？一个炸弹炸飞了十个人，是算一个暴力行为还是十个？一半时间都是暴力内容的节目和只有一瞬间暴力内容的节目是一样的吗？同样是一次杀戮，出现在关于越南战争的纪录片中和出现在关于家庭暴力的纪录片中，效果其实并不相同。同样，喜剧、肥皂剧、自然纪录片和动作片中的杀戮也各不相同。作为内容分析的补充，这些细节上的问题似乎可以通过对概念和方法论的严格界定来解决；但是，问题的根源还不在于定义，而是本体论意义上的差异。量化必然带来抽象，内容分析中的高度抽象会遮蔽一些有潜在价值的质化问题。尽管如此，涵化理论还是为我们提供了一个很有用的研究路径，尤其是因为它与结构化理论之间存在的潜在关联。

〉》民族主义和批判地缘政治学

结构化理论和涵化理论从不同的角度为理解民族主义现象提供了洞见，尽管它们都还没有引起政治地理学家的广泛关注。“民族国家的概念之所以成为流行意识，在很大程度上离不开国家的疆界和身份所经历的长期持续的再制度化过程。”（Dittmer 2007a: 403；亦见 Paasi 1991, 1996）合法化、统治和意义这三种力量紧密合作将个人身份转变成国家身份，国家（作为主权领土）、民族（作为共享历史和文化的人民）和个体公民之间的差异变得模糊不清。它们通过日复一日的传播，以各种地缘政治的符码、神话、故事和主题维持着人们对民族的情感依恋（Barthes 1972; Dijkink 1996; Adams 1997; O’Loughlin et al. 2004）。人们并不知道，如果不是通过这样的培养，他们并不会与一个国家或民族产生如此强烈的关联。人们将国籍理所当然地视作自己的一部分，进而将这种内化的民族身份通过一些看似微不足道却有着符号意义的传播方式外化到行动中，比如在车窗上贴上国旗，或是在保险杠上贴上“支持我军”的标签。这种行为以及它们所代表的精英话语共同将国家建构或者“想象”成一个统一的社群（Anderson 1991），而与之对立的外部世界则多少会对自己构成威胁或是有点残酷，而且还可能与自己存在着竞争关系，而不是一个在利益和文化背景上存在着差异的多元化的国际大家庭。我们在本书第六章 163
从语言学的角度谈到了民族主义，在第九章也指出了传播是一种领土化的过程。这里，我们再往前推一步，讨论传播作为一种社会空间过程的重要性。

对民族的书写无处不在，它也是政府宣传的重要任务。我们特别要从地缘政治的话语，以及殖民主义和后殖民主义话语的角度来理解它（Ó Tuathail 1992, 1996; Blunt and Rose 1994a; Blunt and McEwan 2002a; Lester 2002; Sidaway 2002a, b）。具有讽刺意味的是，用来书写一个民族的故事经常是从别的国家借来的（O' Loughlin et al. 2004）。地缘政治学将世界视作是许多互不重叠的相邻的国家，它们之间是竞争的关系，均有其独立的政权力量，只是在国土面积、形状、位置和资源等实用性要素上存在着差异。这一话语是建立在一种残酷世界的想象基础上的，认为国家之间总是处在为争夺空间和资源而进行的零和游戏之中，它还经常与殖民话语交织在一起，为对外扩张摇旗呐喊。民族主义话语总是那么暧昧，既独断又忧心忡忡，既狂妄又冷嘲热讽，既存有善心又喜欢操纵他人（Lester 2002）。

在19世纪和20世纪早期，地理学家在发展民族主义意识形态方面发挥了重要的作用，他们所描绘的世界以及对世界大事的呈现都是符合民族主义的符码、故事情节、主题和神话的（Ó Tuathail 1996）。当时的地理学家中有像卡尔·豪斯霍费尔（Karl Haushofer）这样为了捍卫自己国家领土的自然性和正当性而支持对外攻击和对国内少数民族的迫害，也有像哈尔弗德·麦德金（Halford Mackinder）这样以自己的一套对世界秩序的解释推动帝国之梦、遏制敌对国家（Ó Tuathail 1996; Dijkink 2004: 469）。直到20世纪晚期，人们才开始意识到地理学在历史上成了暴力和压迫的帮凶，看清了它为国家效忠的话语角色，由此开始对这个学科的目标和任务进行重新评估。

法国地理学家伊夫·拉科斯特（Yves Lacoste 1976）曾经出版过一本书，书名就叫《地理学是战争机器》，他还创立了一个叫《希罗多德》的杂志。他的研究对英语世界地理学家产生了很大的影响，激励他们开始反思地缘政治与国际冲突和剥削之间的勾结。杰勒德·奥图泰尔（Gearóid Ó Tuathail）、约翰·阿格纽（John Agnew）、约翰·皮克尔斯（John Pickles）等地理学家带头重振地缘政治研究，他们在社会建构主义基础上结合后现代主义、后结构主义和女性地理学，最终建立"批判地缘政治学"并使之成为这方面研究的主流。他们从后殖民主义理论中领悟到政治过程的话语基础："真正的叛逆需要叛逆者打破自己所熟悉的、曾经帮助他们从残酷的世界中获取意义并得以生存的符号。"（Guha 1988: 45）抵抗必须从内开始，重新反思一个人的主体性，以及内化在这一主体性之中的政治、经济和文化态度。

164 传播技术改变了地缘政治话语和主体性建构的书写规则。即使是一些小国也开始在网上声张它们的国际地位和正当性（Purcell 2005）。边缘国家所使用的话语和图像可能"同样采取的是主流的世界观，同样运用和巩固的是权力与他者的心理版图”。但另一方面，它们也试图改造地缘政治空间。这就是为什么一个像斯洛文尼亚这样经常被忽略的小国也会吹嘘自己处在“欧洲的十字路口正中”（Purcell and Kodras 2001: 364, 357）。

关于民族的传播也存在前面所说的“残酷世界综合征”，因为民族作为一个“发明的共同体”（Anderson 1991）是以各种敌人为对立面而建构起来的，这些敌人既有历史上的，也有现实的；既有真实的，也有想象的；既有外来的，也有内部的。在20世纪50年代，美国原子能委员会让美国公众觉得原子弹试验就是像蘑菇云一样壮美的视觉奇观，而不让他们看到爆炸所带来的疾病、对公民的驱逐、对环境的摧残，以及当地人的被迫搬迁（Kirsch 1997）。这种对原子弹的“奇观化”再现反过来也决定了美国的政治话语（Kirsch 1997: 234）。媒介让公众关注某一议题或者从某一议题上转移注意力，这其实是一种政治力量（Debord 1994）。这个例子可以用来说明在反恐话语所培育的“对少数者的恐惧”下，今天的美国正在重塑一种“帝国气质”，它仇恨的烈火射向远方，给另一个社会、人民和地区贴上恶魔化的道德形象（Appadurai 2006: 128-9）。美国国家情报委员会为了维护全球经济系统的既得利益，总是将外国的原住少数民族视作潜在的恐怖分子和对民主的威胁（Radcliffe 2007）。民族主义话语通常是通过对外族的再现来彰显本民族的重要性。用吉尔坦·迪金克（Gertjan Dijkink 1996）的话说，“民族身份是以外来事件为基础而不断改写出来的”，对这些事件的理解并非完全由事件本身所决定：“对外政策应对的不是真正的威胁而是建构起来的危险。”琼斯和克拉克（Jones and Clarke 2006: 300）提出这样的问题：“国家和媒体的能耐究竟在于对确凿的危险进行预先警告，还是帮助我们预感到危险？它们联合起来的作用究竟是保护人民和制止冲突，还是宣扬一种好战的政治，用图像唤起行动，对恐怖主义先发制人？”他们认为媒介的宣传和政府的公告也同样是一种恐怖主义，因为它们也是在强化人们的恐惧以获得对人的控制权。

即使是表面上存在言论自由的地方，媒介的偏向也无处不在。赫尔曼和乔姆斯基（Herman and Chomsky 1988）的“宣传模式”（propaganda model）列举了以下几种造成偏向的原因：媒体对利润的追求、对广告的依赖、对收视率的迷恋、媒体之间以及媒体与大型财团之间的勾结、来自政府代言人和政治家的压力以及对一个外部敌人的妖魔化。正如它的希腊词源（geo-graph, 意为“书写地球”——译者注）所暗示的，“地理”实质上是一种符号化的世界观（Ó Tuathail 1996），它在人们的头脑中划出边界，区分何为他者的暴力、何为自己国家的暴力，前者 165
足以燃起恐惧和道德愤怒，而后者则经常被忽略，或是在必要的时候得到人们的接纳，甚至是当作控制这个残酷世界的善意工具。无论是中国、美国、土耳其还是以色列，它们的地缘政治话语中都存在这种双重标准（Lester 2002）。

地理学开始越来越关注所谓的“通俗地缘政治”（popular geopolitics），即包括杂志、喜剧、电视、读者来信以及互联网在内的媒介对地缘政治话语的参与（Sharp 1999, 2000; Dodds 1996, 2005; Adams 2005, 2007; Dittmer 2005; 2007a,b）。这一研究继承了早期一些非地理学家所开展的对大众文化如何呈现异国文化和遥远疆域的研究，以及一些跨国语境下的大众文化的文本研究（Dorfman and Mattelart 1984; Prat 1992）。杰森·迪特默（Jason Dittmer）研究探险喜剧《美国船长》发现，“当一个人的社会空间框架处在形成过程中”的时候，也就是他们童年时期，一些看起来不太重要的传播方式会对人的空间尺度带来改变，将个人与民族重合在一起（Dittmer 2007a: 402；亦见 Dijkink 1996）。而且，电视连续剧的形式对国家意识形态的教化也会产生日积月累的效果（Dittmer 2007b）。以下 1941 年《美国船长》中的一段对话就可说明民族主义态度是如何渗透到儿童的话语世界中的：

> 玛拉伯爵夫人：“你赢了，美国船长！只求你不要在杀我之前折磨我。”
>
> 美国船长：“只有纳粹才会杀一个手无寸铁的女人，但我不是！我要让你回到德国，因为像你这样的卑鄙小人不值得生活在这块自由的土地上，哪怕是这里的监狱中！你可以告诉那个奥地利裱糊匠，我们的自由曾经遭到过威胁，但我们有能力对抗任何妄想从我们手中夺走它的人！希特勒和他那些掠夺狂的野蛮人会发现莱克星顿和康科特农夫的精神仍然活在每一个现代美国人的心中！”（Simon and Kirby 1941: 11, 引自 Dittmer 2007a: 415, 417）

这番对话和动画显示了美国船长的正义感，也在为美利坚合众国的国际政策正名。这个喜剧甚至承认了其军事目的：“早在真实的战争开始之前，美国船长就已经开始与纳粹和日本作战”（Dittmer 2007a: 421）。不过，两次世界大战之间这种种族主义和民族中心主义的叙事模式到了后 911 时代就发展成为一种“政治上更加暧昧和细腻”的喜剧形式（Dittmer 2007a:401）。

人们是通过尼采所说的“连续的符号链”而展开社会生活和交往的，社会的变迁则是改造世界的标志和机遇，它会带来斯皮瓦克所说的“话语场的错位”（Spivak 1988: 5-6; 亦见 Beverly 1999: 28）。从电视到互联网，新的媒介技术在支持国家霸权的同时也会在某些时候对它们发出挑战。通过传播，今天的公民拥有越来越多的机遇在一个国家的范围内甚至超越国家的范围结成共同体，以激进的方式重建主体性。但是无论如何，主体性只能通过权力产生，它不可能置身于权力之外。

〉》结论

一篇关于儿童电视节目的报纸文章会猛烈抨击一个恐怖组织用自己的军事和 166
民族主义议题来教唆儿童，但是作者没有看到的是，西方国家常常也会用军事的民族主义议题来影响媒体，也会以各种方式向人们灌输恐惧，甚至资助为自己服务的教育性媒体。如果要对一部作品采取那样的道德关怀，那么就应该用这种关怀去观照在所有与权力相关并且有力量改变人的世界观的作品上。

所有的传播行为都包含内化与外化的机制，它让我们对传播中的权力关系格外敏感，连最为平常的传播行为也不例外。无论是通俗还是官方、微不足道还是冠冕堂皇，所有的媒介文本都在培养受众某种关于边界的心理系统。民族主义使用暴力加教育的手段使自身得以维系，一边攻击外敌的身体，一边培育国民的心灵。支持这套系统的受众不仅会在公共话语中被动地接受民族主义的宣传，在当权者的影响下，他们也会从制造边界的话语中接受民族主义，并将它内化到自己的主体性之中。爱国主义的负面效果就在于它将一种残酷世界征候内化于人心，让他们急于对国境以外的事物妄加判断。

涵化的概念和结构化理论让我们洞察到传播是如何一步步将态度、价值和信仰内化于人的主体之中的。这一过程绝不是即时的、直接的，也并非完全不可抗拒。媒介并不是皮下注射似的宣传。相反，本章所介绍的理论告诉我们，通过媒介的世界观的内化过程是一种缓慢、间接并且充满着抵抗的过程。不过就像巴特勒指出的，原本就是通过权力建构起来的主体在权力面前总是脆弱的。这就意味着一切传播都是在传达着权力的声音。权力不仅是传者的权力，它也被受众所掌握。权力也存在于受众所持有的社会关系和世界观中，体现在他们的主体性中。渗透着权力的世界观通过书籍、戏剧、电视等媒介得以传播，它们可以跨越空间的障碍，但却离不开地方。这正是我们下一章要讨论的话题。

注释

1. 为了方便理解，我们已经把格伯纳（Gerbner）的正负比率系统转换成统一的比例了。

第十一章　地方与传播的力量

167 在公共汽车上读报、吃午饭时聊一下八卦、边开车边哼着走调的歌曲，诸如此类的日常活动让传播与地方融为一体。这样的传播行为不是简单地发生在既成的地方中，而是参与到对地方的创造中。尽管现代传播比以往任何时候都更加无远弗届，但传播仍然因地方的差异而各不相同，而作为观念和人类经验的地方也一如既往地依赖着传播，无论是作用于视觉、听觉还是多重感知，传播维系着地方的存在。

各种文本规定着地方的形式和特点，数学公式将设计图纸变为建筑物，抽象的条文通过宪法确立国家。反过来，地方也决定着传播的意义。

> 图像总是在一定的社会语境中才能被看见，也由这个语境决定着它的影响有多大。它也总是以实践的方式出现在特定的地点，可能是皇室，也可能是好莱坞的摄影棚、先锋派的画廊，或是某个客厅和某条街道。这些不同的地点都有着它们各自的经济、秩序和对各种观看主体的行为规则，规定着他们该不该看和如何看。所有这些都会影响到人们如何看待某个图像。（Rose 2007: 11）

一个地方与发生在该地的传播之间存在着千差万别的关联。流传于一地的文本或话语扮演着“隐喻模板”（metaphoric template）的角色，决定了人们对一个地方或一类地方做出怎样的判断，为一个地方注入内容和特点，“就好像一束或明、或暗、或不吉利的光照在它的上面”（Tuan 1991: 690）。人们在一个地方所表达的情感成为一种可以影响他人的情绪（affect），这是一种可以相互交换的、
168 表现为人的情感的能量和强度。总而言之，传播是地方的有机组成部分，没有传播就没有地方。

在本书其他章节中，我们已经认识到传播不仅通过直接的听觉和视觉来塑造地方，它也通过为身处此地的人提供自我认知和再认知的机会来实现。观察地方的自我和眼睛是通过基础的传播行为建构起来的，比如，在一个地方用名字或标签来称呼一个人，就是一种对自我的建构。本章我们将以发展的话语以及对这一话语的逃避和挪用为例，进一步讨论表演和主体性这两个概念。

作为讨论的前提，我们将“进步”和“发展”视作一种经过本地与国家、区域和全球间的协商所产生的意义。我们还会介绍一些重要的社会理论家，了解他们如何论述地方所带来的意义的偶然性，其中巴赫金、葛兰西、列斐伏尔和拉康等人的理论尤为重要，另外，我们也会看到各种范围内的行动者和表征是如何结合在一起而实现史蒂夫·派尔（Steve Pile 1997）所说的“权力融合”，而这种融合又是如何依赖地方作为其传播场域的。

〉》脚本化的表演

传播为地方中的具身在场提供脚本，它规定着人们在某个地方的运动方式和对该地的操控。“脚本”一词最早是由德雷克·格利高里（Derek Gregory）提出的（有别于 Gearóid Ó Tauthail 对这个词的用法），用来表达旅行写作中“具身的主体在物理场景中运动的轨迹”（Gregory 1999: 116-17），相当于是为某些类型的移动开出的处方。脚本具有将一个行动者网络中的多种要素连接在一起的力量，包括文本、移动性、本地人、外地人、仪式、表演、情绪以及场所、引用和视觉，等等。脚本和戏剧的比喻表达了地方中的传播所具有的整体性和复杂性，其重要性在于，它可以有效地避免用二元对立的观点来理解强与弱之间的关系，这种观点在以往的理论中非常普遍，它们“似乎只为那些被官方权力结构击垮了的人说话”（Thrift 2008: 3）。

尽管这一理论代表着地理学中的一种新的转向，但它也不是凭空而生的。段义孚早在 15 年前就认识到“言说可以引导注意力，将并不重要的事物组织成为重要的复合整体，随之而来的，就是让原本被忽略，由忽略而不被看见、不存在的事物变得可见和真实”（Tuan 1991: 685）。早在 25 年前，戈夫曼就在他著名的关于日常生活中自我呈现的研究中指出，“舞台艺术和舞台管理有时看起来 169
微不足道，但它们却有着极普遍的意义，几乎发生在社会生活的每一个角落”（Goffman 1973: 15）。在此之后，朱迪丝·巴特勒（Judith Butler）对“表演性权力”的研究也展现了地方对“仇恨言论”的规范性力量，以及“不许问、不许说”的政策对言论的制约。这两个例子说明地方通过规范和期许决定着言论的意义（Butler 1997b: 105）。段义孚、戈夫曼和巴特勒的研究都说明，大到一个国家，小到一间卧室，地方从根本上是具有表演性的。

言说的表演性或社交性力量来自场景、设置和定位。身处某地，这本身就是一种表演，它涉及多种舞台化的安排。正是在这种变化着的舞台上，表演者努力地通过言说掌控着自我和他人的定位。传播将自我和地方彻底地交织在一起，无论采取的方式是表征性的还是表演性的，是具身的还是抽象的，是面对面的还是远距离的，是理性的还是非理性的。这也让主体性的问题由此凸显出来，因为它也在地方和传播之间起着中介的作用。

无论是作为研究对象的主体，还是作为研究者的主体，其性质都是不确定的，但是我们仍然要努力地接近对他们的定义。苏珊·史密斯（Susan J. Smith）认为“直到研究者对自身对研究过程所产生的积极影响有了充分的认识时”，一个研究才算是完整的（Smith 1988: 18）。金·英格兰（Kim England）也说道：“对研究者自身进行更好的反思会让研究更加包容和灵活，使其研究方法获得哲学的高度，对田野调查中的权力关系更为敏感。”这种反思有时甚至会达到令人汗颜的程度（England 1994: 87,84）。有好几本已经出版的论文集都强调了主体性作为认识世界的方式和生活方式对地理学的意义（Pile and Thrift 1995; P. Moss 2001a: Bondi et al. 2002）。这些研究可能会有些令人不安，让人开始怀疑主体也许并不存在，它们只是无名力量的一种外在表现，或者只是情绪的流动（Thrift 2008: 13），它甚至会让研究者心生恐惧进而对研究望而却步，生怕对他人的研究变成了一种权力的压迫。这其实是忽略了作为研究对象的他者同样会运用一定的权力关系（McGuinness 2002）。从这一反思中我们不仅可以看到主体的流动性以及它对社会过程的依赖，也可以认识到表征是渗透在具身的仪式和表演之中的（Mehta and Bondi 1999），它让我们更好地理解到主体形成的基础在于传播的内化（本书第十章中已经谈到这一点），而这一过程是基于地方所实现的。接下来我们来看地方中的另一种权力关系，它向我们展现了人们是如何使用和挑战脚本，由此重塑自我和他人的主体性的。

〉》地方的交融与发展的话语

当英国传教士来到喀拉哈里沙漠时，当地人对雨神的崇拜让他们无比沮丧。
170 那里的人们相信有一种行僧拥有降雨的神力，这些地方行僧所享有的威望让西方传教士们不以为然，尽管他们自己也是一种行僧。有些传教士在给家人的信中写道："当地的传统说到底就是无处不在的偶像崇拜。"（Endfield and Nash 2002: 736）这些传教士来到非洲"是为了传播基督教福音，他们怀揣着关于撒哈拉沙漠以南地区的人与环境的各种假设，也携带着殖民主义的阶级、文化、商业和政治利益"（Endfield and Nash 2002: 739），因此他们对任何不能为欧洲人带来利润或是无助于他们在"蛮荒之地"建造教堂的当地风俗都报以敌对的态度。对上帝的虔敬和经济上的逐利并行不悖，正如野蛮和无利可图看起来也差不多："早期来到非洲的欧洲探险者不仅用贸易将文明人和野蛮人区分开来，而且他们所要的贸易还必须服务于欧洲人的价值。"（Wheeler 1999: 18-19）传教士们用发展农业和灌溉系统来改变非洲人传统的生存方式，但是一遇到干旱，当地人还是用他们传统的方式来对付，跟随着野生动物群一起迁徙，传教士建起来的农场就这样被抛弃。这些反过来成为欧洲人讥笑当地人的证据，他们说非洲人的头脑"像午夜一样漆黑"（Endfield and Nash 2002: 734），这种对黑色的种族主义偏见建构了一种与"荒原"相匹配的文化，它与荒原一样，从物质到精神都无用、空洞和苍白（Duncan 1993: 53）。有一位传教士在1834年这样写道：

> 上帝再次造访这片土地，带来了漫长和严重的干旱，我们这儿只是在十月份下过一场暴雨，之后就再也没有下过雨，当地的谷物都消失了，几乎所有的绿色都被太阳烤焦了，人和动物都极其遭殃。住在这里的人痛苦地祈求从土地上收获果实，但是只要这里的芸芸众生都拒绝上帝对他们灵魂的拯救，他们就无法摆脱痛苦。（引于 Endfield and Nash 2002: 730）

干旱被说成了上帝的愿望，用来惩罚人们道德的堕落，他们要用"基督教关于环境的信仰来战胜当地的宗教文化"（Endfield and Nash 2002: 733）。如果欧洲人在非基督教地区发现了有利于农业生产的条件，他们也不会将之归结为当地神灵的威力，而是会做这样的解读："在马达加斯加这样一个富饶的国家，住的却不是文明人，也不是基督教徒，真是遗憾！"（Boothby 1644, 引于 Wheeler 1999: 26-7）

当然，欧洲人的话语并不是在这个地方传播和产生影响的唯一话语，本地人也会质疑、反驳甚至反对欧洲人对地方的改造。在殖民主义的环境下，被殖民者并不会保持沉默，他们会通过或公开或隐蔽的方式来表达自己的异见，其中包括玛丽·路易斯·普拉特（Mary Louise Pratt）所说的自我民族志（autoethnography）的方式。比如，他们会采用欧洲旅行游记中的一个常见用语，但是用来表达与殖民者完全不同的意思。这种"文化接触地带"（contact zone）所特有的表达方式 171

与原住民的表达方式之间存在着不同程度的融合和渗透（Pratt 1991: 7）。

地方“雨神们”则从自己的角度出发把干旱归罪于传教士，当地人听从着他们的解释，一起谴责传教士的长胡子或是教堂的钟声把雨给吓走了（Endfiled and Nash 2002）。他们的口语传播与殖民主义的建构分庭抗礼。基督教在中南非洲的传播只是在传统土著社会与现代社会发生碰撞的过程中所发生的众多事件中的一个。在这种碰撞中，总是那些代表着现代性的人在贬低当地人的道德文化时，也将异国的环境视作低级，而当地人反过来也用自己关于地方、权力和主体的话语做出反抗。从话语的角度来理解发展可以让我们看到，围绕着发展的主题，类似的文化冲突是如何在特定的地方展开的。这个观点在以下两种研究中得到进一步延伸。

》》作为逃避和挪用的传播

地理学关于权力的理论来源于马克思主义关于统治和剥削的思想，因此它反对价值中立的空间分析（Johnston 1997），但是马克思主义对“地方中的传播”的理解也过于以经济为中心，它以极化和单向的思维把意识形态仅仅看作是一种自上而下的权力工具。

> 任何时代统治阶级的观念都是占有统治地位的观念，也就是说一个社会中统治物质力量的阶级同时也统治着这个社会的思想，掌握着物质生产手段的阶级也掌握着其精神生产。因而一般来说，他们会将缺乏精神生产手段的阶级置于服从的地位。（Marx and Engels 2000[1846]）

路易斯·阿尔都塞（Althusser 1986 [1971]）用“意识形态国家机器”（ideological state apparatuses）的概念对“精神生产手段”做了透彻和深刻的分析。宗教组织、媒体、家庭和教育系统等机构都属于意识形态国家机器，它们都服从和服务于国家力量。从广义上说，它们也都是不同的传播领域，共同实现生产关系的再生产，对工人实施心理剥削。在这样的宣传环境中，个人反抗统治的机会是微乎其微的。与马克思和阿尔都塞不同，后来的理论家不再如此强调统治和压迫，而是更强调逃避和挪用。他们在承认权力关系的不平等的前提下，不再将这种关系理解为单向的或自上而下的。这些理论家为我们点明了人们通过各种

形式的造反、不合作和抵抗来逃避、协商甚至对抗意识形态的能力。其中最有影响的两个人是巴赫金和葛兰西。 172

巴赫金思想

对俄国文学批评家米哈伊尔·巴赫金（Mikhail Bakhtin）来讲，语言从来就不是唯一的。即使是看起来操着同一种语言的人，他们中间也总是存在着语言的多样性，或者叫"众声喧哗"（heteroglossia）。这一观点大体相当于社会语言学中关于语言的多种类型的观点，即每种语言都存在着从正式到非正式的一系列不同的风格（Saville-Troike 1982: 49-52）。但是巴赫金往前进了一步，他指出在不同的语言风格、方言和俚语之间存在着争夺。每一次言说都包含着"双声道"，它是说话人的声音与他人的声音的相遇，它会部分地吸收他人的表达方式，也在与他人的关系中确立自己的位置。当然，这并不是说每个人都有一个固定的位置，因为人们会同时与不同的群体发生对话，对话中既有主流的声音，也有边缘的声音。

> 某一次言说都因它对词语的选择、其特定的句子结构和声调而独具特点，所有这些都是在表达说话者与此次语言交换所发生的整个社会情境之间的互动关系。（Bakhtin and Voloshinov 1994: 41, 见 O' Reilly 2007: 622）

巴赫金从粗鲁和下流娱乐的符号转化中看到了抵抗，由此发展出"狂欢"的概念。"狂欢"在这里比日常使用中的意思更为丰富，它包括狂欢、骚乱、那些流行在街市里的粗话，甚至是极端的文字（Holloway and Kneale 2000: 81）。它是人们所创造的一种另类的时间、空间和社会秩序。在这种状态下，那些已成规范的社会等级秩序从符号、社会和心理上被消解。通过对底层的身体及其社会作用进行赞美，产生了一种通常不被人接受的微观地理，狂欢荒诞打破了教条、专制和"狭隘的严肃"（Bakhtin 1984: 3）。这种姿态反映出人们希望听社会底层声音的欲望。通过下流的幽默可以将身体与社会空间结合，从而带来对身体的改写，随之也会带来对社会权力关系的改写。狂欢既代表着一种传播方式，也是对传播的语境和传播主体性的表达。

凯瑟琳·奥赖利（Kathleen O' Reilly）把巴赫金的理论运用在对印度拉贾斯坦邦的研究中，发现"当地妇女在参与发展项目时所产生的冲突创造出了新的社会意义和空间变化"，这种意义和变化表现在"项目成员之间，以及项目成员与他们所管辖的村庄之间的话语协商过程中”（O’Reilly 2007: 629, 614）。在印度，各种话语之间表现出“语言和空间的微政治”以及某一地方语境下的“众声喧哗”（O’Reilly 2007: 620）。奥赖利的研究还表明抵抗的话语与压迫的话语相互
173 混杂。在讨论供水、储蓄和信贷问题时，NGO 组织中的女性工作人员会提出临时的场地上的要求，允许当地妇女实现她们的社会角色。比如供水项目的组织者在一个教室里与当地妇女们讨论她们的生活和机遇，通过占领一个教室，这个会议可以做到只对妇女开放，有效地抵御某些男性权威人物的干涉（比如一位村庄供水协会的男性成员），防止他把妇女和年轻女子赶回家里。这个男人“企图否认妇女参与这个项目的意义，也想夺回女人们暂时获得的空间控制权”，但是妇女们坚定地占领着这个空间，对社会习俗提出质疑，也号召其他女性蔑视父权的声音（O’Reilly 2007: 626）。这个地方为女性提供了一个临时的领地，在这里她们可以发表自己平时不能发表的意见，也促进了这个地方的“众声喧哗”。

葛兰西思想

意大利马克思主义者安东尼奥·葛兰西（Antonio Gramsci）围绕着“庶民”（subaltern）的概念发展出一套深刻的文化霸权理论。“庶民”代表着处在统治和抵抗二元对立之外的声音。在这个意义上，统治集团和各种底层组织之间有着某种暧昧的合谋，它使得文化霸权和意识形态的控制总是处在不断的变化之中，在冲突之中保持一种“动态平衡”（moving equilibrium）。文化的动力机制正来自社会权力关系的多维性，不论是统治集团还是下层人民，他们的内部都存在着文化多样性。庶民群体会对主流意识形态“或赞同或漠然，或抵抗或顺从”，他们以一种自相矛盾的意识与它取得共识，群体之间达成共识的愿望不可避免地会带来
174 妥协（Warren 1993: 177）。

在公开抵抗和“常识”之间、批判话语和官方话语之间有一个中间地带叫作“判断力”（good sense）。它是一种批判的视角，“既表现为超越体制、对自由和竞争的追求，也表现为在剥削和压迫体制中见缝插针寻求生存空间的能力”（Willis 1981[1977]: 120, 见 Yeh 2007: 599）。它会欣然接受权力所创造的负面形象，好像是在宣称“我就是那个不是我的人”，似乎以成为不被主流认可的主体而感到满足，这是庶民对整个殖民话语表示出不屑一顾。所以说，压迫的修辞和日常生活抵抗的修辞不仅相互利用，也存在着相互较量。无论是合作还是不合作，这种表演都必须以地方为舞台。

》多维权力与异质传播

社会现实并非只是权力与抵抗的对峙、正反观点的交锋、阴与阳的对立，更多的是由各种力量复杂地交织而成，权力中总是有抵抗，而抵抗中也包含着权力，权力和与之对抗的力量都是在多个维度上展开的（Mann 1983; Sharp et al. 2000）。"因此，尽管不同形式的控制会产生特殊的地理，抵抗的地理和统治的地理之间未必甚至从来不是一一对应的，不是像把地图倒过来看那么简单。"（Pile 1997: 2）我们不能把世界简单地分成统治的地方（比如"全球北方"或"第一世界国家"）和抵抗的地方（比如"全球南方"或"第三世界国家"），它们并不是拼图游戏中的一块块碎片，可以严丝合缝地拼在一起。同样，我们也不能按照资本家和工人，或者男人和女人来把世界一分为二。

从认识论上将抵抗与统治分开则是有必要的，因为抵抗的空间性不能用统治的空间性来解读，因而"抵抗的叙事既存在于吸血鬼杀人的故事中，也存在于服装和小花招所创造的欺骗性空间中，人们通过这些来模糊政治身份的边界"（Pile 1997: 2, 14）。正像统治会成为主体的一部分，推翻统治的紧迫感也会成为某种主体性的一部分。原本不相关的空间和地方在主体的形成过程中聚合在一起，正是这些力量的统一最终构成了主体性。主体构成的复杂性意味着，无论是抵抗的空 175
间还是统治的地方都不能从单一的角度去解读。

与此同时，抵抗的修辞可以当作一种信号对权力做出诊断。它通常可以让人看到压迫会在哪些地方发生（Abu-Lughod 1990; Cresswell 2000: 265）。像讲笑话或是微笑这样微不足道的举动也会成为反叛精神的信号，让压迫有可能变得较为亲善。"一般来说，喜剧中的笑声是因日常生活常识中的规则被打破而发出的，正是这些实用的符号互动规则构成了我们生活的环境。"（Cresswell 2000: 264）这就是为什么"笑声比眼泪更让暴君恐惧，孤独的诗人比有组织的反对者更让他们担忧，幸福比悲伤更叫他们不安"（Olsson 1992: 89）。女性和其他来自社会边缘的作家很善于用幽默和讽刺来跨越空间、社会和话语的边界，要不然她们就只能被困在其中（Blunt 1994: 58）。正是因为规则通过地方包围着我们，成为地方的一部分，我们才对它们视而不见，而喜剧和讽刺却能在一些特殊的地方暴露出权力对我们生活的控制。日常生活是基于地方的生活，所以只有在地方中我们才能理解那些微妙的抵抗（Scott 1985, 1990; Stallybrass and White 1986）。有了对地方的细腻理解，就算是那些看似对说话人不利的自贬也有可能成为蔑视权威的工具。

以上的观点得益于亨利·列斐伏尔（Henri Lefebvre）的理论。他对“空间性实践”“空间的表征”和“表征性空间”这三个要素的分析尽管令人费解，却影响颇广。他小心地避开了其他学者所采用的三分法，比如主体 / 客体 / 主体间（Habermas 1984, 1987）、环境 / 行为 / 信息（Gould and White 1974; Downs and Stea 1977）、地方 / 实践 / 语言（Pred 1984, 1988）、自然 / 意义 / 社会关系（Sack 1997）等，他尽管熟知这些概念，还是觉得它们都不够好，他要用更为巧妙的概念来表达类似的思想，而且还得保证这些概念之间并不相互排斥：“它们要能够揭示社会空间的特殊性，它既不同于哲学家和数学家所定义的心理空间，也不同于由人的空间感知所体验到的、通常被理解为‘自然’的物理空间。（Lefebvre 1991: 27）。

列斐伏尔在关注传播的同时始终强调空间和地方的核心地位。他认为“对空间的低估、忽略和消灭就等于过分地高估文本、书写内容和书写方式，以及人类可读和可见的东西的影响力，由它们来垄断人类的智力”（Lefebvre 1991: 62）。这并不是要拒绝意义的解读，而是要强调意义首先产生于“表征性空间”，它是艺术家、作家和哲学家们所直接体验的非语言传播空间。与此相反，“对空间的表征”则是抽象的、理论的、以生产为导向的空间，它涉及另一种传播，即由规划师、官僚机构、工程师、政治家、商人和其他权力阶层所制订的正式规划和抽
176 象蓝图，他们借助对空间的规范而控制人的行为。而“空间性实践”则是具体的行动和表征的结合，这种结合为每一处景观独增特色。传播在这一过程中也在发挥作用，它通过与物质现实产生表演性关联渗透到日常生活之中。

尽管列斐伏尔的思想偏向经济权力关系，相对忽视种族、民族等其他权力关系（McCann 1999），但他鲜明地将空间作为政治运动的一个有机组成部分，这对后来的大卫·哈维、爱德华·苏贾和德雷克·格利高里（Derek Gregory ）等地理学家产生了巨大影响。正如他所说：“改变生活必须改变空间。改变空间就是改变生活。”按照梅里菲尔德（Merrifield 2000: 174）的解释，“空间的表征”主要是“那些接受过正规的空间化职业训练的人所使用和生产出的众多晦涩难解的符号、术语、法典、物化的表征，这些人包括规划师、工程师、发展商、建筑师、城市设计师、地理学家以及其他科学人士等”。而“表征性空间”则使用非正式的传播，它从本质上反对占有和简化。它们既抽象又实用，不需要遵循任何连贯和自洽的原则。遗憾的是，一旦它们形成了一定的影响，其独特性往往就会随之蒸发。“‘表征性空间’是有生命的，它会说话。”（Lefebvre 1991: 41-2）这种空

间或许有点类似加斯顿·巴什拉（Gaston Bachelard）所说的“诗意空间”。巴什拉曾说，“我们完全可以说‘阅读一栋房子’，或是‘阅读一间屋子’，因为房子和屋子都是引导作家和诗人去理解亲密关系的心理地图”（Bachelard 1964: 38）。在地理学词典里，“表征性空间”比较接近“地方”的意思。“空间实践”则是另一种传播，当人们开始将社会空间据为己有时，他们在其中开展的更多的是人与人之间面对面的传播。

巴赫金、葛兰西和列斐伏尔的理论为地方在社会理论中赢得了一席之地，总结出了一些用来分析地方是如何形塑并改写权力的方法。他们的思想中几乎总是表现出对经验的特殊性和地方的具身性的敏感，提倡自下而上的社会组织方式，而不是超越地方中的日常生活而去寻求某种普适的力量和原则。他们鼓励我们重视地方中的日常生活，从工作、闲逛、休闲、上学和去教堂、看医生等看似平常的实践中发现权力。这一视角也让我们更能看清个人权力的踌躇和摇摆：“具身性总是伴随着跌跌绊绊和各种错误。它是脆弱的、被动的、痛苦的甚至是饥饿的，它充满着失眠、磨损和消耗，时常显得微不足道，甚至是对世界的冷眼旁观。换句话说，身体可以，而且经常被压倒。”（Thrift 2008: 10）总之，从前马克思、阿尔都塞等人较为结构化的理论主要针对的是资本主义、理性主义和官僚主义这些力量，而现在关于这些问题的讨论已经退居其次，日常生活实践转而成为关注的焦点。一开始，研究者容易将地方与权力的二元性捆绑在一起，用地方来代表“抵抗的政治主体性”。由于“人的主体性定位并不完全取决于他们与当
权者的关系，所以这种做法同样会将个人置于尴尬、暧昧、过于矛盾和危险的 177
境地”。这种二元对立只有通过将地方的诸多因素都考虑在内才会得以消解，因为地方“终究是由经验构成的，这些经验在成为‘权力’之前，首先会表现为欲望、愤怒、容量、能力、幸福、恐惧、梦想或是遗忘”（Pile 1997: 3）。

〉》主体性、地方和传播

个人在权力面前的脆弱是内在于其主体性之中的，地理学家从精神分析理论中找到了许多理解这个问题的洞见。最著名的莫过于拉康的“镜像阶段”理论，它是指儿童在成长过程中第一次通过从外界环境中看到自己的镜像，意识到自己作为一个整体的存在。镜像阶段并非真的要用到镜子，绘画艺术、摄影、电影和

电视等各种媒介都可以提供这种观看影像。像镜子一样，媒介也属于拉康所说的“符号秩序”，即“将我们组织成为社会主体的语言和文化秩序”（Blum and Nast 2000: 183），这一镜像过程生产出“自尊”，拉康称之为“想象秩序”。这种通过传播将外在影像内化为自我的过程与“现实秩序”形成反差，形成一种自足的存在状态，一种先于社会化过程而存在的具身身份。

根据拉康的理论，社会化就是通过外在事物而实现的自我认同，其渠道是对各种传播方式的认同。这一思想在地理学中正在取代阿尔都塞过时的意识形态理论。有些研究并没有直接引用拉康，但也表现出对主体性问题的日益关注。比如，艾利森·布伦特（Alison Blunt）发现来自家乡的来信会带来英国驻印度女性殖民者主体性的转变。她们在 1857 年从勒克瑙逃往阿拉哈巴德（均为印度北部城市）的途中，以及在勒克瑙围城事件中，表现出多重主体性，她们既是家庭主妇，又是帝国的子民，还代表着特定阶级。她们的日记和信件显示她们离开勒克瑙后主体性发生了变化，其中，到了迪库沙宫后她们拿到了在这里积压了 5 个月的信件，这件事情对她们的影响尤其明显。

> 在围城期间，英国女性关心的是家庭事务危机，而不是帝国的危机，这种情况一直持续到她们离开勒克瑙的头几天。然而，一旦她们收到来自英国的家信，这些女人的家庭角色开始与她们的帝国主体性结合在一起。英国公众和家人在信中所表达的情绪让这些女性意识到自己所经历的既是一次帝国危机，也是个人和家庭的危机，而她们在这两者之中都是中心角色。（Blunt 1999: 101）

来自英格兰的信件为这些女人提供了一个认识自我的镜子，召唤着她们的主体性。

178 拉康也从两性关系的角度论述了主体与传播的关系。鉴于在尚未获得语言能力期间，儿童会经历一个依赖性阶段，在这个状态下他们无法将自我与母亲分离开来，从这个角度来说，人获得流利的传播能力就是迈向父权之路。成人的过程要求人们学会使用符号，而符号意义的核心就是阳具崇拜（phallus）（Parker 2007）。正是这一过程将意义、性别和社会权力融为一体，“父亲的形象被视作权威的最原始的代表”（Lacan 1977: 311，见 Blum and Nast 2000: 198）。德里达进而用“阳具中心”（phallogocentric）来形容男性地位在传播中以及通过传播所实现的特权地位。

没有几个地理学家会彻底接受拉康的所有观点，但是前卫的学者都会在一点上赞同他的观点，即语言是用来统治、制定法律和发布命令的。地理学家们将欲望特别是抵抗式的欲望视作控制和男权结构的对立面。列斐伏尔（Lefebre 1991: 36）在提及拉康的观点时颇有创见地提出："他的观点存在一个问题，即在逻辑、认识和人类学意义上都把语言摆在空间的前面。"任何一个忽视空间和地方的理论都会轻易地将传播理解为一种纯粹的意识形态控制，似乎"这种精神再生产方式"可以完全占领主体。也许正如伯拉姆和纳斯特提出的，要想很好地继承拉康的思想，就必须抛弃其中的异性恋规范，拒绝用二维的视觉形象来探索三维空间的运动，这样才能理解主体是如何被从外到内地塑造出来的（Blum and Nast 2000: 187-8）。拉康值得继承的地方在于将传播理解为一种存在于自我内部的外在影像，以及在地方中实现自我的存在。

阳具崇拜或是阳具中心主义用略带冒犯的隐喻提醒我们关注身体以及身体所栖居的空间，它们都有着独特的被殖民和被征服的历史。它让人们从生理上的"插入"联想到地理上通过领土占领和殖民所实现的"插入"。同时，结合对父权的批判来批判殖民主义也可以让我们看到这两种形态的控制同样是在各种话语权力的交织下发挥作用的。

〉》结论

从简单地呼叫一个人的名字，到复杂的对诸如发展和殖民话语这样的修辞结构的运用，地方中的传播行为生产着权力。尽管信息和传播技术已经让人的交往越来越超越空间的局限，地方仍然是所有传播实践中的重要影响因子，而每个地方也都是由特定的传播所构成的。地方对意义的生产起着限定的作用，人们通过地方才能读懂传播内容的社会意义，地方以这种方式赋予传播以力量。

正是因为这样，传播并不像它们看起来那样简单。一个平时作为他用的房间
也可能被挪用为抵抗的空间，让庶民和反对男权的人可以发声，对外部世界的权 179
力关系发出疑问。小到一个房间，大到城市和国家，语言的政治都在其中反映出社会的多样性，在众声喧哗和多重权力的交织下，世界不再只是强弱对立的一维或二维空间。在一个方面的弱小可以形成某种话语资源，让人在另一个方面行使权力。

马克思、拉康、阿尔都塞的思想让我们看到什么是占统治地位的传播，空间

如何巩固着权力关系，话语生产如何让人服从剥削。葛兰西和巴赫金则让我们领悟到主体的抵抗性。马克思提出意识形态也是一种生产方式，阿尔都塞进一步揭示了这种生产关系的再生产过程。但是这两位理论家的思想都过于僵化和自上而下，没有充分考虑到地方和个体的因素，也没有考虑到不同的群体对社会关系所产生的不同影响。后来的学者纠正了这一偏向。拉康的精神分析理论，葛兰西对传统二元权力观的打破，巴赫金用众声喧哗和狂欢的概念对传播中的复杂性和游戏成分的认识，这些都丰富了马克思和阿尔都塞的理论，使其变得更加精致。列斐伏尔的三元素分析又将这些深刻的见解往前发展了一步，他借空间的话语确定了传播在地方中的地位。以上这些理论贡献共同揭示出这样的道理：声音在一个地方响起、影像让人看见、主体在表演中转型，所有这些都是复杂的权力关系相互交织的结果。

第十二章 轨迹和常规

人作为一种物理的存在、一个活动的身体、一个观者或是一个说话人，在一 180
个地方的所作所为，才是地方的意义所在。是我们让地方传播着意义。游客、乞丐、手持公文包的职员、遛狗的人、玩着滑板的青少年，每一个活动的身体都在城市文本中写下自己的篇章，以他们自己的影像重绘城市的形象，在一本复杂流动的书中留下自己特有的一行文字。城市将自己的印记铭刻在生活于斯的人身上，也让他们的活动成为自己的印记。

本章讨论同为空间实践的移动和传播以及它们之间的互动。我将从移动性和近用性的概念谈起，重点介绍德·塞托的“步行者表达”和本雅明的“闲逛者”的概念，还要介绍托尔斯滕·哈格斯特朗（Torsten Hägerstrand）的时间地理，以及在此理论基础上发展出的“时空鱼缸”（time-space aquarium）的概念。我将探讨这一理论模式的建立如何顺应人们的交往规律，使得原本棘手的技术决定论问题变得迎刃而解。近用性、延展性以及两者之间的结合，为认识个人生活轨迹和常规的演化提供了话语平台。接下来，我们会把注意力转向地图的绘制，解释制图家为何会排斥“传播模式”及其背后的原因。回答这个问题必须首先搞清楚绘图所涉及的主体性，而这一主体性必须与地图使用者的移动性结合起来，在地图、移动性和空间日常规律这三者之间的相互关系中加以理解。地图是一种传播媒介，它与移动性的关系既发生在后台的地图制作过程中，也发生在地图完成后的使用过程中。这个例子里贯穿着三种不同的线条（line）：语言中句子的线条、地图上绘制的线条以及身体在空间里移动的线条，这三种线条是紧密地交织在一起的。

〉》作为文本的步行者轨迹

城市并非只是被动地等着人来书写，它也塑造着人的运动方式，主动地传授 181
给人运动和符号化的语言。每一个生活在城市的人都能体悟到本书第八章关于修辞理论的内容中所提到的所有修辞方式：讽刺、隐喻、提喻和转喻。对都市环境最有洞察力的观察家之一沃尔特·本雅明曾说："当我想到巴黎的下午，就会想到那闪电般到来的一线灵光，它照亮了我的生命……我对自己说，这一切只会发生在巴黎，那些城墙和码头、那些让人停顿的地方、收藏和垃圾、栏杆和广场、拱廊和售货亭都在教会我不同凡响的语言。"（Benjamin 1979: 318, 见 Savage 2000: 43）巴黎在本雅明眼里是充满着隐喻的，那些四处可见的标牌上的文字，比如"注意脚下"，对写作和理解生命都有着重要的意义（Benjamin 1979: 45,61）。从中我们可以悟到，其实所有的环境都是在传授一种语言，而那种语言，包括它的各种修辞、感染力、话语和地图，都来自环境与身处这一环境的观察者之间的互动。

在 19 世纪的购物拱廊的透明屋顶下，走在精心铺设的、两边橱窗夹道的走廊里，闲逛者成为本雅明眼中最为典型的都市人，一个城市生活的悠闲观察者和各色商品的消费者。在这种工业时代早期尚处于雏形的大型商场里，货物第一次以这种特殊的方式陈列出来，散发出一种梦幻和混乱的感觉，让闲逛者体验到处处充满徘徊、希望、怀旧的情绪。所有这些加在一起构成一种魔术幻灯的感觉（phantasmagoria），一种类似幻灯片的感观体验，个人的欲望被广告宣传所控制。与此同时，这种魔术幻灯的感觉中也蕴含着某种改写公共秩序的可能性，因为它将乌托邦的想象与集体的无意识结合在一起。本雅明不仅分析了这种现象，还希望能够对它有所贡献，他采用一种魔术幻灯的写作方式来挑战理性主义，这让他对传播的思考格外深刻和具有反思性（Gregory 1993; Savage 2000: 40）。

对本雅明来说，城市步行者或闲逛者极好地代表了现代都市人的特点。他们是一个在家的陌生人，被视觉的快感所吸引，也被商品的幻影所干扰，同时也被橱窗的灵感所解放："就在我们司空见惯的范围内，幻影的轨迹中隐藏着改变社会的乌托邦种子。"（Warren 1993: 181）虽然看上去闲逛者被城市的拥挤和混乱压缩成了一个近乎物化的存在，事实上他却可以通过参与一种崭新的、以街道为样式的传播对这种物化提出挑战：

> 对他（闲逛者）来说，闪烁的、上釉的商业标志至少有点像是展示在墙上的装饰品，不亚于在自己的沙龙里向到访的小资客人展示一张油画。他把街道的墙壁当作写字桌，摊开他的笔记本，把报亭当作图书馆，工作结束后，他可以把咖啡馆的屋顶当作阳台俯瞰自家的房子。（Benjamin 1977[1983]）

如果说本雅明只是将步行者的世界做艺术的解读，一些有创意的艺术家已经开始将步行设计成真正意义上的艺术作品。说得简单点，他们就是用步行者的运动轨迹在景观上进行书写（Brennan 2005; Phillips 2005）。空间组织（比如地图上的线条）以及传播与表演（比如话剧中的台词）在“线条”（line）这个概念上得到巧妙的结合。 182

> 行走在城市的系统中就相当于运用语言来说话。在最基础的层面上，它具有三重“宣言性”的功能：它是行人占用网络系统的过程，就像说话者对语言的占用和发挥；它是对地方的空间表演，就像说话是对语言的听觉表演一样；最后，它暗示着不同地点之间的关系，以运动的方式与不同的地点达成实用性的“合约”……因此，我们不妨将步行定义为一种空间宣言。（de Certeau 1984: 97-8）

法国社会理论家米歇尔·德·塞托（Michel de Certeau）的这段话告诉我们，人行走于城市所留下的轨迹与描述城市的言说之间有许多相似之处。但是运动的身体是三维的，它要用到手、头和躯干，用到腿和脚。所有这些都为具身运动创造出一个紧密和宽广的空间，德·塞托把这个空间形容成“森林”：“我们可以在街道上看到‘姿态的森林’（forests of gestures），它们的运动是无法用一幅画来捕捉到的，也不可能用文字来限定。”在对姿态做了大篇幅的讨论后，他指出：“它们修辞性的移植带走并取代了分析性的、条理清楚的城市意义；它包括一种由大众生产的‘语义学的徘徊’，让城市的一些部分消失、另一些部分突出，将城市变形、碎片化，脱离固定的秩序。”（de Certeau 1984: 102）

与此同时，阅读也是对步行的一种补充，德·塞托用“盗猎”（poaching）来形容这种渴望跨界的行为。他认为“阅读就是游荡在一个强制性的系统中，文本类似于一座城市或者一个超市所建构的秩序”。探索这个虚拟空间对读者（或者电视观众）来说，是一种“安静、侵略性、讽刺性或是诗性的行为，这种行为只属于他们的私人空间，不用在乎‘主人’是谁”（de Cerdeau 1984: 169, 172）。如果阅读是在多样的虚拟空间中的自我搜寻，那么身体在城市空间中的物理运动反过来也是一种书写和铭刻。行人在城市的运动创造了“运动的、相互交汇的书写网络”，行人的记录“成就了一个既没有作者又没有读者的多元故事，它是由无数轨迹的碎片和空间的改变所塑造出来的。对于城市的表征来说，它是日常和无限的他者”。步行者的身体“追寻着城市厚薄不一的文本，对那些自己写就的文本，却未必能够阅读”（de Certeau 1984: 93）。因此人们在城市中的运动就像他们对书面语、口头语言、手语和其他媒介的使用一样，属于一种索要空间的战术（tactics）（Stratford 2002: 203; Skelton and Valentine 2003）。[1]

183 尽管本雅明用闲逛者来代表典型的都市人，德·塞托提出了“行人宣言”的观点，另一些人将步行视作一种艺术形式，学者中还是有不少人对城市行走做出了负面的解读。在詹姆斯·乔伊斯（James Joyce）的《年轻艺术家的肖像》（*Portrait of the Artist as a Young Man*）一书中，主人翁在“犹太社区”的闲荡带来了他的堕落；在赖纳·玛利亚·里尔克（Rainer Maria Rilke）的《布里格随笔》（*The Notebooks of Malte Laurids Brigge*）一书中，精神病人被一个走路的行人背弃，被当成一道风景观看；在波德莱尔的诗歌《小老太婆》（*Les Petites Vieilles*）中，那个老太婆被比作一个牵线木偶，“像一只受伤的鹿一样被拖着”，在强烈的震动下止不住地“跳舞”；在罗伯特·弗罗斯特（Robert Frost）的诗歌《离开》（*Away*）中，出门散步则象征着死亡（Adams 2001: 196-201）。如果步行是一种书写，那么在文学和大众的想象中，那种“狂热的、神出鬼没的、迷失方向的、漆黑一片的和毫无启发性的步行”也困扰着社会生活，这种移动带给人们的是排斥、衰退、腐败、指控和死亡（Wallace 1993: 229）。

无论是正面、负面还是中性，步行向我们展示了德·塞托（de Certueau 1984: 105）所说的“在文字所规定的意义地理之外的另一种诗性的地理”。更为概括地说，移动性代表着在常见的边界之间、在地方和空间之间，增加了第三种可能性，或称第三空间（Soja 1996）。

〉》近用性和延展性

“距离递减理论”（distance decay）是地理学中最持久的理论之一。它的思想是，在其他条件不变的情况下，两个地点之间的互动会随着之间距离的增加而递减（Couclelis and Getis 2000）。有人曾尝试过用数学方式来计算这一模式的空间分析，就算找不到任何计算方程，今天的地理学家大都会认同这一模式的有效性。聚集近用性研究（aggregate accessibility）用于分析一定的道路和目的地的安排对交通流量所产生的影响（Sheppard 1995）。解散近用性研究（disaggregate accessibility）则关注个人的空间活动以及人们与移动相关的选择和决定。尽管他们的选择其实是有限的，个人通常会认为自己是理性的完美主义者，可以用最少的时间获得最多的服务，或是在目的地之间找到最佳捷径（Hanson and Schwab 1995; Pipkin 1995）。不论是聚集还是解散，阶级、种族、性别等社会因素都会影响近用性，于是，权力越大的人拥有越多的近用权，而妇女、老人、穷人、有色人种则会受到更多的空间限制，这反过来也强化了他们的弱势地位（Hägerstrand 1970; Massey and Denton 1993; Hanson 1995）。

传播技术极大地丰富了这一模型。如果说购物少不了要跑一趟商店，那么，
商店在城市的分布就必须与人口的分布相匹配。但是，如果是亚马逊所提供的网 184
上购物，人口的分布对近用性的影响就不及家庭电脑的分布、使用信用卡网上付费的人数以及信任网上购物安全性的人数重要。后面这几个因素在城市的物理空间中很难得到体现，但是它们与近用性却有着很大的关系，因为网购有可能会大大缩短交易时间。

有一位地理学家为这一现象的研究提供了很好的理论，他提出“人在区域科学中应该有什么位置？”这个问题，由此开启了时间地理的研究。托尔斯滕·哈格斯特朗（Torsten Hägerstrand 1970）的这个著名提问带出一个创新性的研究方向：对个人活动的时空轨迹进行描绘。时空在这里指的是人们在展开自己的日常生活时，对其中的各种限制和机遇做出反应所形成的四维空间。因为一个人不可能两次通过同一个时空点，而且每个人在任何时候都有自己所在的地方，所以，个人的生活轨迹就是一个穿梭于“时空鱼缸”的闭环线，由此产生出一种表现人的活动方式的技术，它用 Z 轴来表示时间，用 X、Y 轴表示空间（Hägerstrand 1970）（见图 12.1）。

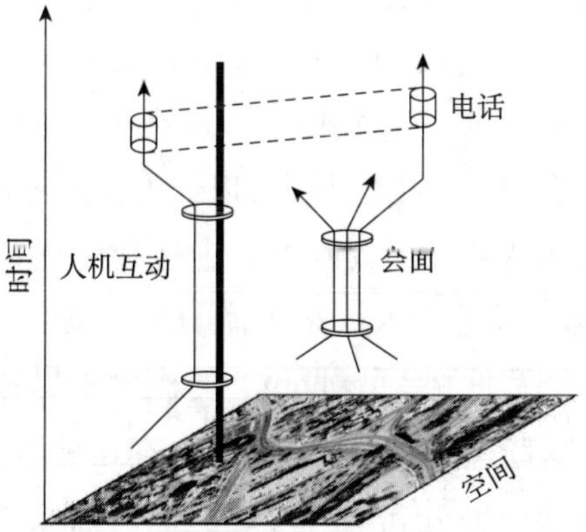

图 12.1 哈格斯特朗时空模型。地形的高低被平面化，纵向维度用来代表在“X 乘以 Y”大小的区域内运动的时间长短。在这个“鱼缸”中可见三种类型的线束，中间的粗线代表着一个机器。来源：作者根据哈格斯特朗的理论绘制（Hägerstrand 1970: 14）。

人们正是循着这样的路径经过不同的站点，完成不同的事情。一旦他们在两个时间点之间有一段可以自由支配的时间，就会出现一个代表着机会的棱
185 柱，其中包含他在这段时间里经过的所有地点。地点之间距离越远，他在某个地点待的时间就越短，做短暂的访问后就要赶到下一个约会地点。在从一点到另一点的过程中，人们会凭直觉感知到这些机会的棱柱体，根据三方面的限制条件来调整运动：配对限制、能力限制和权威限制。配对限制“规定着个人为了生产、消费和交易与他人、工具和物质相遇的地点、时间和时长”（Hägerstrand 1970: 14）。能力限制由一定的交通条件和人对睡眠的需要而决定。而权威限制则是指社会上存在的禁忌、规范以及正式或非正式的领土控制。几乎所有的时间地理研究都本着一个共同的前提，即“一个人不可能同时出现在两个地方”（Carlstein 1982）。

新的传播技术所创造的机遇主要体现在对配对限制的影响上，最显著的影响就是以上那个假设开始遇到麻烦。如果我们将一个人直接接触的区域不看成是一条线，而是一个管道，因为他或是她能够意识到的，并且可以进行互动的其实是一连串近在咫尺的地点，那么，新媒体就可以通过将更多的地点带入人的感知而将这个管道扩大。因此，哈格斯特朗宣称电信技术“已经完全打破了曾经非常狭窄的空间界限”，“电子传播让人们几乎不用花费时间用于交通就可以形成运动轨迹的一个线束。广播和电视之所以特别受到关注，正是因为它们会占用其他活动的时间，每个人都可以随心所欲地进出某一个线束”（Hägerstrand 1970: 12, 15）。

近用性虽然凭直觉就可以理解，但要想测量它却非常困难（Couclelis and Getis 2000; Scott 2000），如果再考虑到传播对接近性的影响，就会让这个工作难上加难。传播让人们了解遥远的地方并且对它施加影响，它提供的接近性不亚于物理的在场。所以，关美宝（Mei-Po Kwan 2000）认为我们需要将两种形式的近用性——基于交通的和基于传播的——放在统一的综合测量体系中，因为“如今电子传媒技术所提供的个人流动性可以让人在全球范围内获得信息，尽管他们的物理活动仍然在很大程度上局限于本地范围内”（Kwan 2000: 241）。一旦这两种形式结合在一起，关于个人或是主体的观念也会改变，我们开始用哈拉维（Haraway 1991）的“赛博格”（cyborg）的概念来思考这个问题，它是一种技术延伸的自我或“无限自我”（Adams 2005），在这种形态的自我中，人类、技术和非人类因素结合在同一个网络中，以超越肉身所能达到的极限。将各种非人类因素加入“人体的不同部位会不断演化出具有不同功能的多种结合体”（Thrift 2008: 10）。虽然时间地理为描述人的行为搭建起一个有趣的平台，但是现在看

来它的假设是站不住脚的，因为“一个人完全有可能在同一时间出现在不同的赛博地点，这样就违背了一个人在一个时间只能出现在一个地方这条假设”（Kwan 2000: 243）。

延展性（extensibility）表达的是因传播而实现的进入空间的能力，贾内尔 186
（Janelle 1973）将之解释为时间和空间在融合中的互换。借用关（Kwan）的思想，我们也可以设想一种混合的延展性，即人们通过日常生活中的移动和传播将多个地点的行动连接在一起所产生的能动性。但是只要一个人想与他曾经见过的，或将来要见的人进行交流，接踵而来的赴约、践行承诺和实现交流就必然会带来身体的移动。在这种情况下，非要把近用性和延展性僵化地区别开来就没有多大意义了。移动既对传播做出反应，又促进着传播，传播既是移动的动因也是它的结果。

关（Kwan）认为这一研究方法的优势在于： 189

> 在适当的时空尺度下，这个延展性示意图可以让我们以赛博格的方式来看待不同地点之间的空间关系。比如，有时偌大一个世界可以看起来相距只有几秒钟，而到隔壁邻居家登门造访花的时间却更长。用这种方法就可以反映出这种时空倒置，并对此进行解释。（Kwan 2000: 253）

不仅时空上的远近有时会与物理空间中的远近发生错位，有些人每天会把更多的时间用在广播电视之类的远距离传播上，或是用在通过电话、电邮和网络社交媒体的远距离交往上（Adams 2000: 238）。家已经不再是从前那个隐居之处，它已经变成了一个传播枢纽（Meyrowitz 1985）。“尽管家看起来是固定的，在家的感觉却不一定局限于待在一个固定的物理空间中，它也可以通过人与人之间的熟悉程度或是信息网络而实现。接通电话和电邮，打开广播和电视收听收看全国性节目，家成了一整套日常联接和接触的组合。”（Edensor 2002: 62）媒介对时空限制的重新组合改变着空间和地方。

唐纳德·贾内尔（Donald Janelle）将这个问题说得更为具体，他认为“从概念上说，人类的延展性就是时间和空间在融合中的交互性。我们不应该过于专注于人类跨越空间的运动能力的提高，而要关注人类互动机会的扩展。用一句形象的话来说：‘世界在缩小，人在扩大’”（Janelle 1973: 11）。当然从长期来看，扩大只是延展性变化的一种可能，如果遇到像失业、得病，或是服刑这样的生活事件，也会让人失去延展性。

人们通过物理移动和使用信息传播技术两种方式参与到多种地理尺度中（本地的、区域性的和全球的）。关（Kwan）的“混合近用性”所表达的正是个人通过移动和传播——无论是亲身还是以技术为中介的——对多元地理尺度的参与（Kwan 2000）。不仅如此，她的研究还显示，量化分析并非完全对平等、公正和多样性等当代地理学中社会文化研究的核心问题毫无发言权。

> 在由电子传播技术和互联网所带动的虚拟世界里，对机会和信息资源的近
> 用方式与物理世界中的截然不同。在赛博空间中，不同的个体获得资源和互动
> 的机会是传播技术中介化的结果。它便更依赖于某人是否能够用到这种技术、
> 有没有能力使用这种技术，用来克服物理障碍所需要花费的时间和金钱反倒显
> 得不那么重要。除非接近和互动的成本仍然受制于地点的空间隔离（比如，长
> 190 途电话费），地点和人之间的距离对个人的近用权以及赛博空间中的空间互动
> 所产生的影响微乎其微。当一个人可以带着电子钱包瞬间环游世界时，时间和
> 空间的压缩就真的实现了。（Kwan 2000: 243）

延展性与财富、受教育程度等其他权力形式的关联是非常复杂的。毫无疑问，不是所有的穷人或是工作地位低下的人都只有逼仄的活动空间，也不是所有位高权重的人都有格外高的延展性（Admams 1999）。延展性会带来权力，权力也会带来延展性，但是当权力与延展性之间的互动与其他从权力中产生的关系彼此共存时，比如金钱、家庭关系、教育、居住地、肤色、性别、年龄，等等，延展性与个人权力之间的关联就不再那么单一和绝对了。

在某些情况下，一个高收入的工作可能会需要长时间待在一个地方的交往（Admams 2005）。同样，在有些情况下，一个靠社会救济和公共援助生活的人可能有机会与成千上万的人交流，比如 J. K. 罗琳的写作能力就让她在十几年时间里从穷人变成了亿万富翁。不仅如此，对任何一个人来说，空间是随着时间在不断变化的。克朗（Crang）的这段话是说研究者的，但是对所有人都适用：“空间多少有点不稳定，至少它们会因为地点和时间的不同而被改造”（Crang 2003b, 497），而这种改造发生在一个由脆弱和变动的网络所构成的复杂空间里。这种网络的最好代表就是计算机网络，它也是提高人们延展性的一个独特工具，因为它可以让人们在真实的时间中以虚拟的方式与距离或远或近的人发生互动，它所用到的一套“原则”其实是从日常生活的表演中复制而来的（Goffman 1973; Hillis 1999）。我们有理由说互联网的普及极大地增加了人们提升其延展性的机会，尽

管要从这种延展性中获利，还要靠人们巧妙地抓住机遇。因此，互联网很像是哈格斯特朗“时空鱼缸”理论中的交通工具。

〉》技术决定论?

究竟是技术提高了人的近用性和延展性，还是社会建构了空间与地方？人们通常会把这两种观点视作相互冲突的，这也可以说是技术决定论与社会决定论之间的冲突。然而这是一种假想的冲突，因为技术决定论与社会决定论之间完全可以共存。

> 毫无疑问，新的信息和传播技术正在转变社会的时空结构，也在重塑地方和空间的意义。这些技术同时也是一种社会过程和空间实践，它们参与到正在进行的社会空间和社会关系的建构与再建构之中，一边创造出特定的空间，一边打破其他空间原有的边界，比如国家的想象空间、家的隔离空间，等等。（Allon 2004: 260-1）

如果将技术本身视作一种社会和空间实践，技术决定论和社会决定论之间看 191
似存在的冲突就迎刃而解了。行动者网络理论为化解这两种决定论之间的对立提供了很好的洞见。技术不仅仅是一种物质，它并不是社会过程之外的东西，也不仅仅是放置在空间中的物体。技术是借由社会机构和意义暂时固化下来的一种空间实践，它随着实践和信仰的变化而不断演化，因为这二者其实是统一的（Bijker et al. 1987; Bijker and Law 1992;Bijker 1995）。可以说，技术对人的影响就是社会过程和实践对人所产生的影响。

在所有社会建构的领域中——无论是物质的、符号的还是制度的——都存在着各种力量的联合和交融，间接与相互影响的力量通过多元的行动者网络散布开来。所以，我们完全有理由相信技术的确提高了人的延展性，只要不是将技术简单地理解成物质、迟钝的物体或是“无生命的劳动力”（Kirsch and Mitchell 2004），因为它从本质上是社会性的、动态的和积极的（Latour 2005）。行动者网络理论告诉我们“电子传播系统不仅是在超越时间和空间，实际上，它创造了一种技术网络，其中不断诞生着新的空间和时间，新的人类互动、控制和组织”。不仅如此，“代表着邻里、城市和区域的‘地方’也成为一种嵌入式的、异质的时空过程”（Graham 1998: 179）。薛伟德（Thrift 2008: 2）更为形象地表达了这一思想：“正在发生的事情从结构到内容都在变化，并不存在什么固定的‘人类’经验，因为人类的感知也是随着身体不断接触新的东西而不断地在改造。”正像麦克卢汉在《媒介即信息》一书中指出的，“所有的媒介都在彻底地改造着我们。它们如此深入地渗透到我们的私人生活、政治、经济、审美、心理、道德、伦理和社会后果中，以至于我们找不到任何一个部分是未经它们接触、影响和改变的”（McLuhan and Fiore 1967: 26）。当然，使用技术的能力并不是天生的，而是习得的，经过社会训练得来的，其中也存在着不平等。因为来自特权家庭的孩子长大后就会比其他人拥有更强的技术能力，他们可资借用的超越地点限制的手段也会更多（Adams 2005: 39-42）。这一现象从地图绘制技术中也可见一斑。

〉》制图传播

作为“制图历史”这一颇有权威地位的研究项目的发起人，哈利和伍德沃德认为：“地图是帮助我们从空间上理解人类世界的各种事物、概念、条件、过程和事件的一种图像形式表征。”（Harley and Woodward 1987: xvi）不仅如此，地图
192 还代表着特定的空间关系，以及蕴含在复杂的空间结构和权力结构背后的基本观念（Blunt 1994; Cosgrove 1999）。正是这种多元价值让“地图”“绘制”的概念在地理及其他学科中流行开来，带来极其丰富的研究项目和思想，使 20 世纪 90 年代和 21 世纪初成为“制图隐喻的繁荣时期”（Katz and Smith 1993: 70, 见 Phillips 1997: 14）。

从字面上说，绘图就是有选择性地将地球表面的某些特征在二维画面上转换成为线条、点和面的实践（Godlewska 1997）。这一转换涉及对象的选择，意味着从物理空间到虚拟空间的转变，同时也是一种将空间实践转变为空间表征的特定方式（Lefebvre 1991）。数千年来，人类都在用地图传播地理知识，直到今天，它仍然是人们接触地理知识最普遍的方式。制图术是以对传播的地理学理解为基础的，它本身就是地理传播的小宇宙，但是这一关系通常会被制图术的各种技术追求所掩盖（Herb 1997: 2）。如何让地图更为精确与使用什么样的地图是两码

事，而后者正是一个典型的传播效果问题。

图 12.2 一张用墨卡托投射法绘制的地图。请注意格陵兰岛在这张图上看似和南美洲一样大，而事实上前者不足 100 万平方英里，而后者有 650 万平方英里。

举例来说，墨卡托投射法（Mercator projection）（图 12.2）在表现格陵兰岛和南美洲的比例关系上就是出了名的失败，而在表现方向上却非常直截了当。因而，它是一张出色的航海图。同样，其他的投射法也都是为特定的使用者服务的。对制图者最基本的要求就是要摸清用户的需要和兴趣，这恰恰是因为地图本 *193*
身就是为了漫游和移动而设计的，无论这种移动是日常的还是超凡的。就像其他传播的空间和意义是由更大的社会背景所决定的，地图使用者和生产者所在的地方和个人生活的日常规律也是制图传播网络的重要部分。

像其他表征一样，制图表征也涉及选择和抽象："制图的过程中不可能去除制图者的思想、感觉和知识的影响。"（Woodward 1992: 51）绘制在纸上的线条、点和面就是制图者所使用的语言。这一高度符号化的语言并不是由哪一个制图者发明的，而是产生于众多制图者和使用者共同组成的网络，他们每一个人都携带着不同的机构和政治背景。比如，在两次世界大战之间，魏玛共和国的民族主义者和地理学家就用他们所谓的"建议式制图术"为希特勒的扩张计划打下了意识形态基础，"对德国宣传地图的研究表明，一个私有的网络就足以传播一个统一的讯息，唯一的前提条件就是这个网络必须团结在一个清晰的政治目标下。在当时的德国，这个目标就是修改《凡尔赛条约》，另一个条件就是要有一个组织或一个人从一开始就充当领袖的角色"（Herb 1997: 183）。因为地图生产者有着自己的偏见和特殊利益，“作为一个有知识的公民，洞察制图术所包含的操纵是十分重要的，他们应该有能力对改变景观和环境的一系列提案都能够做出自己的判断。在我们看地图时，必须要牢记某个对现实或是未来现实的观点并不是唯一的，也未必是最接近真理的”（Monmonier 1991: 86）。

许多地理学家都会拒绝地图研究中所谓的“传播模式”（Harley 1992; Woodward 1992; MacEachren 1995）。他们真正要拒绝的不是传播本身，而是这样一些关于传播的观念：第一，地图生产者可以决定或是预测地图使用者从地图中获取的信息；第二，地图可以绘制出明确的信息；第三，好的地图可以有效地传播一套固定的信息。这种对传播的狭隘理解的确在罗宾逊等人编撰的制图分类系统中就有所体现（Robinson et at. 1978: 11-17），他们把地图分作以几何为中心的（或是测量导向的）、以技术为中心的（或生产导向的）、以表征为中心的（或图形设计导向的）、以艺术为中心的（或使用者导向的），以及以传播为中心的（或信息扩散导向的）。在这种分类体系中，“地图的传播模式”其实就是信息论的反映，许多制图学家之所以对这种传播模式提出批判，是因为他们反对把地图传播当作一种渠道中立的、线性的信息流动。不过，如果我们回到本书开头所提出的四分法，一切有关地图的实用主义观点对于地图的批判研究来说都同样属于传播。

在批判“传播模式”的基础上，地图研究者转向了社会建构的理论范式，他们认识到“地图为我们创造的理所当然的世界将某些看的方式和理解景观的方式自然化了，随之被自然化的还有以这些看的方式为基础的社会关系”（Phillips
194 1997: 15）。颇具讽刺意味的是，一旦地图研究者认识到了传播的复杂性，他们就抛弃了传播的概念，早期对地图所采取的个体的和心理学的理解方式遭到批判（Gould and White 1974; Downs and Stea 1977），在传播内容的临时性和协商性上，在对修辞和互文性的运用上，地图的传播与其他形式的话语别无二致。地图生产者从无数信息中筛选出其所需要的信息，而地图使用者则根据自己的需要来解读地图。也许有人会说，这种解读至少是在地图所显示的信息范围内吧。这倒未必：如果我是一个汽车爱好者，一条未被标注在地图上的道路可能对我有无比的吸引力，我会偏偏想走这条在地图上没有出现的道路。这种冲动就说明在制图者、地图、受众和漫游这一空间实践之间存在着协商的空间。这已经超出了文本的范畴，如果用非表征的概念来理解，地图就成了有活动的符号表征场域，人们在其中的运动和停顿有时会遵循地图上的界线，有时则会将这些界线抛在一边。

〉》作为“不可变元件”的地图

地图使用的灵活性不仅是因为使用者的目的和兴趣是模糊的，还因为运动和空间互动的流动性，正是通过它们地图信息才得以运用，转换成人的移动性。布鲁诺·拉图尔（Bruno Latour 1987: 226-7）曾把地图形容成一种“不可变元件”（immutable mobile），它借助标准化的表征方式将分散的信息组成连贯的整体，它服务于特定的社会实践，并根据用户的使用反馈不断改进。拉图尔用了一个例子来说明这个概念：天文学家第谷·布拉赫（Tycho Brahe）将一套事先印好的表格发给其他天文学家，用他们的天文观察资料来绘制地图。后来科技史学家米歇尔·约翰·戈尔曼（Michael John Gorman 2007）揭发这个例子是编造出来的，其实就在同一时期还有一个更好的例子：一幅名叫“帕德龙”的西印度群岛航线总图是根据领航员的观察定期更新而绘制成的，存放这张地图的印度贸易署位于 16 世纪的塞维利亚，现在是西班牙有名的领航员训练中心（Gorman 2007）。另一个类似的例子是 16 世纪亚伯拉罕·奥特柳斯（Abraham Ortelius）的地图集，它也是集体智慧的结晶，在制作的过程中咨询了许多即将出海的海员，再根据他们返航时带回的信息进行修改。（Eisenstain 1979: 109-10）的确，“地图”不只是一件手工制品或是固态的物品，而是由旅行者、鱼群、海岸线、洋流、风、训练设施、船舶、航线、视线、航行日志、航海设备、制图家、货运投资商、印刷商、图书馆等诸多因素共同构成的脆弱的关系网络，它只是一次次地将这种关系网络呈现在纸上，不断地经历演化与适应。这样一个“不可改变的活动部件”并非任意的，而是有动机的。正因为它是由多种符号所构成的象征，它既独立于社会现实而存在，也有模仿现实的成分。

行动者网络理论对地图的观点与实用主义和阐释主义形成反差。马克·蒙 195
莫尼尔（Mark Monmonier 1991）用大量的具体细节，向人们证明“地图如何撒谎”，这还是沿着实用主义的路径将地图看作一种说服的工具，只不过采用的是批判的视角，也借用了许多其他的理论（Harley 1988, 1992; Pickles 1992; Woodward 1992）。约翰·皮克尔斯（John Pickles）沿用了哈利（Harley 1988: 287-9）所开创的阐释主义视角，将地图视作宣传的工具，特别分析了战时的地图是如何发挥说服和操纵功能的。看来，让人们无法正确理解地图的社会功能的主要障碍就是对“表征主义”的错误信仰，“相信影像与真实世界之间是统一的”（Pickles 1992: 227）。蒙莫尼尔其实也是被这种思想误导了，因为地图既不会说谎，也不会道出真相，因为这两种可能都有一个共同的假设，那就是地图与世界之间存在着某种程度的一致。

然而，“不可变元件”的概念则为我们提供了关于地图的第三种视角：地图存在于由行动者以及将行动者联合在一起的转译过程所构成的脆弱的网络中，它所绘制的移动性规定着个人应该如何移动。地图与世界之间是存在着一定的对应关系的，但是这种对应关系只在某些实践中存在。比如，领航员航海日志以及航海设备都是通过航海地图与洋流、风、鱼群和海岸线发生关联。如果这个地图所代表的网络还发挥作用，我们就可以说这个地图与现实是相符的，原因就在于它帮助海员处理他们在海上要面对的风险，将他们带入特定的行动者网络，防止触礁。世界与地图的相关性其实是符号与其所指之间的关联，虽然这种关联并非完全任意的，但是我们必须认识到，这里的所指是移动的身体与它的运动，而且，身体的运动是随着整个网络而变化的。我们承认实用主义和阐释主义在地图理论中的价值，但却无法靠它们来回答地图使用和生产中的许多重要问题。

〉》结论

运动产生轨迹，这些轨迹不仅铭刻于大地，也绘制在地图中，记录在文本里。无论是一个闲逛者，还是要逃离城市的捉摸不定的诗人，步行者都在用他们的行走发言，关于地方和空间，关于身份和社区，关于自我和他人。步行者的运动在城市留下了看不见的轨迹，偶尔会被其他的、同样留下了轨迹的人注意到，这种书写以自身独特的方式嵌入地图上出现的那些城市的组织内部和不同的组织之间。如果我们联想到言说从来就是具身的、与地方捆绑在一起的，它们或通过口语、或通过沉默的身体，用它所有的行动和游历在说话，那么以上的解读就不再只是一种比喻。

电子传媒同样也记录着人们按照日常生活的时空惯习所留下的个人轨迹。哈格斯特朗的“鱼缸”理论针对的是与空间相关的常规，但是电话、电视、广播
196 和互联网等电子媒介的加入，让人们有大量的时间是在感觉身体以外的东西，并与它们打交道，这便极大地延伸了他们生活常规的范围。只要传播没有完全与交

通脱离，近用性的概念对地理学就还存在着价值，它可以被用来表示身处某地的重要性。电子传媒的到来让我们必须将远距离感知和行动的能力考虑到近用性之中。关美宝提出的“混合接近性”的框架已经为我们开了一个好头，其他地理学家的研究也为我们更新了近用性、移动性和延展性的内涵。对近用性的讨论提醒我们，距离曾经对人的互动产生了巨大的阻力。这种情况已经不再存在，至少不会还以同样僵化和可预见的方式存在。

从早期的贸易和工业时代开始，富人就比穷人享有更多的移动性，直到今天，一个人的延展性仍然与他的物质财富有关。但是，延展性只是个人力量的一个方面，并不能与财富直接画等号。有些穷人一样会获得很大的活动空间，而有钱人中间也不乏与世隔绝的人。另外，延展性也会随着时间而波动，因为它常常受制于脆弱的关系和细微的改变。比如，互联网这项技术就可以以相对快捷、方便和便宜的方式为人们提供更多的延展性。

以上的观点会让一些人产生技术决定论的担忧，这其实是没有必要的，因为媒介并不是一堆简单的物体。我们所说的媒介其实是一个包括人、价值、信仰、话语、物体和其他形式的物质共同组成的异质性网络。作为一个网络，每一个媒介既是社会的，也是技术的。只有当人们与它产生互动时、被紧紧吸纳在其中时、学会了应该如何贡献于这个网络时，这样一个社会技术结合体才会对人真正产生作用。所以，技术的熟练程度是一个社会依从的过程，是人的内化的一个组成部分，它涉及各种自我与他人之间的转换。给人们带来便利和局限的不仅是技术本身的可供性，更有这个新的空间中的社会规范。如果有人想进入这个空间，他就必须扮演应有的角色，否则就会被排除出去。因此，延展性或是混合近用性也是一种展演。

表面看来，地图似乎与这个话题的关系不大，因为一张地图毕竟是对已成型的事物的选择性呈现，而不像行人的漫步一样稍纵即逝，至少大多数时候是这样的。但是地图的背后同样也有表演，从收集数据的旅行，到如何把握对材料的选择，这些表演让不同的事物看起来一样，把复杂的事物变得简单，把人的东西变小，或者让原本无害的事情变得危险。那些相信地图是世界的直观反映的人应该看看战时宣传地图，这会打消他们的轻信。正是基于这一思想，许多制图研究者排斥所谓的“传播模式”。其实他们真正要反对的，是妄想地图的生产者对使用者有着完全的操纵权，亦即本书第四章中讨论的传播的控制论模式。推翻这一妄想的基础是社会建构主义思想，它要在文本、互文性、修辞和话语的框架内重建传播地理学。我们对地图的理解不仅用到了传播学相关概念和理论，也运用了行 197

动者网络理论中的一个核心概念——不可变元件。作为一个不可变元件，地图与人、交通技术、移动、地景和海景共同组成一个多元网络，它只是这个网络中的一个部分，它也是人们理解和改变文字和真实世界里的运动轨迹的众多语境中的一个。

注释

1. 无论是用来形容虚拟经验还是实体经验，德·塞托所说的“空间”都非常接近地理学中“地方”的概念。

第十三章　充满表现力的地理

在莫哈韦沙漠中曾经有一座电话亭。不用拿起听筒我们就可以听到，在这个只有一条公路的荒凉之地，一个孤零零的电话、亭子和那伸向天际的电话线在向我们讲述着某些故事。 198

与我想象的一模一样——一个孤单的传播边哨出现在一排长长的电线杆的尽头。所有的玻璃都被打碎了，但我还是觉得它很美。在那一刻我感觉我永远不想离开它。事实上，我们差一点那么做了——我们花了几个小时的时间给自己所有想得起来的人通了话。接下来，刚好当我在电话号码簿上又翻到奥德拉时，电话响起，她给我打了过来。(deuceofclubs.com 2006) [1]

人们可以从这个地方所蕴含的可能性与不可能性中体会到某种诗意。一个荒无人烟的不毛之地却与一切连接在一起。“所有的玻璃都被打碎了”，这让它显得更有意义：它本应是一个完整的空间，现在却面目全非，环境的威力让人觉得不可抗拒。在这里，我们感觉到另一种连接性。无数的世界通过一条电话线变得可以企及，但是又有谁会来用这个电话？这是一个充满着矛盾、紧张、讽刺的地方。在这里，“地方”不是一个而是许多：电话、沙漠、世界。被系在电话线另一头的世界既触手可及，又遥不可及，电话在这种状态下向我们讲述着传播的矛盾和吊诡。这个电话亭在 2000 年因为兴建莫哈韦沙漠自然保护区被拆掉，这激起人们纷纷以朝圣的方式进行抗议：“沙漠还是那样严峻、震撼、有趣和美好，但没有了那个电话在荒无人烟之中响啊、响啊，它再也不是以前那个沙漠了。”(Arendt 2004)

一个地方所蕴含的能量，就像是电池和磁铁的两极所携带的能量，是表现在它所连接的拓扑关系之中，以及借由边界所发挥的包容和排斥功能上的。在莫哈韦沙漠电话亭这个案例中我们一边感觉到无垠的、与世隔绝的地理景观，一边也看到由一条电话线所带来的无限的连接性。正是这两个极端现象的结合给这个地方无穷的诗意。这一现象超越了我们以往习以为常的意义系统。具身的在场让人无法回避，它的力量甚至超越了语言。只有到了那里，我们才能理解它。 199

图 13.1　莫哈韦电话亭曾经是美国最偏远的公共电话亭之一，从 1997 年开始到 2000 年被拆为止，这个电话亭引起了人们极大的兴趣，人们有的打来电话看看有没有人接听，有的驱车到实地看看有没有人打来电话。关于这个电话亭的报刊特稿、电视新闻报道、网上图片和讨论请见 http://www.deuceofclubs.com/moj/mojave.htm. 感谢 DeueOfClubs.com 提供图片。

本书的倒数第二章用现象地理学这个源自 20 世纪 70 年代的方法论来串联地理学中一些最新的研究趋势。现象学与地理学之间的结合点，正在于它们共同将传播视为一种生活经验和一种“表达性的在地”（expressive being-in-place），并不断深化对它的理解。我们究竟应该任由传播政治中的各种矛盾将我们带向传播的终结或虚无，就像是那个沙漠中的电话亭？还是要借助传播在意识形态所代表的非白即黑与具身经验所代表的可能性之间找到一个中间地带呢？

〉》现象地理学

现象学是“一种寻求对人类经验最基础和本质的性质，以及由这一经验所创造的世界做出解释的方式”（Seamon 2000: 158）。作为一种认识论，它既是主观的又是客观的，既特殊又普遍。它之所以是主观个人的，是因为它重视个体的
200 日常生活经验，而它的普遍性则在于它考虑的是“在世存有”这样一种生活世界（lifeworld）的构成方式。它之所以客观，是因为其所解释的是经验的本质，而不是某个个体的经验，只不过这种经验是可以为个体和主体所感觉到的。段义孚对现象学指导下的“叙事描述”地理学做了这样的总结：

> 的确，在社会科学中，一个如此高度结构化的理论当然有它存在的价值，几乎可以达到固化的程度，这种过于强大的结构恰恰会让它掩盖自己所要解释的现象。相反，在叙事—描述的方向下，理论只是作为背景起着支撑的作用，更多是将复杂的现象推向前台。（Tuan 1991: 686）

虽然从表面上看，现象地理学的基础是胡塞尔、海德格尔、利科、梅洛 - 庞蒂等人的现象学，但它的理论来源同样包括其他的“在地化理论”，比如民族志、民族方法学、符号互动论、生态心理学（Patton 1990: 66-91），也广泛借用了来自人类学、社会学和历史学的思想。现象学对地理学的首要意义在于它克服了实证主义的局限，将重点放在诸如栖居、旅行、休息、与一个地方相遇这样的具身经验上（Relph 1976; Tuan 1977; Moores 2006; Seamon 2006）。

现象地理学家们深入研究人与地方的互动，努力去除那些来自日常生活的假设，或是所谓的“自然态度”，以揭示出在世存有的深层内涵（Buttimer and Seamon 1980）。在胡塞尔看来，现象学对生活的还原最终会走向一种超验，“一种客观中立的视角”（Nagel 1989），但是其他现象学家则认为这种还原从来就是有偏向的，这一解读在社会理论中的影响逐渐扩大，产生了去学者和作者中心化的呼声。

在地理学的范围内，现象学研究触及各种各样的文本，包括摄影（Tuan 1977: 123）、小说（Seamon 1993）、大众媒体（Relph 1976: 58-60,90-2）、广告（Relph 1976: 93 113）、电影（McGreevy 2001）、文学（Tuan 1990[1974]: 49-51; McGreevy 2001）以及神话（Tuan 1977: 85-100）。这些研究并不拘泥于对文本内容的简单描述，而是用海德格尔的阐释方法借文本分析来说明生活世界的各个方面。以戴维·西蒙（David Seamon 1992）对日记的使用为例，地理现象学家们也创造出一些属于他们自己的不同寻常的文本样式。

在这一方向下，现象学为文本分析提供了一个解释框架，段义孚是这样形容它的：

> 文学艺术的目标之一就是呈现经验模式的可能性。20 世纪 20 年代在芝加哥当一个加油站的服务生是一种什么感觉？通过小说家对这一独特世界的复杂感觉、行为和互动准确细腻的描述，我们可以大致了解…… 一个天才的小说家笔下的人 201
> 类现实生活远比社会科学家所知道的要复杂……小说家必须细致地处理各种事件和想法在他所创造的文本世界中应该带来什么样的效果。（Tuan 1978: 200-1）

尽管小说家对在世存有的描述不一定每个细节都是真实的，它们却是了解人们在一个地方的地理经验的一个不可多得的窗口。它们告诉我们传播从来就在地方之中，被地方所形塑，也代表着地方的特点，它们是从物质世界与人的经验世界之间的关系中来描述现象，而不是将事物与人类经验隔离开来。因此，文学就成为现象地理学家研究传播问题的一个重要方向。

广播和电子媒体则经常会被忽视，不被忽视也八成是被批判。比如，西蒙（Seamon 1979: 91）就曾宣称："技术和大众文化破坏地方的独特性"，尽管电子传媒在他所研究的生活世界中无处不在，他只是一笔带过（Moores 2006）。现象学方向更容易将电子传媒与地方感的消失联系在一起（Relph 1976）。肖恩·穆尔斯（Shaun Moores）指出电话、电视和广播具有创造"双重地方"的可能性，"它让人们在与远方的人交流的同时，仍然保持与作用媒介的物理空间中的人交流"（Moores 2006: 23; Scannell 1996）。戴维·西蒙不同意这个观点，他认为只有在社会活动家利用媒介团结起来维护一个地方时，媒介才会对地方起到促进作用（Seamon 2006）。他解释道：

> 我从不直接关心媒介在群体成员生活中的角色，除非某种媒介在人们规律性和习惯性的使用中帮助人们将环境转变成了地方，比如有一个成员肯定地说他只有看着《纽约时报》每天才能充分地享受在咖啡厅吃早餐。（Seamon 2006）

莫哈韦沙漠电话亭的例子证明这是一种失察，它昭示着与电信和广播媒介相关的地理中同样包含着现象学的真知。

现象地理学部分地带来了哲学的地理学转向（Casey 1993, 2002; Backhaus 1997; Backhaus and Murungi 2005），让哲学家也开始关注像绘画和地图这样的文本（Casey 2002）以及像电话这样的媒介（Backhaus 1997）。尽管哲学家和地理学家在彼此的论文集中相互贡献研究成果（Casey 2001; Shanahan 2005），这两门学科之间的关联还是比较薄弱的。原因在于地理学家不愿意采用哲学家所用的许多空间术语和概念，他们对生活世界的解读也比胡塞尔和海德格尔最初的解释更
202 为随意一些。尽管如此，现象学还是将非实证主义科学的方向引进了地理学，使它对单纯的实证主义和繁复的理论化开始产生戒备。在这种情况下，非表征地理学研究方向应运而生。

〉》非表征地理学

为了使人文地理学超越“文化转向所带来的精英化的、令人颇感腻烦的霸权”，奈杰尔·薛伟德（Nigel Thrift 2000: 245）创立了他所称的“非表征方向”或“非表征理论”（nonrepresentational style or theory）（Thrift 1996, 1997, 1998, 2000）。用他的话说，非表征地理学要做的是“将各种创造人、自我和世界的实践与技巧诗意地编织在一起”（Thrift 2000: 216），而不是对个人在空间决策上的主观能动性做出推断，或是对社会生活的经济结构、政治机构和官僚体系做出分析。非表征理论反对新文化地理学中大量存在的控制与抵抗之间的二元对立，摒绝以“英雄主义”来看待主观能动性的态度（Thrift 1997: 125）。按照海登·洛里默（Hayden Lorimer）的观点，这个理论方向可以追溯到20世纪80年代的某些地理学研究，他认为把它叫作“超表征主义”地理学可能更为贴切，因为“非”（non-）这个前缀所包含的目的论色彩其实不利于这个方向的发展（Thrift 2005: 84）。还有一些地理学家也开始对这个方向中有关表演和情感的理论投以关注，但他们未必会给自己贴上“非表征”的标签。因此我们更应该凭借研究兴趣而不是名称来了解这个研究方向的实质。

在薛伟德的追随者中，与他的方向结合最紧的研究主要被运用在艺术作品研究（Rycroft 2005）、园艺研究（Crouch 2003）、摄影集研究（Rose 2003a）、一门叫作“韵律舞蹈”（eurhythmics）的运动技巧研究（McCormack 2005）以及电影研究中（Carter and McCormack 2006）。比如，卡特和马可麦克（Carter and McCormack）花了大量的心血使自己区别于一般的话语分析研究，他们不对电影做“意识形态和话语政治”的文本分析，而是视它们为“一种为意识形态和话语的形成提供条件的内涵丰富的社会过程”（Carter and McCormack 2006: 241）。在这一框架下，电影不仅是一种再现，也是“一种身体技术和技巧的结合体，它可以让文化和情感变得更为丰富”。他们对电视观众的关注也是集中在他们的“具身的、非知识性的认识方式”上，以及他们的“思维和感觉通过肉身的方式所形成的交织”（Carter and McCormack 2006: 230, 233, 234）。他们认为传播不止于文本和互文，即使是那些一度看起来专属于文本研究的传播形式，文本也不是它们的全部（亦见 Gold 1985; Liverman and Sherman 1985; Aitken and Zonn 1994b;

Dixon and Zonn 2005）。

地理学中的非表征研究综合了社会表演、仪式人类学、表演社会学、当代文
203 化理论以及表演艺术研究中的思想，也从哲学、社会科学、文学理论、女性主义中汲取了许多营养，特别受到法国社会理论家皮埃尔·布尔迪厄、米歇尔·德·塞托、雅克·德里达、吉尔斯·德勒兹的影响，它与沃尔特·本雅明、霍米·巴巴、朱迪丝·巴特勒和欧文·戈夫曼等人的彼此迥异的理论框架之间也有着千丝万缕的联系。

地理学一度有点“文本控”，似乎随便什么东西都可被称作“文本”，这样做会阻碍我们以更为动态的方式理解空间、地方和传播。表演的概念重新打开了争鸣的空间：“它让我看到意义并非固定地存在于事物之中，而是在过程中生成的，因此也就不存在一个所谓表征的世界和另一个所谓真实的世界。”（Thrift 2000: 225; 亦见 Thrift 1997）聚焦表演也拉近了地理学与由布鲁诺·拉图尔（Bruno Latour）、约翰·劳（John Law）、维贝·比克（Wiebe Bijker）、米歇尔·塞雷斯（Michel Serres）等人所创立的行动者网络理论的距离。这一理论认为渗透在日常生活中的表演不仅仅是人类的表演，而是由物体、机构、人、媒介、非人生物、文本和一系列其他要素共同组成的异类网络所进行的表演（Thrift 1997: 130-2）。转译（translation）成为将这些异类元素结合在一起的关键概念，不同的准物体（quasi-objects）从一种形式转换成另一种形式：从文本到人类行动者，再到组织原则，再被还原成文本，诸如此类。这种准物体通常并没有名字，你在词典中是查不到它们的，因为有了名字就等于将事物规定为某种物质、符号或是过程，而准物体是游离于这些边界之间的，正是这种不确定性促使胡塞尔要为现象学找到一个超验的视角，看到凭“自然态度”看不到的东西，但它也解释了海德格尔和其他存在主义现象学家为什么要放弃这个目标，因为他们还没有找到排除经验的方式。

在非表征地理学中，有一个概念变得既实在又值得探讨，那就是“翻译景观”（translation landscape）（Wakeford 1999: 193），“景观”在这里的含义与一般地理学意义上的景观相差甚远。

> 全球的就是地方的，地方的也是全球的，在场可以变成缺席，缺席也是一种在场。这告诉我们必须放下概念之间的对立性，而开始关注过程。地方化是如何被生产出来的？不同尺度的效果是如何产生的？事物为什么会在场或是缺席？（Callon and Law 2004: 3）

这也让人联想到戴维·德梅里特（David Demeritt 2005: 821）所说的“在感

觉和发现感觉之间存在着预知的鸿沟”。表演既非深思熟虑的，也非仅仅流于表面，从性质上来说也不完全是人类的行为。它是由多种因素共同达成的。也就是说，行动、实践不再从属于对客观世界的表征，它们才是形成世界的基础。因此，某种全球现象之所以会引起我们的兴趣，恰恰是因为其影响因素和关系网络 204
是地方性的；同样，虽然符号总是指向他时和他地，但这不等于我们可以无视那些将人们与此时和此地紧密相连的符号传播。比如，当一个人笑、哭、舞蹈、歌唱、玩耍、告诫或是装模作样，这些都会引起身边人的强烈反应，这也就是情感（affect）。

〉》情感

身在某地——无论这个地方是本土还是全球，或是间于二者之间，就意味着以一种本能和具身的方式与他人共享某种情感。这种共享的情感通过文字或非文字的方式进行沟通而产生情感，即一种嵌入地方的情感性具身体验。在第八章中，我们从符号交往的角度对情绪做了说明。反应的强度、人与人之间的传播方向，以及行动者网络中非人类因素的参与，这些共同组成了符号的传播系统，在不同的实体、条件、状态和物质的内部以及彼此之间产生信号流。在这一流动中，某些非人类实体也有可能转变为情感。所以，情感在地理上表现为多维和非线性的流动及关联，其样式之丰富常常会超出言语所能及的范围。

非表征研究方向拒绝将实践仅仅视作传达意义的手段，那会将我们重新带入表征模式。它认为实践本身就是意义，尤其是当传播的内容看似无关紧要的时候，实践本身的意义就更为突出，比如一句“早上好”的问候，或是一个军礼。哪怕是最为俗套和仪式性的传播也是在用特定的方式表达人的归属感和某个行动者对时空的介入，最重要的是，它在传达一种象征的方式。缺席也是一种情感，比如一件应该发生却未发生的事情“会让未实现的可能性以幻影的方式呈现。所以，时间和空间总是与它们的幽灵相伴”（Thrift 2000: 221-2）。

〉》非线性和非理性传播

非表征地理学非常关注传播，但是对认知科学、信息理论和符号学中那种线性和机械的传播模式，它是反对的。那种将传播看作一条经过符号或象征编码的讯息，经过某种渠道从信源传到信宿的观点，正是非表征地理学所要打破的。同
205 样，在传统的观点中，“媒介”仅仅是穿越空间的管道，好像与它所经过的地方无关，而“讯息”也只是经过各种技术和人的头脑编码的信息，它在传播过程中也许会受到噪声的干扰，但却不会改变其最初的性质，这也是表征地理学所要超越的。正是因为以上机械的、目的论导向的模式无法解释机械过程以外的复杂传播现象，才有必要发展非表征的研究方向。非表征地理学并不表示地理学不再重视对传播的研究，相反，它重申了传播在地理学中的中心地位。本章接下来将从非暴力示威、舞蹈、具身游戏、自然志愿者和电子传播这几个方面介绍非表征地理学在不同的领域所得到的运用。

以脚步做纪念

暴政在不可见中得以肆虐。妇女们安静地围着布宜诺斯艾利斯的五月广场步行，让人们看见她们以及她们在 1976 到 1983 年的阿根廷军政时期“失踪”（被绑架、施以酷刑和谋杀）的儿女所经受的痛苦（见图 13.2）。当年五月广场的母亲们现在已经成了祖母。这些女人的行为是植根于一个由本土和外部力量共同组成的社会网络之中的：“这种关联性告诉我们嵌入性必须以网络关系和邻近关系之间的互动为条件。”（Bosco 2006: 347）费尔南多·博斯科（Fernando Bosco）将这些女人的行为形容成“情感劳动”（emotional labour），因为她们的工作是在维持“情感网络”（emotional networks）（Bosco 2006: 361），但是她们真正的网络是一个多层次的复杂的传播系统，其中涉及参加广场游行的人们、来到这个广场的其他母亲、阿根廷其他地方的母亲、阿根廷的普通大众、那些仍然逍遥法外的前阿根廷军政府的官员还有国外的人，比如一些支持拉丁美洲集权政府的美国人。五月广场上那些母亲的脚步是为所有这些人所发出的声音。

通过引起媒体的注意，母亲们使一个本来限于阿根廷国内的社会冲突获得了世界范围的关注，根据米歇尔·利普斯基（Michael Lipsky）的研究，那次的

图 13.2 五月广场母亲以步行来抗议在 20 世纪 70 年代末到 80 年代初阿根廷肮脏战争期间的她们孩子的“失踪”。Gabriel Oyarzabal 提供照片。

游行示威涉及四种社会群体：示威群众、示威对象（政策的制定者）、传播专业人士和相关公众（Lipsky 1968，1970）。后两类参与者对示威对象带来一定的压力，没有他们的共同努力，游行示威是很难达到什么效果的。示威者必须能够引起公众的广泛关注，以此来提高他们政治立场的“范围值”（scope factor）（Schattschneider 1960）。身体的在场具有向外扩散的效果，它可以重新界定政治身份的范围，扩大社区感、同情心和伦理义务的尺度。“社会运动积极分子 206
利用现代媒介和传播技术时空压缩的特性极大地提升了其政治主张的可见性。”（D’Arcus 2003: 721）身体在地方中表达着它的脆弱，这也是讯息的一个重要组成部分，肉身的脆弱性反倒证明了示威者的勇气，它跨越地理边界向外面的人发出呼吁，使他们的同情心超越本国同胞的范围延伸到全人类（Adams 1996）。

舞蹈

与示威和其他形式的非暴力行动一样，舞蹈也能通过肉身的表演对公共领域产生进步或激进的干预。比如，每年一度的夏至河表演就是为了歌颂密西西比河，帮助当地人提高保护水资源的意识（Somdahl 2007）。每年六月夏至时明尼阿波利斯市的市民都会打起赤脚跳舞，他们还会划上皮船、骑上自行车，同时在河面、沿河街道、桥梁和可以观河的屋顶上开展活动。地方广播电台播放的音乐让各个不同空间的活动能够同步进行。其中，奥利芙·拜琳嘉（Olive Bieringa） 207
和她所领导的“身体书法计划”的艺术家们创造性地将一种非常具有煽动性和无秩序感的舞蹈安插进这个城市的公共空间。在人行道、商店、建筑工地和城市大街上，拜琳嘉穿梭在普通行人中间，像一个初到这个城市的孩子，她寻找各种有趣的地方站立、行走、奔跑、摇摆、做体操动作、重新摆放城市景观中的物件（图 13.3）。舞蹈也可以指向过去，激活和创造记忆。为了纪念过去、宣扬社会激进主义精神，乔·克赖特代表租户的利益编了一个叫《使命墙》的作品，在旧金山的百思买电器店对面的建筑上上演了一场舞蹈。在这个舞蹈中，“表演者在一个两层楼的悬梯上一齐飞跃、蹦跳，在消防逃生道上跳进跳出，把自己挂在一把巨伞下，有时甚至不用任何安全设备”（Somdahl 2007: 92）。

图 13.3　奥利夫·拜琳嘉的身体书法项目，表演“走，去尼柯奈街！”2005 年 8 月 12 和 13 日，明尼阿波利斯。K. C. Somdahl 和 Olive Bieringa 提供照片。

夏至河舞的庄严、奥利芙·拜琳嘉的嬉戏，以及《使命墙》杂技般的运作，每一个舞蹈都以独特的方式表达出它们对时间和地方、历史和变迁、社会秩序和道德的态度。但这种态度并不是通过表征“说”出来的，而是通过地方中的运动来改造地方的意义，这种改造避开了理性的争辩，而是在观众和舞者之间建立直接的移情关系。正是因为人们经常会对经过他们生活的水流视而不见，我们就需
208 要夏至河舞蹈来提醒人们它的重要性。同样，身体书法项目也将人们的注意力吸引到人群的流动上，让他们知道是哪些社会规范在控制着人们应该在哪里停顿、哪里前行，可以触摸什么、不能触摸什么，尤其是，人们应该以何种方式出现在这样的空间中。这些舞蹈让身体意识苏醒，对包括资源的使用、环境的保护、公正、主体性在内的各种政治议题发表出自己的主张。它们的传播方式也许是超理性的或非理性的，但并非反理性，因为它可以引导人们对自己有关水污染、租房管制、政治行为等方面的“姿态”进行反思。这里的“姿态”既包括身体的位置，也包括政治的立场。

具身游戏

不论是对观者还是对舞者来说，舞蹈都是一种本能和肉身的体验，舞者身体的感受与传达给观众的感受之间既有差异，又有关联。这种传播不是一种线性的轨迹，而是一种敏感的养成，“一种存在于感觉器官中的文化，它通过触摸、推动、冲突、重量、形状、速度、措辞、间距或者合并，以一系列的模仿但又不全然复制的方式无时无刻不在塑造着我们”（Thrift 2000: 238）。20 世纪初，瑞士作曲 209
家和指挥家埃米尔·杰奎斯 - 达尔克罗兹（Emile Jaques-Dalcroze）为了“帮助增进个人和集体对伦理和审美的敏感”，发明了一种叫作韵律体操（eurhythmics）的治疗方法，可说是对这一原则的运用。它的目的是增强人的节奏感，提升身体的协调能力、对空间的感知以及快乐的感觉（McCormack 2005: 130-9）（图 13.4）。“重要的是，培养人对音乐和运动的随机应变能力需要进入一种表演性的游戏状态，这种状态并不一定要经过深思熟虑的认知思维，甚至还会阻断认知思维”（McCormack 2005: 129）。这样的传播要用身体进行思维，而不仅仅是用大脑思维：“神经系统的学习过程必定遵循这样一种特性，即一个艺术作品内在的节奏会诱导个体产生类似的振动，在其身体中产生强大的反应，以至于自然而然地改变他表达的节奏。”（Jaques-Dalcroze 1918: 5）基于这一原因，通过杰奎斯 - 达尔克罗兹的节奏训练，“儿童的身体会变成一个经过细心调音的乐器”（Driver 1951: 5）。在这种情况下，物质世界与传播过程密不可分，因为人必须在一个地方开展运动才能感觉、感知和表达自己，而作为舞台和支撑的外部环境也借运动与肉身融合在了一起（Thrift 1997: 140）。

图 13.4　达尔克罗兹的韵律体操运作：“4/4 节拍的击打和迈步”。来源：Driver（1951, 57）。

非表征理论对艺术的动力机制也做了说明。比如，以布里奇·莱利（Bridge Riley）的作品为代表的“奥普艺术”让观者产生可以走进画框的幻觉，有时甚至会产生眩晕和恶心的感觉，还会改变他们对空间的感受。西蒙·里克罗夫特

（Simon Rycroft 2005: 352）解释道，“看莱利的绘画作品是为了获得一种激活和训练人进入超认知意识的身体体验。”绘画和许多其他艺术作品都可以作用于人的身体思维，而不仅仅是人的眼睛，而在“奥普艺术”这样的艺术中，身体思维则处于中心位置。

除了舞蹈、韵律体操和奥普艺术这些特别突出的例子外，戏剧表演和各类游戏中也存在类似的机制。事实上，我们也可以把舞蹈、韵律体操、奥普艺术和戏剧都看作是不同的游戏。在薛伟德（Thrift 2000: 233）看来，这样的活动会“魔法般地唤起当下的‘空洞’”，同时表明身体的语言不仅仅是在表达外物，也在表达自己。同样的现象也适用于非游戏的、有着明确目标的行为中，比如打字、驾车、园艺等。比如，“在一片菜地上耕作会让人产生形而上学的关怀，包括行为的空间性和事物变化的感性特点”（Lorimer 2005: 85; Crouch 2003）。这种具身游戏既具有潜在的教育意义，也是超感官知觉的，它可以带给人形而上学的思考。

自然志愿者

自然的社会建构是指在人、动物、植物、物质流动、技术和表征的共同作用
210 下而形成的结合体，它跨越自然与文化间所有的边界。因此，西蒙·里克罗夫特认为，“自然的形成是一个复杂的具身化过程，在这个过程中人的内部世界和外部世界之间达成平衡，主体与自然相互塑造并交织在一起”（Simon Rycroft 2005: 353）。认识到自然的社会建构并不意味着我们可以忽略环境问题。人类对自然的介入远不止于社会价值的自然化这么简单（Cronon 1995a,b），它还涉及一种关于有机体的特殊理论，以及一个由科学家和非科学人士共同组成的多元化的组织（Callon 1986）。萨拉·沃特莫尔（Sarah Whatmore 2002）为我们展示了一个叫作“地球观察组织”的例子，这个慈善机构招募志愿者为环境研究项目工作。

在“地球观察组织”所依赖的关系网中，自然的因素被转换成宣传册上的地方图像，再经它们转换成愿意参与田野工作的志愿者。但是这中间还转了一个弯，自然中最能激发对田野工作的身体参与的是另外一种身体：动物的身体。

> 在真实可感的层面上，正是这些动物的肖像将项目负责人所代表的“硬科学”资格转换成有偿志愿者身上“非专家”的热情。在这个转译的过程中，动物肖像将对各种野生动物的热情和好奇联系在一起，它所唤起的“原生态”感觉让人在难以判断的田野工作中体会到“到现场”“身体力行”的价值。（Whatmore 2002: 50）

无论宣传册子上印的动物是大象、鸟、两栖动物，还是其他野生动物，它们起着符号连接的作用，将“作为系统的自然”这样一种学术观点，与“作为探险的自然”这样一种旅游化的业余观点结合在一起。动物的身体拥有一种图腾般的力量，因为“人们视那些被统治的、野蛮的、原始的他者兼具毁灭和治愈的力量”(Wilbert 2000: 247; Taussig 1986)。如果我们帮助了这些让人震撼的大型动物，也许自然中那些不那么上镜的部分就会平安无事。

动物影像在这种语境下的使用也是具有欺骗性的，因为实际的田野工作经常是要收集动物的粪便或是观察植被，而不是直接与这些大型动物打交道。志愿者最终亲身体验到的其实是一些没什么卖点、也不那么惊艳的经历。他们在田野工作中主要是与非动物或是不那么有趣的动物接触，成天面对肮脏的环境、恼人的昆虫和不利的天气。就像城市舞蹈表演的观众，或是被五月广场母亲所打动的市民，这些自然志愿者接受到的是一种具身的传播，无论是受伤、中暑和疾病，还是美丽的落日和长鸣的大象，都是自然在对他们“说话”，这种言说与都市景观语言并没有太大差别，它同样也是由符号、象征和信号组成的。长鸣的大象和轰鸣的“悍马”同样在发出威胁的信号，也同样是权力的象征。 *211*

电子传播

受现代电子传媒和音像产业的影响，表演和具身体验越来越不受时间和空间的限制。如果一个人耳朵里听着 iPod，即使他走在一条自己熟悉的路上，耳机里的音乐也会让步行的感觉有所不同。所以，如果音乐本身是一种再现，那么听着音乐的步行则是另一种表演，同样的音乐在客厅里播放则又是另一种表演。非表征地理学对这种现象是如何解释的呢?

> 音像媒介的存储和加工让过去的表演可以在当下重演，也可以摆脱空间的局限，让某个地方的表演传到很远的地方。在这种情况下，一个表演的构成要素变得模糊，比如，从录音棚中的录音到家中的播放，表演也从一个地方扩散到另一个地方，每个地方的表演都以另一个地方的表演为补充。(Abercrombie and Longhurst 1998: 62, 见 Thrift 2000: 232)

这种时空的延展不仅体现在从一开始就被当成表演的实践中，也体现在那些因媒介的关注而转变成表演的其他社会实践中，因为媒介有引导注意力和创造受众的能力。“在发达社会中，媒介化过程使表演嵌入日常生活中，原本在舞台上发生的事情弥散到生活的各个方面，每当我们打开媒介，一个充满表征的表演性世界就会立即呈现在眼前，与此同时，表演的意识形态功能也随之变得多元，甚至被冲淡。"（Kershaw 1994: 133, 见 Thrift 2000: 227）当技术改变将远方变得触手可及时，人的情绪和身体的在场也会发生变化："传播的全球化越来越以表演化的方式将他文化的生活呈现在人们面前，让越来越多的文化身份成为凝视的对象，让一些特殊的危机引起广泛的社会关注和政治共鸣，比如索马里饥荒，或是美国对海地的准军事入侵。"（Kershaw 1994: 133, 见 Thrift 2000: 227）因此非表征地理并不是不关注媒介，只不过它是在社会实践中理解媒介的作用，正是这些实践活动赋予媒介以具身的情绪和移动性。

》》结论

212 基于地方的传播揭示着人类经验最本质的特性。现象学、非表征理论、行动者网络理论从地方的具体经验中对人类经验做出重新的理论思考。现象学要做的是去除各种日常生活假设以及各种"自然态度"所造成的影响。非表征或是"超表征"地理学则聚焦表演、在场和情感，借助仪式人类学、表演社会学、当代文化理论更好地理解地方中的人类经验。行动者网络理论则避开熟悉的对象和分类，转而关注网络、转译和异类组合体。这些有益尝试的共同之处在于，它们都将象征和符号传播带进了地理的分析框架。

传播也给非表征地理学带来了最大的挑战，即如何才能找到一种语言来描述通常不在语言表述范围内的行为呢？"表演性实践是不可表述的，因为它们是'凭感觉来思考'的，词语往往既无法形容，也无法唤起想象。"（Rycroft 2005: 342）符号的形而上学似乎包罗万象，把世界的方方面面都解释得一清二楚。符号、信号与身体的在场之间存在着千丝万缕的联系，从这个角度来说，非表征传播可以说是无处不在的，但是要将这种非符号性的传播表达出来，只能做到在大致的方向上达到接近的水平。尽管非表征地理学对机械式的地理学框架提出了挑战，打破了因果关系模式给地理学带来的束缚，它也声称"将认识论的条条框框弃之不用"（Thrift 2000: 222），但是它仍然逃不脱语言、文字和印刷传播逻辑结构的控制，这其中就包括西方哲学中普遍存在的主客两分的思想，以及由此生发出的以符号为基础的，以因果关系、等级关系和分类为中心的一系列哲学体系。

但是，意义不仅是建立在这样的哲学基础上的，它也在以其他的方式存在，其中一种方式就是“借由身体和感情所产生的，这种意义结构复杂且存在个体差异，但却实实在在地存在”（Lorimer 2005: 87）。

在这一研究方向下，传播技术的地位是模棱两可的。现象地理学家的兴趣主要放在分析文学作品上，不怎么关心后来出现的广播、电视和其他电子媒介。有些地理学家对更晚出现的计算机及相关传播技术抱有极大的热情，但是受到人文与自然二元对立思想的影响，他们对技术的理解也存在一些问题。准物体的概念跨越了人文与自然的边界，它所蕴含的多重转译过程从认识论的高度对这种边界的存在价值提出了怀疑。传播媒介不光是麻木的设备、物质和技术，而是一种特殊形式的表演、展演性和情感。一部电话不光是一台设备，而是远与近、陌生与熟悉、脆弱与破碎走到一起的过程。电话也有情感，而且不会比用电话的人少。无论是在莫哈韦沙漠还是在曼哈顿，传播本身即是讯息，它不是拉斯韦尔的线性传播模式下的讯息，而是说话人和听话人共同组成的情感构造。

如此说来，人的意识——无论是政治的、历史的还是审美的——是由身体和媒介的运动及其具身性而形成的。基于地方的传播帮助人们提高对地方的意识和重建地方感。无论是舞蹈、打电话，或收集动物粪便，一个人只要身处某地，就 *213*
可以产生无穷丰富的情感共享。运动让受众意识到身体的存在，而他们的身体与传者的身体并无二致。身体成为传播的超级符号，因为它的运动同时赋予个体的存在与个体所处的空间以符号意义，而这种意义又为他人的身体和主体所分享。当然，这个过程也会让人产生对当下的不确定的空洞感，就像在沙漠中回响的电话铃声。符号至少可以为我们提供一种幻象，让人感觉自己对过去和未来、我们和他们、自我与非我可以有所把握。

注释

1. 莫哈韦沙漠电话亭一度在1997—2000年成为网上热议的话题。人们可以按照网站上公布的电话号码任意地拨通电话，看看谁会接电话。还有一些人会驱车到加州和内华达州边界附近去任意地接听电话。这些电话、电话亭和人们对它们的装饰都在2000年的时候被政府搬走，此事件一直到现在还在被人诟病。（Arendt 2004; deuceofclubs.com 2006; Wikipedia 2008）

第十四章　结束语

214 本书向您展现了人文地理学中常说的“文化转向”不仅带来了对文化的兴趣，也带来了对种种传播现象的敏感和关注，它们大致是按照“地方与空间”以及“载体与内容”这两个维度展开的。我认为将这一研究方向称为“传播转向”更为合适，不仅因为“文化”这个概念的模糊性和时常所带有的偏向（D. Mitchell 1995），更是因为传播在“文化转向”中所处的核心地位。这一新的研究方向实现了社会科学、人文学科、艺术历史和哲学等各个领域的跨学科融合，从四个主要方向拓展了地理学的研究范围，这四个方向在横向上按照“空间”与“地方”来划分，在纵向上按照“作为内容的传播”和“作为载体的传播”来划分。

所谓“传播转向”是基于这样的一种认识：既然“世界”是通过文字和视觉语言来表达的，那么它也受到语言和表征的局限，世界在各个方面受到语言的限定，也被语言所创造。不过，这只是故事的一个侧面，因为地理学家认为他们对于传播的贡献应该有别于哲学家、语言学家和文学理论家，所以他们努力想让表征回到地理，重申空间、地方、景观、大地、环境、区域、地点、距离、边界、中心、边缘等地理要素的重要性。没有几个地理学家会同意将这些要素等同于言说、思维，或者供人解构的任意性符号。地理学家的双脚要站在大地上，这既是一个形象的比喻，也是真实的写照，因为地理学家总是倾向讨论实际存在的现象，探索人们真实感受的世界，他们也习惯使用在地化的概念去描述世界。通过本书，我希望能够向大家表明，这两种途径都是行得通的。

215 世界充满着传播，传播也充满着世界。德米特里·邦达伦科（Dmitri Bondarenko 2005）的变态分层结构（heterarchy）的概念颠覆了我们的常识，它告诉我们事物有时可以被它所囊括的事物所囊括，相互抵消的层次结构也可以做到并行不悖。目前除了阿什·阿敏（Ash Amin）和奈杰尔·薛伟德（Nigel Thrift）外，很少有地理学家用到这个概念，但是从 20 世纪中叶开始，M. C. 埃舍尔（M. C. Escher）的错觉版画以及博尔赫斯（Jorge Luis Borges 1962）和卡尔维诺（Italo Calvino 1978）的奇幻故事都对这一概念做了精彩的诠释。他们所呈现出的那些不可能的世界和“看不见的城市”很好地刻画出了我们所生活的空间。

〉》地理学的怀疑和危机

现在我们必须直面这一传播转向给地理学家带来的挑战了。地理学渐渐转向对包括表征、话语、文本、凝视、主体性、表演在内的种种传播现象的研究，这看起来颇似将地理学带离了“真实世界”（Rydin 2005）。戴维·哈维将后现代社会对文本和话语的兴趣归结为一种新的形式的生产、消费、国家干预和空间压缩技术（Harvey 1989）。后殖民主义批评者也认为“对话语的过分强调会干扰我们继续对殖民主义权力关系的物质方式保持清醒的评价”（Blunt and McEwan 2002b: 5）。反对传播转向的人非常担心，一旦陷进话语的层面，地理学家的研究会变得无足轻重，那样，他们的研究成果无非只是另一个文本、另一种话语和另一个地方意象，也许与其他文本、话语、意象看似有别，但谁也不比谁更能产生实际的效果。在这个问题上，不论是实用型的，还是有政治抱负的地理学家都希望能与传播划清界限。但是这个界限无法让我们否认话语和表征对构成现实的重要性。罗伯特·萨克（Robert Sack）的观点很有说服力：

> 我们对世界的了解永远是有偏向的，但是这并不能否认我们追求全面和客观的欲望与能力。没有这种欲望与能力，我们只会无所适从，目光短浅。虽然这两方面都重要，但是努力摆脱偏见更为重要，因为偏见实在太容易了。扩展一个人的视野是需要付出努力的，但这正是人类成长的重要一环。就算是主张文化多样性、多元主义和文化差异性，也不应该放弃这种努力。（Sack 1997: 6）

这段话呼吁我们不断地拓展人类视野，摆脱狭隘。要做到这一点，必须先明白世界是如何被话语的力量所控制和改造的，以及不同的传播者对世界的掌控能力是不同的。说话和写作之所以可以对世界产生影响，正是因为它们可以设置边界、局限和标准。任何形式的文字都是因为它们可以将语言转换为空间和社会关系才变得如此重要。哈贝马斯关于传播语境包容性以及巴赫金关于语言多

元性的观点，正是因为它们可以减少人类沟通的障碍才成为一种道德规范。无
216 论是在实际中，还是在概念上，传播都是在创造公共性，但是我们如何能做到在承认公共性的同时，不会将自己的语言中所表达的公共伪装成与语言无关的“真实世界”呢？

地理学的自洽性一度来自“地球表面”，而地理学家的任务主要是对外部世界做出准确和翔实的书写与绘制。“客观存在”这个词存在于客观世界之中，只要客观世界这个复杂却稳定的容器还在，这个词就可以成立，社会力量和法律法规也由此得以确立。而现在，内在和外部世界之间的边界不再那么明确，人们越来越相信世界是由表征所创造的、也存在于表征之中的，而不是相反。如果我们继续坚持“客观真实”“世界原本如此”的观念，用所谓的“现实”来裁决地理学争辩，这显得已经行不通了。简单地说，社会建构主义的观点已经威胁到了地理学的自洽性。来自女性主义、后现代主义、后结构主义和后殖民主义的声音都让我们听到了这种威胁。

另外一个颠覆、渗透和消除内外之别的力量来自对学科权威性的质疑。以往，一个地理学家的世界观只会在这个地理学家本人作为作者的权威性受到质疑时才会被人怀疑，地理学本身作为一门学科的权威并未受到挑战。但现在却是非地理学家的世界观大行其道的黄金时代，在他们的好奇心的驱使下发展出所谓的“地理知识学”（geosophy）。如果地理知识学从本质上是要像保护实验室标本一样地保护一些观点，没准有些标本可能会抵抗住甲醛的侵蚀，从瓶子里跑出来爬满博物馆。现在整个地理学就像是种种地理学表征所组成的兽群，无论是官方的或是非官方的，它们都从瓶子里爬了出来，散布在地理学的共同记忆和解释的博物馆里，我们已经没有什么办法，也找不出什么理由将它们按照哪是“准确”的、哪是“非准确的”重新抓起来，放进瓶子了。

地理学的危机还在于学科内部不同研究方向之间的分裂不断加剧，因为不同的方向对话语、文本、互文性、主观立场、主体性、表演、情感等问题的介入各不相同。早在20世纪70年代的时候，冈纳·奥尔森（Gunnar Olsson）就意识到，一旦人开始质疑为什么的问题，“就会从地图上的标记中提取意义”，而一旦我们开始思考“一个符号究竟代表什么意义”时，用来整合一个学科的内部话语就会变得极不牢靠。比如，自然地理和人文地理之所以现在会分道扬镳，就是因为它们一个继续呈现事物本身，而另一个是在呈现对事物的表征。

> 一旦理解发生了这样的转变，那么翻译的不可能性问题就出现了，在大量关于这个问题的文献中，有一个部分是关于定量地理学研究所追求的形式推理，另一部分是人文地理学更偏好的创意写作。前一种方向努力以确定性来保留简单的事实，后一种则使用带有歧义的语言来展现丰富的洞见。（Olsson 1978: 110） *217*

正如奥尔森所预言的，在后来的女性主义、后结构主义、后现代主义、人文主义等思想的影响下，对意义的拆分、解构、跟踪意义在文本间的循环以及对话语中的权力关系的批判，逐渐成为地理学方法论和认识论的重要组成部分。只不过，将这些方法引进地理学的文本和话语中是容易的，而要用这些新的反思指导我们发展出对世界更为有用、有趣又令人满意的想象却不那么容易。虽然我们每天都生活在这个世界中，但是出于道德或实用的原因，我们却不敢对它提出明确的主张。

正是因为这个原因，传播转向的兴起使得理论、观察和政策三者之间的关联变得从未有过地混浊。没有了“世界是透明的”错误想象，缺少了毋庸置疑的学术权威，不再相信有什么人可以对社会做出总体的设计，也不再天真地幻想谁能统一各派理论，在这种情况下，又靠什么把这三者之间结合在一起呢？“话语研究的兴起为我们理解政策的运作方式提供了新的见解，它解构了原有的知识和政策生产模式”，研究者一方面认识到知识生产是一个“充满争议的过程”，另一方面也看到了政策制定者“在其所处的机构中所掌握的话语资源”（Rydin 2005: 77）。这就意味着与世界打交道和解决实际问题也是知识生产过程中的一个环节，我们应该重视话语在决策过程中的作用，而不是将它看作一个独立的王国。话语总是随着社会过程的变化而变化的，因此对传播的深刻理解对地理学的政策干预也至关重要。

约翰·阿格纽（John Agnew 2007: 399）曾这样说明国家所发生的变化：“它一度是‘力量’和‘功能’……现在成了‘话语’和‘实践’”。这句话对把握地理学认识论也具有普遍的意义。尽管有些地理学家轻易地抛弃了奥图泰尔（Ó Tuathail）所说的“地球书写”，转而用文学和哲学理论来批判地理话语和解读地理学实践，另一些地理学家却认为这样做背离了这个学科的实质。地理学家归根到底是要告诉人们这个世界究竟是什么，而不仅仅是我们如何呈现它。从这个意义上看，地理学正面临着危机，至少是处在十字路口。看上去，地理学家要么致力于对世界表征的批判，从而放弃对世界本身的理解，要么将此当作偏见而嗤之以鼻，继续寻求对世界做出尽可能准确的描述，严格地说，应该比以往更加准确，否则无以体现学科的进步。批判理论型地理学与实用型地理学之间的鸿沟也由此产生。

〉》二者兼得

218 其实，在这两条路径之间还存在着第三条路，这正是贯穿本书的观点，那就是，承认传播可以同时作为载体和内容的二重性。我们当然可以批判传播给世界和它的居民所强加的各种限制，但同时也必须承认，正是以传播为工具，我们得以知晓人与世界存在着哪些轮廓、边界、范围和局限。这一立场既有理论依据，也不全然囿于理论。我们完全可以做到二者兼备，当然也不是说任何事情都有可能发生。至少我们要认识到，在话语分析、内容分析和符号学方法之外，还有许多其他的方法同等重要。

从一个方面来看，在传播与地理的关系中，文本的确是无所不包的，所有外在的事物都存在于文本之中，存在于基于文本的思维中和基于思维的文本中。我们对此深信不疑，是因为“客观”的概念只有通过“客观”这个词才能表达出来，也只有当人思考这个问题时才存在。任何一张地图、一个政治演说、一张明信片，或是一段舞蹈都可能成为人们传达观点的载体。任何从我到你、从我们到他们、从此地到远方、从现在到过去的关于这个世界的观点都必须经过包装后才能传达，这一包装一定是人为的，也一定反映着社会的权力关系。我们所有人，包括地理学家在内，都是在用符号、象征和信号将世界打包，再把这个包裹传到那些可以打开它们的地方，在那里，文字再次变回现实，地图上的点与线变成人们在路上驾驶汽车、到海滨度假这样的社会实践。我们存在于意义生成的过程中，也由它所构成。这是我们的宇宙，我们在其中发现自己是谁，也以意象和话语的方式来结构着世界。传播是所有载体的载体。

从另一方面来看，所有的文本又的确存在于世界之中。[1] 从物质、制度到自然环境，各种因素都对意义的生成造成影响，我们无法将“讯息”与传播讯息的网络区分开来。任何意义只有在地方中才有意义，只有对那些掌握着地方性的解读能力的人才有意义。如果我们以上的论述是不完整的，那是因为我们没有注意到“符号、象征和信号”与“意义生成”之间的微妙差别。仅凭符号的线性机制是不能生成意义的。对地方的敏感为我们提供了新的视角，它让我们认识到符号其实还存在着简单而普遍的模仿功能，象征也包含着具身的传播，异类的行动者网络往往需要象征和符号才能结合在一起。

我们理解传播是因为我们生活的世界本来就是用不同的语言展现在人面前的。传播的世界让人超越个体，达成人与人之间的沟通。清晨的空气让人感到的寒冷、轮胎在路面上发出的摩擦声、疲劳的肌肉所产生的疼痛是不能完全用“寒冷”“摩擦”“疼痛”这几个词来表达的。两种层次的经验是同时存在的。我们与世界的肉身接触与我们对世界的符号认知相互交织、相互构成。“寒冷”这个符号帮助我们了解客观世界，它对我们来说是客观存在的，就像一只秋天的猫到院子里逛了一圈后，会马上钻回窝里一样。猫不知道“寒冷”这个词，但它仍然可以感到寒冷。因此，符号只是某种信号的转换，正是有了这种符号之外的信号，*219*
我们才得以超越弗雷德里克·詹明信（Fredric Jameson）所说的“语言的牢笼”。

政治曾经被哈贝马斯和其他理论家理解为伸张个人观点的权力，是不同观点、概念和政治立场之间的理性交往。然而非理性交往，或者说基于另类理性的交往，恰恰是对“日常生活殖民化”的一种抵抗。达到某个政治目的不一定得靠将某些事情说出个所以然。如前所述，情感也能产生效果，巴赫金的狂欢传播就是一个绝佳的例子。运动中的身体也能唤醒意识，无论这种意识是政治的、历史的还是审美的。即使是浪荡子的漫步也能带来思考。五月广场上的母亲通过身体的移动为死去的亲人献上无声的敬意，就像行为艺术家、示威者和其他许多人一样，她们以这种非语言方式在场和铭记，也通过这种方式改写了地方感。

所有这些都在告诉我们，尽管书写、绘图和其他表征方式的确对外部世界的条件和范围起到规定作用，客观世界也同样限定着它如何被书写和绘制。语言所捕捉的世界就像雪景球中的微型复制品。但是无论我们是否摇动这个雪景球，雪花仍然会飘落在我们头上。

〉》边界和分割

在本书中我们已经看到，当每一种媒介被运用到社会生活中时，它就会在增进社会延展性的同时，为自己赢得某种独特的社会角色。对技术起到稳定作用的网络由于自身的流动性和可变性，有时也会为另一种稳定性网络创造条件。在相当程度上，目前包括互联网和无线技术在内的媒介发展存在着地理上的不均衡，一个富裕、连接畅通的世界排斥着另一个贫穷、与世隔绝的世界，并从中榨取资源。惊人的数字不平等造成了严重的社会后果，但是媒介在空间变量上的复杂性使得这两个世界之间呈现出连续变化的状态，而不是一条截然分开的鸿沟，实际情况比这还要复杂。比如，手机在非洲的普及与它在其他基础设施较发达地区的普及方式存在着许多差异。国民收入与媒介近用权之间不仅存在量上的相关性，也存在质上的关联。“数字鸿沟”这个象征也许就是错误的，因为它暗示着一个沿着线性轨迹划分的二维空间，而实际上媒介的变量在空间上是多维的。

在分析新媒体的社会后果时，我们必须谨防掉进皮下注射模式的陷阱，这个
220 模式在媒介理论中早已受到了怀疑，要摆脱这个陷阱，与其对所谓的两级模式做出改进，不如考虑一下“地方偶然性”因素。只有在地理学有关边境和界线、包容和排斥的思考框架下，我们才能够更好地理解媒介的社会权力关系。每种特定的社会技术传播语境都从较大的传播空间中划出一个特殊的地方，它在包容一些人的同时也排斥着另一些人。因此，一篇不是用本国语言而是用英语写就的研究论文，在法国学校中戴不戴头巾，一个供整个村庄使用的手机，或是一个宣传“文化例外”的全国性传播政策，都会改变载体及其所规定的社会情景。包容和排斥以各种方式如影随形，地理学家可以用他们的眼睛、耳朵和鼻子，以独特的敏锐指认出这些看不见的边界。

当然我们也不能简单推断任何实体或虚拟的分界线都会在包容一个群体时排斥另一个不同的群体，乔治·阿甘本（Georgio Agamben）就提醒我们某些边界会对 A 群体既排斥又包容，同时也对 B 群体既包容又排斥，在领土的边境、人的思维边界和法律所规定的边界中都存在这种“例外空间”的效应，它既是实体的和制度性的，也是心理上的，它存在于自然、意义和社会关系各个领域。正是因为这种复杂性，像聋哑人士这样的群体才可能走出自己的生活圈子，争取更大范围的社会包容，让自己可以被听见、被看见，也让自己可以去听、去看，尽管他们也会在特定的时间和地点对外人构成排斥，以此来保证他们能在一个特殊的空间中更加自由地交往，同时发展出更强的群体认同。包容和排斥的策略并非总是相互矛盾的。魁北克法语社区所做的斗争正向我们说明了包容和排斥、隔离和融合其实是赋权行动中相互补充的两个方面。

〉》社会技术配置

一旦认识到这种两重性，那么从原始口语传播到数字时代的媒介史就成为一个由空间、地方、自我和社会的多重空间所构成的历史。当文本借由声音传播时，我们生活在一个言语运动文化之中，而在今天，文本经过印刷媒介、道路、仓库和商店的流通来到我们家门口或是被摆上书架，它们通过电波、电线和微电路传播。从广义上来说，所有的交往都是一种循环和转译，它们通过符码、机构、法规和身体，以错综复杂的方式在进行。再用“虚拟”这个词来形容传播已经不合适了，因为它让人误以为传播是孤立的、脱离于社会条件和身体感觉之外的，而个人和社会的虚拟性是随着传播的社会技术安排的变化而不断演进的。

所以，我们称作“媒介”的这个网络是塑造社会组织和传达社会意义的根本要件，它们塑造着我们对时间、空间、自我和社会的感觉，也激发我们去探索关于媒介、过去和当下的地理。在本书中，我们已经探讨了文字的出现如何重新建立起行动者网络，从而产生了城邦国家、帝国、社会规范和惩罚、复杂社会和经 *221*
济分工以及保存历史和规划未来的工具。我们也看到，正像固定的文字曾经催生了某种社会技术变化，后来产生的拼音文字、印刷术、广播、互联网以及正在涌现的新媒体，都分别带来了各自不同的社会变迁。这一视角不同于技术决定论，它承认媒介历史的延续性，但是“媒介”在这里既包含社会因素又包括技术因素，而且二者相互交织、相互促进，因为技术必定是社会的，而社会也必然建立在技术的基础上。如果说文化内在于人类社会，外在于自然，则媒介既两个都不是，又可以说两个都是。新媒体在最广泛的意义上改造着人类生存环境，它们的产生也源自对环境的适应，它既包括自然也包括人工，既是物质的也是社会的。因此媒介一方面存在于空间中、在空间中得以发展，另一方面也生产着人类发展的空间。

社会斗争始终是这个故事中挥之不去的主题，它不仅存在于文本分析中，也存在于媒介分析中。早期印刷术的历史反映了天主教会和马丁·路德之间的斗争，在那个过程中，印刷术被同时用作攻击和防守的工具，而17、18世纪时，欧洲文坛用他们的文学乌托邦对正统的政治和宗教所做出的质疑与反思，则反映出印刷术规避机动的潜质。新媒体也许会成为资本主义和国家的奴仆，互联网也的确在以各种方式效忠权贵，但是它们也促进了权力的去中心化，在不同的社会等级之间、在更大的社会范围内，克服越来越具渗透性的社会边界，让人类的思想得以传播和交流。

注释

1. 更准确地说应该是几乎所有的文本，因为先锋者F航天飞机就携带着一块装饰板，将地球的问候带到了太阳系的边际。

索　引

（所注页码为英文原书页码，即本书边码）

参考文献

Abercrombie, N. and Longhurst, B. (1998) *Audiences: A Sociological Theory of Performance and Imagination*. London: Sage.

Abler, R. (1975a) Effects of space-adjusting technologies on the human geography of the future. In: R. Abler, D. Janelle, A. Philbrick, and J. Sommer (eds), *Human Geography in a Shrinking World*. North Scituate, MA: Duxbury Press.

Abler, R. (1977) The telephone and the evolution of the American metropolitan system. In: I. de Sola Pool (ed.), *The Social Impact of the Telephone*. Cambridge, MA: MIT Press.

Abler, R. (1991) Hardware, software and brainware: mapping and understanding telecommunication technology. In: S. D. Brunn, and T. R. Leinbach (eds), *Collapsing Space and Time: Geographic Aspects of Communi cation and Information*. London: HarperCollins.

Abler, R., Janelle, D., Philbrick, A., and Sommer, J. (eds) (1975) *Human Geography in a Shrinking World*. North Scituate, MA: Duxbury Press.

Abu-Lughod, L. (1990) The romance of resistance: tracing transformations of power through Bedouin women. *American Ethnologist* 17.1: 41–55.

Adamic, L. A. (2006) Zipf, power-laws, and pareto – a ranking tutorial. Information Dynamics Lab, Hewlett-Packard Development Company (http://www. hpl. hp. com/research/idl/papers/ranking/ranking. html).

Adams, P. C. (1992) Television as gathering place. *Annals of the Association of American Geographers* 82.1: 117–35.

Adams, P. C. (1995) A reconsideration of personal boundaries in space-time. *Annals of the Association of American Geographers* 85.2: 267–85.

Adams, P. C. (1996) Protest and the scale politics of telecommunications. *Political Geography* 15.5: 419 – 41.

Adams, P. C. (1997) Cyberspace and virtual places. *Geographical Review* 87.2: 155–71.

Adams, P. C. (1998) Network topologies and virtual place. *Annals of the Association of American Geographers* 88.1: 88 –106.

Adams, P. C. (1999) Bringing globalization home: a homeworker in the information age. *Urban Geography* 20.4: 356 –76.

Adams, P. C. (2000) Application of a CAD-based accessibility model. In: D. Janelle and D. Hodge (eds), *Accessibility in the Information Age*. Heidelberg: Springer-Verlag.

Adams, P. C. (2001) Peripatetic imagery and peripatetic sense of place. In: P. Adams, S.

Hoelscher, and K. Till (eds), *Textures of Place: Exploring Humanist Geographies*. Minneapolis: University of Minnesota Press.

Adams, P. C. (2005) *The Boundless Self: Communication in Physical and Virtual Spaces*. Syracuse, NY: Syracuse University Press.

Adams, P. C. (2007) *Atlantic Reverberations: French Representations of an American Presidential Election*. Aldershot: Ashgate.

Adams, P. C. and Ghose, R. (2003) India.com: the construction of a space between. *Progress in Human Geography* 27.4: 414–37.

Adams, P. C., Hoelscher, S., and Till, K. E. (eds) (2001) *Textures of Place: Exploring Humanist Geographies*. Minneapolis: University of Minnesota Press.

Adams, P. C. and Skop, E. (2008) The gendering of Asian Indian transnationalism on the Internet. *Journal of Cultural Geography* 25.2: 115 –36.

Adams, P. C. and Warf, B. (1997) Introduction: cyberspace and geographical space. *Geographical Review* 87.2: 139 – 45.

Agamben, G. (1998) *Homo Sacer: Sovereign Power and Bare Life*. Stanford, CA: Stanford University Press.

Agamben, G. (2005) *State of Exception*. Chicago: University of Chicago Press.

Agnew, J. (2005) *Hegemony: The New Shape of Global Power*. Philadelphia: Temple University Press.

Agnew, J. (2007) No borders, no nations: making Greece in Macedonia. *Annals of the Association of American Geographers* 97.2: 398 – 422.

Aitken, S. C. and Zonn, L. E. (eds) (1994a) *Place, Power and Spectacle: A Geography of Film*. Lanham, MD: Rowman and Littlefield.

Aitken, S. C. and Zonn, L. E. (1994b) *Re*-presenting the place pastiche. In: S. C. Aitken and L. E. Zonn (eds), *Place, Power and Spectacle: A Geography of Film*. Lanham, MD: Rowman and Littlefield.

Alderman, D. H. and Good, D. B. (1997) Exploring the virtual South: the idea of a distinctive region on "The Web." *Southeastern Geographer* 37.1: 20 – 45.

Allon, F. (2004) An ontology of everyday control. In: N. Couldry and A. McCarthy (eds), *MediaSpace: Place, Scale and Culture in a Media Age*. London: Routledge.

Althusser, L. (1986 [1971]) Ideology and ideological state apparatuses (notes towards an investigation). In: J. Hanhardt (ed.), *Video Culture: A Critical Investigation*. Layton, UT: Gibbs M. Smith, Inc. and Peregrine Smith Books/Rochester, NY: Visual Studies Workshop Press. Original publication: 1971, *Lenin and Philosophy*, B. Brewster (trans.). New York: Monthly Review Press.

Amin, A. and N. Thrift (2005) What's left? Just the future. *Antipode* 37.2: 220 –38.

Anderson, B. (1991) *Imagined Communities: Reflections on the Origin and Spread of Nationalism*, rev. and extended 2nd edn. London: Verso.

Ang, I. (1985) *Watching Dallas: Soap Opera and the Melodramatic Imagination*.

London: Methuen.
Ang, I. (1991) *Desperately Seeking the Audience*. London: Routledge.
Ang, I. (1996) *Living Room Wars: Rethinking Media Audiences for a Post-Modern World*. London: Routledge.
Aoyama, Y. (2003) Sociospatial dimensions of technology adoption: recent M-commerce and E-commerce developments. *Environment and Planning A* 35: 1201–21.
Appadurai, A. (1996) *Modernity at Large: Cultural Dimensions of Globalization*. Minneapolis: University of Minnesota Press.
Appadurai, A. (2006) *Fear of Small Numbers: An Essay on the Geography of Anger*. Durham, NC: Duke University Press.
Appiah, K. A. (1998) Cosmopolitan patriots. In: P. Cheah and B. Robbins (eds), *Cosmopolitics: Thinking and Feeling Beyond the Nation*. Minneapolis: University of Minnesota Press.
Arendt, D. K. (2004) Desert tripper's home page (http://www. geocities. com/destrip/) accessed April 10, 2008.
Atia, M. (2007) In whose interest? Financial surveillance and the circuits of exception in the war on terror. *Environment and Planning D: Society and Space* 25: 447–75.
Bachelard, G. (1964) *The Poetics of Space*, trans. Maria Jolas. Boston: Beacon Press.
Backhaus, G. (1997) The phenomenology of telephone space. *Human Studies* 20: 203–20.
Backhaus, G. and Murungi, J. (eds) (2005) *Lived Topographies and Their Mediational Forces*. Lanham, MD: Lexington Books.
Bakhtin, M. M. (1981) *The Dialogic Imagination: Four Essays*, M. Holquist (ed.), C. Emerson and M. Holquist (trans.). Austin: University of Texas Press.
Bakhtin, M. M. (1984) *Rabelais and His World*, H. Iswolsky (trans.). Bloomington: Indiana University Press.
Bakhtin, M. and Voloshinov, V. N. (1994) Freudianism: a critical sketch. In: P. Morris (ed.), *The Bakhtin Reader: Selected Writings of Bakhtin, Medvedev, Voloshinov*. London: Arnold.
Barabási, A.-L. (2003) *Linked: How Everything Is Connected to Everything Else and What It Means for Business, Science, and Everyday Life*. New York: Penguin/ Plume.
Barabási, A.-L. and Albert, R. (1999) Emergence of scaling in random networks. *Science* 286: 509–12.
Barabási, A.-L. and Bonabeau, E. (2003) Scale free networks. *Scientific American* 288 (5: 60–69).
Barlow, J. P., Birkerts, S., Kelly, K., and Slouka, M. (1995) What are we doing on-line (dialogue). *Harper's* August: 35 – 46.
Barnes, T. and Duncan, J. S. (eds)(1992a) *Writing Worlds: Discourse, Text, and*

Metaphor in the Representation of Landscape. London: Routledge.

Barnes, T. and Duncan, J. S. (1992b) Introduction. In: T. Barnes and J. S. Duncan (eds), *Writing Worlds: Discourse, Text, and Metaphor in the Representation of Landscape*. London: Routledge.

Barnes, T. and Gregory, D. (1997) Worlding geography: geography as situated knowledge. In: T. Barnes and D. Gregory (eds), *Reading Human Geography: The Poetics and Politics of Inquiry*. London: Arnold.

Barnett, C. (1998) The cultural turn: fashion or progress in human geography? *Antipode* 30.4: 379 –94.

Barthes, R. (1967) *Elements of Semiology*, A. Lavers and C. Smith (trans.). New York: Hill and Wang. Originally 1964, Éléments *de sémiologie*. Paris: Editions du Seuil.

Barthes, R. (1972) *Mythologies*, A. Lavers (trans.). New York: Hill and Wang.

Barthes, R. (1974) *S/Z*. New York: Hill andWang.

Barthes, R. (1979) *The Eiffel Tower, and Other Mythologies*, R. Howard (trans.). New York: Hill and Wang/Farrar, Straus and Giroux.

Basso, K. (1984) Stalking with stories: names, places, and moral narratives among the Western Apache. In: E. Bruner (ed.), *Text, Play and Story*. Prospect Heights: Waveland Press.

Bateson, G. (1972) *Steps to an Ecology of Mind*. New York: Ballantine Books.

Batty, M. (1997) The retail revolution. *Environment and Planning B: Planning and Design* 24: 1–2.

Baudrillard, J. (1983) *Simulations*, P. Foss, P. Patton, and P. Beitchman (trans.). New York: Semiotext (e), Inc.

Beaverstock, J. V., Smith, R. G., and Taylor, P. J. (1999) A roster of world cities. *Cities*16.6: 445–58.

Benjamin, W. (1977 [1938]) The Paris of the second empire in Baudelaire. In: *Charles Baudelaire: A Lyric Poet in the Era of High Capitalism*. London: New Left Books.

Benjamin, W. (1979) *One Way Street and Other Writings*, E. Jephcott and K. Shorter London: New Left Books.

Benjamin, W. (1999) *The Arcades Project*, H. Eiland and K. McLaughlin (trans.).

Berger, J., Blomberg, S., Fox, C., Dibb, M., and Hollis, R. (1972) *Ways of Seeing*. London: BBC.

Berger, P. L. and Luckman, T. (1967) *The Social Construction of Reality: A Treatise in the Sociology of Knowledge*. Garden City, NY: Doubleday/Anchor.

Beriatos, E. and A. Gospodini (2004) "Glocalising" urban landscapes: Athens and the 2004 Olympics. *Cities* 21.3: 187–202.

Betrò, M. C. (1996) *Hieroglyphics: The Writings of Ancient Egypt*, S. A. George (trans.). New York: Abbeville Press.

Beverly, J. (1999) *Subalternity and Representation: Arguments in Cultural Theory*.

Durham, NC: Duke University Press.

Bijker, W. (1995) *Of Bicycles, Bakelites and Bulbs: Toward a Theory of Social Change*. Cambridge, MA: MIT Press.

Bijker, W., Hughes, T., and Pinch, T. (1987) *The Social Construction of Technological Systems: New Directions in the Sociology and History of Technology*. Cambridge, MA: MIT Press.

Bijker, W. and Law, J. (1992) *Shaping Technology, Building Society: Studies in Sociotechnical Change*. Cambridge, MA: MIT Press.

Blaut, J. (1977) Two views of diffusion. *Annals of the Association of American Geographers* 67.3: 343 –9.

Blum, V. and Nast, H. (2000) Jacques Lacan's two-dimensional subjectivity. In: M. Crang and N. Thrift (eds), *Thinking Space*. New York: Routledge.

Blumler, J. and Katz, E. (1974) *The Uses of Mass Communication*. Thousand Oaks, CA: Sage.

Blunt, A. (1994) Mapping authorship and authority: reading Mary Kingsley's landscape descriptions. In: A. Blunt and G. Rose (eds), *Writing Women and Space: Colonial and Postcolonial Geographies*. New York: Guilford Press.

Blunt, A. (1999) The flight from Lucknow: British women travelling and writing home,1857–8. In: J. S. Duncan and D. Gregory (eds), *Writes of Passage: Reading Travel Writing*. London: Routledge.

Blunt, A. and McEwan, C. (2002a) *Postcolonial Geographies: Writing Past Colonialism*. New York: Continuum.

Blunt, A. and McEwan, C. (2002b) Introduction. In: A. Blunt and C. McEwan (eds), *Post- colonial Geographies: Writing Past Colonialism*. New York: Continuum.

Blunt, A. and G. Rose (eds) (1994a) *Writing Women and Space: Colonial and Postcolonial Geographies*. New York: Guilford Press.

Blunt, A. and G. Rose (1994b) Introduction: women's colonial and postcolonial geographies. In: A. Blunt and G. Rose (eds), *Writing Women and Space: Colonial and Postcolonial Geographies*. New York: Guilford Press.

Boal, I. A. (1995) A flow of monsters: Luddism and virtual technologies. In: J. Brook and I. A. Boal (eds), *Resisting the Virtual Life: The Culture and Politics of Information*. San Francisco: City Lights Books.

Bondarenko, D. M. (2005) A homoarchic alternative to the homoarchic state: Benin Kingdom of the 13th–19th centuries. *Social Evolution and History* 4.2: 18 – 88.

Bondi, L., et al. (2002) *Subjectivities, Knowledges, and Feminist Geographies: The Subjects and Ethics of Social Research*. Lanham, MD: Rowman and Littlefield.

Bonnett, A. (2005) Occidentalism and plural modernities: or how Fukuzawa and Tagore invented the West. *Environment and Planning D: Society and Space* 23: 505 –25.

Boothby, R. (1644) True declaration of the intolerable wrongs done to Richard

Boothby, merchant of India. London.

Borges, J. L. (1962) *Labyrinths: Selected Stories and Other Writings*, D. A. Yates and James E. Irby (eds). New York: New Directions.

Bosco, F. J. (2006) The Madres de Plaza de Mayo and three decades of human rights' activism: embeddedness, emotions, and social Movements. *Annals of the Association of American Geographers* 96.2: 342–65.

Bourdieu, P. (1984) *Distinction: A Social Critique of the Judgement of Taste*. Cambridge, MA: Harvard University Press.

Bourhis, R. Y. (2001) Reversing language shift in Quebec. In: J. A. Fishman (ed.), *Reversing Language Shift: Can Threatened Languages be Saved?* Clevedon: Multilingual Matters.

Bragg, L. (2001) *Deaf World: A Historical Reader and Primary Sourcebook.* NewYork: NYU Press.

Braun, B. (2005) Writing geographies of hope. *Antipode* 37.4: 834 – 41.

Brennan, T. (2005) Mercator manoeuvre. *Cultural Geographies* 12.4: 514 –20.

Brock, G. (2005) Does obligation diminish with distance? *Ethics, Place and Environment* 8.1: 3 –20.

Brook, J. and Boal, I. A. (eds) (1995) *Resisting the Virtual Life: The Culture and Politics of Information*. San Francisco: City Lights Books.

Brunn, S. D. and Cottle, C. D. (1997) Small states and cyberboosterism. *Geographical Review* 87.2: 240 –58.

Brunn, S. D. and Leinbach, T. R. (eds) (1991a) *Collapsing Space and Time: Geographic Aspects of Communication and Information*. London: HarperCollins.

Brunn, S. D. and Leinbachm, T. R. (1991b) Introduction. In: S. D. Brunn and T. R. Leinbach (eds), *Collapsing Space and Time: Geographic Aspects of Communication and Information*. London: HarperCollins.

Buchanan, M. (2002) *Nexus: Small Worlds and the Groundbreaking Science of Networks.* New York: W. W. Norton & Company.

Buck-Morss, S. (1989) *The Dialectics of Seeing: Walter Benjamin and the Arcades Project*. Cambridge, MA: MIT Press.

Bunnell, T. (2002) High tech development in Malaysia's multimedia super corridor. *Antipode* 34.2: 265 –96.

Burgess, J. (1985) News from nowhere: the press, the riots and the myth of the inner city. In: J. Burgess and J. R. Gold (eds), *Geography, the Media and Popular Culture*. New York: St Martin's Press.

Burgess, J. and Gold, J. R. (eds) (1985a) *Geography, the Media and Popular Culture.* New York: St Martin's Press.

Burgess, J. and Gold, J. R. (1985b) Introduction: place, the media and popular culture. In: J. Burgess and J. R. Gold (eds), *Geography, the Media and Popular Culture.*

NewYork: St Martin's Press.

Burns, E. K. (1997) Nested hexagons: central place theory. In: S. Hanson (eds), *Ten Geographic Ideas that Changed the World*. New Brunswick, NJ: Rutgers University Press.

Butler, J. (1990) *Gender Trouble: Feminism and the Subversion of Identity*. New York: Routledge.

Butler, J. (1997a) *The Psychic Life of Power*. Stanford, CA: Stanford University Press.

Butler, J. (1997b) *Excitable Speech: A Politics of the Performative*. New York: Routledge.

Buttimer, A. (1982) Musing on helicon: root metaphors and geography. *Geografiska Annaler* Series B, Human Geography, 64.2: 89 –96.

Buttimer, A. and Seamon, D. (eds) (1980) *The Human Experience of Space and Place*. London: Croom Helm.

Cairncross, F. (1997) *The Death of Distance: How the Communications Revolution will Change our Lives*. Boston: Harvard Business School Press.

Callon, M. (1986) Some elements of a sociology of translation: domestication of the scallops and the fishermen of St Brieuc Bay. In: J. Law (ed.), *Power, Action and Belief: A New Sociology of Knowledge*. London: Routledge & Kegan Paul.

Callon, M. and Law, J. (2004) Guest editorial. *Environment and Planning D: Society and Space* 22: 3 –11.

Calvino, I. (1978) *Invisible Cities*, William Weaver (trans.). New York: Harcourt Brace Jovanovich.

Carey, J. (1988) *Communication as Culture: Essays on Media and Society*. Boston: Unwin Hyman.

Carlson, D. R. (2006) A theory of the early English printing firm. In: W. Kuskin (ed.), *Caxton's Trace: Studies in the History of English Printing*. Notre Dame, IN: University of Notre Dame Press.

Carlstein, T. (1982) *Time Resources, Society and Ecology: On the Capacity for Human Interaction in Space and Time*. London: Allen and Unwin.

Carter, S. and D. P. McCormack (2006) Film, geopolitics and the affective logics of intervention. *Political Geography* 25: 228 – 45.

Casey, E. S. (1993) *Getting Back into Place: Toward a Renewed Understanding of the Place- World*. Studies in Continental Thought. Bloomington: Indiana University Press.

Casey, E. S. (2001) Body, self, and landscape: a geophilosophical inquiry into the place-world. In: P. C. Adams, S. Hoelscher, and K. E. Till (eds), *Textures of Place: Exploring Humanist Geographies*. Minneapolis: University of Minnesota Press.

Casey, E. S. (2002) *Representing Place: Landscape Painting and Maps*. Minneapolis: University of Minnesota Press.

Castells, M. (1989) *The Informational City: Information Technology, Economic Restructuring, and the Urban Regional Process*. Oxford: Blackwell.

Castells, M. (1996) *The Rise of the Network Society.* Oxford: Blackwell.

Chakraborty, J. and Bosman, M. M. (2005) Measuring the digital divide in the United States: race, income and personal computer ownership. *Professional Geographer* 57.3: 395–410.

Chambers, J. K. (1995) *Sociolinguistic Theory*. Malden, MA: Blackwell.

Chapman, G., Gould, P. and Johnson, J. (1984) *The Structure of Television*. London: Pion.

Chouinard, V. (1996) Structure and agency: contested concepts in human geography. In: C. Earle, K. Mathewson, and M. S. Kenzer (eds), *Concepts in Human Geography*. Lanham, MD: Rowman and Littlefield.

Christaller, W. (1933) *Die zentralen Orte in Süddeutschland.* Jena: Gustav Fischer (trans. (in part), by C. W. Baskin, as *Central Places in Southern Germany*. Prentice Hall 1966).

Christensen, T. (2007) Gutenberg and the Koreans: did East Asian printing traditions influence the European renaissance?(http://www. rightreading. com/printing/gutenberg. asia/gutenberg-asia-1-introduction. htm), accessed June 13,2008.

CIA (2008) CIA World Factbook (http://www. cia. gov/library/publications/the-world-factbook/).

Cixous, H. (1981) Sorties. In: E. Marks and I. de Courtivron (eds), *New French Feminisms*. Brighton: Harvester Press.

Claritas (2006) Products and services (http://www. claritas. com/claritas), accessed July 27, 2006.

Claval, P. (2006) The scale of political geography: an historical introduction. *Tijdschrift voor Economische en Sociale Geografie* 97.3: 209–21.

Clifford, J. (1992) Travelling cultures. In: L. Grossberg, C. Nelson and P. Treichler (eds), *Cultural Studies*. London: Routledge.

Clifford, J. (1997) *Travel and Translation in the Late Twentieth Century*. Cambridge, MA: Harvard University Press.

CNN. com (2004) Microsoft to take over MikeRoweSoft. com. Monday, January 26 (http://www. cnn. com/2004/TECH/internet/01/26/mikerowesoft. settle. ap/index. html), accessed March 19,2008.

Cohen, A. P. (1986) *The Symbolic Construction of Community*. London: Tavistock Publications.

Coldiron, A. E. B. (2006) Taking advice from a Frenchwoman. In: W. Kuskin (ed.), *Caxton's Trace: Studies in the History of English Printing*. Notre Dame, IN: University of Notre Dame Press.

Collins, L. (2008) Friend game: behind the online hoax that led to a girl's suicide. *New*

Yorker January 21: 34 –41.

Comer, J. C. and Wikle, T. A. (2008) Worldwide diffusion of the cellular telephone, 1995 – 2005. *Professional Geographer* 60.2: 252– 69.

Cooper, J. S. (1996) Sumerian and Akkadian. In: P. T. Daniels and W. Bright (eds), *The World's Writing Systems*. Oxford: Oxford University Press.

Corliss, R. (1999) Bang, you're dead. *Time* May 3: 49 –50.

Cosgrove, D. E. (1985) Prospect, perspective and the evolution of the landscape idea. *Transactions of the Institute of British Geographers* 10: 45 – 62.

Cosgrove, D. E. (1988) *Social Formation and Symbolic Landscape*. Madison: University of WisconsinPress.

Cosgrove, D. E. (1989a) Geography is everywhere: Culture and symbolism in human landscape. In: D. Gregory and R. Walford (eds), *Horizons in Human Geography*. Basingstoke: Macmillan.

Cosgrove, D. E. (1989b) *The Palladian Landscape*. Leicester: Leicester University Press.

Cosgrove, D. E. (1998) *Social Formation and Symbolic Landscape*. Madison: University of Wisconsin Press.

Cosgrove, D. E. (ed.) (1999) *Mappings*. London: Reaktion.

Cosgrove, D. E. (2001) *Apollo's Eye: A Cartographic Genealogy of the Earth in the Western Imagination*. Baltimore: Johns Hopkins University Press.

Cosgrove, D. E. and Daniels, S. (eds) (1988) *The Iconography of Landscape: Essays on the Symbolic Representation, Design and Use of Past Environments*. Cambridge: Cambridge University Press.

Cosgrove, D. E. and Domosh, M. (1993) Author and authority: writing the new cultural geography. In: J. S. Duncan and D. Ley (eds), *Place/Culture/Representation*. London: Routledge.

Cosgrove, D. E. and Jackson, P. (1987) New directions in cultural geography. *Area*19: 95–101.

Couclelis, H. (2000) From sustainable transportation to sustainable accessibility: can we avoid a new tragedy of the commons? In: D. G. Janelle and D. C. Hodge (eds), *Information, Place, and Cyberspace: Issues in Accessibility*. Berlin: Springer-Verlag.

Couclelis, H. and Getis, A. (2000) Conceptualizing and measuring accessibility within physical and virtual spaces. In: D. G. Janelle and D. C. Hodge (eds), *Information, Place, and Cyberspace: Issues in Accessibility*. Berlin: Springer-Verlag.

Couldry, N. and McCarthy, A. (2004) *MediaSpace: Place, Scale and Culture In a Media Age*. London: Routledge.

Crang, M. (2003a) The hair in the gate: visuality and geographical knowledge, *Antipode* 35.2: 238–43.

Crang, M. (2003b) Qualitative methods: touchy, feely, look-see? *Progress in Human*

Geography 27.4: 494 –504.
Crang, M., Crang, P., and May, J. (eds) (1999a) *Virtual Geographies: Bodies, Space and Relations*. London: Routledge.
Crang, M., Crang, P., and May, J. (1999b) Introduction. In: M. Crang, P. Crang and J. May (eds), *Virtual Geographies: Bodies, Space and Relations*. London: Routledge.
Cresswell, T. (1996) *In Place/Out of Place: Geography, Ideology, and Transgression*. Minneapolis: University of Minnesota Press.
Cresswell, T. (2000) Falling down: resistance as diagnostic. In: J. Sharp, P. Routledge, C. Philo, and R. Paddison (eds), *Entanglements of Power: Geographies of Domination/ Resistance*. New York: Routledge.
Cresswell, T. (2001) *The Tramp in America*. London: Reaktion Books.
Cronon, W. (1991) *Nature's Metropolis: Chicago and the Great West*. New York: W. W. Norton and Company.
Cronon, W. (1995a) *Uncommon Ground: Rethinking the Human Place in Nature*. New York: W. W. Norton.
Cronon, W. (1995b) Introduction: in search of nature. In: *Uncommon Ground: Rethinking the Human Place in Nature*. New York: W. W. Norton.
Cross, F. M., Jr and Lambdin, T. O. (1960) A Ugaritic abecedary and the origins of the proto- Canaanite alphabet. *Bulletin of the American Schools of Oriental Research* 160: 21–6.
Crouch, D. (2003) Performances and constitutions of nature: A consideration of the performance of lay geographies. In: B. Szerszynski, W. Heim, and C. Waterton (eds), *Nature Performed: Environment, Culture and Performance*. Oxford: Blackwell.
Curry, M. (1996) *The Work in the World: Geographical Practice and the Written Word*. Minneapolis: University of Minnesota Press.
Curry, M. (1998) *Digital Places: Living with Geographic Information Technologies*. New York: Routledge.
Curtis, W. (1905) *Egypt, Burma and British Malaya*. Chicago: Revell.
Daniels, P. T. (1996) The first civilizations. In: P . T . Daniels and W . Bright (eds), *The World's Writing Systems*. New York: Oxford University Press.
Daniels, S . (1985) Arguments for a humanistic geography. In: R . J . Johnston (ed.), *The Future of Geography*. London: Methuen.
Daniels, S. (1989) The duplicity of landscape. In: R. Peet and N. Thrift (eds), *New Models in Geography, Volume 2*. London: Unwin Hyman.
Daniels, S . (2006) Suburban pastoral : strawberry fields forever and sixties memory. *Cultural Geographies* 13.1: 28–54.
Daniels, S. and Cosgrove, D. (1988) Introduction: Iconography and landscape. In: D. Cosgrove and S. Daniels (eds), *The Iconography of Landscape: Essays on the Symbolic Representation, Design and Use of Past Environments*. Cambridge:

Cambridge University Press.
D'Arcus, B. (2003) Protest, scale, and publicity: the FBI and the H Rap Brown Act. *Antipode* 35.4: 718 – 41.
D'Arcus, B. (2006) *Boundaries of Dissent: Protest and State Power in the Media Age.* London: Routledge.
Davies, W. V. (1990) Egyptian hieroglyphs. In: *Reading the Past: Ancient Writing from Cuneiform to the Alphabet*, introduced by J. T. Hooker. Berkeley: University of California Press.
Dayan, D. and Katz, E. (1985) Television ceremonial events. *Society* 22.4: 60 – 6.
Dear, M. J. and Wolch, J. R. (1987) *Landscapes of Despair: From Deinstitutionalization to Homelessness*. Princeton, NJ: Princeton University Press.
Debord, G. (1994) *The Society of the Spectacle/Société du Spectacle*, D. Nicholson-Smith (trans.). New York: Zone Books.
De Certeau, M. (1984) *The Practice of Everyday Life.* Berkeley: University of California Press.
De Certeau, M. (2000) Walking in the city. In: G. Ward (eds), *The Certeau Reader.* Oxford: Blackwell.
Deibert, R. J. (1997) *Parchment, Printing, and Hypermedia: Communication in World Order Transformation.* New York: Columbia University Press.
de la Garde, R. (1996) There goes the neighborhood: Montréal's television market and free trade. In: E. G. McAnany and K. T. Wilkinson (eds), *Mass Media and Free Trade: NAFTA and the Cultural Industries*. Austin: University of Texas Press.
Deleuze, G. and F. Guattari (1987) *A Thousand Plateaus: Capitalism and Schizophrenia*. Minneapolis: University of Minnesota Press.
DeLyser, D. (2001) When less is more: absence and landscape in a California ghost town. In: P. C. Adams, S. Hoelscher, and K. E. Till (eds), *Textures of Place*. Minneapolis: University of Minnesota Press.
DeLyser, D. (2003) Ramona memories: fiction, tourist practices, and placing the past in southern California. *Annals of the Association of American Geographers* 93.4: 886 908.
Demeritt, D. (2005) Hybrid geographies, relational ontologies and situated knowledges. *Antipode* 37.4: 818 –23.
De Oliver, M. and Yoder, M. (2000) Postmodernity and the borderlands: symbolic democracy and ethnic disparities. In: J. Norwine and J. M. Smith (eds), *Worldview Flux: Perplexed Values among Postmodern Peoples*. Lanham, MD: Lexington.
deuceofclubs. com. (2006) You never know what's going to happen when the phone rings: a visit to the mojave phone booth (http://www. deuceofclubs. com/moj/mojave3. htm), accessed March 30,2006.
Diamond, J. (1997) *Guns, Germs and Steel: A Short History of Everybody for the Last*

13,000 Years. New York: Vintage.

Dijkink, G. (1996) *National Identity and Geopolitical Visions: Maps of Pride and Pain*. London: Routledge.

Dijkink, G. (2004) Geopolitics as a social movement? *Geopolitics* 9.2: 460 –75.

Dittmer, J. (2005) Captain America's empire: reflections on identity, popular culture, and post-9/11 geopolitics. *Annals of the Association of American Geographers* 95: 626–43.

Dittmer, J. (2007a) "America is safe while its boys and girls believe in its creeds!" Captain America and American identity prior to World War 2. *Environment and Planning D: Society and Space* 25: 401–23.

Dittmer, J. (2007b) The tyranny of the serial: popular geopolitics, the nation, and comic book discourse. *Antipode* 39.2: 247– 68.

Dixon, D. and Jones, J. P. III (2005) Derridean geographies. *Antipode* 37.2: 242–5.

Dixon, D. and Zonn, L. (2005) Confronting the geopolitical aesthetic: Fredric Jameson, *The Perfumed Nightmare* and the perilous place of Third Cinema. *Geopolitics* 10: 290–315.

Dodds, K. (1996) The 1982 Falklands war and a critical geopolitical eye: Steve Bell and the If... cartoons. *Political Geography* 15.6/7: 571–92.

Dodds, K. (2005) Screening geopolitics: James Bond and the early Cold War films (1962– 1967). *Geopolitics* 10.2: 266 – 89.

Dodge, M. and Kitchin, R. (1997–2004) *An Atlas of Cyberspaces* (http://www.CyberGeography. org).

Dodge, M. and Kitchin, R. (2001) *Mapping Cyberspace*. NewYork: Routledge.

Dodge, M. and Kitchin, R. (2002) *Atlas of Cyberspace*. New York: Addison-Wesley/Pearson Education.

Dodge, M. and Kitchin, R. (2005) Code and the transduction of space. *Annals of the Association of American Geographers* 95.1: 162– 80.

Doel, M. A. (1993) Proverbs for paranoids: writing geography on hollowed ground. *Transactions of the Institute of British Geographers* n.s. 18: 377–94.

Doel, M. A. (2003) Gunnar Olsson's transformers: the art and politics of rendering the co– relation of society and space in monochrome and technicolor. *Antipode* 35.1: 140–68.

Domosh, M. (1990) Those "sudden peaks that scrape the sky" : the changing imagery of New York's first skyscrapers. In: *Place Images in Media: Portrayal, Experience, and Meaning*. Savage, MD: Rowman and Littlefield.

Domosh, M. (1996) Feminism and human geography. In: C. Earle, K. Mathewson and M. S. Kenzer (eds), *Concepts in Human Geography*. Lanham, MD: Rowman and Littlefield.

Dorfman, A. and Mattelart, A. (1984) *How to Read Donald Duck: Imperialist Ideology in the Disney Comic*. New York: International General.

Douglas, S. J. (1987) *Inventing American Broadcasting,1899–1922*. Baltimore: Johns Hopkins University Press.

Downs, R. M. and Stea, D. (1977) *Maps in Minds: Reflections on Cognitive Mapping*. New York: Harper & Row.

Driver, E. (1951) *A Pathway to Dalcroze Eurhythmics*. London: Thomas Nelson and Sons.

Driver, F. (1995) Visualizing geography: a journey to the heart of the discipline. *Progress in Human Geography* 19: 123 –34.

Driver, F. (2003) On geography as a visual discipline. *Antipode* 35.2: 227–31.

Duncan, J. (1990) *The City as Text: The Politics of Landscape Interpretation in the Kandyan Kingdom*. Cambridge: Cambridge University Press.

Duncan, J. (1993) Sites of representation: place, time and the discourse of the other. In: J. S. Duncan and D. Ley (eds), *Place/Culture/Representation*. New York: Routledge.

Duncan, J. (1999) Dis-orientation: on the shock of the familiar in a far-away place. In: J. S. Duncan and D. Gregory (eds), *Writes of Passage: Reading Travel Writing*. London: Routledge.

Duncan, J. and Barnes, T. (1992) Afterword. In: T. J. Barnes and J. S. Duncan (eds), *Writing Worlds: Discourse, Text and Metaphor in the Representation of Landscape*. New York: Routledge.

Duncan, J. and Duncan, N. (2003) *Landscapes of Privilege: The Politics of the Aesthetic in an American Suburb*. London: Routledge.

Duncan, J. and Gregory, D. (eds)(1999) *Writes of Passage: Reading Travel Writing*. London: Routledge.

Duncan, J. and Ley, D. (eds)(1993a) *Place/Culture/Representation*. New York: Routledge.

Duncan, J. and Ley, D. (1993b) Introduction: representing the place of culture. In: J. S. Duncan and D. Ley (eds), *Place/Culture/Representation*. New York: Routledge.

Duncan, N. (1996) Postmodernism in human geography. In: C. Earle, K. Mathewson and M. S. Kenzer (eds), *Concepts in Human Geography*. Lanham, MD: Rowman and Littlefield.

Edensor, T. (2002) *National Identity, Popular Culture and Everyday Life*. NewYork: Oxford.

Edensor, T. (2005) The ghosts of industrial ruins: Ordering and disordering memory in excessive space. *Environment and Planning D: Society and Space* 23.6: 829 – 49.

Ehrenreich, B. (2001) *Nickel and Dimed: On (Not) Getting by in America*. New York: Metropolitan Books.

Ehrkamp, P. (2006) "We Turks are no Germans" : assimilation discourses and the dialectical construction of identities in Germany. *Environment and Planning A*38:

1673–92.

Eisenstein, E. L. (1979) *The Printing Press as an Agent of Change: Communications and Cultural Transformations in Early-Modern Europe, Volumes I and II.* Cambridge: Cambridge University Press.

Eliade, M. (1959) *The Sacred and the Profane: The Nature of Religion*, W. R. Trask (trans.). New York: Harvest/HBJ.

Eliade, M. (1960) *Myths, Dreams, and Mysteries: The Encounter Between Contemporary Faiths and Archaic Realities*, P. Mairet (trans.). New York: Harper & Row.

Elliott, R. W. V. (1996) The runic script. In: P. T. Daniels and W. Bright (eds), *The World's Writing Systems*. New York: Oxford University Press.

Endfield, G. H. and Nash, D. J. (2002) Missionaries and morals: climatic discourse in nineteenth-century central southern Africa. *Annals of the Association of American Geographers* 92.4: 727– 42.

England, K. (1994) Getting personal: reflexivity, positionality, and feminist research. *Professional Geographer* 46.1: 80–9.

Entrikin, J. N. (1991) *The Betweenness of Place: Towards a Geography of Modernity*. Baltimore: Johns Hopkins University Press.

Erting, C. J., Johnson, R. C., Snider, B. D., and Smith, D. L. (1994) *The Deaf Way: Perspectives From the International Conference on Deaf Culture*. Washington, DC: Gallaudet University Press.

Esslin, M. (1982) *The Age of Television*. San Francisco: W. H. Freeman and Company.

Evens, A. (2002) Sound ideas. In: B. Massumi (eds), *A Shock to Thought: Expressions after Deleuze and Guattari*. London: Routledge.

Fallows, D. (2005) How women and men use the Internet. Pew Internet and American Life Project (http://www. pewinternet. org/pdfs/PIP_Women_and_Men_online. pdf), accessed June 6, 2007.

Fanon, F. (1952 [1986]) *Black Skin, White Masks*. London: Pluto Press.

Fiske, J. (1987) *Television Culture*. New York: Methuen.

Fiske, J. and Hartley, J. (1978) *Reading Television*. New York and London: Methuen.

Fiske, J., Hodge, B., and Turner, G. (1987) *Myths of Oz: Reading Australian Popular Culture.* Boston: Allen and Unwin.

Foote, K. (1997) *Shadowed Ground.* Austin: University of Texas Press.

Foucault, M. (1975) *The Birth of the Clinic: An Archaeology of Medical Perception*, A. M. Sheridan Smith (trans.). New York: Vintage Books.

Foucault, M. (1979a) *Discipline and Punish: The Birth of the Prison*, A. Sheridan (trans.). New York: Vintage Books.

Foucault, M. (1979b) What is an author? In: J. V. Harari (ed.), *Textual Strategies: Perspectives in Post-Structuralist Criticism*. Ithaca, NY: Cornell University Press.

Foucault, M. (1980) *Power/Knowledge: Selected Interviews and Other Writings, 1972–1977*, C. Gordon (ed.). New York: Pantheon.

Foust, J. (2000) *Big Voices of the Air: The Battle over Clear Channel Radio*. Ames: Iowa State University Press.

Fox, S. (2004) Older Americans and the Internet. Pew Internet and American Life Project (http://www. pewinternet. org/pdfs/PIP_Seniors_Online_2004. pdf), accessed June6, 2007.

Fox, S. and Livingston, G. (2007) Hispanics online. Pew Internet and American Life Project (http://www. pewinternet. org/pdfs/Latinos_Online_March_14_2007. pdf), accessed June 6, 2007.

Fraser, N. (1985) What's critical about critical theory? The case of Habermas and gender. *New German Critique* 35 (Spring/Summer: 97–131.

Freedman, J. (2007) Women, Islam and rights in Europe: beyond a universalist/ culturalist dichotomy. *Review of International Studies* 33: 29 – 44.

Fremeaux, I. and Albertazzi, D. (2002) Discursive strategies around "community" in political propaganda: the case of Lega Nord. *National Identities* 4.2: 145 – 60.

Friedmann, J. and Wolff, G. (1982) World city formation: an agenda for research and action. *International Journal of Urban and Regional Research* 6.3: 309 – 44.

Froehling, O. (1997) The cyberspace "war of ink and Internet" in Chiapas, Mexico. *Geographical Review* 87.2: 291–307.

Froehling, O. (1999) Internauts and guerrilleros: the Zapatista rebellion in Chiapas, Mexico and its extension into cyberspace. In: M. Crang, P. Crang, and J. May (eds), *Virtual Geographies*. London: Routledge.

Gatrell, A. (1983) *Distance and Space: A Geographical Perspective*. Oxford: Clarendon Press.

Geertz, C. (1973) *The Interpretation of Cultures*. New York: Basic Books.

Geertz, C. (1988) *Works and Lives: The Anthropologist as Author*. Cambridge: Polity Press.

Gerbner, G. (1980) Death in prime time: notes on the symbolic functions of dying in the mass media. *Annals of the American Academy of Political and Social Science* 447: 64 –70.

Gerbner, G. (2002a) Violence and terror in and by the media. In: M. Morgan (eds), *Against the Mainstream: The Selected Works of George Gerbner*. NewYork: Peter Lang Publishing.

Gerbner, G. (2002b) The best kept media secret of November. In: M. Morgan (eds), *Against the Mainstream: The Selected Works of George Gerbner*. New York: Peter Lang, Publishing.

Gibson, W. (1984) *Neuromancer*. London: HarperCollins.

Gibson-Graham, J. K. (1997) Postmodern becomings: from the space of form to the space of potentiality. In: G. Benko and U. Strohmayer (eds), *Space and Social Theory: Interpreting Modernity and Postmodernity*. Malden, MA: Blackwell.

Giddens, A. (1984) *The Constitution of Society: Outline of the Theory of Structuration.* Berkeley: University of California Press.

Giddens, A. (1991) *Modernity and Self-Identity: Self and Society in the Late Modern Age*. Stanford, CA: Stanford University Press.

Giles, H., Bourhis, R. Y., and Taylor, D. M. (1977) Towards a theory of language in ethnic group relations. In: H. Giles (ed.), *Language, Ethnicity and Intergroup Relations*. London: Academic Press.

Gitlin, T. (ed.)(1986) *Watching Television: A Pantheon Guide to Popular Culture*. NewYork: Pantheon Books.

Glick-Schiller, N. (1999) Transmigrants and nation-states: something old and something new in the US immigration experience. In: C. Hirschman, P. Kasinitz, and J. DeWind, (eds) *The Handbook of International Migration*. New York: Russell Sage Foundation.

Glick-Schiller, N., Basch, L., and Blanc-Szanton, C. (eds) (1992) *Towards a Transnational Perspective on Migration: Race, Class, Ethnicity and Nationalism Reconsidered*. New York: New York Academy of Sciences.

Godlewska, A. (1997) The idea of the map. In: S. Hanson (ed.), *Ten Geographic Ideas that Changed the World*. New Brunswick, NJ: Rutgers University Press.

Goffman, E. (1973) *The Presentation of Self in Everyday Life*. Woodstock, NY: The Overlook Press.

Gold, J. R. (1985) From "Metropolis" to "The City" : film visions of the future city,1919– 1939. In: J. Burgess and J. R. Gold (eds), *Geography, the Media and Popular Culture*. New York: St Martin's Press.

Gold, J. R. and Gold, M. M. (1990) "A Place of Delightful Prospects" : Promotional imagery and the selling of suburbia. In: L. Zonn (ed.), *Place Images in the Media: Portrayal, Experience, and Meaning*. Savage, MD: Rowman and Littlefield.

Goody, J. (1987) *The Interface Between the Written and the Oral*. Cambridge: Cambridge University Press.

Gorman, M. J. (2007) The elusive origins of the immutable mobile (http://www. stanford. edu/ ~mgorman/immutablemobile. htm), accessed June 7, 2007.

Gorman, S. P. and Malecki, E. J. (2002) Fixed and fluid: stability and change in the geography of the Internet. *Telecommunications Policy* 26: 389 – 413.

Goss, J. (1999) Once upon a time in the commodity world: an unofficial guide to Mall of America. *Annals of the Association of American Geographers* 89.1: 45 –75.

Gottdiener, M. and Lagopoulos, A. Ph. (eds) (1986) *The City and the Sign: An Introduction to Urban Semiotics*. New York: Columbia University Press.

Gottmann, J. (1977) Megalopolis and antipolis: the telephone and the structure of the city. In: I. de Sola Pool (ed.), *Social Impact of the Telephone*. Cambridge, MA: MIT Press.

Gould, P. (1991) Dynamic structures of geographic space. In: S. D. Brunn and T. R. Leinbach (eds), *Collapsing Space and Time: Geographic Aspects of Communication and Information*. London: HarperCollins Academic.

Gould, P. (1993) *The Slow Plague: A Geography of the AIDS Pandemic*. Oxford: Blackwell.

Gould, P. (1999) *On Becoming a Geographer*. Syracuse, NY: Syracuse University Press.

Gould, P. and White, R. (1974) *Mental Maps*. Baltimore: Penguin.

Graham, S. (1998) The end of geography or the explosion of place? Conceptualizing space, place and information technology. *Progress in Human Geography* 22.2: 165–85.

Graham, S. (1999) Global grids of glass: on global cities, telecommunications and planetary urban networks. *Urban Studies* 36: 929 – 49.

Graham, S. (ed.) (2004) *Cybercities Reader*. New York: Routledge.

Graham, S. and Marvin, S. (1996) *Telecommunications and the City: Electronic Spaces, Urban Places*. London: Routledge.

Graham, S. and Marvin, S. (2001) *Splintering Urbanism: Networked Infrastructures, Technological Mobilities and the Urban Condition*. London: Routledge.

Granovetter, M. S. (1973) The strength of weak ties. *American Journal of Sociology* 78: 1360–80.

Gregory, D. (1982) Solid geometry: notes on the recovery of spatial structure. In: P. Gould and G. Olsson (eds), *A Search for Common Ground*. London: Pion.

Gregory, D. (1993) *Geographical Imaginations*. Oxford: Blackwell.

Gregory, D. (1999) Scripting Egypt: Orientalism and the cultures of travel. In: J. S. Duncan and D. Gregory (eds), *Writes of Passage: Reading Travel Writing*. London: Routledge.

Gregory, D. (2004) *The Colonial Present*. Malden, MA: Blackwell.

Gregory, D. (2007) Vanishing points. In: D. Gregory and A. Pred (eds), *Violent Geographies: Fear, Terror, and Political Violence*. New York: Routledge.

Gregory, D. and Ley, D. (1988) Culture's geographies. *Environment and Planning D: Society and Space* 6.2: 115–227.

Grenier, L. (1996) Cultural exceptionalism revisited: Québec music industries in the face of free trade. In: E. G. McAnany and K. T. Wilkinson (eds), *Mass Media and Free Trade: NAFTA and the Cultural Industries*. Austin: University of Texas Press.

Grubesic, T. H. and Murray, A. T. (2002) Constructing the divide: spatial disparities in broadband access. *Papers in Regional Science* 81: 197–221.

Grubesic, T. H. and Murray, A. T. (2004) Waiting for broadband: local competition and the spatial distribution of advanced telecommunication services in the United States. *Growth and Change* 35.2: 139–65.

Grubesic, T. H. and O'Kelly, M. E. (2002) Using points of presence to measure accessibility to the commercial internet. *Professional Geographer* 54.2: 259–78.

Guare, J. (1990) *Six Degrees of Separation*. New York: Random House.

Guelke, J. K. and Morin, K. M. (2001) Gender, nature, empire: women naturalists in nineteenth century British travel literature. *Transactions of the Institute of British Geographers* n.s. 26: 306–26.

Guha, R. (1988) The prose of counter-insurgency. In: R. Guha and G. C. Spivak (eds), *Selected Subaltern Studies*. New York: Oxford University Press.

Habermas, J. (1984) *Reason and the Rationalization of Society*, T. McCarthy (trans.). Boston: Beacon Press.

Habermas, J. (1987) *Lifeworld and System: A Critique of Functionalist Reason*, T. McCarthy (trans.). Boston: Beacon Press.

Hackler, D. (2003a) High-tech growth and telecommunications infrastructure in cities. *Urban Affairs Review* 39.1: 59 – 86.

Hackler, D. (2003b) Invisible infrastructure and the city: the role of telecommunications in economic development. *American Behavioral Scientist* 46.8: 1034 –55.

Hägerstrand, T. (1970) What about people in regional science? *Papers of the Regional Science Association* 24: 7–21.

Hägerstrand, T. (1973) The domain of human geography. In: R. J. Chorley (ed.), *Directions in Geography*. Andover: Methuen.

Hague, E., Giordano, B., and Sebesta, E. H. (2005) Whiteness, multiculturalism and nationalist appropriation of Celtic culture: the case of the League of the South and the Lega Nord. *Cultural Geographies* 12: 151–73.

Halbwachs, M. (1992[1951]) *On Collective Memory*, L. A. Coser (trans.). Chicago: University of Chicago Press.

Hall, E. T. (1984) *The Dance of Life: The Other Dimension of Time*. Garden City, NY: Anchor Press/Doubleday.

Hall, E. T. (1990) *The Hidden Dimension*. New York: Anchor Books.

Hall, P. (1966) *The World Cities*. London: Weidenfeld and Nicolson.

Hall, P. (1997) Modelling the post-industrial city. *Futures* 29: 311–22.

Hall, S., Hobson, D., Lowe, A., and Willis, P. (eds) (1980) *Culture, Media, Language*. London: Hutchinson.

Hamilton, G. J. (2002) W. F. Albright and early alphabetic epigraphy. *Near Eastern Archaeology* 65.1: 35 – 42.

Hanbutt-Benz, E.-M. (2000) Gutenberg's metal type. In: *Printing and Publishing Culture: Proceedings of the Third International Symposium*. Chungbuk-do, Korea: Cheongju Early Printing Museum.

Hanna, S. P. (1996) Is it Roslyn or is it Cicely? Representations and the ambiguity of place, *Urban Geography* 17: 633 – 49.

Hanna, S. P., del Casino, Jr, V. J., Selden, C., and Hite, B. (2004) Representation as work in "America's most historic city." *Social and Cultural Geography* 5.3: 459–81.

Hanson, S. (1995) Getting there: urban transportation in context. In: S. Hanson (ed.), *The Geography of Urban Transportation*, 2nd edn. New York: The Guilford Press.

Hanson, S. and Schwab, M. (1995) Describing disaggregate flows: individual and household activity patterns. In: S. Hanson (ed.), *The Geography of Urban Transportation*, 2nd edn. New York: The Guilford Press.

Haraway, D. (1991) A cyborg manifesto: science, technology, and socialist-feminism in the late twentieth century. In: *Simians, Cyborgs and Women: The Reinvention of Nature*. New York: Routledge.

Haraway, D. J. (1997) *Modest Witness@Second Millennium. FemaleMan Meets OncoMouse: Feminism and Technoscience*. New York: Routledge.

Harley, J. B. (1988) Maps, knowledge and power. In: D. Cosgrove and S. Daniels (eds), *The Iconography of Landscape: Essayson the Symbolic Representation, Design and Use of Past Environments*. Cambridge: Cambridge University Press.

Harley, J. B. (1992) Deconstructing the map. In: T. J. Barnes and J. S. Duncan (eds), *Writing Worlds: Discourse, text and metaphor in the representation of landscape*. New York: Routledge. Reprinted with modifications from (1989) Deconstructing the map. *Cartographica* 26: 1–20.

Harley, J. B. and Woodward, D. (1987) *The History of Cartography: Cartography in Prehistoric, Ancient, and Medieval Europe and the Mediterranean*. Chicago: University of Chicago Press.

Harris, R. (1995) *Signs of Writing*. London: Routledge.

Hartshorne, R. (1949) *The Nature of Geography*. Lancaster, PA: Association of American Geographers.

Harvey, D. (1989) *The Condition of Postmodernity: An Enquiry into the Origins of Cultural Change*. Oxford: Blackwell.

Harvey, D. (1990) Between space and time: reflections on the geographical imagination. *Annals of the Association of American Geographers* 80.3: 418–34.

Harvey, D. (2000) *Spaces of Hope*. Berkeley: University of California Press.

Harvey, D. (2001) *Spaces of Capital: Towards a Critical Geography*. Edinburgh: Edinburgh University Press.

Havelock, E. A. (1986) *The Muse Learns to Write: Reflections on Orality and Literacy from Antiquity to the Present*. New Haven, CT: Yale University Press.

Hay, I., Hughes, A., and Tutton, M. (2004) Monuments, memory and marginalisation in Adelaide's Prince Henry Gardens, *Geografiska Annaler* 86B.3: 201–16.

Haythornthwaite, C. and Wellman, B. (2002), The Internet in everyday life: an introduction. In: B. Wellman and C. Haythornthwaite (eds), *The Internet in Everyday Life*. Malden, MA: Blackwell.

Hazel, K.-J. (2001) The media and nationalism in Québec: a complex relationship, *Journalism Studies* 2.1: 93 –107.

Healey, J. F. (1990) The early alphabet. In: *Reading the Past: Ancient Writing from Cuneiform to the Alphabet*. Berkeley: University of California Press.

Herb, G. H. (1997) *Under the Map of Germany: Nationalism and Propaganda 1918–1845*. London: Routledge.

Herman, E. and Chomsky, N. (1988) *Manufacturing Consent: The Political Economy of the Mass Media*. New York: Pantheon Books.

Herzfeld, M. (1987) *Anthropology through the Looking Glass: Critical Ethnography in the Margins of Europe*. Cambridge: Cambridge University Press.

Heylighen, F. and Joslyn, C. (2001) Cybernetics and second-order cybernetics. In: *Encyclopedia of Physical Science and Technology*,3rd edn. New York: Academic Press.

Hillis, K. (1996) A geography of the eye: the technologies of virtual reality. In: R. Shields (eds), *Cultures of Internet: Virtual Spaces, Real Histories, Living Bodies*. Thousand Oaks, CA: Sage.

Hillis, K. (1998) On the margins: The invisibility of communications in geography. *Progress in Human Geography* 22.4: 543–66.

Hillis, K. (1999) *Digital Sensations: Space, Identity, and Embodiment in Virtual Reality*. Minneapolis: University of Minnesota Press.

Hobbes, T. (1985 [1651]) *Leviathan*. London: Penguin.

Hoelscher, S. (2003) Viewing Indians: native encounters with power, tourism, and the camera in theWisconsin Dells,1866–1906. *American Indian Culture and Research Journal* 27.4: 1–51.

Hoelscher, S. andAlderman, D. H. (2004) Memory and place: Geographies of acritical relationship, *Social and Cultural Geography* 5.3: 347–55.

Holloway, J. and Kneale, J. (2000) Mikhail Bakhtin: dialogics of space. In: M. Crang and N. Thrift (eds), *Thinking Space*. New York: Routledge.

Horrigan, J. B. (2007) A typology of information and communication technology users. Pew Internet and American Life Project (http://www. pewinternet. org/pdfs/PIP_ICT_Typology. pdf), accessed June 6, 2007.

Huish, R. (2006) Logos a thing of the past? Not so fast, World Social Forum! *Antipode* 38.1: 1–6.

Hyndman, J. and Mountz, A. (2007) Refuge or refusal: the geography of exclusion. In: D. Gregory and A. Pred (eds), *Violent Geographies: Fear, Terror, and Political Violence*. New York: Routledge.

Innis, H. A. (1951) *The Bias of Communication*. Toronto: University of Toronto Press.
Innis, H. A. (1972) *Empire and Communications*. Toronto: University of Toronto Press (originally 1950, Oxford University Press.
Irwin, W. (2004) Against intertextuality, *Philosophy and Literature* 28.2: 227– 42.
Jackson, P. (1989) *Maps of Meaning: An Introduction to Cultural Geography*. London: Unwin Hyman.
Jackson, P. (1999) Commodity cultures: the traffic in things. *Transactions of the Institute of British Geographers* 24.1: 95–108.
Jackson, P. and Taylor, J. (1996) Geography and the cultural politics of advertising. *Progress in Human Geography* 20.3: 356–71.
Jameson, F. (1991) *Postmodernism: Or, the Cultural Logic of Late Capitalism*. Durham, NC: Duke University Press.
Janelle, D. (1968) Central place development in a time-space framework. *Professional Geographer* 20.1: 5–10.
Janelle, D. (1969) Spatial reorganization: a model and concept. *Annals of the Association of American Geographers* 59.2: 348 – 64.
Janelle, D. (1973) Measuring human extensibility in a shrinking world. *Journal of Geography* 72.5: 8 –15.
Janelle, D. and Hodge, D. C. (eds) (2000a) *Information, Place, and Cyberspace: Issues in Accessibility*. Berlin: Springer-Verlag.
Janelle, D. and Hodge, D. C. (2000b) Information, place, cyberspace and accessibility. In: D. G. Janelle and D. C. Hodge (eds), *Information, Place, and Cyberspace: Issues in Accessibility*. Berlin: Springer-Verlag.
Jaques-Dalcroze, E. (1918) *The Eurhythmics of Jaques-Dalcroze*. Boston: Small, Maynard and Company, Publishers.
Jazeel, T. (2006) Postcolonial geographies of privilege: diaspora space, the politics of personhood and the "Sri Lankan Women's Association in the UK." *Transactions of the Institute of British Geographers* n.s. 31: 19–33.
Jinge Jinge (2006) Chinese gold farmers preview, online movie file (http://www.youtube. com/profile?user=jingejinge), accessed March 24 2006.
Johnston, R. J. (1997) *Geography and Geographers: Anglo-American Human Geography since 1945*, 5th edn. London: Arnold.
Jones, S. H. and Clarke, D. B. (2006) Waging terror: the geopolitics of the real. *Political Geography* 25.3: 298 –314.
Katz, C. and Smith, N. (1993) Grounding metaphor: towards a spatialized politics. In: M. Keith and S. Pile (eds), Place and the Politics of Identity. London: Routledge.
Katz, E. (1959) Mass communication research and the study of culture. Studiesin Public *Communication* 2: 1– 6.
Katz, E. and Dayan, D. (1985) Electronic ceremonies: television performs a royal

wedding. In: M. Blonsky (ed.), *On Signs*. Baltimore: Johns Hopkins University Press.

Katz, E. and Lazarsfeld, P. F. (2006[1955]) *Personal Influence: The Part Played by People in the Flow of Mass Communications*. New Brunswick, NJ: Transaction Publishers (orig. The Free Press,1955).

Katz, E., Blumler, J. G., and Gurevitch, M. (1974) Utilization of mass communication by the individual. In: J. B. BlumlerandE. Katz (eds), *The Uses of Mass Communication*. Thousand Oaks, CA: Sage.

Kavanagh, K. H. (2005) "The whole land is sacred" – story and the Navajo sense of place. In: G. Backhaus and J. Murungi (eds), *Lived Topographies and the Mediational Forces*. Lanham, MD: Lexington Books.

Kearns, R. (1997) Narrative and metaphor in health geographies. *Progress in Human Geography* 21.2: 269 –77.

Keighren, I. M. (2006) Bringing geography to the book: charting the reception of *Influences of Geographic Environment. Transactions of the Institute of British Geographers* n.s.31: 525–40.

Kershaw, B. (1994) Framing the audience for theater. In: R. Keat, N. Whiteley, and N. Abercrombie (eds), The Authority of the Consumer. New York: Routledge.

Kirby, K. M. (1993) Thinking through the boundary: the politics of location, subjects and space. *Boundary 2* 20.2: 173 – 89.

Kirsch, S. (1995) The incredible shrinking world? Technology and the production of space. *Environment and Planning D: Society and Space* 13: 529 –55.

Kirsch, S. (1997) Watching the bombs go off: photography, nuclear landscapes, and spectator democracy. *Antipode* 29.3: 227–55.

Kirsch, S. and Mitchell, D. (2004) The nature of things: dead labor, nonhuman actors and the persistence of Marxism. *Antipode* 36.4: 687–705.

Klinenberg, E. (2007) *Fighting for Air: The Battle to Control America's Media*. London: Metropolitan Books.

Knox, P. L. and McCarthy, L. M. (2005) *Urbanization: Introduction to Urban Geography*, 2nd edn. Upper Saddle River, NJ: Pearson Education, Inc.

Kong, L. and Law, L. (2002) Introduction: contested landscapes, Asian cities. *Urban Studies* 39.9: 1503 –12.

Kowalsky, J. (2006) Deaf geography: social perspectives and cultural practices, unpublished research paper, University of Texas at Austin.

Krasnow, E. G., Terry, H., and Longley, L. D. (1982) *The Politics of Broadcast Regulation*. New York: Palgrave Macmillan.

Kristeva, J. (1980) *Desire in Language: A Semiotic Approach to Literature and Art*. New York: Columbia University Press.

Kristeva, J. (1982) *Powers of Horror: An Essay on Abjection*. New York: Columbia

University Press.
Kruse, R. J., II (2003) Imagining Strawberry Fields as a place of pilgrimage. *Area* 35.2: 154–62.
Kurtz, H. E. (2005) Reflections on the iconography of environmental justice activism. *Area* 37.1: 79 – 88.
Kuskin, W. (ed.) (2006a) *Caxton's Trace: Studies in the History of English Printing*. Notre Dame, IN: University of Notre Dame Press.
Kuskin, W. (2006b) Onely imagined: vernacular community and the English Press. In: W. Kuskin (ed.), *Caxton's Trace: Studies in the History of English Printing*. Notre Dame, IN: University of Notre Dame Press.
Kwan, M.-P. (2000) Human extensibility and individual hybrid-accessibility in space-time: a multi-scale representation using GIS. In: D. Janelle and D. Hodge (eds), *Information, Place, and Cyberspace: Issues in Accessibility*. Berlin: Springer-Verlag.
Lacan, J. (1977) The subversion of the subject and the dialectic of desire in the Freudian unconscious, In: *Ecrits: A Selection*. New York: Norton.
Laclau, E. and Mouffe, C. (1985) *Hegemony and Socialist Strategy*. London: Verso.
Lacoste, Y. (1976) *La géographie* ça *sert d'abord* à *faire la guerre*. Paris: Maspéro.
Ladd, P. (2003) *Understanding Deaf Culture: In Search of Deafhood*. Bristol: Multilingual Matters.
Landry, R. and Bourhis, R. Y. (1997) Linguistic landscape and ethnolinguistic vitality: an empirical study. *Journal of Language and Social Psychology* 16: 23 –49.
Lasswell, H. (1948) *Power and Personality*. New York: Norton.
Latour, B. (1987) *Science in Action. How to Follow Scientists and Engineers through Society*. Oxford: Oxford University Press.
Latour, B. (1993) *We Have Never Been Modern*, C. Porter (trans.). Cambridge, MA: Harvard University Press.
Latour, B. (2005) *Reassembling the Social: An Introduction to Actor-Network Theory*. Oxford: Oxford University Press.
Lee, J. (2005) From sweatshops to stateside corporations, some people are profiting off of MMOgold (http://www.1up. com/do/feature?cId=3141815), accessed March 24,2006.
Lefebvre, H. (1991) *The Production of Space*, D. Nicholson-Smith (trans.). Oxford: Blackwell.
LeHeron, R. and Pawson, E. (1996) *Changing Places: New Zealand in the Nineties*. Auckland: Longman Paul.
Leinbach, T. and Brunn, S. (eds) (2001) *Worlds of E-commerce: Economic, Geographical and Social Dimensions*. Chichester: John Wiley.
Lemieux, J. and Saint-Jacques, D. (1996) US best-sellers in French Québec and English

Canada. In: E. G. McAnany and K. T. Wilkinson (eds), *Mass Media and Free Trade: NAFTA and the Cultural Industries*. Austin: University of Texas Press.

Lentz, R. G. and Oden, M. D. (2001) Digital divide or digital opportunity in the Mississippi Delta region of the US. *Telecommunications Policy* 25: 291–313.

Leonard, M. (2005) Performing identities: music and dance in the Irish communities of Coventry and Liverpool. *Social and Cultural Geography* 6.4: 515 –29.

Lester, A. (2002) Constructing colonial discourse: Britain, South Africa and the Empire in the Nineteenth Century. In: A. Blunt and C. McEwan (eds), *Postcolonial Geographies: Writing Past Colonialism*. New York: Continuum.

Lewis, M. W. and Wigen, K. E. (1997) *The Myth of Continents: A Critique of Metageography*. Berkeley: University of California Press.

Ley, D. (1993) Co-operative housing as a moral landscape: re-examining "the postmodern city." In: J. S. Duncan and D. Ley (eds), *Place/Culture/Representation*. London: Routledge.

Ley, D. and Samuels, M. (1978) *Humanistic Geography.* Chicago: Maaroufa Press.

Light, J. (1999) From city space to cyberspace. In: M. Crang, P. Crang, and J. May (eds), *Virtual Geographies*. London: Routledge.

Lipsky, M. (1968) Protest as a political resource. *American Political Science Review* 62: 1144–58.

Lipsky, M. (1970) *Protest in City Politics: Rent Strikes, Housing and the Power of the Poor.* Chicago: Rand McNally and Company.

Liverman, D. and Sherman, D. R. (1985) Natural hazards in novels and films: Implications for hazard perception and behavior. In: J. Burgess and J. R. Gold (eds), *Geography, the Media and Popular Culture*. New York: St Martin's Press.

Livingstone, D. N. (2005) Science, text and space: thoughts on the geography of reading. *Transactions of the Institute of British Geographers* n.s. 30: 391– 401.

Longhurst, R. (1999) Gendering place. In: R. L. Heron, L. Murphy, P. Forer, and M. Goldstone (eds), *Explorations in Human Geography: Encountering place*. Oxford: Oxford University Press.

Longhurst, R. (2001) *Bodies: Exploring Fluid Boundaries*. London: Routledge.

Lorimer, H. (2005) Cultural geography: the busyness of being "more-than-representational." *Progress in Human Geography* 29.1: 83 –94.

Lösch, A. (1954) *The Economics of Location*. New Haven, CT: Yale University Press;Oxford: Oxford University Press.

Lowenthal, D. (1972 [1961]) Geography, experience and imagination: towards a geographical epistemology. In: P. W. English and R. C. Mayfield (eds), *Man, Space, and Environment*. New York: Oxford University Press.

Lowenthal, D. (1985) *The Past Is a Foreign Country*. Cambridge: Cambridge University Press.

Luke, T. and ÓTuathail, G. (1998) Global flowmations, local fundamentalisms, and fast geopolitics: "America" in an accelerating world order. In: A. Herod, G. ÓTuathail, and S. M. Roberts (eds), *An Unruly World: Globalization, Governance and Geography*. London: Routledge.

Lukinbeal, C. (2005) Cinematic landscapes. *Journal of Cultural Geography* 23.1: 3–22.

Lukinbeal, C. (2006) Runaway Hollywood: Cold Mountain, Romania. *Erdkunde* 60.4: 337–45.

Luria, A. R. (1976) *Cognitive Development: Its Cultural and Social Foundations*, M. Lopez-Morillas and L. Solotaroff (trans.). Cambridge, MA: Harvard University Press.

McAnany, E. G. and Wilkinson, K. T. (eds)(1996) *Mass Media and Free Trade: NAFTA and the Cultural Industries*. Austin: University of Texas Press.

McCann, E. (1999) Race, protest, and public space: contextualizing Lefebvre in the US city. *Antipode* 31.2: 163 – 84.

MacCannell, D. (1976) *The Tourist: A New Theory of the Leisure Class*. New York: Schocken Books.

McChesney, R. W. (2000) *Rich Media, Poor Democracy: Communication Politics in Dubious Times*. Champaign: University of Illinois Press.

McCormack, D. P. (2005) Diagramming practice and performance. *Environment and Planning D: Society and Space* 23: 119 – 47.

McDowell, L. (1996) Spatializing feminism: geographic perspectives. In: N. Duncan (ed.), *BodySpace: Destabilizing Geographies of Gender and Sexuality*. New York: Routledge.

McDowell, L. (1999) *Gender, Identity and Place: Understanding Feminist Geographies*. Minneapolis: University of Minnesota Press.

McDowell, S. D., Steinberg, P. E., and Tomasello, T. K. (2008) *Managing the Infosphere: Governance, Technology, and Cultural Practicein Motion*. Philadelphia: Temple University Press.

MacEachren, A. M. (1995) *How Maps Work: Representation, Visualization, and Design*. New York: The Guilford Press.

McGreevy, P. (1992) Reading the texts of Niagara Falls: the metaphor of death. In: T. Barnes and J. S. Duncan (eds), *Writing Worlds: Discourse, Text, and Metaphor in the Representation of Landscape*. London: Routledge.

McGreevy, P. (2001) Attending to the void: geography and madness. In: *Textures of Place: Exploring Humanist Geographies*. Minneapolis: University of Minnesota Press.

McGuinness, M. (2002) Geographies with a difference? Citizenship and difference in postcolonial urban spaces. In: A. Blunt and C. McEwan (eds), *Postcolonial Geographies: Writing Past Colonialism*. New York: Continuum.

McLuhan, M. (1962) *The Gutenberg Galaxy: The Making of Typographic Man*. Toronto: University of Toronto Press.

McLuhan, M. (1964) *Understanding Media: The Extensions of Man*. New York: McGraw- Hill/Mentor.

McLuhan, M. and Fiore, Q. (1967) *The Medium Is the Massage: An Inventory of Effects*. New York: Bantam Books.

McLuhan, M. and McLuhan, E. (1988) *Laws of Media: The New Science*. Toronto: University of Toronto Press.

McQuail, D. (1993) *Communication Models for the Study of Mass Communications*. London: Longman.

McQuail, D., Blumler, J. G., and Brown, J. R. (1972) The television audience: a revised perspective. In: D. McQuail (ed.), *Sociology of Mass Communications*. Harmoundsworth: Penguin.

McQuail, D. and Windahl, S. (1981) *Communication Models for the Study of Mass Communications*. London: Longman.

Macri, M. (1996) Maya and other Mesoamerican scripts. In: P. T. Daniel and W. Bright (eds), *The World's Writing Systems*. New York: Oxford University Press.

Mair, V. (1996) Modern Chinese writing. In: P. T. Daniel and W. Bright (eds), *The World's Writing Systems*. New York: Oxford University Press.

Malecki, E. J. (2002) Hard and soft networks for urban competitiveness. *Urban Studies* 39.5/6: 929 – 45.

Mandel, B. H. (2002) *Is This Heaven? The Magic of the Field of Dreams*. Lanham, MD: Diamond Communications.

Mann, M. (1983) *The Sources of Social Power: Volume1, A History of Power from the Beginning to AD 1760*. Cambridge: Cambridge University Press.

Martin, C. (1996) Walking on a tightrope: the markets of cultural products in Québec. In: E. G. McAnany and K. T. Wilkinson (eds), *Mass Media and Free Trade: NAFTA and the Cultural Industries*. Austin: University of Texas Press.

Marvin, C. (1988) *When Old Technologies Were New: Thinking about Electric Communication in the Late Nineteenth Century*. New York: Oxford University Press.

Marx, K. and Engels, F. (2000 [1846]) *A Critique of The German Ideology*. Moscow: Progress Publishers.

Massey, Doreen (1993) Power-geometry and a progressive sense of place. In: J. Bird, B. Curtis, T. Putnam, G. Robertson, and L. Tickner (eds), *Mapping the Futures: Local Cultures, Global Change*. London: Routledge.

Massey, Doreen (1995) Places and their pasts. *History Workshop Journal* 39.1: 182–92.

Massey, Doreen (1996) Masculinity, dualisms and high technology. In: N. Duncan (ed.), *Bodyspace: Destabilizing Geographies of Gender and Sexuality*. London:

Routledge.
Massey, Douglas and Denton, N. (1993) *American Apartheid: Segregation and the Making of the Underclass*. Cambridge, MA: Harvard University Press.
Matless, D. (1996) Visual culture and geographical citizenship: England in the 1940s. *Journal of Historical Geography* 22.4: 424–39.
Matless, D. (2003) Gestures around the visual. *Antipode* 35.2: 222–26.
Mayle, P. (1989) *A Year in Provence*. London: Pan Books.
Mehta, A. and Bondi, L. (1999) Embodied discourse: on gender and fear of violence. *Gender, Place and Culture* 6.1: 67–84.
Meinig, D. W. (1979) The beholding eye: ten versions of the same scene. In: D. W. Meinig and J. B. Jackson (eds), *The Interpretation of Ordinary Landscapes: Geographical Essays*. New York: Oxford University Press.
Meinig, D. W. (1993) *The Shaping of America. Volume 2: Continental America, 1800–1867*. New Haven, CT: Yale University Press.
Merrifield, A. (2000) Henri Lefebvre: a socialist in space. In: M. Crang and N. Thrift (eds), *Thinking Space*. New York: Routledge.
Meyrowitz, J. (1985) *No Sense of Place: The Impact of Electronic Mediaon Social Behavior*. New York: Oxford University Press.
Milgram, S. (1967) The small-world problem. *Psychology Today* 1: 60 –7.
Mills, C. (1993) Myths and meanings of gentrification. In: J. S. Duncan and D. Ley (eds), *Place/Culture/Representation*. London: Routledge.
Mitchell, D. (1995) There's no such thing as culture: towards a reconceptualization of the idea of culture in geography. *Transactions of the Institute of British Geographers* 20.1: 102–16.
Mitchell, D. (1996) *The Lie of the Land: Migrant Workers and the California Landscape*. Minneapolis: University of Minnesota Press.
Mitchell, D. (2000) *Cultural Geography: A Critical Introduction*. Malden, MA: Blackwell.
Mitchell, W. J. (1995) *City of Bits: Space, Place, and the Infobahn*. Cambridge, MA: MIT Press.
Monaghan, P. (2004) Real fear, virtually overcome. *Chronicle of Higher Education* October 15: A12–13.
Monmonier, M. (1991) *How to Lie with Maps*. Chicago: University of Chicago Press.
Moores, S. (2006) Media uses and everyday environmental experiences: A positive critique of phenomenological geography. *Particip@tions* 3.2 (online journal).
Morgan, M. (ed.)(2002) *Against the Mainstream: The Selected Works of George Gerbner*. New York: Peter Lang Publishing.
Morley, D. (1986) *Family Television: Cultural Power and Domestic Leisure*. London: Comedia.

Morley, D. (1992) *Television, Audiences and Cultural Studies*. London: Routledge.

Morley, D. and Robins, K. (1995) *Spaces of Identity: Global Media, Electronic Landscapes and Cultural Boundaries*. London: Routledge.

Moss, M. (1987) Telecommunications, world cities, and urban policy. *Urban Studies* 24: 534 – 46.

Moss, M. L. (1988) Telecommunications: shaping the future. In: G. Sternlieb and J. W. Hughes (eds), *America's New Market Geography: Nation, Region and Metropolis*. New Brunswick, NJ: Rutgers University Press.

Moss, M. L. and Mitra, S. (1998) Net equity: a report on income and Internet access. *Journal of Urban Technology* 5.3: 23–32.

Moss, M. L. and Townsend, A. M. (2000) The Internet backbone and the American betropolis. *Information Society* 16: 35 – 47.

Moss, P. (ed.)(2001a) *Placing Autobiography in Geography*. Syracuse, NY: Syracuse University Press.

Moss, P. (2001b) Writing one's life. In: P. Moss (ed.), *Placing Autobiography in Geography*. Syracuse, NY: Syracuse University Press.

Mumford, L. (1961) *The City in History*. San Diego: Harcourt Inc.

Mumford, L. (1963) *Technics and Civilization*. New York: Harcourt, Brace & World.

Murphy, A. J. (2003) The web, the grocer and the city: on the (in) visibility of grounded virtual retail capital. In: S. Graham (ed.), *The Cybercities Reader*. New York: Routledge.

Muschamp, H. (2000) Art/architecture: the passages of Paris and of Benjamin's mind. *New York Times* January 16.

Nagel, T. (1989) *The View from Nowhere*. New York: Oxford University Press.

Nandy, A. (1987) *Traditions, Tyranny and Utopias*. Delhi: Oxford University Press.

Nash, C. (2000) Performativity in practice: some recent work in cultural geography. *Progress in Human Geography* 24.4: 653–64.

Nast, H. (1994) Opening remarks on "women in the field." *Professional Geographer* 46.1: 54–66.

Nast, H. J. and Kobayashi, A. (1996) Re-corporealizing vision. In: N. Duncan (ed.), *BodySpace: Destabilizing Geographies of Gender and Sexuality*. New York: Routledge.

Nelson, L. (1999) Bodies (and spaces) do matter: the limits of performativity. *Gender, Place and Culture* 6.4: 331–53.

Newcomb, H. (1996) Other people's fictions: cultural appropriation, cultural integrity, and international media strategies. In: E. G. Mc Anany and K. T. Wilkinson (eds), *Mass Media and Free Trade: NAFTA and the Cultural Industries*. Austin: University of Texas Press.

Nisbet, R. (1973) *The Social Philosophers: Community and Conflict in Western*

Thought. London: Heinemann Educational Books.

Norberg-Schulz, C. (1971) *Existence, Space and Architecture*. New York: Praeger.

Norberg-Schulz, C. (1975) *Meaning in Western Architecture*. New York: Rizzoli.

Norris, P. (2001) *Digital Divide: Civic Engagement, Information Poverty and the Internet in Democratic Societies*. New York: Cambridge University Press.

O'Connor, N. (2002) "Dependency" : New Labour welfare reform policy and the production of the passive, dependent benefit claimant. In: L. Bondi et al. (eds), *Subjectivities, Knowledges, and Feminist Geographies: The Subjects and Ethics of Social Research*. Lanham, MD: Rowman and Littlefield.

Oden, M. and Strover, S. (2002) *Links to the Future: The Role of Information and Telecommunications Technology in Appalachian Economic Development*. Prepared for the Appalachian Regional Commission (http://www. arc. gov/images/reports/ telecomm/telecomstudy-final. pdf), accessed April 30,2008.

O'Kelly, M. E. and Grubesic, T. H. (2002) Backbone topology, access, and the commercial Internet, 1997–2000. *Environment and Planning B: Planning and Design* 29: 533 –52.

O'Lear, S. (1997) Electronic communication and environmental policy in Russia and Estonia. *Geographical Review* 87.2: 275 –90.

O'Loughlin, J., Ó Tuathail, G., and Kolossov, V. (2004) Russian geopolitical storylines and public opinion in the wake of 9-11: a critical geopolitical analysis and national survey. *Communist and Post-Communist Studies* 37.3: 281–318.

Olsson, G. (1978) Of ambiguity or far cries from a memorializing mamafesta. In: D. Ley and M. S. Samuels (eds), *Humanistic Geography: Prospects and Problems*. Chicago: Maaroufa Press.

Olsson, G. (1991) *Lines of Power/Limits of Language*. Minneapolis: University of Minnesota Press.

Olsson, G. (1992) Lines of power. In: T. Barnes and J. S. Duncan (eds), *Writing Worlds: Discourse, Text, and Metaphor in the Representation of Landscape*. London: Routledge.

Olwig, K. R. (2001) Landscape as a contested topos of place, community, and self. In: P. C. Adams, S. Hoelscher, and K. E. Till (eds), *Textures of Place: Exploring Humanist Geographies*. Minneapolis: University of Minnesota Press.

Omniglot (2008) Online language information resource (http://www. omniglot. com/ writing).

Ong, W. J. (1982) *Orality and Literacy: The Technologizing of the Word*. London: Methuen. Ono, H. and Zavodny, M. (2005) Gender differences in information technology usage: a US–Japan comparison. *Sociological Perspectives* 48.1: 105 –33.

Ord, J. K. and Getis, A. (1995) Local spatial autocorrelations statistics: distributional issues and an application. *Geographical Analysis* 27: 287–306.

O'Reilly, K. (2007) "Where the knots of narrative are tied and untied" : the dialogic production of gendered development spaces in north India. *Annals of the Association of American Geographers* 97.3: 613–34.

O Siochrú, S. (2004) Will the real WSIS please stand up: the historic encounter of the "information society" and the "communications society." *Gazette: The International Journal for Communication Studies* 66.3/4: 203–24.

Ó Tuathail, G. (1992) Foreign policy and the hyperreal: the Reagan administration and the scripting of "South Africa." In: T. J. Barnes and J. S. Duncan (eds), *Writing Worlds: Discourse, Text and Metaphor in the Representation of Landscape*. New York: Routledge.

Ó Tuathail, G. (1994) (Dis) placing geopolitics: writing on the maps of global politics. *Environment and Planning D: Society and Space* 12: 525 – 46.

Ó Tuathail, G. (1996) *Critical Geopolitics*. Minneapolis: University of Minnesota Press.

Paasi, A. (1991) Deconstructing regions: noteson the scales of spatial life. *Environment and Planning A* 23: 239 –56.

Paasi, A. (1996) *Territories, Boundaries, and Consciousness: The Changing Geographies of the Finnish–Russian Border*. Chichester: John Wiley.

Paasi, A. (2003) Territory. In: J. Agnew, K. Mitchell, and G. Ó Tuathail (eds), *A Companion to Political Geography*. Oxford: Blackwell.

Paglen, T. (2007) Groom Lake and the imperial production of nowhere. In: D. Gregory and A. Pred (eds), *Violent Geographies: Fear, Terror, and Political Violence*. New York: Routledge.

Painter, G. D. (1976) *William Caxton: A Biography*. New York: G. P. Putnam's Sons.

Parker, I. (2007) The phallus is a signifier. *Symptom* 8: 1–8.

Parker, P. M. and Röller, L. H. (1997) Collusive conduct in duopolies: multimarket contact and cross-ownership in the mnobile telephone industry. *Rand Journal of Economics* 28.2: 304–22.

Parkman, F. (1938) The buffalo on the plains. In: G. A. Henty (ed.), *A Book of Famous Travels*. Hammond, IN: W. B. Conkey Company/Charles E. Knapp. Originally in *The California and Oregon Trail* (1849).

Patton, M. (1990) *Qualitative Evaluation and Research Methods*. Thousand Oaks, CA: Sage.

Pavlov, I. and Anrep, G. V. (1927) *Conditioned Reflexes: An Investigation of the Physiological Activity of the Cerebral Cortex*. Oxford: Oxford University Press.

Peet, R. (2005) From Eurocentrism to Americentrism. *Antipode* 37.5: 936 –43.

Phillips, A. (2005) Cultural geographies in practice: walking and looking. *Cultural Geographies* 12: 507–13.

Phillips, R. (1997) *Mapping Men and Empire: A Geography of Adventure*. London: Routledge.

Phillips, R. (1999) Writing travel and mapping sexuality: Richard Burton's Sotadic Zone. In: J. S. Duncan and D. Gregory (eds), *Writes of Passage: Reading Travel Writing*. London: Routledge.

Philo, C. (2005) Spacing lives and lively spaces: partial remarks on Sarah Whatmore's *Hybrid Geographies*. *Antipode* 37.4: 824–33.

Philo, C. and Wilbert, C. (eds) (2000) *Animal Spaces, Beastly Places: New Geographies of Human–Animal Relations*. London: Routledge.

Pickles, J. (1992) Text, hermeneutics and propaganda maps. In: T. J. Barnes and J. S. Duncan (eds), *Writing Worlds: Discourse, Text and Metaphor in the Representation of Landscape*. New York: Routledge.

Pickles, J. (ed.) (1995) *Ground Truth: The Social Implications of Geographic Information Systems*. New York: Guilford Press.

Pickles, J. (2004) *A History of Spaces: Cartographic Reason, Mapping and the Geo-Coded World*. London: Routledge.

Pickles, J. (2006) On the social lives of maps and the politics of diagrams: a story of power, seduction, and disappearance. *Area* 38.3: 347–50.

Pile, S. (1997) Introduction: opposition, political identities and spaces of resistance. In: S. Pile and M. Keith (eds), *Geographies of Resistance*. London: Routledge.

Pile, S. (2000) The troubled spaces of Franz Fanon. In: M. Crang and N. Thrift (eds), *Thinking Space*. New York: Routledge.

Pile, S. and Thrift, N. (eds) (1995) *Mapping the Subject: Geographies of Cultural Transformation*. London: Routledge.

Pipkin, J. (1995) Disaggregate models of travel behavior. In: S. Hanson (ed.), *The Geography of Urban Transportation*, 2nd edn. New York: The Guilford Press.

Pocock, D. (1981) *Humanistic Geography and Literature: Essays on the Experience of Place*. London: Croom Helm; Totowa, NJ: Barnes & Noble.

Pocock, D. and Hudson, R. (1978) *Images of the Urban Environment*. London: Macmillan.

Poore, B. and Chrisman, N. (2006) Order from noise: toward a social theory of geographic information. *Annals of the Association of American Geographers* 96.3: 508 –23.

Pratt, G. (1997) Spatial metaphors and speaking positions. In: T. Barnes and D. Gregory (eds), *Reading Human Geography: The Poetics and Politics of Inquiry*. London: Arnold. Reprinted from *Environment and Planning D: Society and Space* 10: 241–4(1992).

Pratt, G. (2005) Abandoned women and spaces of the exception. *Antipode* 37.5: 1052–78.

Pratt, M. L. (1992) *Imperial Eyes: Travel Writing and Transculturation*. London: Routledge.

Pred, A. (1984) Place as historically contingent process: structuration and the time-geography of becoming places, *Annals of the Association of American Geographers* 74.2: 279–97.

Pred, A. (1988) Lost words as reflections of lost worlds. In: R. Golledge, H. Couclelis, and P. Gould (eds), *A Ground for Common Search*. Goleta, CA: Santa Barbara Geographical Press.

Pred, A. (1990) *Lost Words and Lost Worlds: Modernity and the Language of Everyday Life in Late Nineteenth-Century Stockholm*. Cambridge: Cambridge University Press.

Purcell, D. (2005) The military in the noosphere: ICT adoption and website development in the Slovenian Ministry of Defense, *Information, Communication and Society* 8.2: 194–216.

Purcell, D. and Kodras, J. E. (2001) Information technologies and representational space at the outposts of the global political economy: redrawing the Balkan image of Slovenia. *Information, Communication and Society* 4.3.

Radcliffe, S. (2007) Latin American indigenous geographies of fear. *Annals of the Association of American Geographers* 97.2: 385–97.

Raimondo, M. (2005) "AIDS capital of the world" : representing race, sex and space in Belle Glade, Florida. *Gender, Place and Culture* 12.1: 53 –70.

Relph, E. (1976) *Place and Placelessness*. London: Pion.

Rheingold, H. (1993) *The Virtual Community: Homesteading on the Electronic Frontier*. Reading, MA: Addison Wesley.

Rheingold, H. (2003) *Smart Mobs: The Next Social Revolution*. Cambridge, MA: Basic Books.

Richardson, M. (2001) The gift of presence: The act of leaving artifacts at shrines, memorials, and other tragedies. In: P. C. Adams, S. Hoelscher, and K. E. Till (eds), *Textures of Place: Exploring Humanist Geographies*. Minneapolis: University of Minnesota Press.

Riley, R., Baker, D., and Van Doren, C. S. (1998) Movie-induced tourism. *Annals of Tourism Research* 25.4: 919–35.

Ritner, R. K. (1996) Egyptian writing. In: P. T. Daniel and W. Bright (eds), *The World's Writing Systems*. New York: Oxford University Press.

Robinson, A. H., Sale, R. D., and Morrison, J. L. (1978) *Elements of Cartography*, 4th edn. New York: John Wiley and Sons.

Rose, G. (1993) *Feminism and Geography: The Limits of Geographical Knowledge*. Minneapolis: University of Minnesota Press.

Rose, G. (2003a) Family photographs and domestic spacings: a case study. *Transactions of the Institute of British Geographers* n.s.28: 5–18.

Rose, G. (2003b) On the need to ask how, exactly, is geography "visual" ? *Antipode* 35.2: 212–21.

Rose, G. (2007) *Visual Methodologies: An Introduction to the Interpretation of Visual Materials*, 2nd edn. Thousand Oaks, CA: Sage.

Rossiter, B. and Gibson, K. (2000) Walking and performing "the city" : a Melbourne chronicle. In: G. Bridge and S. Watson (eds), *A Companion to the City*. Oxford: Blackwell.

Rutherford, J., Gillespie, A., and Richardson, R. (2004) The territoriality of pan-European telecommunication backbone networks. *Journal of Urban Technology* 11.3: 1–34.

Ryan, J. R. (2003) Who's afraid of visual culture? *Antipode* 35.2: 232–7.

Rycroft, S. (2005) The nature of op art: Bridget Riley and the art of nonrepresentation. *Environment and Planning D: Society and Space* 23: 351–71.

Rydin, Y. (2005) Geographical knowledge and policy: the positive contribution of discourse studies. *Area* 37.1: 73 – 8.

Sack, R. D. (1980) *Conceptions of Space in Social Thought: A Geographic Perspective*. Minneapolis: University of Minnesota Press.

Sack, R. D. (1986) *Human Territoriality: Its Theory and History*. Cambridge: Cambridge University Press.

Sack, R. D. (1997) *Homo Geographicus: A Framework for Action, Awareness, and Moral Concern*. Baltimore: Johns Hopkins University Press.

Sacks, D. (2003) *Language Visible: Unraveling the Mystery of the Alphabet from A to Z*. New York: Broadway Books.

Said, E. (1983) *The World, the Text and the Critic*. Cambridge, MA: Harvard University Press.

Said, E. (1995 [1978]) *Orientalism*. London: Penguin.

Saldanha, A. (2005) Trance and visibility at dawn: racial dynamics in Goa's rave scene. *Social and Cultural Geography* 6.5: 707–21.

Sassen, S. (2001) *The Global City: New York, London, Tokyo*, 2nd edn. Princeton, NJ: Princeton University Press.

Sassen, S. (2005) The global city: introducing a concept. *Brown Journal of World Affairs* 11.2: 27–43.

Sauer, C. O. (1963) *Land and Life: A Selection from the Writings of Carl Ortwin Sauer, 1889–1975*. Berkeley: University of California Press.

de Saussure, F. (1983 [1972]) *Course in General Linguistics*, R. Harris (trans.). London: Gerald Duckworth.

Saussure, F. de (1986 [1972]) *Course in General Linguistics*, R. Harris (trans.). La Salle, IL: Open Court Classics.

Savage, M. (2000) Walter Benjamin's urban thought: a critical analysis. In: M. Crang and N. Thrift (eds), *Thinking Space*. New York: Routledge.

Saville-Troike, M. (1989) *The Ethnography of Communication: An Introduction*, 2nd edn. Oxford: Blackwell.

Saxenian, A. (1994) *Regional Advantage: Culture and Competition in Silicon Valley and Route 128*. Cambridge, MA: Harvard University Press.

Sayahi, L. (2005) Language and identity among speakers of Spanish in northern Morocco: between ethnolinguistic vitality and acculturation. *Journal of Sociolinguistics* 9.1: 95 –107.

Scannell, P. (1996) *Radio, Television and Modern Life: A Phenomenological Approach*. Oxford: Blackwell.

Schattschneider, E. E. (1960) *The Semisovereign People: A Realist's View of Democracy in America*. New York: Holt, Rinehart & Winston.

Schmandt-Besserat, D. (1978) The earliest precursor of writing. *Scientific American* 238.6: 50–9.

Schmandt-Besserat, D. (1996) *How Writing Came About*, abridged edition of *Before Writing, VolumeI: From Counting to Cunei form*. Austin: University of Texas Press.

Schramm, W. (1988) *The Story of Human Communication: Cave Painting to Microchip*. New York: Harper and Row.

Schroeder, S. (2004) A mind to stay: on encountering the panhandle of Texas. *National Identities* 6.1: 43 –59.

Schwartz, L. (2006) Fantasy, realism, and the other in recent video games. *Space and Culture* 9.3: 313 –25.

Scott, J. C. (1985) *Weapons of the Weak: Everyday Forms of Peasant Resistance*. New Haven, CT: Yale University Press.

Scott, J. C. (1990) *Domination and the Arts of Resistance: Hidden Transcripts*. New Haven, CT: Yale University Press.

Scott, L. M. (2000) Evaluating intra-metropolitan accessibility in the Information Age: operational issues, objectives, and implementation. In: D. G. Janelle and D. C. Hodge (eds), *Information, Place, and Cyberspace: Issues in Accessibility*. Berlin: Springer-Verlag.

Seamon, D. (1979) *A Geography of the Lifeworld: Movement, Rest and Encounter*. New York: St Martin's Press.

Seamon, D. (1980) Body ballets, time-space routines and place ballets. In: D. Seamon and A. Buttimer (eds), *The Human Experience of Space and Place*. London: Croom IIclm.

Seamon, D. (1990) Awareness and reunion: A phenomenology of the person-environment relationship as portrayed in the New York photographs of André Kertész. In: L. Zonn (ed.), *Place Images in the Media*. Totowa, NJ: Rowman and

Littlefield.
Seamon, D. (1992) A diary interpretation of place: artist Frederic Church's *Olana*. In: D. G. Janelle (eds), *Geographical Snapshots of North America*. New York: Guilford Press.
Seamon, D. (1993) Different worlds coming together: a phenomenology of the relationship as portrayed in Doris Lessing's diaries of Jane Sommers. In: *Dwelling, Seeing, and Designing: Toward a Phenomenological Ecology*. Albany, NY: SUNY Press.
Seamon, D. (2000) A way of seeing people and place: Phenomenology in environment–behavior research. In: Wapner et al. (eds), *Theoretical Perspectives in Environment-Behavior Research*. New York: Kluwer Academic/Plenum Publishers.
Seamon, D. (2006) A geography of lifeworld in retrospect: a response to Shaun Moores. *Particip@tions* 3.2 (online journal).
Secor, A. J. (2007) An unrecognizable condition has arrived. In: D. Gregory and A. Pred (eds), *Violent Geographies: Fear, Terror, and Political Violence*. New York: Routledge.
Secord, J. A. (2004) Knowledge in transit. *Isis* 95: 654 –72.
Shanahan, D. (2005) Explorations in dead space: the East End of London, England. In: G. Backhaus and J. Murungi (eds), *Lived Topographies and their Mediational Forces*. Lanham, MD: Lexington Books.
Shannon, C. E. and Weaver, W. (1949) *The Mathematical Theory of Communication*. Urbana: University of Illinois Press.
Sharp, J. P. (1999) Writing over the map of Provence: the touristic therapy of *A Year in Provence*. In: J. S. Duncan and D. Gregory (eds), *Writes of Passage: Reading Travel Writing*. London: Routledge.
Sharp, J. P. (2000) *Condensing the Cold War: Reader's Digest and American Identity*. Minneapolis: University of Minnesota Press.
Sharp, J. P., Routledge, P., Philo, C., and Paddison, R. (eds)(2000) *Entanglements of Power: Geographies of Domination/Resistance*. London: Routledge.
Sheppard, E. (1995) Modeling and predicting aggregate flows. In: S. Hanson (ed.), *The Geography of Urban Transportation*, 2nd edn. New York: Guilford Press.
Shields, R. (2002) *The Virtual*. New York: Routledge.
Sibley, D. (1995) *Geographies of Exclusion: Society and Difference in the West*. New York: Routledge.
Sidaway, J. D. (2002a) *Imagined Regional Communities: Integration and Sovereignty in the Global South*. London: Routledge.
Sidaway, J. D. (2002b) Postcolonial geographies: survey–explore–review. In: A. Blunt and C. McEwan (eds), *Postcolonial Geographies: Writing Past Colonialism*. New York: Continuum.

Sieber, R. E. (2004) Rewiring for a GIS/2. *Cartographica* 39.1: 25 –39.

Silk, C. P. and Silk, J. A. (1985) Racism, nationalism and the creation of a regional myth: the Southern states after the American Civil War. In: J. Burgess and J. R. Gold (eds), *Geography, the Media and Popular Culture*. New York: St Martin's Press.

Simon, J. and Kirby, J. (1941) Spy ambush. *Captain America* 10: 1–11. New York: Timely Comics.

Sinclair, J. (1996) Culture and trade: some theoretical and practical considerations. In: E. G. McAnany and K. T. Wilkinson (eds), *Mass Media and Free Trade: NAFTA and the Cultural Industries*. Austin: University of Texas Press.

Singer, D. (1994) GATT and the shape of our dreams. *The Nation* January 17: 54 – 6.

Skelton, T. and Valentine, G. (2003) Political participation, political action and political identities: young D/deaf people's perspectives. *Space and Polity* 7.2: 117–34.

Skop, E. and Adams, P. (forthcoming) Creating and inhabiting virtual places: Indian immigrants in cyberspace. *National Identities*.

Smith, C. S. (2006) Gaza journal: warm and fuzzy TV, brought to you by Hamas. *New York Times* January 18: A1, A4.

Smith, F. M. (2000) The neighborhood as site for contesting German reunification. In: J. P. Sharp, P. Routledge, C. Philo, and R. Paddison (eds), *Entanglements of Power*. London: Routledge.

Smith, J. M. (1992) The slightly different thing that is said: writing the aesthetic experience. In: T. Barnes and J. S. Duncan (eds), *Writing Worlds: Discourse, Text, and Metaphor in the Representation of Landscape*. London: Routledge.

Smith, J. M. (1993) The lie that blinds: destabilizing the text of landscape. In: J. S. Duncan and D. Ley (eds), *Place/Culture/Representation*. London: Routledge.

Smith, J. M. (1996) Geographical rhetoric: modes and tropes of appeal. *Annals of the Association of American Geographers* 86.1: 1–20.

Smith, J. M. (2001) Moral maps and moral places in the work of Francis Parkman. In: P. Adams, S. Hoelscher, and K. Till (eds), *Textures of Place: Exploring Humanist Geographies*. Minneapolis: University of Minnesota Press.

Smith, J. S. (1996) Japanese writing. In: P. T. Daniels and W. Bright (eds), *The World's Writing Systems*. New York: Oxford University Press.

Smith, M. A. and Kollock, P. (eds) (1999) *Communitiesin Cyberspace*. London: Routledge.

Smith, N. and Katz, C. (1993) Grounding metaphor: towards a spatialized politics. In: M. Keith and S. Pile (eds), *Place and the Politics of Identity*. London: Routledge.

Smith, S. J. (1985) News and the dissemination of fear. In: J. Burgess and J. R. Gold (eds), *Geography, the Media and Popular Culture*. New York: St Martin's Press.

Smith, S. J. (1988) Constructing local knowledge: the analysis of self in everyday life. In: J. Eyles and D. Smith (eds), *Qualitative Methods in Human Geography*. Cambridge: Polity Press.

Smith, S. J. (1994) Soundscape, *Area* 26: 232– 40.

Smith, S. J. (1997) Beyond geography's visible worlds: a cultural politics of music. *Progress in Human Geography* 21.4: 502–29.

Soja, E. W. (1980) The socio-spatial dialectic. *Annals of the Association of American Geographers* 70.2: 207–25.

Soja, E. W. (1996) *Thirdspace: Expanding the Geographical Imagination*. Oxford: Blackwell.

Sola Pool, I. de (ed.) (1977) *The Social Impact of the Telephone*. Cambridge, MA: MIT Press.

Sola Pool, I. de (1983) *Technologies of Freedom*. Cambridge, MA: Belknap Press of Harvard University Press.

SolaPool, I. de (1990) *Technologies without Boundaries: On Telecommunications in a Global Age*. Cambridge, MA: Harvard University Press.

Somdahl, K. C. (2007) Dancing in place: the radical production of civic spaces, unpublished PhD dissertation, University of Texas at Austin, Department of Geography and the Environment.

Sparke, M. (1996) Displacing the field in fieldwork: masculinity, metaphor and space. In: N. Duncan (ed.), *BodySpace: Destabilizing Geographies of Gender and Sexuality*. New York: Routledge.

Spivak, G. C. (1988) Subaltern studies: deconstructing historiography. In: R. Guha and G. C. Spivak (eds), *Selected Subaltern Studies*. New York: Oxford University Press.

Stallybrass, P. and White, A. (1986) *The Politics and Poetics of Transgression*. Ithaca, NY: Cornell University Press.

Standage, T. (1998) *The Victorian Internet: The Remarkable Story of the Telegraph and the Nineteenth Century's On-Line Pioneers*. New York: Walker and Co.

Starrs, P. F. (1997) The sacred, the regional and the digital. *Geographical Review* 87.2: 193–218.

Stein, J. (1999) The telephone: its social shaping and public negotiation in late nineteenth- and early twentieth-century London. In: M. Crang, P. Crang, and J. May (eds), *Virtual Geographies: Bodies, Space and Relations*. London: Routledge.

Stone, A. R. (1992) Will the real body please stand up? Boundary stories about virtual cultures. In: M. Benedikt (ed.), *Cyberspace, First Steps*. Cambridge, MA: MIT Press.

Stratford, E. (2002) On the edge: a tale of skaters and urban governance. *Social and Cultural Geography* 3.2: 193–206.

Strehlow, T. G. H. (1947) *Aranda Traditions*. Carlton: Melbourne University Press.

Sui, D. Z. (2000) The e-merging geography of the information society: from accessibility to adaptability. In: D. G. Janelle and D. C. Hodge (eds), *Information, Place, and Cyberspace: Issues in Accessibility*. Berlin: Springer-Verlag.

Swyngedouw, E. (1993) Communication, mobility and the struggle for power over space. In: G. Giannopoulos and A. Gillespie (eds), *Transport and Communications in the New Europe*. London: Belhaven.

Taussig, M. (1986) *Shamanism, Colonialism, and the Wild Man: A Study in Terror and Healing*. Chicago: University of Chicago Press.

Taylor, C. (1999) Digital dungeons. *Time* May 3: 50.

Taylor, J. (1997) The emerging geographies of virtual worlds. *Geographical Review* 87.2: 172–92.

Telegeography (2002) *US Internet Geography 2003: Domestic Internet Statistics and Commentary*. Washington, DC: Telegeography.

Thibault, P. and Sankoff, G. (1993) Diverses façettes de l'insécurité linguistique: vers une analyse comparative des attitudes et du Français parlé par des Franco- et des Anglo- Montréalais. *Cahiers de l'Institut de Linguistique de Louvain* 19.3: 209 –18.

Thomas, E. R. (2006) Keeping identity at a distance: explaining France's new legal restrictions on the Islamic headscarf. *Ethnic and Racial Studies* 29.2: 237–59.

Thompson, J. (1984) *Studies in the Theory of Ideology*. Cambridge: Polity Press.

Thornes, J. E. (2004) The visual turn in geography (response to Rose 2003 intervention). *Antipode* 36.5: 787–94.

Thrift, N. (1983) On the determination of social action in space and time. *Environment and Planning D: Society and Space* 1.1: 23–57.

Thrift, N. (1985) Flies and germs: a geography of knowledge. In: D. Gregory and J. Urry (eds), *Social Relations and Spatial Structures*. New York: St Martin's Press.

Thrift, N. (1996) *Spatial Formations*. London: Sage.

Thrift, N. (1997) The still point: resistance, expressive embodiment and dance. In: S. Pile and M. Keith (eds), *Geographies of Resistance*. New York: Routledge.

Thrift, N. (1998) Steps to an ecology of place. In: D. Massey, J. Allen, and P. Sarre (eds), *Human Geography Today*. Cambridge: Policy Press.

Thrift, N. (2000) Afterwords. *Environment and Planning D: Society and Space* 18: 213–55.

Thrift, N. (2008) *Non-Representational Theory: Space|Politics|Affect*. New York: Routledge.

Till, K. E. (2001) Re-imagining national identity: "Chapters of Life" at the German Historical Museum in Berlin. In: P. C. Adams, S. Hoelscher, and K. E. Till (eds), *Textures of Place*. Minneapolis: University of Minnesota Press.

Tobler, W. R. (1970) A computer movie simulating growth in the Detroit region.

Economic Geography 46: 234–40.
Townsend, A. M. (2001a) The Internet and the rise of the new network cities, 1969–1999. *Environment and Planning B: Planning and Design* 28: 39–58.
Townsend, A. M. (2001b) Network cities and the global structure of the Internet. *American Behavioral Scientist* 44.10: 1697–716.
Trapasso, C. (2008) Web tip leads mom to Asia, abducted son. Associated Press story published on the online news site, Yahoo! News, March 28.
Travers, J. and Milgram, S. (1969) *Sociometry* 32: 426.
Tuan, Y.-F. (1974) *Topophilia: A Study of Environmental Perception, Attitudes, and Values*. New York: Columbia University Press.
Tuan, Y.-F. (1975) Place: an experiential perspective. *Geographical Review* 65: 151–65.
Tuan, Y.-F. (1977) *Space and Place: The Perspective of Experience*. Minneapolis: University of Minnesota Press.
Tuan, Y.-F. (1978) Literature and geography: implications for geographical research. In: D. Ley and M. S. Samuels (eds), *Humanistic Geography: Prospects and Problems*. Chicago: Maaroufa Press.
Tuan, Y.-F. (1980) *Landscapes of Fear*. Minneapolis: University of Minnesota Press.
Tuan, Y.-F. (1982) *Segmented Worlds and Self: Group Life and Individual Consciousness*. Minneapolis: University of Minnesota Press.
Tuan, Y.-F. (1990 [1974]) *Topophilia: A Study of Environmental Perception, Attitudes and Values*. New York: Columbia University Press.
Tuan, Y.-F. (1991) Language and the making of place: a narrative-descriptive approach. *Annals of the American Association of Geographers* 81.4: 684–96.
Turkle, S. (1995) *Life on the Screen: Identity in the Age of the Internet*. New York: Simon and Schuster.
UNESCO (1978) Mass media declaration. Working Paper No. 30. United Nations Educational, Scientific and Cultural Organization.
UNESCO (1980) *Many Voices, One World: Communication and Society Today and Tomorrow. Towards a New More Just and More Efficient World Information and Communication Order*. International Commission for the Study of Communication Problems, United Nations Educational, Scientific and Cultural Organization. New York: Unipub.
Valentine, G. (2007) Theorizing and researching intersectionality: a challenge for feminist geography. *Professional Geographer* 59.1: 10–21.
Valentine, G., Holloway, S. and Bingham, N. (2002) The digital generation? Children, ICT and the everyday nature of social exclusion. *Antipode* 34.2: 296–316.
Valentine, G. and Skelton, T. (2007) The right to be heard: citizenship and language. *Political Geography* 26: 121–40.

Virilio, P. (2000) *The Information Bomb*, C. Turner (trans.). London: Verso.

Vygotsky, L. S. (1962 [1934]) *Thought and Language*, E. Hanfmann and G. Vakar (ed. and trans.). Cambridge, MA: MIT Press.

Wakeford, N. (1999) Gender and the landscapes of computing in an internet café. In: M. Crang, P. Crang and J. May (eds), *Virtual Geographies*. London: Routledge.

Wallace, A. D. (1993) *Walking, Literature, and English Culture: The Origins and Uses of Peripatetic in the Nineteenth Century*. Oxford: Clarendon Press.

Warf, B. (1995) Telecommunications and the changing geographies of knowledge transmission in the late 20th century. *Urban Studies* 32.2: 361–78.

Warf, B. (2001) Segueways into cyberspace: multiple geographies of the digital divide. *Environment and Planning B: Planning and Design* 28: 3 –19.

Warf, B. (2003) Mergers and acquisitions in the telecommunications industry. *Growth and Change* 34.3: 321–44.

Warf, B. (2006) International competition between satellite and fiber optic carriers: a geographic perspective. *Professional Geographer* 58.1: 1–11.

Warf, B. (2007a) Geopolitics of the satellite industry. *Tijdschrift voor Economische en Sociale Geografie* 98.3: 385–97.

Warf, B. (2007b) Geographies of the tropical Internet: an overview. *Singapore Journal of Tropical Geography* 28: 219 –238.

Warf, B. and Grimes, J. (1997) Counterhegemonic discourses and the Internet. *Geographical Review* 87.2: 259–74.

Warf, B. and Vincent, P. (2007) Multiple geographies of the Arab Internet, *Area* 39.1: 83–96.

Warren, S. (1993) "This heaven gives me migraines" : the problems and promise of landscapes of leisure. In: J. S. Duncan and D. Ley (eds), *Place/Culture/Representation*. London: Routledge.

Watts, D. J. (1999) Networks, dynamics, and the small-world phenomenon. *American Journal of Sociology* 105.2: 493 –527.

Watts, D. J., Dodds, P. S., and Newman, M. E. J. (2002) Identity and search in social networks. *Science* 296.5571: 1302– 6.

Watts, D. J. and Strogatz, S. H. (1998) Collective dynamics of "small-world" networks. *Nature* 393: 440 –2.

Weaver, W. and Shannon, C. E. (1963) *The Mathematical Theory of Communication*. Champaign: University of Illinois Press.

Webber, M. M. (1964) The urban place and the non-place urban realm. In: M. Webber et al. (eds), *Explorations into UrbanStructure*. Philadelphia: University of Pennsylvania Press.

Weiser, E. B. (2001) The functions of Internet use and their social and psychological consequences. *Cyberpsychology and Behavior* 4.6: 2001.

Weitze, K. (1984) *California's Mission Revival.* Los Angeles: Hennessey and Ingalls.

Werner, J. (2006) Between memory and desire: gender and the remembrance of war in doi moi Vietnam. *Gender, Place and Culture* 13.3: 303 –15.

Whatmore, S. (2002) *Hybrid Geographies: Natures Cultures Spaces*. Thousand Oaks, CA: Sage.

Wheeler, R. (1999) Limited visions of Africa: geographies of savagery and civility in early eighteenth-century narratives. In: J. S. Duncan and D. Gregory (eds), *Writes of Passage: Reading Travel Writing*. London: Routledge.

White, H. (1987) *The Content of the Form: Narrative Discourse and Historical Representation*. Baltimore: Johns Hopkins University Press.

White, H. (1996) Storytelling: historical and ideological. In: R. Newman (eds), *Centuries' Ends, Narrative Means*. Stanford, CA: Stanford University Press.

Whorf, B. (1956) *Language, Thought, and Reality: Selected Writings of Benjamin Lee Whorf.* Cambridge, MA: MIT Press.

Wiener, N. (1948) *Cybernetics or Control and Communication in the Animal and the Machine.* Paris: Hermann et Cie; Cambridge, MA: MIT Press.

Wilbert, C. (2000) Anti-this–against that. In: J. Sharp, P. Routledge, C. Philo, and R. Paddison (eds), *Entanglements of Power: Geographies of Domination/Resistance*. New York: Routledge.

Williams, R. (1973) *The Country and the City.* New York: Oxford University Press.

Williams, R. (1974) *Television: Technology and Cultural Form*. New York: Schocken Books.

Willis, P. E. (1981 [1977]) *Learning to Labor: How Working Class Kids Get Working Class Jobs*. New York: Columbia University Press.

Wilson, D. and Grammenos, D. (2005) Gentrification, discourse, and the body: Chicago's Humboldt Park. *Environment and Planning D: Society and Space* 23: 295–312.

Wilson, M. (2001) Location, location, location: the geography of the dot com problem. *Environment and Planning B: Planning and Design* 28: 59 –71.

Wilson, M. (2003) Chips, bits and the law: an economic geography of Internet gambling. *Environment and Planning A* 35: 1245 – 60.

Winston, B. (1998) *Media Technology and Society: A History. From the Telegraph to the Internet*. New York: Routledge.

Wolch, J. and J. Emel (1998) *Animal Geographies: Place, Politics and Identity in the Nature– Culture Borderlands*. London: Verso.

Woodward, D. (1992) Representations of the world. In: R. F. Abler, M. G. Marcus, and J. M. Olson (eds), *Geography's Inner Worlds: Pervasive Themes in Contemporary American Geography*. New Brunswick, NJ: Rutgers University Press.

WoW (2007) World of Warcraft official website (http://www. worldofwarcraft. com/

info/basics/guilds. html), accessed June 1, 2007.

Wright, J. K. (1947) Terrae incognitae: the place of imagination in geography. *Annals of the Association of American Geographers* 37: 1–15.

Yagmur, K. and Kroon, S. (2003) Ethnolinguistic vitality perceptions and language revitalisation in Bashkortostan. *Journal of Multilingual and Multicultural Development* 24.4: 319 –36.

Yapa, L. (1996) What causes poverty? A postmodern view. *Annals of the Association of American Geographers* 86.4: 707–28.

Yeh, E. T. (2007) Tropes of indolence in the cultural politics of development in Lhasa, Tibet. *Annals of the Association of American Geographers* 97.3: 593 – 612.

Young, I. M. (1990) The ideal of community and the politics of difference. In: L. Nicholson (ed.), *Feminism/Postmodernism*. New York: Routledge.

Youngs, M. J. (1985) The English landscape documentary: a look at Granada. In: J. Burgess and J. R. Gold (eds), *Geography, the Media and Popular Culture*. New York: StMartin's Press.

Zonn, L. (1990a) *Place Images in Media: Portrayal, Experience, and Meaning*. Savage, MD: Rowman and Littlefield.

Zonn, L. (1990b) Tusayan, the traveler, and the IMAX theater: an introduction to place images in media. In: *Place Imagesin Media: Portrayal, Experience, and Meaning*. Savage, MD: Rowman and Littlefield.

Zook, M. A. (2003) Underground globalization: mapping the space of flows of the Internet adult industry. *Environment and Planning A* 35: 1261– 86.

Zook, M. A. (2005) *The Geography of the Internet Industry*. Malden, MA: Blackwell.

Zook, M. A. (2007) Your urgent assistance is requested: the intersection of 419 spam and new networks of imagination. *Ethics, Place and Environment* 10.1: 65 – 88.

图书在版编目 (CIP) 数据

媒介与传播地理学 / (美) 保罗 • 亚当斯 (Paul Adams) 著；袁艳译 . -- 北京 : 中国传媒大学出版社，2020.9 (2023.10重印)
(跨学科媒介研究译丛)
书名原文：Geographies of Media and Communication
ISBN 978-7-5657-2738-2

Ⅰ . ①媒… Ⅱ . ①保… ②袁… Ⅲ . ①传播媒介—文化研究 Ⅳ . ① G206.2

中国版本图书馆 CIP 数据核字 (2020) 第 125581 号

Geographies of Media and Communication by Paul C. Adams，ISBN：9781405154130

媒介与传播地理学
MEIJIE YU CHUANBO DILIXUE

著　　者　[美] 保罗 • 亚当斯
译　　者　袁　艳
责任编辑　张　静
责任印制　阳金洲
封面设计　运平设计

出版发行　中国传媒大学出版社
社　　址　北京市朝阳区定福庄东街 1 号　　**邮　　编**　100024
电　　话　86-10-65450528　65450532　　**传　　真**　65779405
网　　址　http://cucp.cuc.edu.cn
经　　销　全国新华书店

印　　刷　唐山玺诚印务有限公司
开　　本　787mm × 1092mm　1/16
印　　张　19
字　　数　340 千字
版　　次　2020 年 9 月第 1 版
印　　次　2023 年 10月第 3 次印刷

书　　号　ISBN 978-7-5657-2738-2/G • 2738　　**定　　价**　79.80 元

本社法律顾问：北京嘉润律师事务所　郭建平